U0451416

学术之路

跨学科国际学者对谈集

白若云　陈利　编著

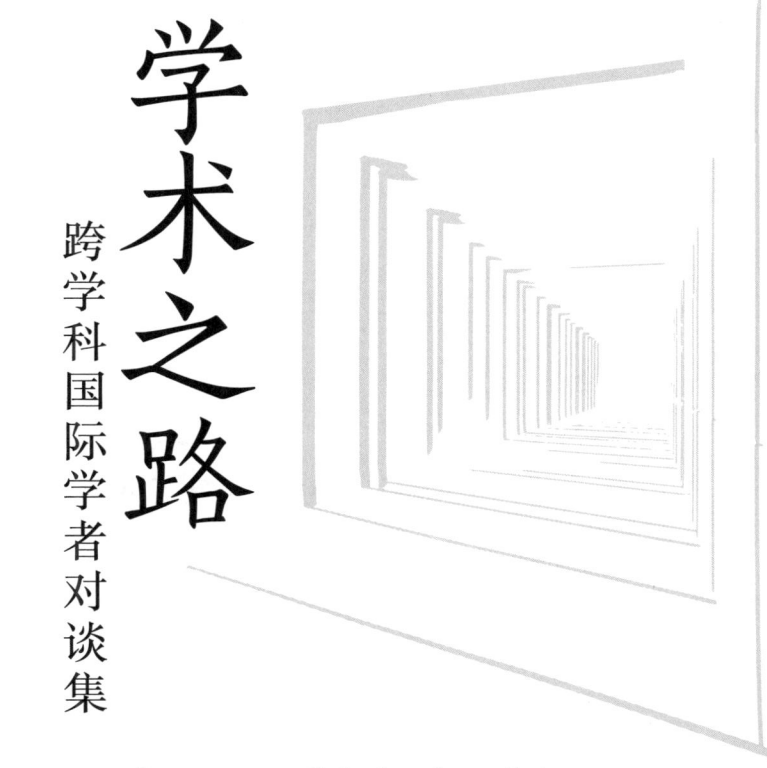

Pathways of Scholarship

Reflective and Methodological Conversations with International Scholars in Humanities and Social Sciences

谨以此书纪念编者次子陈景义

学者及译者简介

学者简介

白若云（Bai, Ruoyun），伊利诺伊大学厄巴纳-香槟分校传播学博士，现任多伦多大学文化与媒体研究系和比较文学中心副教授。

陈利（Chen, Li），伊利诺伊大学厄巴纳-香槟分校法律博士（J. D.），哥伦比亚大学历史学博士，现任多伦多大学历史与文化研究系和历史学系副教授，兼任法学院副教授。

柯娇燕（Crossley, Pamela K.），耶鲁大学历史学博士，现任达特茅斯学院历史学系柯立斯讲席教授（Collis Professor of History）。

杜赞奇（Duara, Prasenjit），哈佛大学历史学博士，现任杜克大学唐骝千东亚研究讲席教授（Oscar Tang Chair of East Asian Studies）。

杜乐（Du, Yue），纽约大学历史学博士，现任康奈尔大学历史学系助理教授。

盖博坚（Guy, Robert K.），哈佛大学历史学博士，1980年起在西雅图华盛顿大学历史学系和东亚语言与文化系任教，2013年于该校荣休。

和文凯（He, Wenkai），麻省理工学院政治学博士，现任香港科技大学社会科学部副教授。

高彦颐（Ko, Dorothy），斯坦福大学历史学博士，现任哥伦比亚大学巴纳德学院历史学系教授、中国台湾地区"中央研究院"院士及美国艺术与科学院（American Academy of Arts and Sciences）院士。

林郁沁（Lean, Eugenia），加州大学洛杉矶分校历史学博士，曾任哥伦比亚大学韦瑟黑德东亚研究所（Weatherhead East Asian Institute）所长，现任该校副教务长和东亚语言与文化系教授。

刘禾（Liu, Lydia H.），哈佛大学比较文学博士，哥伦比亚大学比较文学与社会研究所前所长，现任哥伦比亚大学东亚语言与文化系谭蕴真人文讲席教授（Wun Tsun Tam Professor in the Humanities）。

刘思达（Liu, Sida），芝加哥大学社会学博士，接受访谈时任教于多伦多大学，现任香港大学法律学院教授，兼任社会学系教授。

濮德培（Perdue, Peter C.），哈佛大学历史学博士，曾任耶鲁大学历史学系教授，2022年于该校荣休。

普勒斯（Press, Andrea L.），加州大学伯克利分校社会学博士，现任美国弗吉尼亚大学小威廉·凯南社会学与媒体研究讲席教授（William

R. Kenan, Jr. Professor of Sociology and Media Studies）及媒体研究系主任。

宋念申（Song, Nianshen），芝加哥大学历史学博士，接受访谈时任教于马里兰大学巴尔的摩郡分校，现任清华大学人文与社会科学高等研究所教授。

王笛（Wang, Di），约翰斯·霍普金斯大学历史学博士，现任澳门大学杰出教授（Distinguished Professor）。

王飞仙（Wang, Fei-Hsien），芝加哥大学历史学博士，现任印第安纳大学伯明顿分校历史学系和东亚语言与文化系副教授。

王雨（Wang, Yu），多伦多大学历史学博士，现任澳门大学历史学系科研助理教授。

张萌（Zhang, Meng），加州大学洛杉矶分校历史学博士，现任范德堡大学历史学系助理教授。

张泰苏（Zhang, Taisu），耶鲁大学法律博士及历史学博士，现任耶鲁大学法学院教授，兼任历史学系教授。

张颖（Zhang, Ying），密歇根大学历史与性别研究联合博士，现任俄亥俄州立大学历史学系副教授，兼任该校中国研究中心（Institute for Chinese Studies）主任。

译者简介

冯岚雅（Feng, Lanya），多伦多大学历史学系博士生，主要研究领域为近现代中国史，对19、20世纪的性别、文化、种族、社会流动、宗教与情感及跨国史感兴趣。

郭跃斌（Guo, Jackson Y.），多伦多大学历史学系博士，现任该校博士后、讲师。专研课题为"清代至民国初年饮酒风俗与社会关系的嬗变"，研究涉及法学史、文化史及方兴未艾的饮食史等领域。

刘小宇（Liu, Xiaoyu），多伦多大学历史学系博士生，主要研究领域为中国近代史，特别关注科学技术、环境、帝国与殖民主义等议题。

仪泽方（Yi, Zefang），多伦多大学历史学系硕士，主要研究领域为近现代中国史，对19、20世纪的中国政治史、社会史、人口史、跨文化交流以及生命政治问题感兴趣。

目 录

编者前言 / 1

第一篇　法律帝国与帝国法律
　　　　　对话多伦多大学陈利 / 7

第二篇　从清史到全球史
　　　　　对话达特茅斯学院柯娇燕 / 35

第三篇　变迁和流动的历史
　　　　　对话杜克大学杜赞奇 / 67

第四篇　踏上历史研究的旅程
　　　　　对话康奈尔大学杜乐 / 97

第五篇　四十年清史研究的学术人生
　　　　　对话华盛顿大学盖博坚 / 113

第六篇　以性别研究作为方法
　　　　　对话哥伦比亚大学高彦颐 / 131

第七篇　从微观史到全球微观史
　　　　　对话哥伦比亚大学林郁沁 / 161

第八篇　从话语政治走向后维特根斯坦哲学
　　　　　对话哥伦比亚大学刘禾　/ 189

第九篇　法律社会学理论的运用和发展改造
　　　　　对话多伦多大学刘思达　/ 221

第十篇　历史叙事并不排斥理论
　　　　　对话耶鲁大学濮德培　/ 247

第十一篇　媒体、性别和文化社会学的交叉研究
　　　　　对话弗吉尼亚大学普勒斯　/ 285

第十二篇　从边界解读现代国家的构建
　　　　　对话马里兰大学宋念申　/ 307

第十三篇　从细微处捕捉历史的轨迹
　　　　　对话澳门大学王笛　/ 331

第十四篇　版权与中国现代性
　　　　　对话印第安纳大学王飞仙　/ 349

第十五篇　经济、环境与历史的跨学科探索
　　　　　对话范德堡大学张萌　/ 371

第十六篇　在经济学和历史学中寻找答案
　　　　　对话耶鲁大学张泰苏　/ 389

第十七篇　历史和性别研究的学术与修身
　　　　　对话俄亥俄州立大学张颖　/ 423

后　记　/ 451

编者前言

自从 20 世纪 90 年代以来，随着交通技术和通信手段的突飞猛进，国际学术交流的规模、深度和影响都有了巨大的提升。在不同国家和地区间，过去曾经因语言或文化的不同以及空间距离所形成的巨大隔阂，现在似乎也大大缩小了，比如有大量中国学生和学者出国留学或访学，越来越多的外国学者到中国进行讲学和短期交流，以及大量外文学术著作被翻译成中文。但是，在看似欣欣向荣的国际学术交流活动的背后，仍然存在着各种实际障碍和挑战。随着近几年中外关系迅速紧张以及 2020 年年初以来肆虐全球的新冠疫情所带来的影响，此前建立的很多国际学术交流和合作的机会与渠道都受到了很大的限制。2020 年初夏，本书两位编者，即现任职于多伦多大学的白若云和陈利，开办了一个名叫"云里阅天下"（下文简称"云里公号"）的微信公众号，希望能借此及时分享国内外人文社科领域的最新学术动态和成果，为促进跨文化理解和国际学术交流及合作稍尽绵薄之力。在短期试运作之后，两位编者发动了大约十来位在海外高校（主要是北美地区）任教的志同道合的人文社科学者（除两位编者外，还包括刘思达、杜乐、新加坡国立大学刘遥，西蒙菲莎大学孔书玉、宋念申、张泰苏、张颖、多伦多大学钟雨柔），组成了云里公号的学术顾问团，为公号的发展方向出谋划策。陈利和白若云担任主编，负责管理云里公号的日常运作。在此后的两年多时间里，云里公号推送了约一百篇原创内容，组织了多种类型的学术活动，包括"云里国际学者访谈系列""云里国际学术前沿讲座系列",以及分享学术训练和成长经验的"博士是如何炼成的"原创文章系列。这些创意活动已经给云里公号吸引了近三万名遍布全球各地的订阅者,其推送的很多原创文章和活动通知也在包括微信、微博、脸书、推特等全球大型社交媒体平台上吸引了成千上万的知性读者。本书收录的一些学术性很强的访谈对话在微博上经常有几万甚至几十万的浏览量。作为一个没有任何外来赞助的公益性项目,云里公号凭借学术顾问团成员和编辑助理们的执着和努力,以及众多学界朋友的无私奉献和广大读者的鼎力支持,在短短两年后也成长为了一个了解中外人文社科领域优秀学者和学术成果的重要新媒体平台。

上面这个背景介绍,有助于读者了解本书的宗旨和价值。本书共收录十七篇国际学者访谈对话。第一篇是现任职于澳门大学的王雨应《澎湃新闻·私家历史》专栏之邀对陈利做的访谈,完成于云里公号成立前的 2018 年,其他十六篇都是"云里国际学者访谈系列"的成果,完成于 2020 年下半年至 2022 年夏天之间。这些访谈一般是提前数周或数月联系好对话嘉宾,然后由访谈人根据嘉宾学者的学术研究和背景准备访谈问题。对话一般持续三到四个小时,多数访谈由陈利和白若云负责安排和完成,个别访谈还邀请了其他一两位相关的学者参与。之后访谈录音或录像会再经过多人、多步骤的整理、编辑、校对和审定。收入本书的访谈中有半数左右还需要从英文翻译成中文,再经反复校对和编辑。因此,除涉及不同学科知识和外语能力之外,还需要耗费大量的时间和人力来将这些对谈转变成既有学术价值又深入浅出的中文稿。在资源极其有限和尽量保证质量的前提下,我们每次整理的过程经常长达三到六个月。完成周期虽然相当长,但每次推出的新内容都很受欢迎,在国内外众多学者和高校学生中引起了强烈的反响。本书中多篇访谈的精简版曾在《清华社会学评论》、《区域》、《澎湃新闻·私家历史》专栏和《信睿周报》等刊物上发表过,并有多家出版社联系我们，表示有兴趣出版本书稿，所有这些也都间接印证了本书的价值。在这次整理成书的过程中，我们再次投入了大量时间和人力进行文字编辑和校对工作，但囿于精力和才力有限，本书最后仍会有诸多不尽如人意之处。但是，同此前分享的版本相比，我们希望本书至少提供了一个更准确、更精炼、更完整、更便于集中阅读的跨学科国际学者访谈对话集。

对于众多人文社科学者和学生以及那些希望了解学术生活和思想的读者们来说，本书的价值应该是显而易见的。参与的二十位对话嘉宾包括了几位中生代国际学术新星以及相关领域内一批最资深和最著名的国际学者，其中有至少十二位学者曾分别荣获亚洲研究协会（包括四位列文森奖获得者）、美国历史学协会（包括两位费正清奖和一位琼·凯利纪念奖获得者）、美国社会学协会、美国法律史学会、美国城市史协会、美国社会科学历史协会、美国森林史学会以及中国法律与历史国际学会等重要国际学术组织的最佳专著奖。这些对谈从不同的学科领域、研究方向、时代、文化和教育背景，以及不同的成长和学术经历，给读者展现了过去半个世纪在历史学、比较文学、法律、社会学、性别研究、媒体研究等多个领域中，一系列重大的学术问题和理论方法的发展轨迹和最新动向，对不同类型的读者应该都有相当大的学习和参考价值。在介绍数十种重要学术著作的精华和鲜为人知的成书背景的同时，参与对话的学者们还为读者提供了相关领域中国际学术发展历程的大量宝贵信息。

本书的另一个特点就是虽然它所讲的内容几乎全都与学术研究和学者有关系，但它讲述的方式和当今很多学术专著那种拒普通读者于千里之外的风格却大不一样。当初设想这个访谈系列时，我们就希望使之区别于学术专著和学术期刊文章，通过深入浅出和轻松友好的对话，以一种更贴近广大读者的方式，来介绍一批国际知名学者的学术研究成果及其在理论方法上的思考与心得。即便在涉及一些专业问题时，我们的对谈也尽量减少使用专业术语，而是更多地用直白的语言来清楚而准确地传达学术内容。在编辑本书时，我们还力求保留原有对话的内容和口气，并在各篇中附有多幅相关照片作为插图（除另有说明外，书中插图均为对话嘉宾授权使用），以便读者在阅读各篇时，能在脑海中大致想象出对话嘉宾当时的音容笑貌，也给读者提供了与阅读学术专著很不相同的体验。基于同样的考虑，我们决定不按学术著作常规在各篇对话录中补加各种注释。

作为本书的第三个特点，各篇访谈的内容不限于受访者或者对话嘉宾的学术研究。很多学者访谈较少涉及学术外的问题，尤其是学者个人的成长经历。而本书收录的访谈几乎都包含了对话嘉宾在成为学者前的个人生活和学术训练的经历。包括柯娇燕、杜赞奇、盖博坚、高彦颐、林郁沁、刘禾、濮德培、普勒斯等资深的世界知名学者在内，书中的对话嘉宾给读者讲述了自己是如何从懵懂的高中生或者稚气未脱的大学本科生一步一步地沿着学术之路前行，最终成为具有国际影响的学者的。他们的对话从多方位多角度给读者展示了各种类型的学术之路和学者生活的多姿多彩。当然，多元的学术经历也反映了某些共性。读者从访谈对话中看到的，不只是这些学者们在学术之路上孜孜以求、精益求精的风范，还有他们作为思想独立的知识分子所具有的独特个性和人格魅力。我们所读到的不只是学术研究，还是有血有肉、有思想、有来自工作和生活的喜怒哀乐以及有家庭和业余爱好的学者个人。而这些往往无法在其学术著作或常见的学术访谈中得到充分体现。除著名资深学者外，本书的对话嘉宾还包括了几位中生代的教授、副教授和两位刚入职不久的助理教授，但这些中青年学者也都无疑具有成为各自研究领域一流学者的潜力和实力。书中老中青三代人文社科学者在学术之路上所经历的成功和挫折，对学术理想的追求，以及对学术共同体的理解和期待，当会引起很多读者的共鸣。学者并不因身处象牙塔就不食人间烟火。本书所收的访谈对话，的确不如另一个云里原创系列("博士是如何炼成的")的文章显得那么"入世"或者具有现实的沉重感。毕竟,这些对话学者都是有终身教职或者将会获得终身教职的学者,用今天的网络语言来说,都是已脱离了读博和求职无门的苦海而顺利"上岸"的成功人士。但即便如此,他们在书中的访谈也分享了各自在留学、读博、求职过程中及工作后所面临的挑战和压力。读者也可以更真实地体会到那些"高冷"专著背后的学术生活及其酸甜苦辣。

本书虽然涵盖的人数和学科领域已不算少了,但仍然不够全面,而且是以在北美高校工作的国际学者为主。(对话嘉宾的选择范围非因其他考虑,而主要是受限于编者的专业背景和时间,不敢轻易涉猎完全不了解的学术领域和贸然邀请不认识的学者拨冗参与这个费时费力的访谈系列。)无论如何,没有一个访谈集可以包罗万象。毕竟,人们在各自的学术之旅中所经历的磨炼和所领略的风景无法和他人的体验雷同。但是,书中十七位国际人文社科学者的故事和经历也揭示了一个几乎所有真正的学者都可能具有的特质:对知识的极度热爱和对学术研究作为志业(vocation)的不懈追求。读者可以在书中倾听到这些学者们娓娓道来何为学术,也可以感受到他们是如何用几十年的时光和生命体验来诠释何为学者。虽然踏上学术之路并非等同于选择苦行僧式的生活,但学者的追求和精神境界,的确无须也无法用功名利禄的世俗标准来衡量。基于此,两位编者希望借花献佛,将本书敬献给所有那些已行走在这条学术旅途上的学界朋友们,以及那些尚在路口张望和那些不能身历其境却喜闻此途中风景的读者朋友们。

作为前言的结束语和最重要的部分,两位编者希望借此机会再次郑重感谢所有参与访谈和对话的嘉宾学者。如果不是他们的鼎力支持和无私奉献,我们不可能顺利完成这个访谈系列并最终将其集结成书。多数对话嘉宾除了拨冗积极参与访谈外,还对访谈文字稿进行了非常认真的修订、增补和校对。我们同时也感谢一批国内外年轻学者和学生为我们整理和分享这些访谈对话所付出的大量时间和辛勤劳动。除了本书前详细介绍的参与对话的学者和负责翻译的译者之外，还有多位协助我们整理访谈录音和文字初稿的助理同学，包括多伦多大学心理学系本科生沈至慧，中国传媒大学公共关系学院本科生罗清清，北京大学历史学系本科生王佳丽（现已毕业）、该系硕士生招淑英和陈锐霖（后者现为该校博士生），以及耶鲁大学历史学系博士生韩隽祎等。本书各篇首的注释中也对相关参与者与协作情况有详细说明。另外，我们也感谢前文提及的几家刊物的编辑以及云里公号读者的鼓励和支持。编者还必须感谢梁治平教授的鼓励和热心引荐，以及商务印书馆工作人员的大力支持和付出，这些都是促成本书如此顺利出版不可或缺的因素。最后，编者对杜赞奇教授、高彦颐教授、林郁沁教授、陆扬教授和汪晖教授拨冗为本书撰写推荐语表示由衷的感谢。总之，这本书既是一群学术同道在思想和学术上的精彩对话，也是所有参与人员和读者朋友们齐心协力为学术共同体奉献的一个集体知识结晶。

第一篇

法律帝国与帝国法律
对话多伦多大学陈利

图 1-1　陈利

编者按：陈利现任职于多伦多大学，是《法律与历史评论》（*Law and History Review*）和《世界史杂志》（*Journal of World History*）编委会成员，于 2014—2017 年间任中国法律与历史国际学会（International Society for Chinese Law and History）会长，现任该学会董事和编辑。他的研究集中于明清以降中国和全球史中的法律、文化及政治领域间的互动关系。他的主要著作包括 *Chinese Law in Imperial Eyes: Sovereignty, Justice, and Transcultural Politics*（哥伦比亚大学出版社 2016 年版，中译本《帝国眼中的中国法：主权、正义与跨文化政治》[1]，预计将由浙江大学出版社于 2024 年出版），以及与曾小萍（Madeleine Zelin）合编的 *Chinese Law: Knowledge, Practice and Transformation, 1530s to 1950s*（《中国法：知识、实践与转变，1530 年代—1950 年代》，荷兰博睿学术出版社 2015 年版）。其中，《帝国眼中的中国法》荣获美国法律史学会（American Society for Legal History）2017 年度彼得·斯坦因最佳著作奖荣誉提名（Peter Gonville Stein Book Award, honorable mention）以及亚洲研究协会（Association for Asian Studies）中国研究领域 2018

---

[1] 编者注：本书所涉英文专著有中译本的，均使用中译本译名。其他尚未有中译本的除非另有说明，均由作者或编者暂拟译名。

年度最佳著作列文森奖（Joseph Levenson Prize）。目前他正在写作第二本英文专著 Invisible Power: Legal Specialists, Juridical Capital, and Late Imperial Governance（《隐权力：法律专家、司法资本与清代中国的治理》），同时在进行对清代秋审和司法场域权力政治的研究。

访谈人王雨现任职于澳门大学，时为多伦多大学历史学系博士候选人，他的主要研究领域为近现代中国史、19—20世纪中国技术与听觉史、城市史、性别史以及跨文化交流，研究成果见《二十世纪中国》（Twentieth-Century China）、《妇女研究论丛》及《文艺理论与批评》等国内外刊物。他目前正在从事的课题涉及广播、信息技术与社会主义听觉文化的形成。王雨于2018年初夏对陈利及其专著进行了几个小时的专访。除了谈及陈利的学术背景外，双方还围绕书中的档案转向、翻译与知识生产以及情感帝国主义等主题进行了深入交流。[1]

第一节　求学经历和学术兴趣

王雨：我们知道，您最早是在北京外国语大学英文系学习，后来赴美留学读研究生期间，先后在政治科学专业和法学院学习，从法学院毕业后又获得了历史学博士。能谈谈您的求学轨迹吗？

陈利：我从小就对历史感兴趣。小时候家里经济条件不好，本村里没什么书，有的也很快就读完了。我一个小学同学的外婆家有好多古典历史小说，我就烦请她代借来读，小学期间把所有能借来的书都读了。所以后来对历史一直很感兴趣。大学毕业后准备出国时，我申请了政治学和法律双博士学位项目。拿到政治学硕士之后，因发现美国政治学过分强调量化研究，所以在伊利诺伊大学法学院毕业后，就

---

[1] 本访谈是王雨据电话录音整理成文后，经受访人校订修改而成，早期版本曾由《澎湃新闻·私家历史》专栏于2018年7月发表。收入本书时，文字又经郭跃斌校读以及王雨、陈利和白若云的润色。

没继续读政治学，而是去了哥伦比亚大攻读历史学博士，师从清史和中国近代史专家曾小萍教授。当时选择以清代法律史为自己主要研究方向之一，一方面是觉得能够利用上已有的法律知识，我之前已经修过一些美国法律史的课并读过一些中国法律史著作。另一方面是觉得如果历史研究离当代太近，有些问题就没有足够的时间距离去深入研究；而如果离当代太远，还没被研究透的历史资料就相对较少，而且它的现实意义可能也小一些，比如很多读者会觉得一千年前的事太遥远了。因此，学习清史比较符合我的兴趣。最终要选什么学校和研究方向，也跟是否有合适的导师有一定关系。曾小萍教授的研究跟法律史有关联，而且是跨学科性的研究，这是我感兴趣的。另外，哥大还素有中国研究的传统，其著名校友包括胡适、冯友兰、何炳棣等人，再者它的东亚研究，尤其是中国研究的师资阵容强大，法律史资料也很多。值得一提的是，哥大的清代法律史料收藏可能是欧美高校图书馆中最丰富的。我到了哥大以后受到后殖民主义和批判性史学理论的很大影响，但那是后话了。

我一直对学新东西很有热情。我刚去美国时先进入政治学博士项目，和此前所学的英语专业没直接关系，但是当时进入一个新的教育体系，对美国以及国际政治的课程都很感兴趣。做过的课题研究涉及博弈论、国际人权、美国教育平权法历史以及预测美国大选结果等等。后来在法学院三年期间，在宪法、诉讼法及部门法的必修课之外，我对国际贸易规则、知识产权及劳工法等这些领域的内容也学得很认真，尤其对侵权法感兴趣。当年所学的知识现在不一定都用得上，但是对于夯实我的基础知识、扩大视野、开拓新的研究思路起了很大的作用。这也是我后来在学术研究中对交叉学科问题和著作很感兴趣的原因之一。

就像政治科学和法学一样，历史学对我也是一个新的领域。虽然学习过程中没觉得太吃力，但同国内外名校历史学系科班出身的同学相比，我是从零开始，从后面追赶别人。进入一个新领域对我来说成了一种学习动力，同时也免受历史学领域一些成见或成说的束缚。导师也任由我探索。(博士论文即后来成书的 Chinese Law in Imperial Eyes，这个主题是我在 2005 年博士资格考试及论文题目答辩后重新选定的。当时我去中国台湾和大陆等地花了大半年时间收集清朝法律史料和清末法律改革资料［后者是原来的博士论文题目］，结果在研究分析过程中发现有必要先研究鸦片战争前一百多年的中西法律和文化交流以及国际政治关系，于是决定重新收集资料，另写一篇博士论文，导师们都很支持，而这种学生自作主张的做法在不少大学可能是行不通的。)

所以，我的求学轨迹是在四个专业之间跳跃：外语（不同程度地学习过英语、日语、法语、西班牙语）、政治、法律和历史。我的学术研究就是结合这些学术背景和兴趣，考察明清以来中国史和全球史中的法律、文化和政治三个领域间的互动关系。我第一本书针对的不只是中国史或者中国法律史，还涉及国际关系、国际法、比较法、文化研究、后殖民主义、帝国史、翻译理论、视觉文化和国际媒体与传播学研究等等。

第二节　关于档案和文献的批判性认识和使用

王雨：祝贺您的专著《帝国眼中的中国法：主权、正义与跨文化政治》获得亚洲研究协会中国研究领域 2018 年度的最佳著作列文森奖。这本书的特点之一是使用了很多档案和文献，并对历史档案的形成和知识生产有深入分析。您能具体介绍一下这本专著吗？

陈利：谢谢，亚洲研究协会这种主流学术组织能肯定这个中国法律史和中外关系史的研究及其中对交叉学科分析方法的运用，我对此既感到意外和欣喜，又为难乎这奖项的盛名和无法企及其他获奖者的成就而深感惶恐。

就史料档案的使用和分析来说，这本书吸收了几个领域的相关研究成果。最近二三十年，包括人类学家在内的英语学术界出现档案转向（the archival turn），大家开始对档案进行批判性审视，不再简单认为档案是寻找历史事件"真相"的源泉，也不再预先设定档案里的所谓原始资料就是全面、客观和真实的。其中比较有影响的学者包括美国人类学家安·斯托勒（Ann Stoler）和多伦多大学历史学系荣誉教授娜塔莉·泽蒙·戴维斯（Natalie Zemon Davis）等等。但这不等于说我们要忽略档案本身的史料价值，而是说在使用档案的时候，要尽量去探究它的形成受什么样的利益驱使，受档案创建者和使用者什么样的意图或诉求的影响。我觉得这是更重要的，而不是执着于档案文献的绝对客观或权威性。

书中第一章是对非常有名的"休斯夫人号"（Lady Hughes）事件的研究，虽然关注的重点是一个涉外案件，但它的分析则建立在对从明末到清朝后期第二次鸦片战争之间几十个中外司法和外交纠纷案件进行仔细梳理的基础之上。限于篇幅，我对大部分仔细研究过的纠纷和事件也只能在脚注中提及而已。本来可以将这几十个案例的分析放在一块写一本书，那样会节省很多精力和时间（可能我今后几年内会写这本书）。但我当时更感兴趣的是全球微观史（global microhistory）研究，以"休斯夫人号"事件作为一个窗口，来纵向和横向剖析现代史学和所谓的"原始档案"资料是如何相互影响和构建的。这里面又涉及了我思考的两个问题：首先，在帝国和帝国主义时期，主流话语（dominant discourse）如何影响了历史资料和文献的形成和解读；其次，历史资料和话语体系又如何影响了近现代历史学的发展演变。

这个案子本身并不复杂。1784年11月24日，一艘名为"休斯夫人号"的英国船停泊在广州城附近。这艘船在鸣放礼炮时击中了旁边的一艘中国船，造成其中二人死亡。鸣炮的英国炮手最后被乾隆皇帝下令处以绞刑。许多历史学家和评论家都把"休斯夫人号"事件看作1943年前外国人在华享受百年治外法权的起因,赋予该事件划时代的特殊意义。但是,包括魏斐德(Frederic Wakeman,1937—2006)和史景迁(Jonathan Spence,1936—2021)等著名历史学家在内的大部分评论过此案件的学者并没看过这个案件的中英文档案资料,即使是极少数像马士(Hosea Ballou Morse,1855—1934)那样在20世纪初看过部分相关英文档案的人也经常是以讹传讹。为什么他们不深入研究这个案子的史料呢?这是因为,从18世纪末开始,关于这些中外纠纷和要求治外法权的话语体系已经逐渐形成并占据垄断地位。所以20世纪的近现代历史学家们也理所当然地认为已经没有必要再去重新考察和研究这样早有定论的事件了。一旦关于一个历史事件的表述形成垄断话语体系,它就让人觉得不需要再去检查和批判了。我书中所做的工作之一就是研究这些原始话语(primary discourses)如何变成了原始资料(primary sources)并影响了中外关系和现代史学。

实际上,西方对在华治外法权的诉求并不是在1784年才出现的。它可以一直追溯到16世纪初,从葡萄牙第一个访华使团开始,也就是近现代欧洲帝国官方访华的开端。1521年葡萄牙使团访华时,要求中国政府给它一个小岛做生意,让葡萄牙人在那里自己管理自己。这实际上就是治外法权的雏形,当时他们对中国法律几乎是一窍不通。因此,现代学者将二百六十多年之后的"休斯夫人号"事件以及该案所反映的所谓中国法律的武断残酷作为治外法权的根源,是时间错乱、逻辑不通的。而且英国殖民开拓者早在1715年和1729年就两次企图从广东官员那儿获得治外法权。但是,为什么从19世纪中期至今有很多西方评论者和学者会将1784年"休斯夫人号"事件和列强在华治外法权紧紧地绑在一起,把前者说成是后者的导火线或根源呢?这很大程度上就是话语体系在起作用。

当我们真的重新回到档案之中,看到的是不同的图景。相对而言,西方媒体对这个事件的报道出来较晚。而更加详细的东印度公司的内部报告，尤其是其伦敦总部对该公司驻华代表的指令和训斥，在过去很少被提起过。我将它们相互参照，进行批判性解读，再结合其他非官方档案的史料，从它们对同一事件表述的缝隙和差异之间寻找这些档案本身的问题。但重点不在于构建该历史事件的完整真相，而是剖析政治、经济和文化因素和利益追求如何影响了史料、所谓的历史真相和现代历史研究。实际上，像"休斯夫人号"案这样涉及众多复杂利益和被垄断性叙事层层包裹的著名国际纠纷，现在恐怕谁也没法弄清事件的全部真相了。这是帝国档案的特性之一。

书中分析的不只是西方档案，也包括清朝档案。比如，地方官员在上报中外纠纷时为何隐瞒部分案情，以及朝廷怀柔和维稳两种政策间的矛盾和原因。所以，这本书是对官方档案和史料的批判性思考，或者在某种程度上说是对不同帝国的权力运作方式的反思。当时的官方档案本身就是受帝国话语体系和统治技术影响的资料汇集而成的。我在书中使用了大量其他类型的史料，来同官方档案进行互证互驳。我也不时思考其他无法找到的档案和文献可能提供的信息和角度（即我在《法律与社会》2018年的一篇评论中所提到的隐形档案或隐形史料）。

第三节 法律翻译、帝国知识生产和国际政治

王雨：您在专著《帝国眼中的中国法》中讨论了《大清律例》的翻译过程和影响。您能先谈谈这一翻译项目的背景吗？

陈利：在18、19世纪，大多数英国人（和在广东的很多其他西方国家的人）普遍认为中国人是不可信的。除了语言的限制，他们还觉得中国翻译不可信，对中国人翻译的准确性和忠实性都存疑。《大清律例》的译者斯当东（George Thomas Staunton）是1800年至1816年间

东印度公司在华的翻译,对东印度公司这十几年间涉及中国政府和中外纠纷档案的形成具有很大的影响。斯当东刚到广东时的中文水平不见得比当时中国通事的英文水平高多少,但因为他是英国人,所以英国人信得过他。英国人想用自己人来掌控与中国人的交流过程。随着中文能力和对中国了解程度的提高,斯当东的角色颠覆了中国自 16 世纪 50 年代至 1800 年这二百五十年左右中外交流的惯例。通过对语言和知识的控制,英国人企图把中国政府对中外交流模式的主动权夺过去。在斯当东之前,18 世纪中期英国人曾经有自己的翻译,名叫洪任辉(James Flint)。他的中文是成年之后在中国学的,但斯当东是十来岁的时候就开始学中文,所以他的语言水平显然要高很多,而他对中文的驾驭程度让英国在同中国官府打交道时逐渐掌握了更多的主动权。

斯当东意识到,中国法律不像欧洲人原来认为的那么武断和落后。后来他又发现中国人不仅有法律,而且有非常成熟的成文法典。于是他在 1800 年左右托人私下在中国买书,因为当时清朝政府禁止外国商人购买中国官方书籍,而且 1760 年后外国商人在中国请中文教师也被禁止。这情形同印度完全不一样:印度是英国殖民地,所以英国人可以让印度最好的学者去教他们,给他们提供印度最珍贵的文献供研究和解码。斯当东就是用这种非法的方式,购买了至少两个不同版本的《大清律例》,其中一个版本是他托人从南京购买的,因为南京出版业很发达。他也买了几种讼师秘本和多种其他清代司法案例集。当时斯当东想了解怎么跟中国人打官司,所以他意识到对中国法律制度的掌控,是对英国人扭转英中关系局势、解密中国政治法律制度非常关键的一个东西。

但是他的动机不能被理解为仅仅是帝国主义文化掠夺或征服。实际情况要更复杂。一方面,他是一名受启蒙运动影响的英国绅士,对外部世界的新奇事物充满好奇心,也渴望攫取更多的知识,因为他和同时代的很多欧洲绅士一样,相信知识就是力量。另一方面,他跟英帝国的殖民扩张密切相关。而且，他还有自己的意图，想通过这个翻译工程来在欧洲东方学界证明自己是英国首位真正的汉学家，这样下一次的英国访华使团可以由他带领。他后来确实担任了1816年英国阿墨斯特（Amherst）访华使团的副大使（他父亲老斯当东 [George Leonard Staunton] 是著名的1793年马戛尔尼 [Macartney] 访华使团的副大使）。所以影响他翻译工作和翻译过程的因素，有个人的，有知识上的，有政治层面的，也有国家和制度上的考量。从后殖民主义的角度来说，我们无法抹杀他作为一位19世纪初的汉学家跟帝国和殖民主义的关系，就像不能抹杀15世纪以来西方宗教传播与帝国的关系一样，但这不是说所有19世纪的汉学家或传教士都一定是帝国主义者、殖民主义者或东方主义者，而是说我们须关注西方知识体系形成背后、特定案例中的具体的政治、经济利益和权力关系。

图1-2 《大清律例》的译者，英国议员及近代英国首位汉学家斯当东
（由英国政府艺术收藏委员会 [Government Art Collection] 授权陈利使用）

第四节 《大清律例》在欧洲"现代化"思潮中的角色

王雨：您能谈谈《大清律例》的翻译如何影响了西方对中国法律和社会的认识，而中国法律又在欧洲现代性形成过程中扮演了什么样的角色吗？

陈利：在 1810 年斯当东出版英文版《大清律例》时，很多人觉得他是西方直接翻译清朝法律的第一人。这是错误的（除非我们按照当时西欧的流行做法把沙皇俄国不视为西方的一部分）。实际上，1780 年左右有位名叫列昂季耶夫（Aleksiei Leontiev）的俄罗斯汉学家，曾受女皇叶卡捷琳娜二世之命，将《大清律例》和《大清会典》的节选本从满文译成俄文。因为俄国当时试图进行法律改革，所以这些清朝法典有借鉴意义。那是西方最早直接翻译《大清律例》的尝试。但是俄语版在俄罗斯之外流传很少，影响较小。而斯当东的英译本很快被译成法语、意大利语、西班牙语，而且西班牙语有 1856、1880 年两个版本。斯当东的翻译通过这些不同的语言和欧洲最主要的知识型期刊杂志，在包括法律人士在内的精英知识分子阶层中传播，比如在《爱丁堡评论》（*Edinburgh Review*）、《批判评论》（*Critical Review*）、《大英评论》（*British Review*）、《每季评论》（*Quarterly Review*），还包括一些法语和意大利语的杂志中，上面的书评经常长达几十页，连篇累牍。这些书评对斯当东的翻译有全面的分析、评论和总结。所以他的译本在刚出版的几年间产生了很大的影响，一直到 20 世纪 90 年代都还被不少现代汉学家引用。20 世纪 70 到 90 年代，美国汉学家华莱士·约翰逊（Wallace Johnson）把唐律译成了英文，而另一名美国学者威廉·琼斯（William Jones）也在 1994 年把《大清律例》的律文译成了英文。在那之前，斯当东的译本是帝制中国法典的唯一英译本，也是英文世界最权威的。当然在19世纪后半期,还有两三个法语译本,其中一个比斯当东的译本更全,在法语世界影响较大。但整体来说,斯当东的影响更大、更久。

在20世纪末21世纪初,法律史学界对中国几千年历史上是否没有"民法"传统而只有"刑法"传统这种说法有过很大的辩论。但学界不知道的是,在西方将中国法律传统权威定义为刑法传统的始作俑者是斯当东。他在翻译和介绍《大清律例》时,受近代西方法律概念的影响,先入为主地将中国法律制度和体系按照西方的习惯来划分,将作为中国"根本大法"(fundamental law)的《大清律例》称为"刑法典"(Penal Code),并经由其译本的广泛传播,使得这种说法根植于西方的中国法律研究中。这种将自己的文化传统和概念视作普遍价值和评判标准的做法,体现在斯当东的翻译和大量评论他翻译的著作中。通过研究原始档案,我在书中分析了斯当东从1800年到1810年间如何把《大清律例》一步步地从中国法典(Law Code)或者"律例"(Laws and Statutes)变成了"刑法"(Criminal Law)或者"刑法典"(Penal Code)。这个例子反映了翻译或其他跨语言活动同国际政治和文化利益的关系。

斯当东的巨大影响力不仅和他向英文世界提供最直接的译本有关,还因为他本人是19世纪初最权威的汉学家之一。当然,同时代的还有第一个来华的新教传教士马礼逊(Robert Morrison,曾经是东印度公司在斯当东之后的中文翻译)。斯当东和马礼逊有很相似的背景,而且前者对后者帮助也很大。斯当东比马礼逊更资深,是在英美世界受尊重的第一个现代汉学家。我在书中提到,他在英国关于鸦片战争的辩论中扮演了很重要的角色。他关于中国法律和政府的描述,影响了英国官方和民间对鸦片战争的理解。虽然不一定是决定性的作用,但是他的声音非常重要,因为他被英国朝野上下认为是最权威的汉学家,是知华派。他在中国生活了十几年,1816年英国第三次派使团访华时他担任使团的副大使,回英国之后当了十多年的议员,同英国外交大臣以及后来升任首相的巴麦尊勋爵(Lord Palmerston)保持了几十年的密切关系。在斯当东的翻译出版前后,英国议会从 1810 年到 1818 年左右进行大辩论,讨论英国是不是应该将其缺乏体系性、"现代理性"和人道主义的刑法简化和法典化。当时英国的刑法制度由很多刑事判例和一些议会因特定事件通过的法案(statutes)构成,但它没有刑法典,现在也没有。它不像中国当时有《大清律例》这样一个几乎适用于全国的成文法典。而英国司法制度的复杂、臃肿和司法判决及定刑的随意性被改革派大肆批判。英国刑罚的残酷和血腥是出了名的,所以英国刑法又称血腥法典(Bloody Code)。当时英国议会内外都在辩论是否要改革刑法,使之现代化。不少人发现翻译成英文的《大清律例》不仅更加理性,而且非常系统。中国完整保存下来的法典最早可以追溯到公元 600 多年的唐律。清律和唐律的相似性相当高,所以中国有悠久的成文法传统。拿破仑 1800 年左右开始制定《拿破仑法典》,刑法也是在 1809 年才颁布,是在《大清律例》译成英文的前后。在《拿破仑法典》之前,与唐律编纂时间相去不远的查士丁尼法典(Codes of Justinian)虽然对欧洲法律制度影响很大,但绝大部分欧洲国家大部分时期并没有全国性的成文法典,更没有像中国那样对各种违法犯罪行为在成文法中予以详细规定并科以相应不同的处罚。18、19 世纪的不少西方评论都惊讶于中国法律这方面几乎超前的理性化程度。

我在书中还分析了近代西方关于中国法律的表述中出现的很多矛盾之处。过去很少有学者提到,孟德斯鸠(Montesquieu)、韦伯(Max Weber)、黑格尔(Hegel)和密尔(John Mill)这些启蒙运动以来西方最有影响的知识分子对中国法律的表述经常是自相矛盾的,而这些相互矛盾的理论又在关于中国的话语体系中占据了垄断地位。孟德斯鸠是个典型例子。孟德斯鸠将国家分成专制国家、君主制国家和共和制国家三种。共和制最先进，其次是君主制，而专制最落后。在论证专制主义（despotism）时，孟德斯鸠觉得中国只有皇帝是自由的，其他的人都是奴隶，没有自由。整个国家中没有长期形成的法律来约束权力，这样的国家是用恐怖和酷刑来统治的（rule by terror）。所以孟德斯鸠有句话非常出名：中国是用板子来统治的。西方将中国定义为东方专制主义的典范，"归功"于孟德斯鸠 1748 年出版的《论法的精神》（the Spirit of the Laws，清末时严复翻译为《法意》）一书。孟德斯鸠的观点对现代政治和司法体系的建立影响深远，也是美国国父们建立三权分立和民主共和制的主要思想源泉之一。但当他提出如何建造现代法律的一些根本性理念和制度的时候，他又拿中国法律制度作为正面的例子来论证。比如，他说中国的刑法罪刑相当，是预防性的和改造性的，而不是基于惩罚性或报复性目的的。他认为报复性法律是落后的，预防性法律是先进的、现代的。在一个脚注中，他说中国在这些方面更像一个共和制国家而不是专制国家。他这本书就是从"法的精神"来分析不同政体和文明的，而他对中国法律的这些特点的承认实际上推翻了他整个书中关于中国是东方专制政体的立论。在过去的二百五十多年里，学者没注意到这个脚注对整本书立论的颠覆作用。这只是西方的中国话语表述中很多自相矛盾的例子之一。对于黑格尔和密尔来说，中国政治和法律制度是过度理性化了，从而导致中国人没有个性（individuality）和自由（liberty），每个人、每个方面都被规范化、制度化了。这是一种观点。但是对于韦伯等人来说，帝制中国的法律制度是非理性的，因为它的司法裁判不是靠成文法，而是靠儒家知识分子的道德良心。这两个完全相反的观点同时存在，而这两种观点都左右了西方对中国的认识，并在后来转变成中国人对自己的认识。这也是为什么中国近现代的身份认同和文化认同是一个自相矛盾的大杂烩。有的人一方面在夸传统，一方面又批传统。这是因为影响了他们认知和价值评判标准的西方话语体系本身就是自相矛盾的。有兴趣的读者可以从书中找到更多的细节和分析，尤其是关于中国的正面和负面印象如何影响了包括英、法等国家在内的西方法律和政治现代化的辩论。需要指出的是，西方把视为东方专制主义代表的中国作为一个负面的例子，在设计自己的政治法律制度时刻意避免重蹈中国的覆辙，这对于18世纪末以来的西方现代化运动和思潮有着深远的影响。而这种从负面角度（negative foil）带来的影响过去经常被忽略了。当然，如同前面已经提到过的，书中也分析了中国法律和制度的知识如何作为"正面"因素参与并推动了西方现代转型过程中的理论建设。

图 1-3　陈利专著《帝国眼中的中国法》封面

第五节　情感帝国主义

王雨：不少 19 世纪的西方评论认为欧洲人和中国人对自己和他人的痛苦有本质上不同的感受和表达方式：欧洲人敏感且富有同情心，而中国人残忍又麻木不仁。这种对情感理解和表达上的偏见是如何形成的？与帝国的政治和文化扩张有什么关联？

陈利：至少从 18 世纪启蒙运动时期开始，欧洲在强调现代社会和文化应更加理性、文明和进步的同时，也出现了我称为情感自由主义（sentimental liberalism）的思潮，它源于自由主义，强调同情心（sympathy）是现代人类文明和人性的一个基本特征。看到别人受苦却不表示同情，会被认为没有教养和不文明。但 17、18 世纪时，欧洲人仍然经常成千上万地去看行刑的血腥场面。电影《勇敢的心》结尾有个场景，苏格兰领袖被处死的时候，无数人在往刑场上扔东西并大声喊着："绞死他！绞死他！"这就是当时欧洲行刑场面常见的狂欢节景象。英国一直到 19 世纪对犯叛国罪者采取的刑法，都还是先把犯人吊起来，快没气的时候放下来缓一缓，然后又吊起来，来回几次，最后再把他绞死，绞死后再分尸，然后再将肢体分埋到全国四个角落。在西方，刑罚有重要的宗教和文化象征意义。而当西方人看中国刑罚时，除了认为缺乏西方的宗教和文化符号意义外，还觉得中国人缺乏文明人对受刑者该表达的怜悯或同情心，受东方主义的影响，他们把中国的刑罚方式和场景当成野蛮文化的铁证。

西方的情感自由主义，在帝国主义时代，尤其是在殖民主义和东方主义话语影响下，逐渐蜕变成了情感帝国主义（sentimental imperialism）。在实践中，这经常表现为殖民者对中国或其他东方专制政府的刑罚或压迫行为表示反感和谴责，从而占据了代表现代文明和人性的道德制高点，并据此声称有权利和道义责任对对方推行文明使命（civilizing mission），然后利用自己的文化、宗教、科学技术和军事力量来完成这一使命。中国的刑罚不见得真比西方的刑罚本质上更残酷。福柯（Michel Foucault）在《规训与惩罚》（*Discipline and Punish*）的开场白中描绘的18世纪中期法国对弑君者处以的四马分尸，在那之前还加上令人发指的酷刑及分尸后的挫骨扬灰，不比清代的凌迟处死显得更人道或文明。

亚当·斯密（Adam Smith）认为一个理性开明的现代人可以成为具有同情心的公正观者（impartial spectators）。但是在帝国主义情境下，很多人成了帝国的观者（imperial spectators）。他们对中国人或文明的他者缺乏真正的同情心，很少能感受到对方的痛苦，而是更多关注自己的痛苦或自己内心受到的伤害。这是情感上的自恋，他们的同情心很难延伸到文明或种族界限的另一边。这就是为什么说情感自由主义变成了情感帝国主义，因为它成了帝国扩张的一个话语体系和意识形态，同情和怜悯心被政治化了。很多时候，帝国政策和行径无法用法律或道德原则来辩解，而情感话语体系可以填补这个合法性的空档。我书中进一步分析了情感对跨文化关系和国际政治所起的重要作用。实际上，这种影响并不仅限于中西关系。

在18世纪之前，西方经常把过去野蛮的自己和现代化的自己做对比。但是，随着东方主义话语的传播、欧洲帝国的全球扩张，以及欧洲人自我意识的膨胀，尤其是当中国在鸦片战争中被英国打败之后，欧洲人就越来越多地用作为他者的东方替代了西方过去的野蛮自我，这样对比的双方就变成了野蛮的东方和文明的西方。欧洲人于是不断地用文字和图像来凸显中国人、印度人、日本人、越南人或非洲人的野蛮，这种东方主义话语反过来又加强了欧洲人的文明和种族优越感以及所构建出来的东西文明界限和等级。欧洲人经常忘了自己也曾"野蛮过"，而且这种野蛮贯穿其殖民扩张过程，从未彻底消失。就像

19世纪中期一名叫麦都思（Walter Medhurst，1796—1857）的英国驻华外交官兼汉学家在一次罕见的自我反省时所说，实际上欧洲人和中国人一样都还是野蛮人，因为号称现代文明国家的欧洲列强还在到处侵略杀戮，包括发动两次鸦片战争。

图1-4　1801年伦敦版《中国刑罚》（*Punishments of China*）（陈利收藏）

和情感史相关的还有一点，就是上文提到欧洲人在中外关系史上曾长期怀有一种受害者的心态。虽然不少现代学者常称中国喜欢把自己打造成一个帝国主义的受害者，但受害者心态不是中国发明的，也不是中国独有的。我在最近发表的一篇文章中指出，实际上近代无数国家都有这种心态，而且近代欧洲殖民强国尤其热衷于声称自己是被殖民对象的受害者。早在16世纪三四十年代，葡萄牙人和西班牙人就呼吁要派军队攻打中国，报复中国对西方人传道和自由贸易的限制政策。1588年的一名驻菲律宾大主教甚至上书西班牙国王菲利普一世，请求派远征军把中国变成它的藩属国（tributary state），强迫中国每年运一船白银作为给西班牙国王的贡礼。即使在第二次鸦片战争之后，欧洲在中国的传教士和其他人员仍然觉得随时会受到中国"暴民"的伤害。

我在书的结尾讨论了鲁迅对砍头的描述。一个被认为是俄罗斯间谍的中国人在日俄战争时被日本人抓住后砍头，许多中国人围观。比较欧洲人对中国的描述和鲁迅对中国人的描述，我们会发现二者非常相似。不管他看到的照片是不是真像他写的那样，但鲁迅对中国观众的表述跟西方的东方主义表述有不少异曲同工之处。当然，二者间的根本区别在于鲁迅想唤醒中国人，想通过批判中国传统文化来改变中国的落后局面，抵御帝国主义列强。不过鲁迅用来批判中国传统文化和国民性格缺陷的表述方式和内在逻辑，却同西方的东方主义话语体系和价值观有重要的相似之处，这是值得注意的。

第六节　重新认识鸦片战争前的中西关系和战争的后果

王雨：您在书中最后一章对著名的鸦片战争的成因和影响提出了一些新的、重要的见解。您能举例说说这具体表现在什么方面吗？

陈利：过去大家都觉得第一次鸦片战争是中国近代史的分水岭：中国从强盛转向衰落，从封建社会变成半封建半殖民地社会，其后向现代社会过渡。但是从后殖民主义文化史和全球史的角度来看，这次战争还有其他重要的意义。比如，它让西方的文化、价值观、法律制度（包括所谓的国际法）获得了合法性，并减少了西方人在中国脆弱不安（precariousness）的感觉。如果西方不能把中国纳入西方的国际法体系，那么现代国际法就永远不能称为真正的国际法，毕竟中国当时的人口比所有欧美国家的人口加在一起还要多。而缺了近一半世界人口的国际法，算什么国际法呢？

除了我们所熟悉的政治经济后果外，这次战争的另一个重大意义在于把很多之前西方对中国的表述、话语、偏见和印象，通过国际条约和国际法体系合法化、制度化了，其后果就是长期流传的关于中西文明和种族差异及优劣等级的表述，不仅变成了既定事实，而且成了西方获得殖民特权和政治、文化和经济霸权的法律和道德依据。同现代、文明和强大的西方相比，中国成了一个半文明或者野蛮残酷的社会，一个专制集权和没有现代化理性的落后国度。

实际上，从 16 世纪初以来，中国一直是西方殖民帝国在东亚乃至全球扩张的最大障碍。西方宗教、文化、资本市场、政治及领土扩张的野心，在长达三个世纪期间未能在中国取得太大进展。我认为这应该在很大程度上归因于后来常被现代学者诟病的明清政府对西方殖民开拓者和帝匡创建者的种种"掣肘"措施和严防政策。作为执东方世界之牛耳的中国若未被征服，则日本、朝鲜、越南等周边国家自然也不会配合西方的政策，至少包括马戛尔尼大使和鸦片战争时英国驻华代表义律在内的不少人都是这么理解的。后来日本、韩国和越南在鸦片战争后所经历的变化也确实印证了这个推理。

鸦片战争之前，这个自我保护的机制体现为广东模式（the Canton System）。18 世纪 40 年代中国政府把所有欧洲的贸易活动集中到广东一个港口，而且外国人只能在广州城墙之外的十三行居住，在贸易季节之外必须离开。不能随意去任何其他港口，不管是去福建、浙江，还是去上海、天津从事贸易活动，都是非法的。这个机制从客观上防止了欧洲列强提前一两个世纪把中国至少部分领土变成殖民地的可能，而英属印度和其他很多欧洲海外殖民地就是从一个个沿岸的小货栈（factory）逐渐变成驻军的城堡而扩展开来的。

广东模式使得在华欧洲人一直处于被动局面。他们跟当地人打交道的时候受到严格控制，从澳门到广州城外，沿途经过很多关卡，而且要由中国特许领路人带着才能上去，所以欧洲人在中国的活动自由极小。当然，地方官员有的执法较认真，有的很松懈或胆小怕事，有的因为受贿而对外国人的行为睁一只眼闭一只眼，但是所有在华的西方人在鸦片战争前原则上都是受中国法律和政府管辖的，他们的待遇和贸易机会也取决于中国朝廷和地方官员的态度,这和他们在其殖民地的待遇完全是天壤之别。所以在二三百年期间,欧洲人经常抱怨自己在中国如何饱受腐败与专断中国官府的凌辱和虐待。这种认为文明和强大的西方基督教国家的子民和官员长期遭遇东方专制政府与野蛮中国人伤害(injury)和非正义行为(injustice)的看法,逐渐形成了这个时期影响欧洲国家对华政策的一个垄断性话语体系。

过去研究鸦片战争,大多集中在战前三四十年间的中英经济利益和外交冲突,但实际上其深层次原因须从更长时期和全球史的角度来分析,在不少方面可以回溯到1520年左右欧洲国家开始在华进行的殖民拓荒和贸易活动。鸦片贸易对中英的经济影响只是争端的一个重要原因和直接导火线;西方帝国扩张和中国对外政策之间的矛盾,以及由此催生的关于中西文明界限和不可调和性(incommensurability)的话语体系所造成的政策和舆论导向,才是深层次原因。书中前四章研究档案(archival)、知识界(intellectual)话语体系(包括东方主义和帝国内部的矛盾)和流行(popular)文化所体现的情感帝国主义,我在第五章中把这些不同类型的史料和不同利益角度放在一起,综合分析了第一次鸦片战争的成因和后果,并重新审视了战前上百年间的跨文化政治如何影响了中英双方的政策选择,以及英国从政府和议会到大众舆论,对鸦片贸易、中英关系和国际法等问题的辩论和依据;既批判了认为鸦片战争是中西文明冲突不可避免的结果这种传统观点,也摆脱了过去很多人将这次战争简单理解为英国全国上下为了经济利益,全然不顾法律、道德和公众舆论而发动的一场赤裸裸的帝国主义侵略战争的观点。

另外,中国在鸦片战争失利后逐渐沦为半殖民地,使得很多现代历史研究者从后往前投射,先入为主地认为西方国家在同中国的交往关系史上多数时候处于强势或垄断地位,而中国则是被支配的一方。但事实上,从1520年到1840年,中国几乎都主导了中外关系的交流方式。按照玛丽·路易斯·普拉特（Mary Louise Pratt）在《帝国之眼：旅行书写与文化互化》（*Imperial Eyes: Travel Writing and Transculturation*）中的理论，被殖民和被控制的这些民族或者国家，只能通过有限的空间和方式来找到自己的声音和主体性。但中外关系史体现了不同的权力关系特点。因此，我书中想重点阐述的一个观点就是，在鸦片战争前长达近三百年的时间里，中国在中西交往中是控制双方关系走向的一方，而西方国家长期处于一个被动、焦虑不安和脆弱的地位。结果，欧洲人一方面觉得自己比中国人更先进和文明，代表了强大的殖民帝国；但另一方面又觉得自己时刻处于危险之中，长期遭受中国官府的怠慢和肆意凌辱。这种焦虑、屈辱和受伤感深深地影响了他们对中国法律和政治制度的看法和随之制定的对华政策。

第七节 跨学科理论和史学方法的借鉴意义

王雨：您书中运用了来自多门不同学科的研究成果和理论，您能谈谈其中一些主要的概念和理论分析方法吗？

陈利：这本书的确吸收了文化研究、后殖民主义、人类学、南亚研究、国际法史、西方帝国和殖民主义历史等领域的概念和方法。怎样借鉴有价值的东西而不被别人的观点和风格牵着走，并进而形成自己的研究路径，这不是一个容易的工作。由于读者对不同领域的熟悉程度不一，我在书中尽量避免使用晦涩艰深的专业术语，而是用简洁的语言来阐明一些核心概念和自己的观点。运用理论是为了让自己的研究和分析更有深度和说服力，而不是将简单的观点或意思搞得更复杂难懂。具体来说，下面这些例子可以说明书中是如何选择性借鉴与运用理论和跨学科研究的。

一、文化界限的构建和重新理解接触带

我在书中重点分析了中西文化界限（cultural boundaries）是如何在具体的历史场景下被构建出来，并被制度化和政治化，以致变成了制定政策乃至发动战争的法理和道德依据的。这种所谓的文化或文明界限，并不是亨廷顿（Samuel Huntington）等人所认为的那样是一个超越历史的先天存在，而是在具体历史条件下的跨文化政治（transcultural politics）力量竞争演变的结果。

在研究中西跨文化政治时，我使用了普拉特在《帝国之眼》中提出的接触带（contact zone）这个概念，并对其进行了拓展和修正。普拉特认为19世纪的殖民接触带的活动本质上受到了西方帝国的强权控制地位影响，接触带的活动属于对抗性的。她对跨文化嫁接（transculturation）的分析肯定了弱势者或被殖民者的主体性，但其前提仍然是西方殖民帝国居于垄断性的强势地位，而且文化借鉴和学习是自西向东的单向运动。她这些结论并不太适合鸦片战争前二三百年的中西关系。就像我此前提到过的那样，当时中西接触带并非完全由西方左右，

图1-5 折扇上的19世纪初欧美国家在广州城外的洋行图
（由皮博迪艺术博物馆［Peabody Museum］授权陈利使用）

实际上双方交往的条件和规则更多时候是由中方控制的，而这种权力关系影响了接触带中各方的言行和策略。同时，清朝的地方官员跟外国人的关系也不总是对立的，他们有相互利用、相互妥协，或者相互勾结的地方。不少清朝广东地方官对外国人的违法行为文过饰非，尤其是执法时如果遇上外国人坚决抵制，就尽量不让上级官员知道全部真相，以减少自己的麻烦或职业风险。

另外，我对接触带这个概念进行了大幅的延展。对我来说，接触带不再受限于具体的物理空间，它还包括了文化空间、话语空间，甚至思维想象空间中的接触。换句话说，我觉得这个接触带不应该被局限于澳门、广州或北京这些中外直接交往的地方。比如，《大清律例》译本在欧洲的流传过程中，也可能形成一个中西文化接触带。斯当东从中国将几百套书带回了英国，后来捐给英国皇家亚细亚学会并存放于利兹大学。这些文本被英国读者借阅时也可以形成文化接触带。这个思路可能会给研究中外文化交流和关系带来新的视角和突破。

二、法律的帝国化和帝国的法律化

书中还剖析了帝国的法律形成和法律的帝国形成这两个相辅相成的过程。通俗点说，就是法律和帝国是怎样互相影响和塑造的。法律的帝国形塑，包括了殖民帝国的兴起怎么催生了近现代国际法体系以及国内法律变革，也包括外国人对中国政治和法律的刻画如何影响了自己国内法律改革的辩论和后来中国清末以来的法律现代化运动，等等。这本书出版之后，我写了一篇文章，分析帝国和殖民话语体系如何影响清末民初的中国法律改革者的想法以及中国法律"传统"如何被重新定义。而帝国的法律形塑，具体体现在近现代国内法律和国际法如何为帝国的兴起、扩张和霸权提供法理依据和游戏规则，以及外国列强和中国签订的条约如何帮助帝国获得特权并维护帝国利益。这些法律话语和制度体系，对帝国的意识形态、合法性和运作至关重要。

　　过去对这段时期的中外关系的分析，多是集中于鸦片战争或者马戛尔尼访华，而其他一些中外争端事件很少被人关注，很少有学者分析这些事件在更广阔背景下的历史意义和影响。当我们将这些看似零碎的中外纠纷放到一块时，它们的意义就远远超过一个法国人打死一个英国人或者一个英国人打死一个中国人那么简单的一件事。这就是为什么"休斯夫人号"案件看似简单却变成了现代中外关系史学上的一个关键的支撑点，长期被人说成是治外法权的起源。我们的工作不是简单地否认或驳斥这些传统说法，而是重新深入挖掘和审问支撑着这些说法或话语体系的关键历史事件或时刻，重新解读它们，或从它们内部找出自相矛盾的地方，从而将基于它们而构建出来的宏大叙事解构。

三、帝国和东方主义的内部矛盾

　　我在书中提到，萨义德（Edward Said）和不少早期的后殖民主义研究者过于强调了东方主义话语体系内部的稳定性、一致性和它的全面渗透、牢不可破的能力（totalizing power）。正如罗伯特·扬（Robert Young）在《白色神话》（*White Mythology*）里指出的那样，过分强调东方主义牢不可破的能力，使我们没法对它进行根本性的有效批判。包括刚刚过世的阿里夫·德里克（Arif Dirlik，1940—2017）和一些其他学者也对萨义德的论点提出过类似的批评或矫正。

　　该书的一个主要工作就是分析帝国意识形态以及东方主义话语内部的矛盾和缝隙。西方关于文明和种族、人文主义、自由主义、现代性、国际法和平等主权等等的话语体系，如果从它们的内部仔细剖析，我们都会发现很多自相矛盾的地方，这些矛盾过去经常被忽略。在我看来，这些矛盾反映了帝国和东方主义内部的一些根本性矛盾，揭示并批判这些矛盾，有助于我们重新理解近现代帝国的性质、运作及合法性来源。比如，近代西方强权在全球提倡所谓的自由、平等、正义、人权和法治的时期，也是它们积极对外侵略和殖民扩张的时期，所以它们的意识形态和话语体系从根本上说就不可能自圆其说。书里从不同角度来思考这些问题，希望通过批判分析殖民主义和东方主义话语内部的矛盾和张力，在全球史视野中来重新理解近现代中外关系演变的政治文化逻辑，重新理解中西文明冲突这种说法是如何形成的。

当然，上面的这些介绍都只是挂一漏万地提到了书中涉及的不同问题和观点，有兴趣的读者可以进一步从书中获得更详细的信息。

第二篇

从清史到全球史
对话达特茅斯学院柯娇燕

图 2-1 柯娇燕（摄于 2016 年）

编者按：柯娇燕现任职于达特茅斯学院，是国际著名清史学家，也是清史研究领域中较早使用多语种档案文献和跨学科理论视角深入分析清代统治者的政治文化、意识形态和身份形成过程的少数学者之一。她于 1983 年从耶鲁大学历史学系获得博士学位，师从史景迁教授。她的主要学术著作包括 *Orphan Warriors: Three Manchu Generations and the End of the Qing World*（普林斯顿大学出版社 1990 年版。中译本《孤军：满人一家三代与清帝国的终结》，人民出版社 2016 年版），*The Manchus*（《满族人》，布莱克威尔出版社 1997 年版，2002 年再版），*A Translucent Mirror: History and Identity in Qing Imperial Ideology*（《半透明之镜：清帝国意识形态中的"历史"与"身份"》，加州大学出版社 1999 年版），*What is Global History?*（政体出版社 2008 年版。中译本《什么是全球史？》，北京大学出版社 2009 版。此书并有韩文、日文、土耳其文、葡萄牙文和波兰文译本），*The Wobbling Pivot: China since 1800, An Interpretive History*（《不中庸：一部诠释 1800 年后中国的历史》，威立-布莱克威尔出版社 2010 年版），*Hammer and Anvil: Nomad Rulers at the Forge of the Modern World*（《锤与砧：现代世界锻造出的游牧领袖》，罗曼和利特尔菲尔德出版社 2019 年版），*China's Global Empire: The Qing, 1636-1912*

(《中华全球帝国：大清，1636—1912》，剑桥大学出版社 2021 年版）。其中，《半透明之镜》荣获亚洲研究协会中国研究领域 2001 年度最佳著作列文森奖。

因其对北美清史研究的影响，不少人认为她是近三十年出现的"新清史"研究领袖之一。然而，柯娇燕在访谈中不仅重申她不是"新清史"学家，并且质疑有所谓的"新清史学派"存在。除了回应这些重要的争议性话题之外，她在访谈中还讨论了自己的主要研究著作和兴趣以及在历史领域从业四十余年所积累的治学心得，女性学者在学界所面临的挑战，以及全球史的发展趋势等重要话题。柯娇燕于 2020 年 11 月接受了陈利三个多小时的视频访谈，该对话有助于读者更好地了解柯娇燕的学术生涯以及北美过去半个世纪的清史研究发展轨迹和近年来全球史研究的动向。[1]

第一节　早期学术背景和耶鲁的博士训练

陈利：柯娇燕教授您好，请问您在成为中国史学者之前，是否有受到家学渊源的熏陶和影响？您对中国史的兴趣是否与您的成长经历有关？

柯娇燕：我出生于较为偏远的美国中西部。我在十四岁的时候，转入宾夕法尼亚州东部的一所高中。宾州东部毗邻大都市，便于了解各种信息。我高中的最后一年正值越南战争进入尾声，我当时想如果上大学就去学越南史。然而遗憾的是，我上的大学规模不大，并没有越南史的课程，也没有中国史的课程。幸运的是，不久之后，我的第一位中国史老师来到本校，开设了中国史课程，那是我能有的最接近

---

[1] 本访谈由陈利完成。访谈录音的英文稿由沈至慧整理，中文翻译由郭跃斌完成初稿，再由陈利校对和编辑，并经柯娇燕审订。本访谈的精简版曾于 2021 年 6 月发表于《信睿周报》第 52 期。收入本书时，文字又经王雨和郭跃斌重新校读，然后再经白若云润色。

越南史的机会了。我选了那门中国史的课,而且在本科期间还开始上学习中文的课程!我去学中文可能还是由于我在大学期间最早认识和最要好的朋友恰巧都是来自中国香港和马来西亚的华人后裔。我不仅上了中国史的课,而且为了写本科毕业论文,我还研究了19世纪李氏朝鲜的民族主义。我的中国历史老师在一次日常谈话中,问我毕业之后何去何从,当时我对研究生院是一无所知,从未认真考虑过这个问题。她说我可以上研究生院学中国史。她的建议使得后来的一切成为可能。我于是申请了研究生院,并进入耶鲁大学就读。

陈利:很感谢您分享如此有趣的故事!这和我自己猜想的很不一样。那么请问是什么因素让您最终决定投身到清史研究中呢?

柯娇燕:完全是因为史景迁教授!初到耶鲁的时候,我打算专攻近代中国史。史教授认为中国的近代起源于1600年,他的著作《追寻现代中国》(*The Search for Modern China*)就把近代的起点定在那个时间。史教授将毕生的学术热情都寄托在了清代历史上,他醉心于清代的艺术、文学以及历史人物,与明清史学家房兆楹(1908—1985)先生关系很近。他对清代的一切都抱持着浓厚的兴趣,包括满族和他们的文化,并能够从内部视角来看待中国历史的问题。我认为正是他的学术热情深深影响了我们这些研究生。他培养出很多清史专家,所以我认为他确实对我们这些人的学术成长都产生了巨大影响。

陈利:史景迁教授以独树一帜的文风和叙事方式驰名于中国史学界,他的著作赢得了比绝大多数中国史专家更多的读者群体。他的写作方式对您的文风有所影响吗?

柯娇燕:影响是有的!我在读研究生时遇到了史老师,当年的美国史学界和耶鲁大学都对叙事方式有极大兴趣,比如叙事如何影响了读者对历史现实的理解。史教授在他的名作《王氏之死》(*The Death* of Woman Wang）中就对叙事历史的方法进行了新的尝试。叙事史方面有不少理论方法的讨论，而史学家娜塔莉·泽蒙·戴维斯对此有很大影响，她主张应该把叙事重新带回历史研究中来，因为此前的史学界有点忽略了这个方面。史先生把叙事融合到历史著作中，他和戴维斯以及另外几位学者对推动（美国史学界）重新重视历史叙事起了重要作用。但叙事史并不全然适合我的学术写作，虽然我的著作中也有一些叙事，比方说在我早期的作品《孤军》一书中有很多叙事，我接下来即将撰写的一本新书将几乎全是叙事。我认为历史著作中的叙事很重要，只是我自己的学术写作有时把我引到其他方式上去了。但是总体上来讲，史先生对我的治学风格影响确实不小。

陈利：您的分享很有启发意义！我也正在摸索如何将自己的历史学术写作变得更有意思。

柯娇燕：我不认为您在这个方面有多少问题，您的专著中已经有很精彩的叙事了。

陈利：谢谢。您于1983年从耶鲁大学取得博士学位。在您看来，从那时起到现在的三十多年间，中国史学研究发生了哪些意义重大的变化？

柯娇燕：我认为中国史领域较其他领域的变化更大。80年代学术界受后现代主义思潮的影响很大，耶鲁大学再次处于这种思潮的中心——哈罗德·布鲁姆（Harold Bloom）教授就在耶鲁大学，他也是史景迁先生的好朋友。后现代主义的洞见有很大的学术价值，影响了很多人，即使是那些不愿意和后现代主义有关联的研究者也可以从中汲取一些教训。比如，读者在构建叙事中的角色以及文本解读的多样性（fungibility）——既可以这样解读，也可以那样解读——这些观点，后来成为了在美国做历史研究的常识，我认为对中国史领域的发展也有相当大的影响。同时,比较历史学在北美和欧洲的历史学研究中业已占据重要地位,这是个很好的发展趋势,而且也壮大了前现代史研究领域。比如,比较中国和欧洲的经济发展轨迹,或者比较前现代时期欧亚大陆和北美地区的"征服帝国"的发展,这类研究成了重大课题。中国史领域近年来的快速发展与中国史档案的开放不无关联,但我刚才提到的这些宏观层面的变化仍然非常重要,而且其影响覆盖了整个史学界。

陈利: 的确如此!另一个问题是想请教您对博士生培养的看法。在中国史领域里,现在的博士培训系统和数十年前有哪些区别?

柯娇燕: 我觉得相当不一样。在我入读耶鲁时,新入校的研究生,不论研究领域是什么,都被假定于英语之外还能阅读法语和德语。对于那些要学中国史的同学来说,在上面这些语言的基础之上,除了继续深造中文之外,还要至少上一门学习日语或其他相关语种的阅读课。我上的是俄语的阅读课。要求学习多种语言是为了让我们不仅能够理解源文件,还能阅读很多学术领域的相关研究成果。我们当时正处在一个六七十年代后发生巨大变化的转折点。60年代时,美国很多研究中国史的博士生不能流利地说中文,他们必须能阅读文言文,而且也确实在行,但毕竟缺乏学说中文的动力,因为当时的学生不会跑到中国去做研究。但在70年代,尤其是1979年后,整个美国的中国史学界可谓是物换星移,因为在那之后,大家都可以去中国做研究了。

同样是在1979年,汉学研究确定了用中国大陆的拼音系统来音译中文词汇,取代了之前盛行的威妥玛(Wade-Giles)拼音系统。我们那一代人之前用的是威氏拼音和繁体字,在这之后就开始使用中国大陆的拼音系统和简体字了。最大的变化是可以进入中国,这改变了一切。之前如果要去海外研究一年,大多数的同学会去台北和东京,但1979年之后,自然就是去中国大陆了,大多数人去了北京,在那里他们必须能用流利的中文交流，甚至为长期居住做好了准备。但与此同时，现在的学生阅读和研究各种语言文献的能力有时会相对有限一些了，因为很多同学不会读法文、德文、日文，这会造成一些困难。

图 2-2　柯娇燕 1985 年抵达达特茅斯学院任教时

（由达特茅斯学院提供）

第二节　多语种能力对历史研究的重要性

陈利： 从您的简历里我们了解到，除了英文、德文和法文，您还掌握了中文、日文、朝鲜文、满文、俄文和现代阿拉伯文。拥有这样丰富的语言知识的人，在您身为研究生的年代是否称得上凤毛麟角呢？

柯娇燕： 在我的印象中，这在当时并不算罕见。我当时学阿拉伯语不是为了做研究用，而是因为我在一门伊斯兰历史课程做助教期间，对这门语言产生了兴趣。同时，刚好当时有个很棒的阿拉伯语老师可以教我。实际上，我更应该学习波斯语，因为它对我后来的研究会更有帮助。但那时耶鲁大学没有波斯语课程,只有阿拉伯语。我对这些语言的兴趣源自我对中亚地区的兴趣,那时研究中亚的历史学家,比如傅礼初(Joseph Fletcher)和托马斯·傲森(Thomas Allsen),都懂得这些乃至更多的语言,比如突厥语。当时(历史学者)的做法就是,我们要学习很多语言,以便能读懂他们的文本。我并不会说这些语言,但我能够在字典的帮助下阅读这些语种的学术文章,偶尔阅读档案。这被称为被动理解。

陈利: 我觉得那是一个了不起的成就。现在的很多历史学者,包括我本人,都无法掌握和您一样丰富的语言知识。除了中、英两种语言,我仅仅学过一些法语、西班牙语和日语。很少有人有和您那一代人相媲美的语言能力了。

柯娇燕: 您要学英语,但我不必花时间去学英语!英语是最难学的语言,因为它没有一致性,很多表述方式都无章可循。有的时候,我们只能使用习惯做法来解释为什么这是正确或者不正确的。

陈利: 无论如何,像您那样学习这么多种语言对年轻学者来说总是一个巨大的考验,我想您一定花了好几年时间去学习朝鲜、满、俄、德、法等语言吧?

柯娇燕: 我是在高中时学的法文和德文。耶鲁大学研究生院开设了专门学习如何阅读日文学术文章的课程,学生可以花一年左右的时间来熟悉它们的语法和拼写,然后在老师的带领下进行阅读培训,在此之后,就靠自己掌握的语法和手里的词典,继续练习和提高。这个办法很有效,我还把它用到我教授的满语课上。那些真正研究中亚的人学习的才是极难的语种,比如乌兹别克语和其他一些内亚语言。

陈利：现在的中国史研究生的语言能力怎么样？

柯娇燕：我认为他们的中文相当优秀，比我们当年强。说到满文呢，在我学习满文的时候，基本没有人关注这门语言。我的同班同学中，白彬菊（Beatrice Bartlett）、濮德培和另外几位同学，都到哈佛大学向傅礼初教授学习满文。当时满文几乎无人问津，而现在您可以看到很多美国的清史同仁都会读满文。我觉得，由于乾隆皇帝时期对满文写法和语法的规范化，满文变得相对易于学习。鉴于这门语言对于清史研究的重要性，人们不妨学学它。除了满文，我认为蒙文也十分重要，因为有很好的研究课题可做。我后悔当初没学它。

陈利：近年来，对满文档案重要性的认识在清史学界与日俱增。您对使用满语和其他语言的文献有什么看法？是否也认为所有清史学者都必须能够熟练地运用它们？

柯娇燕：我认为，运用满文文献是所有清史学者都应掌握的一个技能，即使你不打算使用任何满文文献，懂满文还是有好处的，这样就可以更好地理解清朝的统治精英，以及那些由文化、语言和宗教方面的影响而产生的特征。我对满文的重视源自读博期间奥斯曼帝国研究领域给我留下的深刻印象。奥斯曼帝国有三个语种：突厥语、波斯语和阿拉伯语。你如果要做奥斯曼帝国研究，你就必须得懂得这三门语言，以便能看懂参考文献，即使在研究中并不是必须要使用这三种语言的史料。在我看来，这个道理同样适用于清史研究。故而，所有清史学者都应该至少熟悉满文。

在我读博期间，一个很流行的假设是：清代几乎所有的文献都是用满文和汉语两种语言书写的（有时甚至还有第三种语言），而且这些文本的内容都是完全一样的，因而能够读懂其中一种语言的文献，就不必再看其他语种的文献了，也就无须再学其他语言了。但是当你真正开始研究那些文献时，就会发现情况并非如此。一些满文档案从来不曾有过汉语版本，因为有时候清政府把满文当作一种保密性的语言，不希望让汉人官员掌握某些信息。这些满文材料有时甚至还包括数学和医学书籍，清政府可能将它们视为国家信息，不想与汉人共享。从罗友枝（Evelyn Rawski）和欧立德（Mark Elliott）等人的研究中我们可以了解到，当仔细比对满汉文档时，可能会发现它们并非雷同，而且其间的差异可能会揭示出很有意义的信息。满文档案有可能包含更丰富的信息，或者把皇帝和官员想表达的意思说得更清楚。现在的问题是，你要不要用这些档案？计划花多少时间来掌握这些语言？对满文档案的发掘像抽丝剥茧一样，你很难预料还会有什么新的资料出来。不管是满文还是汉文，作为研究者，应该都会希望能够使用有价值的资料。研究者应该根据情况做出最佳选择。

陈利：对于那些正在考虑申请中国史博士项目的年轻学子们，您有哪些建议？

柯娇燕：我一向鼓励有才华的年轻人对学术的追求，但我也会不厌其烦地告诫他们一定要认识到这条道路的艰辛。我的导师曾经不止一次说研究中国史是没有工作机会的，可能因为美国的中国史研究在那个时候还是一个小领域。时至今日，即便美国各地的大学都在试图创建更多的工作岗位，我们所拥有的工作机会仍然少于每年毕业的博士人数。除此之外，建议外国学生学习中文宜早不宜迟，要刻苦提高自己的中文水平，若有余力，再学习别的语种。

陈利：中国史毕业生是否比欧洲史毕业生有更多的就业机会？

柯娇燕：这个很难说。美国历史学领域的就业市场有起有落。历史并不是热门专业，因此美国各大院校里的历史学系扩张很慢，这意味着新的工作机会比较少。但在这个大趋势下，不同专业方向的就业前景有所不同而且时刻在变化，当开始读博的时候，你根本不知道接下来的五六年里会发生什么变化。你选择中国史,有可能会像中了头彩一样幸运,最终找到一个教职,但也可能结果相反,一无所获,谁都无法预判。而唯一可以用来引导自己的就是对这个研究领域的执着,你要考虑清楚这究竟是不是你想做的。如果是,就不要犹豫。可以把这看作一个可以自我实现的预言:如果你有执着和热情,你的工作机会就比别人多。

陈利:是的,这是非常有价值的建议。如今想要完成中国史的博士研究和训练,总得六七年的光阴。这要付出巨大的时间和精力,而职业前景如何往往还不确定,因而也就意味着要有很大的学术热情、决心和很强的自律性。年轻学子们在决定投身学术研究之前,确实需要把这些情况和风险认真考虑清楚。

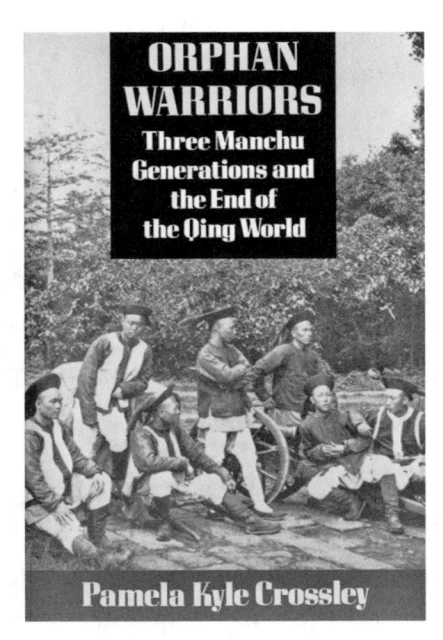

图 2-3　柯娇燕专著《孤军》封面

第三节　从清史到全球史：帝国的意识形态和身份政治

陈利：您已经出版了六本专著，并与别人合著了两本教科书。在中国史专家中，您的出版数目可以说是出类拔萃了。我还注意到这几年您的学术方向发生了重要的改变，由早期对清朝的研究转到跨国史和全球史。在讨论您近年来出版的跨国史和全球史著作之前，我想请您先谈谈早期的一本重要著作——《半透明之镜》。您能简单概括一下这本书的主旨和议题，及其对中国史研究的贡献吗？

柯娇燕：谢谢您提出这个问题。我感觉别人对该书的介绍总有些差强人意。如书名所示，这本书关注的是意识形态，是关于统治者和被统治者之间的意识形态关系的维系和建构。在我称之为"多面皇权"（simultaneous rulership）[1]的体制之下，对社会成员身份的划分过程，也是统治者用来构建自己公共形象的过程，而清代在这方面的做法具有特色。公共形象的建构都是为了应对某种特定的受众，很多征服帝国的多面皇权体制的历史效果就是，统治者通过控制意识形态生产、历史叙事、礼仪和教化，从而构建不同的受众和决定身份的标准。在清代，这样的做法被广泛运用到满族和其他族群的身上。这本书跳过了有关19世纪的大部分内容，但我对19世纪晚期，包括清代中国在内的那些经历社会衰落和瓦解的帝国感兴趣，这些社会的人需要选择用什么标准来决定自己的身份——是因为旧有身份是被帝国强加的，而选择完全抛弃那种身份？还是因为旧有身份在帝国存续过程中已经被帝国成员内化了，而选择保留它？这些选择决定了人们和20世纪初出现的新国家间的关系。这就是书中关于族群身份认同这一点的讨论。

---

[1] 编者注：多面皇权指的是针对不同的群体同时运用不同的治理模式和彰显皇权的方式。

至于这本书的影响，我认为可能是因为书中关于身份（identity）的分析让不少学者有兴趣。虽然我不是第一个把"身份"放在书名中的学者，但当时这么做的人还不多。而现在，很多书名中可能都包含了"身份"这个词，只不过有时搞不清楚那些书在讲什么。而且不幸的是，很多此类著作都引用了我的书，但却没有指出我的书主要是研究皇权意识形态的。我的这本书并不涉及经济史，也未包括社会史，因为它想要关注的是意识形态。

图 2-4　柯娇燕专著《半透明之镜》封面

陈利：您在这本专著之后还陆续发表了四本跨国史或全球史方面的著作，是什么原因使您做出这种研究方向的转变？这种转向和历史或其他领域中的研究趋势有何关联？

柯娇燕：我进入全球史研究有些偶然，且与您之前提到的两本教科书有关。这两本书不同于传统意义上的偏重西方经验的世界史教科书,它们试图囊括世界上所有的重大历史发展,使其成为真正的全球史著作,而我也在这些实践的过程中开始思考何谓全球史。这些项目和历史学界内部的发展趋势确实有合流,尤其是在比较史的发展上。比较史在西方史学界一直都很盛行,但其近年来在中国史领域的发展依然引人注目。安德烈·弗兰克(Andre Frank)、王国斌(Roy Bin Wong)和彭慕兰(Kenneth Pomeranz)等人致力于比较中国和欧洲,对我来说,这是个重要而且令人着迷的课题,直到今天,我还是很爱读这方面的学术讨论。不过我所知有限,并没有参加到这个领域的研究中去。但是,有一点却是我从一开始就意识到的,那就是所有这些比较研究的焦点实际上都是欧亚大陆,我们所谓的全球史通常关注的也是欧亚大陆,而非撒哈拉沙漠以南的非洲、澳大利亚,抑或美洲地区。我们将之定义为全球史,只是因为我们谈论的对象涵盖了不只一个国家或地区——比如,欧洲和中国、欧洲和印度。在此视角下,我们所谓的全球史并不具有全球性,它其实是欧亚史。同属一个欧亚大陆的国家和地区,聚集了大量人口,并在信息、基因、语言和技术等方面交流不断,因此在比较欧洲和中国时,我们就不应该只考虑为何不同国家会出现相似的历史现象,而是要问:为什么这些现象会普遍发生?在某一历史时期,欧亚大陆在结构性层面上发生了什么能波及欧洲、中东、印度和中国的事情或现象?这些就是我去写《锤与砧》一书的原因。

现在我对全球史的理解更清晰了。我的答案是,全球史从本质上说是一套叙事策略,所有做全球史研究的学者都面临企图在"全球"规模上来做分析、研究这个几乎不可能完成的任务。我认为研究者对叙事的范式选择决定了其研究是否能构成全球史。就像我之前说的,我参与全球史研究很偶然,但置身其中,我领悟到不同史学领域中存在的这个比较史主题,特别是对中国史的研究把我引向了其他问题。比如,是什么使得一个地方不同于另一个地方?"欧亚"大陆是个什么样的地方，其不同地区间的差异和关联是如何形成的？

图 2-5　柯娇燕专著《什么是全球史?》封面

陈利：为了便于读者更好地了解您的学术方向，现在我们来讨论一下您近期将出版的几本著作。您能否简单介绍一下您即将完成的《中华全球帝国：大清，1636—1912》？

柯娇燕：这本书是关于清朝的。在 17、18 世纪时，清朝毫无疑问是地球上最有影响力的经济体。那么，清朝是如何达到这个成就的？它征服中原和周边地区的历史过程是怎样的？它如何建立了这样一个幅员辽阔的帝国？康熙帝是如何成为一个全球知名的人物、伏尔泰心目中"哲学王"的典范的？这本书将谈到贸易、军事垄断和个人魅力等内容，与我的另一本著作《不中庸》(*The Wobbling Pivot*)[1] 在关注的

---

[1] 编者注：本书的中译名尚值得推敲。据柯娇燕本人的解释，她写作该书和所取书名 *The Wobbling Pivot* 是受"中庸"这个概念的启发，而"中庸"一词在英文中通常翻译为 un-wobbling pivot，所以她认为本书书名可以翻译为"不中庸"。在英文中，wobbling 的意思是"摇摆不定"，而 pivot 的意思则是"节点、支点或枢纽"，所以如果直译的话，该书名应该是"摇晃的支点"之类的。在确定有更好的题目之前，暂保留柯娇燕自己提议的书名。

时代上有些重合，后者着重探讨 1800 年至 20 世纪 80 年代的中国，其中也包括了 19 世纪的内容。我想重新将这本书改写一下，换成以 1900 年为起始点，这样就可以避免这两本书的重合。

我之所以聚焦 19 世纪，是因为有人对那个时期发生的规模巨大的内战进行全球性比较。很多人热衷于讨论美国内战或克里米亚战争的影响，但当时在中国发生的太平天国战争，其规模和影响要远远超过它们。这就是全球史视角的意义所在：可以把规模、跨地区影响，和中国在 18、19 世纪的世界角色都揽入一个整体图景中考量。

陈利：您提到的《不中庸》和《中华全球帝国》这两本书是为本科生或研究生设计的课本吗？

柯娇燕：我最初没想过《不中庸》能成为课本，尽管很多同仁会把它作为课本来用。但是，我确实在该书中包括了一些在写教科书过程中学到的特色内容，并且没有脚注，而是在每一章后加上了介绍相关资料和书目的文章。除了你说的这两本书之外，《锤与砧》也是这样，不过是基于不同考虑。《锤与砧》一书所参考的著作和文献极多，因此几乎每一句话本来都需要有一个脚注来说明，但那样做会导致书中出现很多重复的内容，而出版社根本就无法提供这么多的空间。所以，我只能利用书末的文献介绍来提供这些注释。这种风格可能确实让这本书看起来像是一本大众读物；你或许也可以用它来做课本，因为里面有许多的地图和其他特色内容。它没有脚注，但有文献介绍。

陈利：对于刚刚开始接触近代中国史的本科生，您会推荐什么书？

柯娇燕：我个人教授一门中华帝国晚期的历史课，会用即将出版的这本书。事实上，明年起我就打算让我的学生读书稿。在教授中国前现代史的课程时，我已经在用《不中庸》，还有就是韩森（Valerie Hansen）的书。韩森的书涵盖的时间段比我自己的书要长，我主要用她这部优秀作品来教授 16 世纪前的历史。

陈利：您方才也提到 2019 年付梓的《锤与砧》一书，它的关注点是西亚以及整个欧亚大陆。您能否简单解释一下这本书和您之前的两本书以及之后的《中华全球帝国》有哪些联系？

柯娇燕：我觉得是有联系的。这本书的内容全部是关于 1600 年之前的历史的。单以学术背景而言，我不是一名中古史的专家，所以需要学习这段时期的历史。这就要回到我之前提到的比较史学者怎样看待前现代时期中国和欧洲的异同的话题上。我觉得它们应该被理解为一个大区域的两个地点，而非两个不同的地域。全球史的讨论在那之前还停留在肤浅的"邂逅"上。比方说，我遇见你，教会你怎么包水饺；或者你遇到我，教会我怎么造玻璃。这样的讨论可能很有趣，但也可能会很肤浅，往往是隔靴搔痒，看到的都是镜花水月。《锤与砧》的立意点在于强调全球史反映了一些结构性的、不仅限于观念上的因素，如贸易、征服、主要宗教的传播等。我认为，（后）游牧民族的统治者扮演着相当有趣的角色。当时在中亚盛行突厥人的政治传统，这个传统和社会、宗教的发展有关联。当这个政治传统在东到中华帝国、西至中东国家的欧亚大陆上传播到人口众多的地区后，你会发现这个来自中亚的政治传统与治理富庶且人口众多的国家的技术结合起来了。于是，相似的事情就在不同的地方发生了——主要表现为出现了科学探求、政治异议活动、语言通俗化以及早期民族主义和民族国家的蓬勃兴起。

陈利：这对于我们更好地理解传统历史学研究方法和跨国史/全球史的异同无疑有很大帮助。根据您在过去二十年的经验，从全球史的角度来进行研究的最大益处和挑战是什么？

柯娇燕：我认为重要的一点是，全球史并不是历史。作为历史学家，我们受到的训练是，去到一个地方，寻找关于它的档案资料，然后从中产生原创知识，再找到方式来验证这些知识，这就是历史研究。古希腊史家希罗多德（Herodotus）说过，历史研究在本质上是探索问题的艺术。

而全球史则与此有很大不同。全球史研究在于阅读和综合其他学者出版的研究著述，与其说它是历史学的一个分支，毋宁说它更接近社会学。你可能要收集、整合大量有关经济发展、人口和贸易模式的信息，然后加以综合，所以全球史更像社会学项目。如果我理解得不错，您的问题是，既然全球史研究本身和传统历史学不同，一个历史学者该如何开展全球史的研究？在我看来，很多优秀的社会学者同时也是优秀的历史学者，产生了不少优秀的学术著作。反过来，历史学者读社会学的著作也经常倍觉亲切。

一些美国高校的研究生院设立了全球史专业，但他们培养学生的方法和历史专业训练的方式不同。一般说来，全球史研究可能是一个人在职业生涯到了某个阶段时才会决定要做的事。当你积累了足够的知识，就可能希望尝试整合一些想法和历史关联性。当你拿到了终身教授的职位，就更可以去尝试一些东西而不用担心职业生涯夭折。事实上，社会学者到了某个职业生涯阶段后，就可能去做一些历史性的研究，而历史学者读了历史社会学的东西之后，也可能尝试做点类似的研究。这些都是到了学术生涯的某个阶段时才会发生的。

有些学者对现有的研究方向很满意，只想继续生产原创历史知识的重要工作；但有的人则会说："我对这个事情有自己的想法，所以我想试试来研究一下。"但缺乏深度的分析是不少全球史著作的通病，这也是我对《锤与砧》这本书感觉不错的原因，它的深度超过了很多同类书籍。

图 2-6　柯娇燕专著《锤与砧》封面

陈利：您觉得一本中国史学者的全球史著作，和一本法国或德国史专家的全球史著作相比，获得的关注度会低一些吗？

柯娇燕：那也不见得！比如王国斌教授，他现在说的关于全球史的任何东西可能都不会被轻视，他对法国史也十分熟悉。在史学界曾经有一段时期，援引法国理论家会被当作很酷的事情，或许我们已经快摆脱那个阶段了。我们对理论的痴迷越小，就越能承认中国史专家和非洲史专家的著作的学术价值。我们正在进入一个前所未有的强调经验主义和多元视角的新阶段。中国史和非洲史领域里都有相当多的传统理论框架可以让西方历史学界借鉴。我们需要把全球史研究领域发展到一定程度，并对这种学术多元化保持开放的态度和兴趣。

陈利：我赞同您的观点。希望这种开放性不只是针对中国史，对其他非西方史学领域也是如此。许多读者可能也观察到了，研究英、法、德等国的史学著作被中国史学者引用的频率远高于中国史著作。这个现象是否是您所观察到的理论优先的学术习惯所致，还是出于其他原因？

柯娇燕：两三年前我在《全球史杂志》(*Journal of Global History*)上发表过一篇小短文，目的在于回顾和点评全球史领域内的著作。文章稍微有点跑题，我着重探讨了查克拉巴蒂（Dipesh Chakrabarty）。他有个关于"凝视"（gaze）的名言，大意是：所有非欧美社会（中国、印度、非洲等）都成了欧美凝视的对象，我们为什么不能"反顾"他们呢？也许我们早就该这么做，早就该凝视回去。但我的问题是：你反顾回去的目的是什么？

"凝视"概念及其背后的理论体系都来自欧洲社会科学，而后者则是欧洲创造的东西。有人可能会说，社会科学可能是普遍的、全球共有的，但事实并非如此，社会科学是从欧洲历史发展出来的。我曾经问过一个问题：为什么章学诚或其他类似的中国学者不能成为欧洲史学讨论中所提及的重要思想家？因为近现代欧洲史就是欧洲史，它不觉得需要借鉴其他文化或社会——比如中国或南亚——的传统。我在那篇文章中指出，这个情形和中世纪时期不同，中世纪的欧洲知识体系还没有自给自足，对一切来自伊斯兰世界的学术影响都持开放态度。15世纪至17世纪，当欧洲变成了对外扩张的帝国和殖民强权时，近现代社会科学理论也开始兴起，二者互为表里。我们要参与到现代社科理论的构建中，可能就无法回避它们源自欧洲的事实。但这并不就是一件坏事。很多人从欧洲的传统中找到了各种有用的理论和方法，并将之运用到自己的历史研究中。但是，我认为人们应该至少意识到，现代的社会科学不是普遍性的，它源自欧洲，与欧洲的历史脉络密不可分。从这个层面来讲，我觉得强调"对欧洲要凝视回去"这个说法有问题，因为"凝视"本身就源于欧洲理论，我们为什么不用其他方式，走其他路径呢？但这是个任重道远的使命，因为学术的权威性和传播性都非常重要，而目前，二者都还在被那些欧洲学术传统借鉴的理论所垄断。不要纠结于凝视回去，不要复制或者反转，要走出自己的路来。

陈利：是的。在理想状况下，中国史的学者依靠对中国史和其他非西方史的研究发展出属于自己的理论系统和理论框架。您觉得这才是其目标吗？

柯娇燕：这并非不可能完成的任务。被很多人推崇的多元文化论，实际上是从不同文化背景中断章取义地摘取不同的片段拼凑在一起的，我们并没真正学习到什么。21 世纪开头的这些年相当糟糕，但它为新的理论和想法创造了一些机会。我在想，当我们开始在学术理论上认清欧洲影响并剥去其普遍性面纱的同时，我们可能也会变得对其他学术思想传统更加开放。我一直都在等待王夫之变成一个史学理论上的重要人物——这些年，我们对王夫之的研究可谓硕果累累。我们可以逐渐增加新的词汇、概念和理论，不用再固守欧洲理论并寻求将其普遍化。我希望这些能成为现实。中国的历史学者当然可以这么做，如果他们愿意通过英文来获得美国读者，那当然好。而且，我想我们已经培养出了一批读者。

陈利：我希望这些会在不久的将来成为现实。因为欧洲史的学者常常让欧洲古典哲学家的思想或文本同现代社会变得很相关。这些西方思想同时也深刻影响了我们对社会、制度、人生等方面的思考。研究非西方社会和文化的学者可以做得更好，将非西方的历史经验和角度也带入这种全人类的对话中。

陈利：要做全球史研究，就需要走出自己熟悉的领域，需要很多的精力和相当大的知识量，不是所有的历史学者想做就能做到的。我自己就无法想象能写出多本全球史和跨国史的著作。

柯娇燕：您过谦了。在您的著作里已有很好的中西比较史的论述，其中有很多点都可以进而发扬为具备全球视角的分析。我认为全球史的尝试应该是自主性的，我不希望任何同仁觉得自己不得不去写全球史。我自己后来做全球史，是因为我确实有兴趣。如果是被勉强的话，我肯定也不会做的。

第四节　女性学者的贡献为什么经常未得到充分肯定？

陈利：现在请允许我把话题转移到您前段时间在网络上发布的一些关于中国史领域热门研究话题的看法。您最近评论过米华健（James Millward）教授对余凯思（Klaus Mühlhahn）教授的教科书《让中国现代》（Making China Modern）的批评。您关注的是米教授对近代中国历史发展趋势的表述和对某些同仁继续使用一些不准确的说法提出的质疑。让我更感兴趣的是，您还指出那个书评中的一些说法反映了学界目前仍然缺乏对女性中国史专家近年来的贡献的足够认可。您可否再谈谈这个问题以及为什么存在这种低估女性学者的学术贡献的现象？

柯娇燕：这些博文是我在看了那篇书评后两周内创作的。在每篇博文里，我都提到了我的同事韩森教授。我不是要在中国史领域中提倡女权主义，那不是我在学界的角色，但我确实认为我们对女性学者的重视有所不足。我这个观点不是针对某个个人说的，也不是针对某个领域。这在学界其实已是共识，教育学、社会学学者对此有系统的分析。不管男女，我们的大脑都有这种倾向，倾向于不给女性学者和男性学者同样的公信力和记忆度。参加一场学术会议之后，你能记住的往往只有男性学者的贡献，却忘了女性发言人，甚至往往把一些女性学者说的话归于男性学者，这是个普遍的现象。所以问题就来了：为什么会有这种现象发生？为什么它长久以来得不到改善？有点令人惊奇的是，米教授并不是一个高龄学者，所以我们并不是在探讨一个发生在久远过去的事。我想任何在我这个年纪的女性学者都会对此有所体会，因为这个现象到今天为止还在一些年轻学者中存在。当你问这些年轻同仁们是否认识女性学者时，他们会毫不犹豫地讲出她们的著作和她们的名字。但是，当你问他们谁是这个领域中的重要学者、谁有权威研究时，你会发现答案可能全都是一些男性的名字。具有讽刺意义的是，在清史领域里有极多才华横溢、成就斐然的女性同仁，她们的作品极大改变了我们曾经有过的叙事方式，她们带来的这种改变正是米教授报怨说还没发生的改变。另一个很有害的现象是认为女性学者就应该做女性史，结果就是你只记得住做女性史的女性学者。这些现象都有人研究过了，我们也能理解。但令人奇怪的是，在大家应该都更觉醒和敏感的学术界中，为什么这种状况没有更多的好转？比起我当年读博的时代，情况已经有所改善；但令人郁闷的是，这种改善程度远远不够，而且在有些方面，甚至好像有走回头路的迹象。

陈利：女性历史学者的地位和认可度的改善是否还有很长的路要走？有没有切实可行的办法能让我们推进改善的步伐？

柯娇燕：坦白讲，这是一个普遍现象。在学术圈里，我们或许真的长久以来习惯了尊崇个人魅力和权威，而这些往往被认为是男性的特质。男性学者说起话来常常声若洪钟，他们留有胡须，或者身材高大。人类的大脑会很自然地把这些和权威结合在一起。我们目前为止还没有教会我们的感官系统抛弃这些外貌的因素，从而更好地接纳女性学者的风仪。曾经有一个经典的实验，如果你把一个男性的名字放在一篇论文上，就会有人马上说这是一篇上乘之作；而如果你把一个女性的名字放上去，就会有人开始质疑这篇文章。

您问到我们该如何应对这个现象。我不认为有什么短期的、具体的方案能立竿见影地改变它，我们能做的就是在看到问题的时候，要敢于表达我们的声音。我在那两篇短文里批评的那些人,并不是反对或者歧视女性的人,他们在工作中或许还常常试图为女性学生和同事提供更多的空间和机会。但在大环境中可能却存在一种"温和厌女症"(gentle misogyny),我们录取和培养女学生,也招聘女同事,但是一旦她们在那儿了,我们会发现,这些女性学者始终没法拥有男性同事那样的分量。我不认为那些男性学者有女性厌恶症或者是性别歧视者,他们可能仅仅是在无意识地做出判断。所以我们在看见这些问题时,就要表达自己的看法,然后希望对方在听到我们的看法后能反省纠正。

陈利:希望这种境况在未来能够有所改善。对于领域内的年轻女学者,您对她们未来可能会遭遇的挫折和挑战有哪些建议呢?她们应该如何做才能争取到与男性同等的机遇和认可呢?

柯娇燕:她们首先应该忘记我方才所说的一切。你不应该让这些成为你的心理负担和羁绊,你应该继续前行,假定自己会获得机遇和认可,相信自己最终会得到一个满意的职业生涯。只有忘掉那些负面的东西才能达到这个目标。女性需要意识到,这种心态调整是男女都应该做的。女性会更容易内化一些较为负面消极的观念,比如告诉自己"我不能说这个""我不能想这个""我不能说这个,因为这个会让我焦虑""我说了可能会伤害我喜欢的人的感情"等等。女性的思维经常就是这样被引导的。女性在学术生涯中的某些阶段也许避免不了类似的考虑,你不得不告诉自己,必须假定所有人都会被平等对待,假定大家都会快乐相处。当然不单单是女性,少数族裔也或多或少会面临这种困顿。但是,当你像我一样到了职业生涯的晚期了,你就不用再担心是否会危及自己的机会,也没有必要服从他人,这时候你自然就可以放心地对看到的问题发表批评意见。

第五节 关于"新清史"的构建和争议

陈利：现在讨论一下"新清史"的发展。您好像一直对"新清史"这个标签相当排斥，也不想和"新清史"联系在一起。或许您可以借这次访谈好好谈谈对"新清史学派"的看法，谈谈自己在"新清史"中的位置，以及"新清史"对中国历史和清史研究的影响和贡献。

柯娇燕：在20世纪90年代，"新清史"这个说法尚无人提及，也并不存在。实际上，这是人们如何回过头来（无中生有地）"发明"出一个东西的有趣案例。

当时，罗友枝任亚洲研究协会会长，她做了关于这个领域研究现状的讲演，谈到了这个领域的发展近况，包括新近出现的基于满文资料和部分蒙文资料的新研究，而这一切都或多或少和清朝的征服史有某种联系。何炳棣知道了罗友枝这次演讲的内容后甚为不满，所以写了一篇文章进行反驳。何的文章主要是谈汉化的，而这个主题和罗友枝的演讲内容及其关注的焦点有极大不同。总结起来，就是罗友枝做了场演讲，而何炳棣写了篇反驳的文章，仅此而已。

但是，少数几个人事后将其描述为一场很大的论战，这其实是子虚乌有的。实际上，罗友枝并没有回应何文。到了1998年，卫周安（Joanna Waley-Cohen）在一篇论文中用了"新清史"这个说法，并且把当时几乎所有（欧美）清史研究者的名字都囊括了进去。可是，除了其中三四位学者有用这个词来描述自己的研究外，其他人从未自称为"新清史"学者。而"新清史"这个原来被那几位学者用来标榜自己研究的名称后来却变成了被批评的靶子，不过那是2014年才发生的事。很有趣的是，2008年我去首尔参加了一场学术会议，当时有那几位自称为"新清史"学者中的一位在场。在那次会议上,我在自己的论文中提到我不同意这种说法,因为在我看来,他们的很多论点都称不上新颖,另外也需要重新考虑有关阿尔泰历史和语言的一些观点。我的这篇文章最初是以韩文发表的,到2011年才被翻译成中文。2014年,一位中国教授写了篇观点相同的文章,我相信作者和其学生之前看过我的文章,用的甚至还是我自己质疑"新清史"的论点。可他们这次却在质疑"新清史"的同时,把我也作为"新清史"学者当成了批评的目标。一个新的神话由此诞生,并且把我和"新清史"联系上了。

我认为整个事情的原委是这样的:在那之后,中国历史学者在看美国史学的发展趋势时,就把"新清史"这个只有几个人用过的词传播开了,尽管这个词原来只是用于描述美国史学界一些发展趋势以及在中国史领域中的反映。例如,欧美的历史学者对历史上所谓的"民族主义"持怀疑态度(其对"民族主义"的理解可能和中国的历史学者对"民族主义"的理解不同),而因为多半的所谓"新清史"学者都是美国的历史学者,美国史学界和"新清史"著作中都对民族主义历史观表现出相似的批判态度。还有就是强调"文化少数民族"(cultural minorities)。我在前面提到的那篇文章中就批评过所谓的"新清史"学者中的这种本质化(essentializing)倾向并因此过于强调本质化意义上的满洲性(Manchuness)的做法。我从来不认为有什么所谓的满洲性。我实际上也很不赞同所谓"新清史"学者的某些观点。但是,"新清史学派"这个说法在中国突然就以这种方式被构建起来了,并被不加区分地用于实际上观点很不相同的清史学者身上。这个标签后来开始在许多美国年轻的中国历史学者中流传,并让后者以为真有个"新清史学派"了。这个"新清史"的形成过程是一个事物被发明并装点成了现实的有趣案例!

陈利：您在早期的两本著作里重点探讨了清朝统治阶层的意识形态、制度和他们对帝国及自身身份认同的建构过程。当其他学者想要论述相关问题的时候，他们可能会大量引用您的作品，您的很多观点也确实深深影响了"新清史"学者的研究。这可能导致很多人误把您当作"新清史"的先驱者之一。您刚才提到不同意一些学者过于强调清朝的满洲性或者把清朝定义为一个满洲帝国（Manchu empire）的观点，您能再解释一下原因吗？

柯娇燕：对我来说，帝国的不同之处，正是在于帝国超越了文化，而这也是我认为"多面皇权"是一些最伟大的征服帝国的重要革新的原因之一，这不只是清代中国，还包括俄罗斯和奥斯曼等大帝国。因为帝国超越于文化，所以我从没说过清朝是一个满洲帝国，但我也同意所谓"新清史"学者们的一个重要观点：清朝是早期现代陆地帝国中最伟大的帝国之一，其崛起和统治过程都留下了深远的历史影响。

陈利："新清史"的标签经常被比较松散地贴到很多对相关问题有研究的学者身上。不过就像您刚才提到的那样，不论这个标签是否合适，它好像影响了不少年轻学者，让后者认为"新清史"是清史领域里的一个重大发展。

柯娇燕：我认为所谓的"新清史"根本就不存在！那些认为它存在或者用它来描述自己研究工作的学者，将不得不解释清楚"新清史"究竟是什么。我有个给学界同仁的建议：如果你想建立一个学派，想给自己打造一个品牌，请尽早停止吧，因为你和这个标签的缘分大抵不过三四年而已。作为一个学者，切莫物化自己，做研究就是做研究，不论你研究的是什么。毕加索从来不会说自己要去工作室里画点立体主义的作品，他只是很自然地画了张画，是后来别人给他整出各种标签的。一个实干的知识分子需要做的是脚踏实地做研究，而不是挖空心思去琢磨各种打造自己学术品牌的方式。这是我的建议。

陈利： 这是个睿智的建议，特别是对于年轻的后辈。其实从另一个角度来看，任何标签都不能完整地概括一位学者的成就和研究方向，反而往往会失真、误导，使之迷恋于此，可谓得不偿失。关于"新清史"的争论对我们是有警醒意义的。

最近二三十年的清史和中亚史的发展，有助于我们更好地了解中国在过去三四百年的历史变化，以及中国在全球和跨国历史背景中的角色。这让我想到您新近出版的关于全球史和跨国史的专著。希望更多的年轻学者能够投身到类似研究里来。所谓的"新清史"研究，如果从积极的角度看待这个现象，与它有关的学术研究或许可以被看成全球史转向的大趋势的一部分。

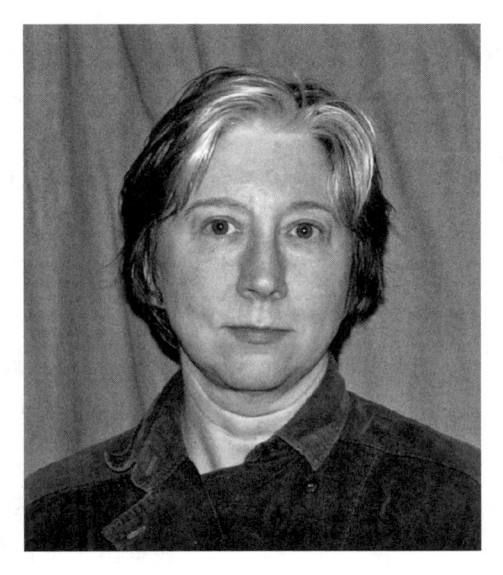

图 2-7　柯娇燕，摄于 2006 年（由达特茅斯学院提供）

陈利： 中美之间在过去几年的博弈以及持续紧张的关系让很多中国（史）学者日趋焦虑，尤其是在课堂授课的时候，很多敏感问题都不敢随意触及。作为这个领域的资深学者，您能给他们什么建议吗？

柯娇燕： 我可能没有什么好的建议，因为我自己并不需要为此担心。但是我和我的同事们都对这种状况很关心。在美国科学领域中的华人学者面临的这种压力和恐慌的经历可以追溯到 20 世纪 50 年代，但这种情形时好时坏。前些年很著名的李文和先生被美国司法机关无端起诉的案件反映了这个问题，他的遭遇让人深感义愤填膺。现在此类事情又渐渐向其他领域渗透，比如在计算机科学、物理学、工程学等领域，很多学者都面临监视甚至起诉，而华人历史学家则可能面临一种因为中美关系恶化和反华情绪导致的焦虑感。

我理解很多人感到的不安。同时，我希望大众也能认识到相关的背景。我这么说是因为我不久之前还收到来自中国的一些令我感到惊讶的电邮。有些人对特朗普在 2020 年大选中落选表示绝望，我觉得这简直有点不可思议。美国刚刚经历了很怪异的几年时间，出现了很多的政治恐慌和各种层面的歧视，政府和社会在某种程度上默许一些无知的人到前台来聒噪，看起来好像很有实权，而实际上他们并没有掌握核心权力。

我希望人们能够了解到，在拜登的新政权上台后，美国和中国并不会因此就进入蜜月期。我希望两个超级大国在互相尊重的基础上，能开诚布公地交流意见，说清楚双方在立场上的分歧和共同点，并能理性地进行谈判。美国政府在过去四年里没有任何真正的政策！在特朗普政府的领导下，每天都有一些荒谬的新公告，与之前的荒谬公告相矛盾。而随着新政府上台，我认为理性将回归，而这无疑也将会改变我们所有人包括我们华人同事的生活。我会给予他们我的支持和鼓舞，但我可能给不出什么像样的建议。

美国经历了一个非常奇怪和痛苦的时期，对我们政治制度的许多挑战仍在继续。

陈利： 非常感谢您！我深切希望像今天这样的对话能够帮助减少

中外关系中不必要的误会，尽管某些矛盾还是会存在。

柯娇燕：一直都会存在某些矛盾，这也是自然之理。试想，如果明日醒来，中美之前的矛盾烟消云散，那反而让人会觉得有点不知所措了！

陈利：的确如此！今天的长谈厘清了许多重要的问题，也希望我们的读者能有同样的感受。

柯娇燕：很高兴和您的交谈，如我没记错，这是你我最深入的一次。

第三篇

变迁和流动的历史
对话杜克大学杜赞奇

图 3-1　杜赞奇 2017 年获挪威奥斯陆大学荣誉博士学位时

编者按：杜赞奇早年求学于印度，受 20 世纪 60 年代末毛主义（Maoism）在全球范围传播的影响，深感中国新民主主义革命的成功对印度而言是一条值得认真思考的道路，于是决定投身中国研究。在哈佛大学攻读博士学位期间，杜赞奇师从汉学大家孔飞力（Philip A. Kuhn），并深受史华慈（Benjamin I. Schwartz）、裴宜理（Elizabeth J. Perry）和施坚雅（G. William Skinner）等学者的影响。杜赞奇精通中文和日文，曾被《纽约时报》评为"当代对亚洲文化和宗教最有独到见解的思想家之一"，曾任亚洲研究协会会长，并历任新加坡国立大学亚洲研究所所长和人文讲席教授以及芝加哥大学历史学系教授和系主任，现任职于杜克大学。他的主要学术著作包括 Culture, Power and the State: Rural Society in North China, 1900-1942（斯坦福大学出版社 1988 年版。中译本《文化、权力与国家：1900—1942 年的华北农村》，江苏人民出版社 2003 年版），Rescuing History from the Nation: Questioning Narratives of Modern China（芝加哥大学出版社 1995 年版。中译本《从民族国家拯救历史：民族主义话语与中国现代史研究》，社会科学文献出版社 2003 年版），Sovereignty and Authenticity: Manchukuo and the East Asian Modern（《主权与真实性："满洲国"与东亚的现代》，罗曼和利特尔菲尔德出版社 2003 年版），*The Crisis of Global Modernity: Asian Traditions and a Sustainable Future*（剑桥大学出版社 2014 年版。中译本《全球现代性的危机：亚洲传统和可持续的未来》，商务印书馆 2017 年版）等。其中，《文化、权力与国家》一书荣获美国历史学协会（American Historical Association）东亚历史研究领域 1989 年度最佳著作费正清奖（John King Fairbank Prize）以及亚洲研究协会中国研究领域 1990 年度最佳著作列文森奖，杜赞奇因此成为极少数同时获得两项殊荣的历史学家。在《全球现代性的危机》中，杜赞奇提出了"流动性历史"（circulatory history）的概念，提醒我们应当认识到历史不仅仅在同一个地方生长，它也在四处流动。这一点因为当下的全球危机而显得更为重要。2021 年年底，陈利和宋念申对杜赞奇进行了视频访谈，围绕后者的学术历程、研究理路和全球史研究等话题展开了深入对话。[1]

第一节　早期背景

陈利：首先，感谢杜赞奇教授抽时间来参加我们的"云里国际学者访谈系列"，也感谢宋念申能加入我们的对话。宋念申作为杜赞奇教授以前的学生，可以提供一些"内部"视角，再结合我作为"旁观者"的角度，希望能让今天的对话变得更有意义。我们也希望通过这次访谈，使我们的读者或听众对您的工作和背景能有更多的了解。

杜赞奇：谢谢。我也很高兴能受邀参加访谈。

---

[1] 本访谈由陈利和宋念申共同完成。访谈录音的英文稿由冯岚雅整理，中文翻译由仪泽芳完成初稿，再由陈利校对和编辑。宋念申校订了访谈中与其相关的段落。本访谈的精简版曾于 2022 年 3 月发表在《信睿周报》第 69 期。收入本书时，文字又经仪泽芳、王雨和郭跃斌重新校读，然后再经白若云润色。

陈利： 您当年是从印度去美国留学，而且是去研究中国。我们想先请您谈谈赴美前后的教育背景和学术经历。

宋念申： 我们想了解，在上个世纪六七十年代，是怎样的历史情形让年轻时的您对中国和中国历史产生兴趣的？

杜赞奇： 简单来说，我对中国的兴趣始于 20 世纪 60 年代末毛主义在全球的传播。事实上，在 70 年代初的时候，我和同时代很多人都受到了当时"文化大革命"运动的影响。中国新民主主义革命的成功为我们展现了一条在当时值得认真思考的道路。直到现在，我们在印度依旧能看到毛主义路线的影响。那时，我与它的支持者有过思想上的认真对话。而在中国"文革"后期出现的问题，也在印度引起了不小的派别纷争、矛盾以及紧张关系，尽管其规模相对于中国来说小了很多。因此，我那时决定要研究中国历史，目的就是看一看毛泽东领导的"农村包围城市"这种形式的农民革命，能否在印度当时的条件下成为可能。我于是开始在印度的德里大学学习中文。

那时有兴趣研究中国的人很多，但多数都半途而废，而我是奋力坚持学到最后的少有的几个人之一。在历史学家里，最有才华的是一名叫沙希德·阿明（Shahid Amin）的学者。他后来成为很有影响力的庶民研究（subaltern studies）学者和印度史学家。他最开始的方向是中国史，大约做了有三四年的中国研究工作，后来去牛津大学研究印度史了。而我在中国史领域坚持了下来，而且从某种程度而言又回到了我当年思考的课题，那就是：中国的革命在印度能否实现？在 2011 年的时候，一场毛派起义运动在印度中部出现，而且直到今天也没有结束。印度的著名期刊《经济政治周刊》（*Economic and Political Weekly*）请我来写一个对该事件的回应。我于是写了一篇颇为严肃的公共知识性文章，名为《中国革命与印度的毛派起义》（"The Chinese Revolution and Insurgent Maoism in India"），在文中我重温了三四十年前的那个问题。我想自己在这个问题上也终于可以就此画上一个句号了。

宋念申：那么您的答案是什么呢？

杜赞奇：我的答案包括很多关于空间与社会的理论。实际上，我深受施坚雅的著作《中华帝国晚期的城市》（*The City in Late Imperial China*）的启发。我认为在农村社会中，由于那里的精英阶层对地方的影响力更强大，想要发动农民来造反是极其困难的。施坚雅的研究显示，越是在区域中心的繁荣地带，朝廷需要设立的控制机构就越少。其原因就在于精英阶层，比如儒家士大夫、乡绅还有当地望族，对这些地区具有很强的控制权。然而在边疆地带，由于社会机构的弱化，利用官府和军队来维持秩序的需要就大得多。因此我的论点就是，以中国为例，世界上的叛乱多发于边境或者社会控制薄弱的地带，比如江西和云南。

以当代的革命为例，比如散布全球的毛派起义运动，我们发现它们的始发地点不仅限于边疆地带，也包括一些社会控制薄弱的区域。因此，这实际上是一个关于政治的社会学问题。革命正在逐渐演变成一种社会控制体系之外的部落式运动，这在拉美和印度的某些地区都可以被观察到。在 70 年代的时候我就已经提出了这个论点，但是当时

图 3-2　杜赞奇和陈寅恪雕像

我没有将其带入到更复杂的全球情形中去。我想指出的就是，起义多发于精英阶层势力和社会控制体系薄弱的地区，而其中成功的例子大多出现在权力失序的边疆地带。这就是我的答案。

陈利：我们马上会谈到您的第一本书。但是为了那些想要了解您学术成长经历的读者，我们或许应当先谈谈您当年在哈佛大学的学习经历，尤其是您如何在那里追寻您的学术理想，以及哈佛的哪些学者对您的学术生涯影响最为深刻？

杜赞奇：在二十五岁去美国留学前，我已经在尼赫鲁大学取得了中国研究的硕士学位，硕士毕业后在我本科母校德里大学一个学院教过两年书。在读硕士期间，二十三岁的我还在《经济政治周刊》上发表了一篇关于"大跃进"的文章。尽管那时的我已经不再对"大跃进"这个运动本身特别感兴趣了，但我还是以一个严肃的态度来看待人们对社会和经济发展做出的努力。

那时的尼赫鲁大学是一所全新的大学，而且是一个在政治和学术上都极具创造力的地方。那里常常举办各类学术活动，并因此吸引了不少有才华的学者。我与美国学界的初次接触其实不是在哈佛，而是在芝加哥大学。在那里，我与孔飞力教授得以合作。两年后，我和他一同转到了哈佛大学。芝加哥大学尽管不像尼赫鲁大学那样完全是左翼倾向，但也是一个学术上极其活跃和狂热的地方。在那里我花了大量时间学习中文，也广泛接触了各种学科，比如人类学和政治理论等等。当我转到哈佛大学时，我发现那里的学术氛围和芝加哥大学完全不同。我在哈佛学到的主要是汉学研究上的能力。我在那儿上了一些著名汉学家的课，学到了如何阅读文言文以及使用索引等汉学技能。我也同时在学日语。我仍旧记得初学汉语和日语时的恐惧。对我来说，日语比汉语简单很多，部分原因在于它和印度语言有相似之处。学习汉字本身对我来说倒是并不困难，所以我后来竟然能够轻松地融入了。

当时我对哈佛的感受是，它不具有芝大的那种学术狂热。这或许是哈佛得天独厚的财力"娇惯"所致。每个研究院、部门或者分部都有独自的一栋楼、资源和学者，而这带来的结果就是，你每次去参加不同的活动或者讲座时，遇到的可能都是同一批学者。这和芝大完全不同。在芝大，可能你早上听一个政治理论讲座，然后去参加日本思想史的活动，而下午参与的又是其他的活动。当然，这也因人而异，或许有人偏好哈佛的氛围。在哈佛的中国学者里，孔飞力对我的影响和帮助很大。我觉得史华慈可能是中国研究领域中最有学者风范（most intellectual）的人物，我有时候能跟他谈很久。裴宜理也对我影响颇大，尤其在对国家建设（state building）和政治的理解上。哈佛对我的影响主要来源于我的同龄人，尽管孔飞力的思想和学术领导对我产生了很大影响。他的教导、指引和帮助对我极其重要。

第二节　跨学科领域的获奖研究：重新思考帝制中国社会的文化和权力网络

陈利： 感谢您分享这些有意思的细节。孔飞力去哈佛是接替费正清的职位，而这可能是您没直接受费正清影响的原因。您在 1983 年从哈佛大学获得博士学位毕业，然后在 1988 年出版了您的第一本书《文化、权力与国家》。这本书获得学界的高度肯定，同时赢得了美国历史学协会东亚历史研究领域的费正清奖和亚洲研究协会中国研究领域的列文森奖。自 1987 年列文森奖设立以来，只有很少几本书能同时荣获这两个奖项。国家和权力的关系是您第一本专著中的一个核心问题，能请您谈谈吗？

杜赞奇： 我刚刚还在想这个问题，因为我现在正在针对一篇文章写一篇大约 1000 字的回应。那篇文章是一名人类学家和文艺策展人在一个名为《重叠交织》(*The Palimpsest*)的人类学杂志上发表的作品。这名学者虽不是中国专家,但他现在正在香港研究"观音"这个现象。在文章里他着重地提起我那篇讨论"关帝"的文章(即《复刻符号:关帝的神话》,"Superscribing Symbols: The Myth of Guandi, Chinese God of War")。我想我这篇文章里最有原创性的一点就是"复刻符号"这个概念了。这个概念的重要性在于,通过观察"关帝"故事这样一个历史和文化形态或者历史和文化体系,我们可以理解历史是如何被塑造的。因此,在我正起草的回应文章里,我主要要表明的是,关于"关帝"的神话可以被看作一种沟通方式。这种沟通方式产生了一种能够确定社会不同等级间秩序的象征性关系(symbolic relationship)。这样看来,它是"文化网络"(cultural nexus)中的一个重要组成部分,而在它被打乱的同时,由它而生的沟通网络也就随之被打断了。

这是一种很有意思的前现代社会现象,因为它既可以满足社会最高层的一些利益,也可以让其他社会阶层的人在同一框架中追求自己的利益。这或许就是为什么这个概念在西方如此受重视。然而在中国,我想是"国家政权内卷化"(state involution)和"文化网络"这两个概念在"文化热"时期更加引发了人们的兴趣。或许那些有着社科倾向的史学家喜欢听到那些身份低微的"中介人"(brokers)是怎样成了"国家政权内卷化"现象的始作俑者的故事。对此我要说的就是这些。但我也想听听你们的想法,以及关于"关帝"的神话是怎样在中国被理解和讲述的。

宋念申:我总是鼓励自己的学生去读您《关帝的神话》那篇文章。关于"关帝"神话,其演进过程还在持续。我知道一个不久前发生的事:某地方政府在数年前花巨资竖立了一个巨大的关帝像,但是这件事被中央电视台点名批评了,所以当地政府又把雕像搬走了。这件事引发的讨论是多层面的,涉及神话和它的文化意义:雕像的存留由什么来决定？留下它的原因是什么？是为了刺激当地旅游业，进而刺激当地的经济发展吗？移走关公雕像的这一决定让我想起您文章中的一些讨论。

杜赞奇： 我想这件事对于思考"政治如何可能被文化调适"这一问题很有意义。

宋念申： 的确。新的历史不断产生，而且是一个现在进行时的状态。

图 3-3　杜赞奇专著《文化、权力与国家》封面

陈利：《文化、权力与国家》这本书已经出版了三十余年，然而它在今天看来依旧是一本重要著作。我最近重读了这本书，因为我对布尔迪厄（Bourdieu）的场域理论很有兴趣。我认为您这本书是在中国史领域最早引用布尔迪厄理论来探讨中国社会以及中国社会行为的著作之一。您能否谈谈您是如何想到借鉴布尔迪厄的理论的？

杜赞奇： 布尔迪厄在 80 年代时深刻地影响了很多学者。80 年代中期的时候，我在斯坦福大学任教了两年，每年教两门课。这两年对我影响深远，而给我印象尤其深刻的是我参与的两个读书研讨小组：一个叫"诠释"，由研究文化的学者组成；另一个小组叫"制度"，主要参与者是政治科学家和社会学家。而我的一生都在这两种研究路径中间游走，有时会强调文化，有时会强调制度。它们也代表了我自己的方法论的两面。尽管我在那之前就读过布尔迪厄的一些著作，但是是在"诠释"小组里，我第一次读了他的《区分：判断力的社会批判》（*Distinctions: A Social Critique of the Judgment of Taste*）。布尔迪厄之所以对我的研究有重要影响，是因为我一直以来最关心的问题就是如何构建理论框架。直到七八十年代的时候，我们读的大部分社会理论都还是使用结构或者结构功能主义（structural functionalist）模式的。而我更关心的是时间的流逝如何影响了结构以及制度的形成和变化，使之成为被研究的对象。这也让我后来开始思考相关的问题，例如"为什么史学研究对时间流逝的理论漠不关心？"以及"为什么那些结构主义理论要么对时间流逝的影响避而不谈，要么就是简单地加以应用？"。而从 80 年代开始，布尔迪厄曾试图揭示结构是如何随着时间流逝而发展演变的。例如他提出的"惯习"（habitus）这个概念，而惯习的再生和延续是需要通过某些特定行为和活动来维持的。我后来在第一本书中应用的正是这个概念。在那本书的后记里，我也讨论了可以用惯习来理解社会结构是如何再生的。惯习的表现就是，即便人们的某些行为看似脱离了结构，实际上也仍然是结构所影响的一部分。后来我也引用过他的其他一些概念，如"场域"和"结构"等等，但是他在此后便没再对我有重要影响了。

陈利： 我自己最近正在做关于清代司法场域的研究课题，因此觉得他的理论对我很有帮助。比如，根据他的分析，包括国家在内的很多社会机构或者领域，都是一个充满竞争和各方夺取资本的场域。并且，不同形式的资源或者资本可以在场域内部和不同场域间流动，也可以被利用、交易和政治化。传统中国司法体系或者场域往往被刻画成似乎是呆滞和静止的，而借助布尔迪厄的理论分析，我们发现清代中国的法律文化和司法体系实际上充满了活力、竞争和动态的发展变化。我和一些同行谈起布尔迪厄的时候，他们经常对用一个20世纪法国社会学家的理论研究中国史持保留意见。的确，布尔迪厄的研究很少直接探讨中国，尽管他在晚期著作中提到过一些中国的例子。除了早期少量研究非洲"前资本主义"的阿尔及利亚社会的著作外，他后来的研究对象以法国或其他欧美晚期资本主义社会为主。但是，我觉得他的一些理论或者概念，在被合理地重新定义后，可以应用到研究更早的以及完全不同的历史场景中去。您在三十年前就开创性地将布尔迪厄的理论用于清末民初的中国史研究，对后来的跨学科研究起到了推动性的作用。您那本书之后，也陆续有包括周启荣（Kai-wing Chow）教授在内的一些学者借鉴了布尔迪厄的场域等理论概念来研究帝制中国历史。

杜赞奇：我同意你的想法。他在《区分》一书中阐述了不同形式的资本。我觉得这些理论的用处很大，尽管他在分析这些概念时难免会有夸张的成分——因为如果要让象征资本（symbolic capital）能与经济资本和政治资本等进行交换，就需要我们假设它们之间有一个共同标准，他有时可能会过分强调这一点了。有人说不同的事物之间可以通过以物换物的形式交换，但是，一个斯坦福大学的教授和克莱斯勒公司的CEO之间有什么样的资本可以交换呢？也许有吧。我记得布尔迪厄最初研究的是北非，而他的一些最有趣的观察，是在前资本主义社会或者前现代社会中的暴力和政治等现象有不同的性质和表现。我认为他的理论和概念类型对于前现代社会可能更加适用，也应该会适用于研究帝制中国历史。我觉得你可以很轻易地区分历史上中国社会里的文化、象征以及政治资本。如果要探讨司法场域本身的话就更简单了,因为在那时,现代资本主义意义下的资本作为一种价值衡量标准并不存在,所以你并不需要找一个共同标准才能让不同类型资本间的转换成为可能。另外,我们也可以考虑将传统儒生所持有的文化资本和那些有科举功名的文人(literati)所持有的象征资本区别开来。在科举制和其他制度性安排的影响之下,儒家的文化资本虽然得到了强化却又被重组了,其性质也开始发生了变化。曾经有个历史阶段,儒家文人可以正面挑战王权,但随着前者的功名和社会地位即象征资本在科举制度下变成了朝廷的恩赐,他们也就很难挑战朝廷了。而这个关于儒家文人的文化资本/权力(cultural capital/power)的变化也是哈佛大学的包弼德(Peter Bol)和普林斯顿大学的艾尔曼(Benjamin Elman)之间辩论的一个问题。包弼德认为帝制中国中后期的儒家文人仍然拥有文化权力和道德权威,而像黄进兴等学者则认为康熙从儒家文人那里夺取了这种文化资本,但后者还有象征性资本。但是如果儒家文人原本只有文化资本的话,那么他们或许便不会还剩下象征资本。

陈利:很高兴听到您对我们进一步探索和运用布尔迪厄理论的鼓励。我自己目前关注的是他提出的"司法资本"(juridical capital),也就是掌握和利用法律知识、专业技能以及司法系统本身的能力。在过去二十年对清代中国法律史的研究中,我得出的总体印象是,清代司法场域内不但有多方参与竞争,比如诉讼人、法律专家(幕友)、士大夫、绅士、朝廷以及皇帝等,而且这种竞争经常是激烈的。在事关朝廷的合法性和权威时,司法资本所涉及的象征资本便会成为竞争的重心。这就是为什么尽管乾隆皇帝自身权力和精力有限,不可能认真审核每年成千上万件斩绞重案的案卷,但他也要时不时地通过严斥或者严惩在个案中犯法的司法官员来维护朝廷的威信和掌控力,而官僚势力和皇帝集权之间的张力也由此体现。

杜赞奇： 那么你认为在此关系下，不同资本之间出现了怎样的博弈呢？

陈利： 例如，在孔飞力的《叫魂》（Soulstealers）一书中，很多他所讨论的案件实际上是由地方官员的司法幕友办理的，而地方官往往只是在案件详报或者文书上签字而已。这些服务于官员并且受过专业训练的法律专家（当时称作刑名、钱谷幕友），虽然没有朝廷命官的官僚权威或者象征资本，却有其法律专业知识所赋予的司法资本和影响力。因此，清廷，尤其是乾隆皇帝，对这种可能导致政府失去对司法体系或者司法场域控制的趋势非常忧虑。在这种情况下，作为司法资本的法律知识、法律信息以至法律书籍的出版，都成为了多方势力竞争的对象和场所。获得了司法资本，还可以帮助一些人获得其他类型的资本/资源。

宋念申： 杜教授启发和激励了很多的史学后人，而且您尤其善于在研究中结合经验材料和社科理论。您对这两个领域之间的张力以及对话有怎样的看法？

杜赞奇： 我们做这些事情经常是出于本能。不过，如果一定要我对此有所反思的话，我认为重要的有两点。其一是要深入精准地分析某些行为是如何发生或者进行的，而这需要一定的社科知识。其二是作为史学家，我们也需要理解这些行为的实际影响或者后果，对这些行为及其作用的分析将促使我们调整自己所使用的理论框架。这就是你要寻找的，而为此需要大量的历史细节，来证明你使用的理论框架的哪些方面确实有用。我觉得我自己的方法与历史社会学更接近，因为我研究时既关注从社会学家的角度来考察社会结构，也关注如何在历史现实中检验这些社会结构理论的有效性。要做到后者，你需要大量的经验性实证。

图 3-4　杜赞奇专著《从民族国家拯救历史》封面

第三节　如何从现代民族国家中心论的叙事中发掘历史？

陈利：您的第二本书《从民族国家拯救历史》出版于 1995 年。它至今仍旧对研究中国的学者有着很大帮助。我觉得本书对于中国史学者而言，最大的意义在于它向我们指出"民族国家"（nation state）在近代成为了很多历史叙事以及史料本身的焦点或者终点。其中隐含的另外一个关注点是，从何种程度上，史学家能够在自己的研究中融入来自其他社科或者人文领域的批判理论？希望听听您的看法。

宋念申：当我跟其他中国史学家提到您的时候，他们第一个想到的总是您的《文化、权力与国家》，因为这本书以史料和文献为基础，和传统中国史的研究方法相近。然而，对我影响最大的则是您的第二本书《从民族国家拯救历史》。或许是因为我出身于政治科学，我尤其欣赏那本书中分析的一些社科问题。直到今天，我仍旧认为，想把史实和理论结合起来，对很多学者都是一件很困难的事。我觉得您在这方面尤其擅长。

杜赞奇：谢谢。我觉得当今的学者不应仅倚靠理论。实际上，我的研究目的常常是想尝试着用历史来改变社会科学。我们常常运用理论或者概念，比如"资本""权力""场域"，来理解和分析现实世界里一个情形或一个社会是如何形成的。然而，与此同时，我们也需要考虑到现有理论和某些历史情形不符的时候，以及这些情形将如何增添或者改变社科理论和结构。我觉得这也很重要。

陈利：您第二本书也是我读博时上的中国史学理论课的必读书之一（当时是哥大林郁沁老师教的这门课），对我学术生涯早期有很大的影响。这本书促使我们从一个历史学者的角度重新审视自己的研究工作。我自己这些年所做的研究也证实了其中提出的不少问题。历史研究不仅仅是要利用档案资料来重构过去，更重要的是，我们要理解在档案和叙事（或历史书写）之间所存在的张力和相互构建的关系。我自己的感觉是：我们需要重视档案生产者以及叙事者的主体性和动机，并进而从多重和多元角度去解构和重组档案，以便于更准确地构建历史叙事，同时又在构建叙事过程中，尝试更准确地去重新解读档案。在那本书出版二十五年之后，您认为现在的中国史学界或者历史学界处于怎样的一种状态？相比于1995年时，史学界发生了什么样的变化？您认为我们怎样做，才能使历史学领域变得更加具有自我反思和批判的精神和能力？

杜赞奇：我认为，我们现在身处一个关键点。当然，历史上有无数关键点，但是就史学史而言，之前不清晰的某些事物到如今已经清晰多了。我的意思是,在历史上,不同的地域有着不同的时间性(temporalities)。如果单看现在的西方,在学术界人人都在批判"民族"这一概念,然而它在民间想象中依旧屹立不倒。因此,现在有两种分歧:在西方先进资本主义国家里,存在民间民族主义和关于民族问题的学术研究之间的分歧;但是,在一些发展中国家里,比如中国和印度(或者在印度未西化的地方),历史研究仍旧以民族为中心,其中的原因是这些地区的国家政体还处在一个和西方国家政体不同的发展阶段,因而仍旧需要学术观点来支持其合法性。因此,在中国国内的学者和在西方的中国史学者之间,存在着一种对于历史研究的目的和目标的不同理解。如果我们不将历史单单看作对过去的一种描述,那么我们必须要思考的是,我们研究它是出于什么目的?我认为对于发展中世界的一些社会和民族而言,他们的史学家想要脱离民族的束缚并不容易,因此这是一个很重要的问题。我在一篇西班牙文的文章里讲过这一点,因为他们也问了这个问题。

我想我们在反思民族工程(national project)处在历史叙事的中心这个问题时,也需要理解世界上其他地区的人们是如何从历史学术专业的角度应对这个问题的。我觉得即使对民族主义持批判态度的学者也相信,对于我们目前所处的阶段而言,我们仍有必要发展民族工程。我对此并不赞同。民族主义作为一种防御机制的确重要,但其中的防御和攻击之间的界限非常模糊,而且也常常被跨越。我认为,如果学术界存在民族主义,那么它应当是一种具有极强自我反省精神的民族主义。这是可以接受和提倡的。

宋念申:您在另一部新作《全球现代性的危机》中提出了"流动性历史"的概念。请问您认为它是一个针对(民族历史)这个问题的有效替代品吗?

杜赞奇:我认为这是一个很重要的问题。尽管我没有直面这个问题，但它还是在我的脑海里一直打转。从学术分析的角度来说，我们需要意识到历史是全球的，也是流动的。之前讲过，历史学家常常因为战略上的原因不得不加入到国家工程里去。但是，如果我们可以承受得起的话，我们应当认可"流动性历史"的重要性，认识到历史不仅仅在同一个地方生长，其实还在四处流动。这一点因为当下的全球危机显得更为重要。我曾经试着去展示，历史是一个全球性现象，而且所有事物都是相依相连的。每当我们尝试把部分历史孤立出来分析，或者企图将某些现象变成特定历史叙事或者历史"工程"的时候，我们都是在将历史抽象化和浓缩化。有时候因为具体研究项目的需要，我们不得不把历史简略化。从学术上来说，我认为最诚实的方式是，先认识到历史是全球性的，然后再展示具体地区、民族和社会是怎样对待特定事物的。但是，我们也要注意身份认同问题。毕竟历史领域研究的对象，就是这些创造了不同身份认同的民族工程或者文明工程。

因此，我想我的回应就是，通过展现历史中流动和碰撞的多种力量，我们可以为基于不同事物、处于不同层次的身份认同创造一个理论根据，不论它们是建立在自然、文化社区、宗教还是职业等等的基础上。从某种程度而言，帝国就是这样的：一个帝国之内常常有着许多层次的身份认同，但它们的根基通常并非源自帝国的中心，而是基于地方上的不同社区、家族以及语言群体。所以，我认为我的目标是为创造不同层次的身份认同提供可能性，而不是都将其集中于一个权力中心手里，因为这种集中的结果只会是恶化民族和国家间的竞争。

在今天看来，这一点很重要，不光是在亚洲，类似的戏码也在美国上演着。搞清楚我们历史学家在此中的角色很重要。有时候，事情的发展方向不容我们乐观。但是，至少我们知道这是我们应当做的。这就是为什么我们开始在美国看到这种"大分流"的现象，尽管它或许一直就存在。

第四节　后殖民和去殖民主义研究

陈利：我有一个相关的问题，是从我个人研究角度出发的。您的书以及今天我们的对话关注的都是历史"终极目的论"（teleology）以及我们的过去是如何按照现代民族国家这个中心来被重新书写的。在这方面，史学中的另一个重要发展分支就是来自后殖民主义学者的批判，例如萨义德和查克拉巴蒂，尽管两者采取的方式不同。包括何伟亚（James Hevia）和我自身在内的一些学者都深受萨义德一些观点的影响。在《从民族国家拯救历史》这本书里，您批判了包括黑格尔等在内的一些哲学家或者理论家所提出的、以现代民族国家为中心的历史宏大叙事。然而，我注意到您较少从后殖民主义的角度来讨论现代史学的发展。能谈谈这方面的原因或者考虑吗？

杜赞奇：我其实也写过几篇讨论后殖民理论的文章，但是我对这个领域的疑问在于，它仅仅是一个批判性理论，而并没有为我们提供其他可行的选项。那个理论中的庶民研究学派对研究庶民群体提供很细致有用的分析，包括分析这些群体如何采用不同的方式和概念来叙述他们自己的过去和行为。

查克拉巴蒂将历史分为一号历史（history one）和二号历史（history two）的思路在这个方面至少是很有价值的。一号历史指的是线性的现代化历史，而二号历史指的是庶民自身对于过去的阐述，其中现实和超现实元素混合并存，但我们不应因此就轻视这一视角。我也一直强调，我们所谓的现代历史并非是完全理性的，也在构建的过程中经历了很多选择和筛选。但是我仍然认为后殖民史学的局限性在于它专注于批判，却经常无力提供新的出路。南美的一些学者提出了另一种形式的后殖民主义，他们称之为"去殖民"（decolonial）。作为一个批判性工具，这个概念的意思大致就是，所有批判殖民主义的活动都是去殖民行为，不论其针对的是历史上的西方殖民还是现代殖民。这其实是基于南美原住民的视角。我觉得庶民研究学者后来开始担心被别人说自己将庶民"浪漫化"了，因为他们知道庶民和我们可能有同样的毛病。但是，南美学者却继续把原住民作为他们自己的后殖民理论的一个重要根基。这也是不同地区的学术发展趋势的一个有趣的差异。

我不知道是否回答了你的问题。我认为重要的一点是意识到，我们的言行深受伴随我们出生和成长的这些西方观念的影响。不管你多想要"解构"它们，我们的价值观都很难不受其影响。例如，我们当中又有多少人真会（因为反对西方女权或者现代自由主义的缘故）提倡把女性送回深闺之中去？我想，不管多么激进的后殖民批判家都不想回到那个时代吧。中国在某种程度上也面临这个问题。我有一次跟

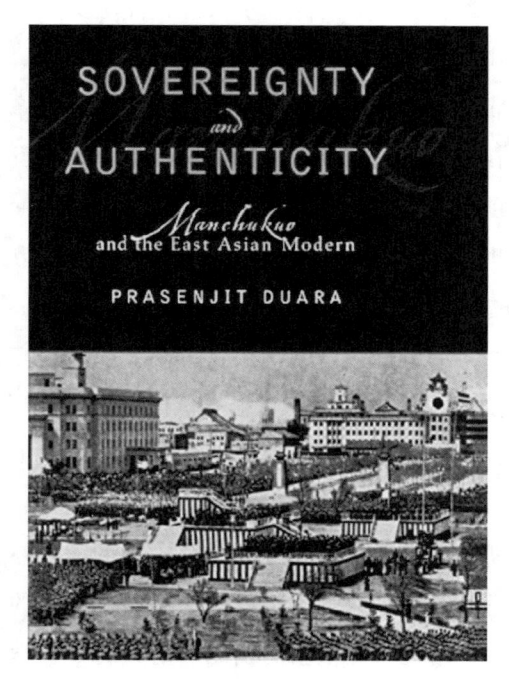

图 3-5　杜赞奇专著《主权与真实性》封面

白彤冬讨论过这个问题,他说他想要回到"真正的"儒家,并以此作为批判现代思想的支点。但是,那个所谓"真正的"儒家已经不存在了,要回去的话也是当代版的儒家。有这种想法的人也不少。我想后殖民主义者的想法比这种观点更深奥一些,而且他们曾经对这种观点持抵制态度,但是我不知道他们现在发展成什么样子了。所以,我们应该从当下出发,首先了解我们现今拥有的概念类别是哪些,然后再看有哪些不同的本土的、过去或者其他不同的概念和类别可以改造和利用起来。

第五节 东亚区域史和全球史对话

陈利:您在《主权与真实性》这本书中的分析似乎是对此前的著作在理论和经验层面上的延续,并通过一个具体的实例研究来验证您的理论观点。能分享一下写作该书的目的和其中的主要论点吗?

杜赞奇:正如有人说过,《从民族国家拯救历史》这本书就好似《主权与真实性》一书的草图一样。前者这么受欢迎在我看来很有意思,因为它是我迄今为止花最短时间写完的一本书。有时候写书或许只是写下你的想法就够了,前提是它和你的终身教职不挂钩。而《主权与真实性》这本书的主要目的是为了展示为什么民族历史(national histories)不能和民族主义历史(nationalist histories)混为一谈。书的主题是我所谓的"东亚的现代"(East Asian modern),讲的是一些全球性的潮流和地区性的模式是怎样被某些东亚国家吸收和转化的。这样看的话,这些国家也是世界浪潮的一部分,而我选择用一个新词来表达这一点。这本书在理论上的目的就是为了搞明白所谓的"东亚的现代"是否存在,以及这其中是否存在着地区元素。

自那开始,我继续在做关于区域性联系的研究工作。我不久前刚做了一个关于中国和东南亚以及这种区域间网络的讲座。在十年前我也和塞巴斯蒂安·康拉德（Sabastian Conrad）合著了一本讲东亚地区形成问题的小册子。从某种程度而言，这有点像是一种布尔迪厄式的研究思路，强调的是不同层面上的调整：全球层面代表的不是纯粹的"全球"，而是地区性经历经过滤或者调整后的结果。

这本书的另一个目的是想要展示一个大规模的历史变化，即伪"满洲国"所代表的是一种在欧洲帝国主义阶段后首个与之不同的殖民帝国统治形式。我觉得中国代表的是一种非常与众不同的全球政治秩序，例如，它不同于美式政治秩序，它的每个发展阶段都与前一阶段有所区别，并且每个阶段里都会出现由以往经历和新境遇一起造成的全新的权力形式和权力表现方式。而这些主要权力形式是对世界变化所做出的回应。我在《主权与真实性》里所讲的大概就是以上这些。

陈利：您刚刚提到了全球史这个新发展趋势。我们知道有不少史学家已经加入了这个行列，包括像韩森和柯娇燕等资深学者已经写过多本全球史的书了，他们通常是从全球或者比较视角来写帝制中国的。您于2009年出版的《中国国家形成中的全球和地区》（*The Global and Regional in China's Nation-Formation*）是否可以被看作您与这些从地区转向全球视角的学者们进行的一次尝试性对话？

杜赞奇：对话可能谈不上，因为我对全球史的理解可能和其他人略有不同。我觉得全球史包括的是资本主义的全球化，以及在我看来最为重要的国家形式的全球化这个问题，即世界各地如何开始采用相似的"国家"这个政权形式。这就是我在讲"地区形成中的全球性"时所想要表达的。我认为现存的全球史著作在方法论上还没取得令人满意的进展。这就是为什么我依旧选择用社会科学分析方法来理解和解释新、旧以及矫正后的世界体系，不论它们是否有用或者错误。我认为这些社科分析可以更好地诠释这个世界是如何被联系到一起的。

就我所看到的来说，现在多数研究都集中在一个制度或者商品在全球范围内是如何被多种力量所影响和改变的。我觉得康拉德已经在这方面有了一些研究成果，包括"地区"和"全球"这两个层面可以互相作为观察对方的媒介。这里的关键问题包括：什么方式在历史上是行之有效的？为什么有些东西可以风靡全球？这其中涉及哪些不同的层次和规模？我不敢肯定已经找到了在这方面令人满意的著作。斯文·贝克特（Sven Beckert）的《棉花帝国》（*Empire of Cotton*）是近期出现的一本令人惊叹的全球史作品。这本书基本上讲的就是世界体系的早期形态以及战争资本主义等等。然而我不确定全球史学家已经在这方面找到了足够好的研究方法。

陈利：的确，这是一个不断演变的过程以及工程。至于全球史会如何帮助我们更好地理解中国史以及中国与世界的关系，我们或许以后才能知道。

图 3-6　杜赞奇和其在芝大的中国领域研究生合影，
　　　　包括宋念申（后排左四）、成国泉（后排左三）、
　　　　吴一庆（后排左五）、王飞仙（前排右三）

第六节　国际学术交流的实践和收获

陈利：现在聊聊您近年来在国际学术交流活动中所起的作用和感受。您于2008年离开芝加哥大学后，去新加坡国立大学任职了几年。您在新加坡任职的感受和在芝加哥大学有什么不同？

杜赞奇：在新加坡工作期间，我的工作内容也变了。在那任职的七年半里，教课不是我工作的重心，我只是教了课表上的一门课。但我在那里也不是专管行政。我做的大部分是组织研讨班、读书小组和学术会议这类我正好喜欢做的工作；后来对这些活动兴趣不大了，就转职成了亚洲研究院（Asia Research Institute）的院长。我很喜欢那份工作，尽管要处理不少行政事务，但是它带来更多思想上的刺激。有人说我在这方面有所贡献，因为我每周都会和不同的研究小组组织活动，涉及包括亚洲、理论和形形色色的其他主题。我自己在组织这些活动时自然是乐在其中。

但是，新加坡的一些学校行政高层（其他地方的不少大学也是如此）往往对人文学科持不同的态度，觉得人文学科花学校的钱，却不能产生效益。我不擅长在外到处筹集资金，但也做了一些工作，因为它很重要。我们实际上也获得了资助，所以我们也不仅仅是只会"花学校的钱"。在我刚受聘的时候，该校校长是一个新加坡裔的美国科学家，所以他对拨款给人文专业抱一种美式的态度。我记得他有一次直接问我："你的部门还需要钱吗？"我说："不用不用，资金很充足。"不过，他过了不到一年就离职了。接替他的人来了就说："为什么他给亚洲研究院拨了那么多款？我们得要回来。这些人不会赚钱，也不会研究有用的知识，就知道去讲些煽动性言论。"虽然在学科预算上可能会有意见不和的时候，但在学术方面，新加坡是个非常棒的地方。现在那边的资深学者很多都是在国外接受的教育，常常是在澳大利亚。本土高校培养的人才也不少，而且也经常有在西方国家至少一两年的留学经历。新加坡就仿佛是国际学术界的"交叉路口"之一，来自欧美、中国、日本、澳洲的学者川流不息，通常都想乘便做一个讲座。我于是通过这种方式邀请了很多人来组织活动。因此新加坡在学术上是个充满激情的地方。我的《全球现代性的危机》就是在这种激荡的思想氛围中完成的。

宋念申：我曾加入过"社会科学研究委员会跨亚洲项目"（Social Science Research Council InterAsia），那是一个很有意思的项目。我想您在其中起了关键的作用。我想问的是，今天的学者应当怎样来重新理解"亚洲"这个概念？我想您一直以来也在努力寻找这个问题的答案。但是您似乎在著作中并不想把"亚洲"当作一个排他性的概念，而是想要它来创造一个更具包容性的、跨越大陆的"亚洲"。您认为我们可以如何进一步推动关于"亚洲"这一概念的对话？

杜赞奇：首先，容许我讲一下学术目标。在思想和方法层面上，我们需要意识到，我们使用的很多概念都是欧洲统治全球时期的产物。因此，从某种程度上讲，这些概念都是东方主义的概念。这未必都是坏事，因为它们给予了我们很多有益的理解方式。但是，这些理解方式确实局限于某种特定的东方主义风格。

我们至今一直在做的，便是拿这些基于欧洲历史经验的概念用来分析亚洲的各个社会。然而，这些同在亚洲的社会之间或许具有更多的相似之处，也具有更相似的社会关系和发展过程。那么，我们要研究的问题就是：我们是否能够基于这种亚洲的经验和数据来建立一整套的概念和方法框架以理解这些亚洲社会的历史和发展，而非仅仅利用那些现有的来自于西方的概念框架？我们做亚洲研究的学者能做出的最重要贡献之一，可能就是通过深入分析亚洲社会内部或者亚洲社会之间的相互关系及其历史而发展出新的理论和分析方法。正如我在2020年发表亚洲研究协会会长讲话时说的那样，我想要研究的是某些源自西方的影响是如何被非西方社会所吸收的，然后通过这些再来观察这些社会之间的相同和不同等等。

宋念申：但同时也不能像过去日本的"大东亚"主义者那样，全盘利用西方思想来创造出一种崭新的身份认同。

杜赞奇：当然。在我的《亚洲复兴：对一个地区的当代构想》("Asia Redux: Conceptualizing a Region for Our Times")这篇文章里，我讲的是亚洲社会间的联系以及以此为基础创造一种新的身份认同的可能性。同时，我也没有想要去鼓吹这一观点，因为这种身份认同近来似乎逐渐变成了一个问题。但是，某些地区性联系确实能塑造身份认同。

陈利：您最近担任过亚洲研究协会（以下简称 AAS）的会长。我们知道包括它在内的很多专业和学术组织都为应对全球化的影响采取了不少举措，因为全球化不仅改变了我们的社交和生活，也影响了学术研究和交流的方式。请问根据您任会长期间的感受，AAS 是如何重新思考自己的使命，以及如何协助研究亚洲的学者和亚洲地区应对新的形势的？

杜赞奇：这是个比较困难和敏感的话题，因为最近几年不少学术组织都遇到了一些麻烦。我从一个 AAS 前会长的角度简单谈一下。我认为全球化对 AAS 影响很大。在学术层面上的影响早在 20 世纪 90 年代就开始显现了，最近出现的多是组织层面上的影响。在我担任会长之前，我们在夏威夷开会时曾讨论过要不要组织 AAS 的亚洲年会（AAS-in-Asia），因为那时我注意到很多来自亚洲的学者会到夏威夷来开会。要研究亚洲的话，我们必须要和来自亚洲的学者建立起联系，也要让他们加入到我们的讨论中来。因为那时我是新加坡国立大学亚洲研究院院长，所以我就通过该院于 2014 年在新加坡组织了第一场 AAS 亚洲年会。之后因为 AAS 亚洲年会很受欢迎，所以在日本、中国台湾、韩国等地都举办过。

其实绝大多数 AAS 成员都赞成亚洲年会这个点子。每年都举办可能不现实，但是每两年一次还是可以的。目前要在中国举办可能很难。在印度举办的时候，我们就遇到了麻烦，起因是印度政府拒绝给参会的巴基斯坦学者颁发签证。我不认为 AAS 在这件事上有什么失误，但是当时各种事情都被政治化了。AAS 的想法不是诉诸全协会成员，而是通过二十个人的商议和协调来解决这个问题，但是最后没能成功。今天的美国也是如此，所有人都被政治化，每件事情都有人征集请愿书。过去的两周里，我已经签了大概四五份请愿书，来表示我们对某些事情或某些政府的支持和反对。

所以，一方面来说，全球化鼓励了更多的人参与到 AAS 这个全球平台中来。但与此同时，全球化也给我们带来了许多新问题。我已经准备从协会隐退了，所以我们需要看现任的协会领导层打算下一步如何应对全球化带来的各种学术、政治和民族的问题。有人提议说，以后 AAS 亚洲年会只在新加坡和日本召开，但是我觉得那样做的可能性不大。不过目前只能静观其变了。

所以，我对你关于 AAS 如何应对全球化这个问题的答复就是，我觉得在 AAS 内部，不论是普通会员还是领导层，都有邀请更多亚洲学者参与进来的动机，也因此动用了不少资金来支持。协会的所有收入都用来支持来自贫困地区的学者出席亚洲年会或者美国年会。所以，尽管面临各种困难，我们仍然在继续努力。

陈利：谢谢。这对于年轻学者尤其重要。目前由于国际政治大环境的影响，不少跨国学术交流和合作变得比过去困难了。所以我希望AAS能继续成为国际亚洲学者们进行公开、持久交流的最主要平台之一。

杜赞奇：是的。我觉得AAS所有的会员都应该强调这一点，因为协会的领导层感觉别人好像以为AAS是个封闭的组织。我觉得协会以后会发出更多的调查表来弄清会员们的想法，而你们作为会员也应当去积极阐明自己的想法，包括要求协会致力于服务更广泛的地区和更多元的文化。

陈利：您于2015年加入杜克大学。当时，您提到全球亚洲项目（Global Asia Initiative）是您近期一直忙着组织的一个重要活动。我感觉它和我们今天讲的一些话题很有关系。您能介绍一下这个项目的初衷以及这几年的活动成果吗？

杜赞奇：它在体制和资金规模上还比不上正式的研究院。不过我们可以从其他基金会那里申请经费。因此，它比我要设想的要小型一些，但是也不错，因为我们可以组织比较小型的活动，然后出版活动的成果。最近因为新冠的缘故，我们并不活跃，但还是组织了诸如工作坊之类的活动。我们算得上是"社会科学研究委员会跨亚洲项目"的一个核心纽带。杜克大学有相当不错的东亚研究项目，也有规模小一些的关于南亚的课程和印度研究，另外还有不少人做东南亚研究。而我们做的主要是补充工作，强调在关联和比较的语境下来考察亚洲社会与世界其他各地的关系，所以我们经常会把不同区域串起来。我们的活动以工作坊、研讨会和学术会议为主，以及人数不多的博士后项目。我们每年会让两三名"社会科学研究委员会跨亚洲项目"的访问学者做报告，展示自己的研究成果。我们的总体目标是创造和生产新知识。或许因为在杜克每个人都太专注自己的专业研究了，所以有时候很难把没有直接联系的学者聚集到一起。但是如果我们的题目是关于中国的，那么来的人通常不少，即使他们并不是中国专家。我们也和昆山杜克大学合作。

宋念申：您的学术经历给予了您一个独特的优势，那就是熟悉美国和亚洲及其他不少地区的学术界。您能否谈谈在美国和全球范围内的中国史研究近几十年的大趋势？您对有兴趣进入此领域的年轻学者们有哪些建议？

杜赞奇：学术界在各个时代有不同的流行趋势。史学界曾经偏爱研究政治史和制度史，然后思想史在 20 世纪 70 年代流行一时，之后又是社会史、经济史开始风行。其实经济史在中国史领域始终处于一个次要地位，至少在美国是如此，虽然在中国本土和日本的学术界它曾经可能更重要一些。部分原因是日本的中国史研究比美国的中国史研究发展更早，而马克思主义经济史在日本比在美国的影响更大。我学术生涯的开端正是社会史开始流行的时候。那时孔飞力的《中华帝国晚期的叛乱及其敌人》（*Rebellion and Its Enemies in Late Imperial China*）和魏斐德的《大门口的陌生人》（*Strangers at the Gate*）被公认为这方面的开拓性研究。之后，史学界出现了很多受马克思主义影响的、探讨各种阶层和课题的社会史研究。

我觉得在现在的史学界里，思想史和社会史的地位都在一定程度上有所下降，但同时新的领域也在升温，而这些新领域对于年轻学者而言非常重要，例如环境史（environmental history），包括物质环境史。你也可以把它和其他领域结合起来研究，比如社会史、经济史、法律史等等。我知道一个名叫张仲思（Tristan Brown）的年轻学者现在在研究清代的法律和环境史。我觉得环境史是一个值得我们重视的新领域。还有就是全球史，以及在全球背景下对中国等具体地区的探讨。总体来说，我觉得现在跨领域的史学正在崛起，所以我们需要熟悉社会、政治、法律、经济等不同的领域。即便自己的研究仍然可能会关注某个特定地理区域，但是我们也要学会去寻找区域之外的因素。以环境史为例，我们可以把"环境"作为一个广义概念来理解，然后在研究中考虑囊括例如疾病史或医学科技史等等。同理，即使我们可能只是研究一个事物、地方或者制度，我们也要在全球背景中去思考它，这可能就是未来史学的趋势。

第四篇

踏上历史研究的旅程
对话康奈尔大学杜乐

图 4-1　杜乐（摄于尼亚加拉大瀑布旁）

编者按：杜乐现任职于康奈尔大学，主要研究领域为法律史、家庭史以及国族概念的建构。她的主要学术著作包括英文专著 *State and Family in China: Filial Piety and Its Modern Reform*（剑桥大学出版社 2022 年版，中译名暂定为《国与家：孝道及其近代改革》），该书荣获中国法律与历史国际学会 2022 年首届最佳专著奖。她目前的新研究主要围绕近现代中国"国/国家"概念的发展，暂定题目 *China: From a Nationless State to a Nation Defined by State*（《中国：从一个无民族国家到被国家定义的民族》）。

陈利于 2022 年 4 月份对杜乐进行了书面访谈。在本访谈中，杜乐介绍了她的读博经历和求职过程，以及她刚出版的英文新专著《国与家：孝道及其近代改革》的成书经过及其主要观点和学术价值。读者可以在访谈中清楚看到一位年轻有为的历史学者是如何一步步地成长为学术新星的。[1]

---

[1] 本访谈由陈利通过书面方式完成。收入本书时，文字经陈利、杜乐和白若云润色修订。

第一节　学术背景

陈利：杜乐老师好，欢迎加入"云里国际学者访谈系列"。我们的访谈既包括了一批国际知名的资深学者，也包括了中生代学术领军人物和一些年轻的学术新星。能先给读者朋友介绍一下你出国前的学术背景和经历吗？

杜乐：非常荣幸能有机会在"云里国际学者访谈系列"里介绍我的研究。我出生在山东济南，小学到高中一直都在济南读书，高中就读于山东省实验中学。我本科就读于北京大学，是元培计划的学生，本科学的是社会学，硕士在北大师从邓小南老师研究宋史。

陈利：你从北大历史学系毕业后，是出于什么考虑决定出国留学攻读历史学博士？又是如何决定走上学术道路的？

杜乐：我父亲在我十岁时候去世。他生前非常喜欢历史，给我讲了很多历史故事。家里也有不少历史著作和古典小说。在这种情况下，我其实小学、初中时算是比较喜欢历史的，特别是历史故事。高中以后开始更多读一些研究著作。高一升高二的暑假的时候，我就差不多决定要以成为历史学家为未来努力的目标。当时并没有想到要出国读博士。在北大读本科期间，我选修了阎步克、邓小南和张帆等老师开的"中国古代史"课程，他们介绍了很多欧美日本研究中国历史的著作，并且讨论了中国学者、日本学者和西方学者研究中国的不同视角。这让我意识到如果我能在北大读完本科和硕士，再出国攻读博士，可以从几种学术路径获得滋养，可能对我长远的学术发展大有助益。选择社会学作为本科专业是希望能够借鉴一些社会理论和方法，也为日后更好地分析历史材料做准备。最初选择宋史作为硕士阶段研究方向，也是希望能为以后拓展到研究帝国晚期和中国近现代史打一些基础。邓老师对学生的训练很严格,对学生的成长和个人生活也非常关心。她为我和同门弟兄姊妹树立了为学、为人的标准。她知道我以后可能不会继续研究宋史,并且会寻求出国读博士,所以在对我的培养上,于夯实基础的同时着重培养中外交流的视野,可以说让我终身受益。

陈利: 你可以就自己当初准备申请出国留学和读博士的准备过程和心路历程,给年轻读者们分享一些心得吗?比如,出国留学以及在国外大学工作的利弊等等。

杜乐: 我2008年在北大开始硕士阶段的训练。北大的历史学硕士是三年。跟很多准备出国读博士的同学一样,我在第三年秋季,也就是2010年秋季,向若干美国的博士项目提交了申请。虽然读硕士以前的长远计划是研究中国近现代史,但在学习了一段时间宋史之后发现自己也很喜欢这个时段,所以第一年主要是申请去跟研究宋史的教授读博士。可能因为我当时准备不是很充分,再加上金融危机之后很多学校减少招生,我第一年申请并没有获得任何博士项目的录取。我考虑重新考GRE,但被我当时在艾奥瓦大学读工科博士的先生劝下了。他的观点是,大学老师录取博士生,看的是研究潜力,我当时的GRE分数虽然不是特别高,但也够用了,应该专心于打磨写作样本。听从他的建议,我第二年并没有重新考GRE,而是将之前一年的写作样本精心修改,并且新写了一篇清史方向的写作样本,最后成功获得了宋史、清史两个方向若干个博士项目的录取。经过慎重考虑,我选择了去纽约大学(NYU)师从卫周安老师研究清史。我非常喜欢卫老师的著作,面试的时候和她建立了很好的chemistry(双向选择关系),拿到NYU的录取时我很兴奋,感觉像NYU在召唤我一样,可能就是有缘吧。就申请博士来说,我算不上很成功,踩空了一年。如果说有什么教训的话,大概就是第一年的时候没有在申请文书和写作样本上下足够的功夫。另外，当时很多美国老师在北大访学。本来我是有不少机会和这些老师交流、了解美国老师的学术思路并与他们建立学术联系的，但我比较害羞，觉得自己学术和英语水平都不够，在讲座上不敢问问题，平时也不敢和他们交谈，全都错过了。缺乏交流导致我在申请时候对美国学校录取学生的思路不太了解，写的材料不太容易被招生老师理解。第二年在技术上更注意了一些，结果就好了很多。我从高中开始就梦想走学术道路，属于一条道走到黑的类型，没太考虑过本科或硕士毕业之后直接工作的问题，所以在这方面可能没有什么经验可以分享。

第二节　美国读博的经历

陈利：你在纽约大学历史学系读博士期间印象最深的感受是什么？之前我们分享过包括在哥伦比亚大学、芝加哥大学、耶鲁大学、哈佛大学、加州大学伯克利分校、密歇根大学、斯坦福大学、弗吉尼亚大学、宾州州立大学、纽约州立大学等学校读人文和社科博士的经验，不知道你的感受和他们的经历有何异同？

杜乐：在纽约大学求学期间，给我印象最深的是纽大的包容开放，学生有很大的选课自由。我在纽大修的课程，大部分不是中国史方向的，而是包含了意大利文艺复兴、奥斯曼帝国、全球殖民史、法律史、性别史等。我担任助教的课程，包含伊朗史、蒙古史、美国史。我的导师非常支持我的选择，无论是选课，还是博士论文选题和拓展研究领域到20世纪。卫周安教授不仅是我学术上的导师，也是人生的榜样，她无论谈论学术还是探讨政治、人生都有深刻而又包容的见解。跟她学习的几年对我成为一个各方面比较均衡的人非常非常重要。纽约大学和哥伦比亚大学在同一所城市，两所学校的师生经常互相交流。

我上了哥伦比亚大学曾小萍老师的三门研究生课程，深深被她治学的严谨和对学生的关心、帮助所打动、影响。北大的训练给我了中国史的基础，纽大的训练拓展了我的视野。我非常幸运在合适的时间遇到了最适合我的项目。

陈利：对那些计划攻读历史学或者人文专业博士的青年读者们来说，你认为最应该注意哪些方面？

杜乐：对想读人文、社科方面的博士的人，我觉得最重要的是确定自己是不是真正喜欢做学术，真正喜欢当老师，真正喜欢自己的学科。我记得我在北大读书时，修罗志田老师的方法论课程。罗老师的原话我记得不是很清楚了，但大体意思是做历史学家不需要特别的天分，但需要很多耐心。做档案研究发现新材料、构建新论点时候很兴奋，但要执行到纸面上，写成可以答辩、发表、出版、被别人理解的文章，需要很多耐心和苦功夫。人文专业的博士，就业市场也谈不上特别景气，找到工作之后，虽然可以有一个比较稳定的中产生活，但收入上也没法和很多其他行业相比。如果不是特别喜欢、特别有热情，我觉得不一定非要读人文、社科方面的博士，或者可以在读的时候考虑一下 Plan B（次选方案）。如果真正确定了自己的目标是走学术道路，确定自己所在的学科就是自己热爱的学科，重要的就是全力以赴。博士阶段的训练，前两到三年修课，博士综合考之后基本是自己研究写作。导师虽然也会不时关心一下高年级博士生的进度，但主要还是自己管理自己。在这种情况下，稍一不注意，精力很容易被各种事情占据。美国超过一半的历史学博士生，最终没能拿到学位。确定自己到底想要什么，有耐心，有信心，有执行力，有家人的支持，我觉得这几点是最重要的。最终回到的问题，还是自己是不是真正对一件事有热情，自己和自己的家人是不是愿意付出，愿意 all in（全力以赴）。

陈利：你当初是如何选定博士论文题目的？在做研究过程中所遇到的最大障碍是什么？最大的收获是什么？

杜乐：我最初的博士论文选题，其实是清代一夫多妻制下妾母的家庭地位问题。在做档案研究过程中，我发现材料不足以支撑一篇博士论文，另外发现清代的司法实践对父亲和母亲的权威都大力维护，父亲和母亲在这方面获得的法律待遇差别并不太大。但是清代和民国的法律在如何定义这种亲权上出现了很大的转变。在民国，亲权不再意味着父母对所有年龄阶段的子女都享有巨大权威，而仅仅指父母对未成年子女的抚育权。1930 年《民法》和 1935 年《刑法》大体上是平等对待父母和子女的。在第一次比较长的档案研究之后，我决定把题目扩展到亲子关系，并且不仅讨论清代，还讨论亲子关系在民国的变迁。在做研究过程中最大的收获其实是发现这个题目本身。"孝治天下"，并不只是一个意识形态上的说法而已，而是在法律上有实际的制度保证父母权威得到维护，无论是杀害父母的大案要案，还是日常生活中不服从父母管教和财产处理的细事。到了 20 世纪，亲子关系发生了大反转，经过民国时期的改革，到了 20 世纪 60 年代，子女就被号召去举报父母，打倒一切权威了，这比起晚清对父母权威的极度维护，时间上才不过相差半个世纪左右。一旦发现这个题目，很多事情都 fall into places themselves（水到渠成）。论证、论点几乎像是自己长起来的，不用我过于操心。最大的障碍，其实倒是自己的心障。因为博士综合考试主要准备的是明清史，开始我是很犹豫要不要拓展到 20 世纪的。但感觉不讲 20 世纪很多事情就讲不透，对不起这个论文。一旦下决心把论文拓展到 20 世纪，并且开始系统性地读文献，就发现事情也不是那么难的，一篇博士论文同时讨论帝国晚期和近代变迁是可能的。

陈利：如果说准备北美人文社科专业的博士资格考试时浏览二三百本书是让一个人成为更"博"学的研究者所必需的基础工作的话，

那么完成博士论文的过程,则是使其成为一个项目或者领域专家学者的必经阶段。你当初在写博士论文的过程中,在自己的学术方法和研究思维上有经历哪些比较重大的转变甚至是蜕变吗?

杜乐: 在博士写作阶段,我经历的最大的转变还是心态的转变。在修课和准备博士资格考试的过程中,自己的思维更多的是一个学习者和批判者,在写博士论文的过程中,我才逐渐体会到建构比批判要难得多。以前经常批判其他学者为什么没做这个没做那个,逻辑为什么不太顺畅,为什么忽略了例子等等。真到了自己上手写,才发现因为材料、行文、篇幅等方面的限制,很多想做的事情实际很难做到。在这之后,我逐渐培养了 reading as a writer(像作者一样阅读)的习惯,在读一本书的时候,既作为学生学习专家的研究,又作为同事进行批判和评估,还作为作者分析其写作策略。一次阅读过程其实可以同时达成几重目的,我觉得这是博士论文写作给我思维带来的最大蜕变。

第三节　求职过程

陈利: 博士毕业后求职过程中的主要体会是什么?你从纽约大学毕业后很快就任教于美国著名常春藤高校康奈尔大学。有哪些经验可以分享给准备求职的读者?

杜乐: 虽然听起来好像我过于没信心,不过我觉得找工作运气和实力一样重要,甚至有时候运气比实力还重要。我能在康奈尔大学找到教职,我个人觉得是非常大的幸运。每年有很多优秀的历史学博士毕业生,但只有少数能找到常任轨(tenure-track)教职。一个学生只要足够努力,并且和博士论文委员会的教授合作无间,基本都是能拿到学位的。但很多优秀的博士毕业生,因为就业市场上僧多粥少,并不能最终在高校获得职位。很多时候各个院系招人，有各种考量，包含现有老师的研究方向、系里的发展策略等，并不一定是最优秀的学者就能找到最好的教职。换过来说，在大学就职的老师都是非常优秀的学者，在一般院校教书的老师，也不一定比在精英大学教书的老师研究、教学就差。如果说我个人在求职上有什么心得的话，可能就是尽自己最大的努力准备，但即使一时不能成功，也不要灰心丧气，或者觉得自己不够优秀，不要影响心态，该写论文的写论文，该出版书的出版，该教课的教课。过于紧张，反而会对面试的发挥有不好的影响。很少有博士候选人第一年就找到理想工作的，多半要经历两到三年的求职，有的时候是以博士候选人的身份，有的时候是以讲师或者博士后的身份。无论当时的情况如何，尽最大努力利用好现有资源，如果是博士后就全力改书稿、发文章，如果是讲师就多备几门新课，如果是博士候选人就尽量争取独立教学机会并用心改论文。找到常任轨教职只是第一步，只有准备充分，才能在找到工作之后完成系里对年轻老师工作量的期待。从另外一个角度说，准备越充分，越有可能获得常任轨教职。

陈利：对于近几年美国人文社科专业的教职市场，你觉得在读博士生求职成功需要提前做好哪些准备？

杜乐：我觉得博士生求职能否成功，往往并不是在快求职的时候才被决定的，修课时候构建的视野、教学经验、出版文章、博士论文选题，往往都需要提前两三年甚至更长时间做准备。成功获得常任轨教职的博士候选人或博士后/讲师往往视野广阔，不仅对本领域而且对交叉领域也有一定了解，有独立教学经验，有至少一到两篇顶级杂志发表，并且博士论文题目新颖、研究扎实。如果扪心自问，具备这些条件的年轻学者，确实在未来的职业生涯中有更大的可能性成功。绝大多数院系招聘年轻教师，都是希望该同事未来能够评上终身教职，当

图 4-2　康奈尔大学校园（来自学校官网）

然也更愿意聘用那些潜在能达到该校终身教职评审标准的候选人。当然，由于就业市场竞争过于激烈，具有这些特质的候选人未必一定能找到工作，但很少有缺乏这些条件的候选人能够成功就职的。有时候只能说是尽人事，听天命。如果不努力，一定不会成功。努力了的话，至少问心无愧。

第四节　从博士论文到专著

陈利：我们来谈谈你最近的学术研究。首先祝贺你的新著《国与家：孝道及其近代改革》由剑桥大学出版社在 2022 年 1 月出版。请介绍一下这本书的成书背景（包括和博士文论文的关系与不同的地方）及其主要观点。

杜乐：像大多数学者的第一本书一样，《国与家》是基于我的博士论文修改而成的。该书主要追溯了清代国家在法律层面对亲子等级关系的维护。大家都听说过一句话，叫"孝治天下"，也都知道孝对中国前现代国家治理在意识形态上的重要性。以往的研究主要关注意识形态教育以及典礼仪式。我的著作揭示了清代国家怎样从立法和司法角度构筑一张天罗地网，囊括中央地方各个层级，在人身杀伤、骂詈、财产管理、婚姻、是非观等各个方面维护父母对成年和未成年子女的全面控制，从而维护"为民父母"的皇帝和身为民众"父母官"的地方官的权威。在民国时期，这种对父母亲权的维护经历了全面的翻转。民国的法律在婚姻制度的改革方面，把合二姓之好、由父母操办的婚姻重新定义为丈夫和妻子自行缔结的约定，并且赋予成年子女管理自己财产和劳动所得的权利。这自然造成了老人赡养方面的问题，因为以前女儿的父母可以在把女儿嫁出的时候收受彩礼，儿子的父母可以控制成年儿子的劳动所得，而且如果子女不听父母教令，县衙门可以帮助父母管教。民国的法律把这些亲权都剥夺了。在这种背景下，民国法律开始赋予父母向子女要求赡养费的权利。从宪法秩序来看，晚清和民国的立法者清楚地表达了其立法意图，即把降低父母对子女的控制作为将每个公民原子化，从而加强国家和公民直接联系的一种手段。换句话说，对亲权的削弱并不是为了增加子女的自由。赋予每个公民自由和权利只是一种手段，"必使国民直接于国家，不间接于国家"才是最终目的。我的博士论文篇幅很长，远远超过大部分出版社对作者第一本书字数的限制，所以改书稿的过程一大部分精力花在了调整章节及删减字数上。只有最后一章的论点，因为写博士论文的时候，思路没完全理清，所以进行了重新梳理。博士论文写得太长，虽然也造成了不少麻烦，但好处也是有的。很多最后没有被囊括进书稿的内容，在添加了一些新研究之后，得以出版为杂志文章，也算充当了衬托、辅助我新书的绿叶吧。

陈利：这本书从哪些方面受到了最近二三十年清代及近代中国法律与社会历史研究的一些新的研究成果和发展方向的影响？又在哪些

方面试图进行重要的突破？

杜乐：我的书主要受到两个中国近代史子领域的影响：一是法律与国家建构之间的关系，包括明清和20世纪；二是婚姻家庭史和国家建构之间的关系。这两个领域中的很多著作都是大家耳熟能详的，我就不再赘述。《国与家》可以说是站在巨人的肩膀上为这两个子领域增添了一个新视角。我这本书的贡献主要是把帝国晚期和20世纪连成一个整体来看，看历史发展的大趋势。并且凸显帝国晚期"孝治天下"及现代国家对代际关系的调整，从亲子关系角度来看帝国晚期统治秩序和20世纪的政治、法律改革。

图 4-3　杜乐专著《国与家》封面

陈利：从完成博士论文到修改成书出版，经常是一个漫长甚至是相当煎熬的过程。能分享一下自己改写书稿的过程吗？包括如何回应出版社和评审人的要求，以及如何在书中找到自己的声音或者提出独特的学术观点和结论?

杜乐：我觉得改书稿过程中最重要的是听取各方面的意见，并将各方面的评论成功地融入到自己的声音里。我刚入职的时候，系里的好几个老师建议我要把博士论文放一年，不要立刻改，让自己的感受"凉一下"，目的就是为了让作者和博士论文产生某种距离感，能够以一种开放的心态来听取意见。我觉得各种大大小小的会议及学校组织的工作坊是分享自己书稿章节、得到各方意见的好机会。我所工作的康奈尔大学历史学系为我组织了一个书稿修改工作坊，邀请了陈利老师和沙培德（Peter Zarrow）老师，以及几位康奈尔的教授参加。综合出版社返回来的审稿意见，以及在工作坊上收集到的意见，我又对书稿进行了第二次修改，呈递回出版社，再审的意见非常积极。我这里不得不提，整个修改书稿的过程，真的也是一个向前辈学习如何为学术界提供服务的过程。我是在剑桥大学出版社收到的第一次审稿意见，两个审稿人都极其认真负责，虽然都建议出版，但仍然各提供了几十条修改意见，从细节到论证到逻辑，方方面面都有。在工作坊上，几位老师不仅为每一章节提供了具体细致的意见，而且帮我敲定了书的题目。《国与家》几乎可以算作一部合作之作。史料已经大体确定了我论证的方向，博士委员会的五位教授及出版社的审稿人、会议和工作坊上的各位前辈老师又帮我修正、打磨了论证的思路。我觉得自己就是一个器皿，如果能把自己放空，把自己作为一个书稿成长的辅助者而不是控制者，书稿就可以自己长大成形。

陈利：一些读者可能并不清楚国外学术著作出版的过程。能不能分享一下你自己和出版社合作过程中的经验和体会？其中有哪些需要注意的事项？

杜乐：每家出版社对其书稿都有不同的要求，有的更侧重于服务本领域的学者，有的则在服务本领域学者的同时希望吸引更多相关领域的学者，有的更偏重中国研究，有的更偏重全球史中的中国，等等。我觉得在系统修改书稿之前，最好能和几家出版社谈一下，了解一下他们不同的期待，问一下时间线等等。就我了解到的信息，有的出版社过了第一次外审就会和作者签合同，有的出版社要过了第二次外审才会和作者签合同。如果作者的雇佣学校以书稿的合同，而非印刷出来的书本身，来作为三年评审或终身教职评审的指标的话，选择一家在一审之后就给合同的出版社可能会更有利一些。我最终选择了剑桥大学出版社，主要是出于我这本书读者定位的考虑。我希望第一本书能更面向清代和20世纪法律史、家庭史及政治史相关领域的学者，然后在第二本书的时候再拓展出去，和更广阔领域的学者对话。和出版社接洽之后，编辑会与你商量出一个双方都能接受的时间线，作者的任务就是按照自己的 book proposal（出版计划）里面敲定的时间线来提交第一稿，提交之后，一般四到八个月之后会从出版社收到两到三个评审意见，如果每个评审意见都建议出版，一般出版社就会和作者签订合同。书稿的评审一般是单盲的，就是审稿人知道作者是谁，作者不知道审稿人是谁。不像杂志审稿，是双盲的。作者和出版社要再商量一个新的时间线，作者会根据评审意见对书稿进行再次修改，提交给出版社后再过一次审查，之后就进入了文字编辑、校读、封面设计、做索引等技术环节。在这个过程中，作者其实有很大的自由度。我在修改书稿的过程中，加了一小节；不仅根据出版社来的审稿意见，也根据我在各种会议和工作坊上搜集的意见进行了各种大大小小的修改。有些出版社返回来的审稿意见，如果作者不同意，只要解释清楚理由，也可以不完全按照审稿意见修改。我听说有的学者在过了第一次同行评审之后还调整了整本书的理论框架。一些出版社应该也是允许的。就注意事项来说，我觉得最重要的是要把自己想改的地方在两次审稿之间改完。我其实在第二次提交书稿之后又发现了一些小地方需要加一两个段落，但在文字编辑的过程中出版社不建议再有成自然段的变动了,除非是逻辑问题或明显错误。一旦过了二审进入制作过程,很多任务时间线很紧,因为除了涉及编辑部,还涉及印刷厂等。如果那几个月没有学术休假或恰逢假期,作者的教学任务最好不要安排太重,否则压力真的太大。

陈利:目前正在进行哪些新的研究?和上本书有什么关系?

杜乐:我现在主要在写第二本书,*China: From a Nationless State to a Nation Defined by State*,主要讨论"国"的多重含义对近代国族主义兴起的影响。这本书开始于岳飞形象在帝国晚期和20世纪的变迁,终于当代中国的爱国主义教育,中间章节牵涉晚清国际法翻译、晚清民国时期海外华人的国族观念对政治的影响、20世纪的国旗国歌、毛泽东时代的国际主义等。第三本书暂定题目是 *Twice A Stranger: China, United States, and Trans-Pacific Intellectuals*(《再成陌生人:中国、美国和泛太平洋知识分子》),主要追溯深受中美两国影响,并且影响了中美两国政治文化进程的六位知识分子:容闳、孙中山、金韵梅、胡适、吴健雄、余英时。借着这六个人的人生故事,我希望能追溯自19世纪以来中美关系的起承转合。这两本书的很多研究,都发展自我准备第一本书时的所读所想,比如国际法,比如国族建构,比如孙中山和海外华人等等。我对法律史的研究也在继续,现在主要关注清律中的差序格局,以及民国时期对父系宗族秩序的改革等。

第五篇

四十年清史研究的学术人生
对话华盛顿大学盖博坚

图 5-1　盖博坚

编者按：盖博坚于 1980 年从哈佛大学获得历史学博士学位，师从美国汉学泰斗级人物费正清。其主要学术著作包括 1987 年出版的 *The Emperor's Four Treasuries: Scholars and the State in the Late Ch'ien-lung Era*（哈佛大学出版社 1987 年版。中译本《皇帝的四库：乾隆朝晚期的学者与国家》，中国人民大学出版社 2019 年版）和 *Qing Governors and Their Provinces: The Evolution of Territorial Administration in China, 1644-1796*（《清朝的督抚与行省：中国地方行政的演进，1644—1796》，华盛顿大学出版社 2013 年版）。盖博坚的治学生涯经历了从费正清首倡的"西方冲击—中国回应"范式的时代到"以中国为中心"的研究，再到 20 世纪 90 年代后兴起的所谓"新清史"研究和全球史研究这几个大的学术浪潮。盖博坚在 2020 年 10 月接受了陈利三个多小时的视频访谈，分享了他过去四十多年对美国的中国史研究领域发展趋势的观察和体会，并对清史研究和年轻史学者提出了中肯的建议。该访谈有助于读者更好地了解盖博坚的学术人生和北美的中国史研究领域的过往和现状。[1]

---

[1] 本访谈由陈利通过视频完成。访谈录音的英文稿由冯岚雅整理，中文翻译由仪泽芳完成初稿，再由陈利校对和编辑并经盖博坚审订。本访谈的精简版曾于 2021 年 6 月发表在《信睿周报》第 52 期。收入本书时，文字又经仪泽芳和郭跃斌重新校读，然后再经王雨和白若云润色。

第一节　教育背景

陈利：首先，请您谈谈自己的求学经历。您最初为何决定成为一名中国史学家？

盖博坚：和很多研究中国历史的美国学者不同，我没有亚洲研究的背景，也并非出身传教士家庭。我在耶鲁大学读本科第一年时想主修历史，就去找一位欧洲史方向的老师咨询：如果想要主修历史的话，我应该怎么做？他开玩笑地说："到最后你肯定会在欧洲史和美国史之间选一个，但在这之前为什么不去上一门比较奇特的课呢？"然后，我们就一起翻阅了那些被他形容为"奇特"的课程（我这样讲完全没有恶意），并发现了一门中国通史课，那门课秋季学期由芮沃寿（Arthur Wright）教授讲授，春季学期则由芮玛丽（Mary Wright）教授讲授。因此，我第二年就去上了那门中国史课程。

那时，我也在学习俄罗斯历史和俄语，以为之后会对中国和俄罗斯都有兴趣。不幸的是，到了春季学期，芮玛丽得了癌症，不能继续授课了。他们就安排了一个英国来的、年轻机敏的博士生来教这门课——这个人就是史景迁，我在那里上的第一门清史课就是他教的。下一年，我又上了一门中国史 seminar（研讨课），上得也很开心。到了本科阶段的最后一年，我决定读研。因为那时我已经倾向做中国史研究，所以到本科最后一年开始学习中文。当时我已经二十一岁了，希望大家不要学我，因为学中文应该趁早。我去香港教英文的两年里有幸获得了助学金，其中也包括了我学习中文的学费。在申请研究生时我回到美国，去了哈佛大学——选择哈佛的原因是，我在波士顿地区长大，因此去那边比较方便。

图 5-2　盖博坚在耶鲁大学读本科时

陈利：在您刚到哈佛大学读研究生时，中国史研究领域是个怎样的状况？

盖博坚：那的确是一段不同寻常的入门经历。本科期间我上第一门中国史课时，这个领域还停留在"中国对西方的回应"这个旧的范式里。那时有一本书就叫《中国对西方的回应》（*China's Response to the West*），由费正清和邓嗣禹选编，里面含括了一系列翻译过的原始文献。上课期间，我们读了这些文献，了解了书中提到的历史人物。每周我们会以十年为单位向前推进，试图理解中国对西方的回应。整门课都是基于"现代化"这个视角的，事实上，我当时还在同时上的一门政治科学的课也把"现代化"描绘成解释各国历史的最重要的新概念。所以，几乎在不自知的情况下，我就陷入了"现代化"这个范式当中。在哈佛大学读研究生时，我师从费正清，可能是费教授最后几届博士生中的一个。那时对自己学术生涯的设想是围绕一个19世纪的文人来研究和写作。但那个设想后来并没有成为现实。

陈利：作为费正清教授门下的最后一批学者之一，他给您留下什么样的印象？

盖博坚：我结识他的时候是在他学术生涯的晚期。他是一个极有规划和很自律的人，而且也如此要求他的学生。他非常聪明，有时也很风趣。关于他的时间规划，我记得很清楚的一点就是他课后接待学生的方式。可能很多学生都有这种经历：课后去拜访教授，结果在办公室等了半天，真正谈话的时间却很短，所以效率很低。但费正清教授从不坐班。他的住处离校园很近，经常邀请学生在周四下午去他家里喝茶和吃点心，如果有事要谈的话就在那时谈。最后他一定会说："点子不错，写信提醒我吧。"然后你回家写信告诉他："我想要申请某某助学金，可以劳烦您为我写封推荐信吗？"大约一周之后，你会收到他的来信，上面写着："我收到你关于申请助学金的信了。我会为你写推荐信。"这样做省时而且高效。另外，我认为要全面了解费正清，就需要读他的《中国沿海的贸易与外交》（*Trade and Diplomacy of the China Coast*），这本书极好地体现了他做事的规划性和自律性。

第二节 学术著作和研究路径

陈利：您的学术背景非常有意思，因为您是处于费正清时代和后来的"中国中心论"之间这个转型时期的学者。您已经出版的学术著作中有两本广受学界好评：第一本是 1987 年出版的《皇帝的四库》，第二本是 2013 年出版的《清朝的督抚与行省》。这两本书关注的重点不限于 19 世纪，而是整个清朝。显然，这和那些受"现代化"理论影响的书采取了不同的视角。您的研究引导中国史学者更加严肃地看待清朝本身，并从清代文人学者和官员的角度来观察这个时期。能请您谈谈这两本书的写作背景、中心观点以及对研究领域的贡献吗？

盖博坚：我的第一本书也是我的博士论文课题。这个课题的来源很有意思，我在这本书的中译本序言中也曾简短地提到过这件事。刚才讲到，我在初学中国史时，同时也在学习俄罗斯历史和俄罗斯语，而俄史学界的一个很重要的问题是"俄国知识分子是否在国家政治中被疏远"。我也想用这个问题来探讨中国，看看在西方到来之前，清朝的鼎盛时期是什么样子的。

我先去找费正清，告诉他我对这个问题感兴趣，但他对那段历史了解得不够多，于是建议我去请教余英时教授。我那时已经在上余教授的课了，所以我就对他说我对西方到来前清代中国知识分子和政府之间的关系感兴趣。他几乎立刻就回答道："要不要写一写《四库全书》？"我于是就定下了这个课题。之后，他又为我推荐了一些文献资料。

在写作《皇帝的四库》时，我的目的是认真地看待18世纪末英使马戛尔尼访华之前的清朝，以及那时朝廷和知识分子之间的关系。这本书写的既是《四库全书》，又是清代从政的学者。这就是该书的由来。

图5-3 盖博坚专著《皇帝的四库》封面

陈利：您的第二本书《清朝的督抚与行省》写的也是清朝，时间跨度是从17世纪中叶到18世纪末，它和您的第一本书有着怎样的联系呢？

盖博坚：从广义上来讲，我一直对清朝在19世纪前取得的成就感兴趣。我的第二本书，实际上也包括第一本书，都受到了新开放的档案库的启发，先是在台湾，之后是在北京。我在第一本书中用到了这些文献，在第二本书里也用上了一些北京的档案馆中的文献，但是不多。当你开始翻阅清朝档案时，会意识到自己听说的关于清朝的很多事情都是由地方和省政府报上来的，大部分问题也都出自督抚之口。于是，这几个问题自然而然地就浮现出来：督抚怎样获得这样的地位？这些人是怎样变成我们的信息来源的？他们的背景是什么？有着怎样的观念？从政多久？人事调动有怎样的规律？我是带着这些问题开始写作第二本书的。

陈利：在某种程度上，直到今天，我们依旧不知道清政府运作的一些细节，尤其是在地方行政方面，而您的第二本书为解答这个问题迈出了重要的一步。在一些现代早期史学著作中，清政府总是被描绘成独裁的或集权的。一个学界流行的观点是，清朝的皇帝可以顺利地通过权力链条一直传令至最底层的官员。但是，作为中间环节的督抚并非摆设，而且他们属下的官员也对帝国的治理产生了非常重要的影响。此前研究中国的著作中也有关注地方政府的，然而一般都介绍得过于宽泛，省略了很多细节。因此，您的书是英语学界中较早利用新开启的档案库为我们呈现这方面细节的研究成果之一。

盖博坚：的确。我在书中虽然还没能使用很多未出版的原始档案资料，但我感觉已出版的文献中就已经有太多需要梳理和分析的信息了。当然，读者可以根据书中的线索去档案库查阅更多档案。我没有使用更多档案的一个原因是我那本书的题目很宽泛，而档案库会把你带入非常细致和专注的研究中去。要做我这个课题，几乎不可能深入分析大量档案。因此，我把我的第二本书看作是一封邀人去档案库的请柬，我也希望人们能如此利用它。

陈利：您的书展现了一种相对较大的分析框架。通过它，我们现在能够更好地聚焦一些清代文化和政府治理的细节。

盖博坚：我写这两本书的意图都在于构建一个大的框架，并且邀请别人来刻画出其中的细节。比如，现在英语学界还缺少对《四库全书》更细致的研究，尽管这方面的中文作品不少。如果你去研究《四库全书》的材料，就会发现很多资料比我书中的讨论内容更加详细。但这种不断推进和不断具体化的发展趋势也是学术研究的规律。

图 5-4　盖博坚专著《清朝的督抚与行省》封面

第三节　新研究项目

陈利：我此前看了您第三本书书稿的序言，能否请您介绍一下您正在做的这个课题，及其和前两本书的关系？

盖博坚：我的第三个课题是研究康熙前期一个发动了三次弹劾行动的御史。之所以做这个课题，是因为虽然当今史学界已经有很多研究清史的著作了，例如《满洲之道》（*The Manchu Way*）和《清朝的督抚与行省》，但我们对清代人物的了解却不够多。"新清史"从类似社会学的角度为我们展现了清代，但它的不足之处是对历史人物的关注不够。基于我三十多年的教书经历以及对欧洲史的阅读，我认识到缺乏对历史人物的深入研究所造成的局限性。

在退休之后，我也读了一些美国史著作。相比之下，美国史学者对人物的研究要多得多，而这也极大地丰富了现存的对美国制度史的研究。我其实并不认为我们能越过人物来书写制度史。《清朝的督抚与行省》一书之所以那么厚，就是因为有时行笔至某处便不得不介绍某个巡抚。如果把那些关于巡抚个人的部分去掉，那么这本书的审视角度就会很侧重于京城。也就是在那时，我感觉到我们需要有更多针对人物个体的小范围研究。之后我对一个御史产生了浓厚兴趣。他在1687年时递交了三封非常重要的弹劾奏折，弹劾内容涉及一些大人物。

在对这个课题有了更深了解之后，我现在意识到它讲了很多清朝在其成立之初的情形。我的课题所关注的那个时代通常被认为是繁华盛世，然而我们需要追问的是：那个盛世是如何形成的？盛世背后有哪些局限？三次弹劾分别涉及黄河下游建设、三藩之乱以及邀请文人参政。对于清朝政权的巩固，估计没有其他比这三件更重要的事情了。

因此，我意识到对这三次弹劾的研究，实际是在研究清朝初期所做的三个重要工程，而且是通过一个叫郭琇的御史的目光来看待它们的。这种思路给了我希望，让我认识到在这之下可能有更深层的东西需要发掘。或许你可以称它为一个微观研究，但是我觉得我最终聚焦的层面会更广阔。除了结论那章之外，书稿的写作已经基本完成了。坦诚来讲，我花在修订此书上的时间和写作此书的时间基本一样，甚至更长。

陈利：所以，您不觉得这本新书是一本微观史著作？

盖博坚：我不认为它是微观史研究，当然你可以这么叫它。相比《清朝的督抚与行省》，这本关于三次弹劾的书当然比较"微观"。但这也是一本对一个重要历史时刻做全面研究的书，而且在一定程度上更像之前的《皇帝的四库》，关注的是在某个历史时刻发生了什么，以及我们可以由此对清政府得出何种结论。

陈利：微观史可以通过聚焦某个地方或个体来揭示更大的框架，剖析更大的问题。尽管您的前两本书关注的是与清朝和文人相关的一些大问题，但您在这次以及以前的访谈中都提到自己喜欢在历史会话中为个体人物存留一席之地，而且您刚才也谈到历史研究中需要更重视对个体人物的关注。可以请您就此再多谈谈吗？

盖博坚：我的确对此深信不疑。可以说，我一直想写一本传记，但是从来还没机会去做。我的新书可以算是为郭琇立传，尽管这只是书的一部分，书中也讲到了被他弹劾的三个人。我的确想要在历史中寻找"人"的影子。在重新展现以及教授中国史的时候，我感觉很重要的一点就是表现故事中的人。在写作历史的时候也是如此，要让人们能够阅读，然后思考其中的故事。我在写《清朝的督抚与行省》这本书时，关注的不仅仅是机构和制度，其中涉及的人物也是我极力想要呈现的。

陈利：我对您的观点很有共鸣。我觉得史学家的职责并不仅仅是企图去还原史实，还应该为人们提供一个能更接近历史的机会，让读者从书中体会到过去的人们对特定事情有何种感受，以及人们是如何感知历史的变迁和连续性的。因此，我赞同您激励其他学者来关注历史人物和相关史料的分析。

盖博坚：诚然。想一想我们真正了解多少18世纪的历史人物？实际上不多。我们可能觉得自己很了解雍正皇帝或者乾隆皇帝，尽管关于他们的很多事情我们并不知道。我们或许知道陈宏谋、袁枚、章学诚，还有其他一两个人物，但对于那整个世纪的清代历史来说，我们所知道的人物可能也就只有这么多了。

第四节　对清史研究现状的看法

陈利：或许这是因为中国历史悠久，史学家可以跳过很多人物和细节，不像美国史，学者往往不得不去关注更具体的例子、人物或者时间段。美国史学家能够把美国史以年来划分，常常可以聚焦到很短的历史时段，比如五年或者十年。但在中国史界，我们通常把半个世纪、一个世纪或者两三个世纪作为一个时间段来研究，往往不会去特别关注历史事件中的个别人物。但是，我觉得微观史方法在中国史学界的兴起吸引了一些学者去关注鲜为人知的历史人物，这些人物能够成为理解更大历史问题或者框架的窗口。如果回顾在您学术生涯开始阶段以及此后几十年内中国史领域的发展，您会如何描述清史界当今的研究状态？

盖博坚：现在的清史领域的范围比以前要广阔得多，我们不再仅仅研究19世纪。现在的清史研究也已经发展成为一个专门领域，而且还在持续发展中。过去在准备博士资格考试时，我们被要求阅读清史界的所有学术著作,但是现在不可能还这么要求了,因为出版的相关著作已经太多了。当然,对满文的应用也代表了一种变化。可以说,(所谓的)"新清史"学者已经说服我们:清朝不仅仅是一个中国的朝代这么简单。"清朝的统治者是满族人"这一事实使它有别于中国的其他朝代,我认为这一点观察尤其重要。另外,近年来对边界、边疆以及战争的研究变化也很大,我觉得这可能是一个好事。我敢肯定,在你的领域里,对法律以及合法性的研究相比之前也变多了。清史领域正在发展成为中国史的一个专门分支。我不知道这是好是坏,但是我觉得这或许是该领域成长的必然结果。

陈利:如您所说,被部分人称为"新清史"的研究著作对中国历史学界,尤其是在清史研究领域,产生了很大影响。您刚刚提到,受所谓的"新清史"研究的影响,人们对一些重要话题——包括边疆、战争、民族身份,还有满文文献的使用——的看法产生了变化。有些学者抱怨说,部分所谓的"新清史"学家过于强调满文,觉得如果不用大量满文文献来研究清史,那么他/她就不应当被称为清史学家或者一个严肃的清史学家。您认为这种关于语言与文献的看法有道理吗?

盖博坚:有意思的是,在已出版的著作中,(所谓的)"新清史"学家们并没有都用到大量满文文献,比如《满洲之道》这本书,以及创造"新清史"一词的卫周安的著作。即便是柯娇燕的作品也没有使用很多满文资料,尽管她相对使用得更多一些。况且,即使有的学者用了满文资料,也并不都是用在关键之处。换句话说,现在以满文史料为中心的著作还没有出现。接替我在华盛顿大学职位的优秀学者马世(Matthew Mosca)写了一本关于边境政策的书,满文史料在书中算是被更多地使用了。

但是,我认为我们不必害怕如果不用满文文献,我们的书就会被学界排斥。我能理解人们的这种担忧,但我觉得这种忧虑可能没有必要。话说回来，我觉得我们应当尽量使用满文文献。我有两次学习满文的尝试，虽然没有一次真正达到了能够使用它的程度，但至少接近了。我觉得在从旧范式到新范式的转变中，人们总能比之前走得更远。我们应当重视（所谓的）"新清史"对我们的启示，那就是清朝不仅仅是中国的一个朝代而已。当然，我们也要防止研究范式走向极端（不能过分强调清朝的独特性）。

陈利：在中国外的史学界，大部分学者可能也同意我们需要从多方面了解清朝，除了将它看作中国历史上的一个朝代，也要看到它有一些自己的特点和机构上的创新。另外，我也同意您关于满文文献的观点。尽管很多作品用了满文、蒙文或藏文文献，但这并非意味着没有使用这些文献的人一定会得出错误的观点、结论，很多时候或许仅仅会产生一些细微的差别。但这些文献可能还有其他的用途，也应该被重视。

盖博坚：有可能。例如，康熙皇帝给他在噶尔丹战役途中的儿子写了一些信。罗杰瑞（Jerry Norman，1936—2012）教授用这些信来教满文。用这些资料，我们可以写一本非常有趣的书，可以讨论皇帝给儿子的信，以及他对战争的态度。此外，还有年羹尧写给康熙帝的满文奏折的合集，而且它已被翻译成了汉文。用这样满汉双语的文献可以写成一本有趣的书。

陈利：现在有越来越多的学者研究明清历史，可供阅读的相关书籍也更多了，而且这个领域里也有多种研究方法可供我们选择。对那些刚入门的年轻学者，尤其是那些专攻清史的学者，您有哪些建议？

盖博坚：我经常给学生的一条建议是：你必须要对写作和研究感兴趣，而不是对工作本身。工作是要做的，但是一定要对写作和研究保持长久的兴趣，这是一条比较泛的建议。对于清史学者，我的建议是：不要再做大型的研究了，要专注于一个较小但是重要的话题，然后再通过档案资料来完整、透彻地构建它。

关于研究需要的语言准备，相比我上学时，当今清史研究者的语言水平已经有了显著提高。我在二十一岁时才上第一门中文课，而且几乎没能及格。现在不少学生在大学本科或者那之前起就开始学习中文，等到读研时已经有相当高的中文水平了。我在看博士生申请材料时，如果申请人已获得硕士学位，那么我对他/她的期望是完全掌握现代汉语。等他们博士毕业时，我希望他们能够掌握现代汉语、日语和文言文中的两个。此外，现在要研究清史可能还需要学会满文。

另一个现实情况是，学者需要有高效率。你要快速浏览大量文献，然后决定要重点关注的资料或人物。这是一种需要通过学习来培养的能力。你不仅要能读文言文，而且还要能浏览。我知道，这对很多学生都是一个挑战，但是它已成为现实需要。

陈利：您提到的语言准备问题，对一些学者的确是一个挑战，尤其是如果在读研之前这样的能力不够强，那么之后这可能一直都会是个问题。现在，在海外史学界有越来越多研究中国的年轻学者选择去研究"现代"，也就是20世纪。他们中的一些人选择20世纪的一个原因可能就是不愿去面对文言文的挑战，这好像是一个令人担忧的趋势。如果不懂文言文，即使是研究当代中国的学者，在研究中可能也会不时地犯错，包括曲解当代文献。

盖博坚：我记得我在担任研究生课程辅导员的时候，有一次和一个新生谈到汉语学习。我鼓励他学习繁体字，而他说："我对80年代以前的历史不感兴趣，因此不用学繁体字。"实际上，你仍需要学习一点文言文，因为它占据着现代汉语文体的基本地位。我不认为一个研究20世纪中国的史学者会无视这一点。

在我进入领域之初，最多只有一二十个大学提供研究生级别的中文课。即使是耶鲁大学这种有悠久汉语教学历史的学校也不鼓励本科学生专修汉语。专修的人很少，而且他们大多隶属英语系。在过去这些年里，越来越多的大学开始聘请中国史学家。从这些年里看到的研究生申请来看，学生的汉语水平也越来越高，现在的研究生在语言方面的准备工作做得更充分了。

第五节　历史知识与中外关系

陈利：您目睹了越战时期和冷战以及那之后的历史发展。现在中美关系变得很紧张，而且似乎正继续恶化。不少在美国的华人学者可能为自己的工作前景和美国政府对华人学者的态度表示担忧。您对此有什么看法和建议？

盖博坚：当今的中美关系的确令人不安，而且这个关系的表现方式也令人担忧。我只能期望美国政府换届之后，我们能够更好地处理这个问题。

至于学者个人而言，我觉得我们要做的是专注于教育。现在之所以排华情绪高涨，是因为人们对中国广泛的无知。人们越去了解和研究中国——即使是通过时间短暂的访问——公众对中国的认识就会越全面深入，也就会让主流社会的声音变得少些偏见。

举一个例子。因为很多美国人学习过法语、拜访过法国，因此在美国要歪曲法国很难；尽管这并不是不可能，但是会更困难，因为人们的知识根基更深。然而，人们对于中国了解得太少了，以至于很小的变化会被不成比例地放大。比如，在我读研时，邓小平第一次访问美国，他戴着一顶大牛仔帽去了得州。那时注册我所教的一门课的学生立刻从五十人增加到二百五十人，这是件好事。政治摆锤小小的动向竟然可以引起人们对于中国的观念产生如此巨大的变化。人们需要了解历史背景，而学者要扮演的角色就是为他们提供背景。

陈利：您听起来对教育的影响持有乐观主义的态度，相信知识能改变人们对一个国家或者文化的态度。但是，特朗普政府内部也有不少所谓的中国专家充当顾问，其中还有一位原籍为中国。或许"知识"本身并不一定能改变人们的看法或者偏见，除非是一种多元的、批判性的和富有反省精神的知识。

盖博坚：我是从费正清那里最先接触到这种乐观主义的。当人们都有了更丰富的知识，才有可能形成一种平衡的知识体系和大众舆论。当人们对中国有了更好的了解，他们才会有能力和意识去抗拒特定的政治意识形态的影响。

第六篇

以性别研究作为方法
对话哥伦比亚大学高彦颐

图 6-1 高彦颐

编者按：高彦颐出生于中国香港，曾先后任教于加州大学圣地亚哥分校和新泽西州立罗格斯大学，现任职于哥伦比亚大学巴纳德学院。她的研究兴趣集中在明清社会史及比较妇女史。她的主要学术著作包括 Teachers of the Inner Chambers: Women and Culture in Seventeenth-Century China（斯坦福大学出版社 1994 年版。中译本《闺塾师：明末清初的江南才女文化》，江苏人民出版社 2005 年版），Every Step a Lotus: Shoes for Bound Feet, University of California Press（《步步生莲：绣鞋与缠足文化》，加州大学出版社 2001 年版），Cinderella's Sisters: A Revisionist History of Footbinding（加州大学出版社 2005 年版。中译本《缠足："金莲崇拜"盛极而衰的演变》，江苏人民出版社 2021 年）以及 The Social Life of Inkstones: Artisans and Scholars in Early Qing China（华盛顿大学出版社 2017 年版。中译本《砚史：清初社会的工匠与士人》，商务印书馆 2022 年版）。其中《缠足》一书荣获美国历史学协会 2006 年度在妇女史和女权理论领域的最佳著作奖琼·凯利纪念奖（Joan Kelly Memorial Prize），《砚史》一书则荣获国际亚洲研究会议（International Convention for Asian Studies）的杰出出版价值奖（Publishers Accolade for Outstanding Production Value）。

高彦颐三十余年的研究成果极大地推动了国际学术界重新思考和诠释中国明清时期妇女史和性别史，而她最近对中国物质文化史的研究给中外史学界再次贡献了重要的研究方法和路径。高彦颐因其持久并卓越的学术贡献而成为当今在中国明清妇女史、性别史、文化史和社会史等领域中都享有极高国际声誉的少数学者之一。除了学术精湛之外，对于大多数青年学者而言，高彦颐还是位待人真诚、古道热肠的良师益友，这从她提携后辈学者的众多事迹即可见一斑。而其为人、为事、为学的风范更是激励了包括二位访谈人在内的众多中外学者。2021 年进行的这次对话，为读者提供了深入了解高彦颐学术生涯和主要学术著作的大量有价值信息，以及对相关学术领域发展趋势的精彩分析和讨论。[1]

第一节　个人背景和求学经历

陈利： 高老师，谢谢您抽时间接受我们的访谈。您能谈谈在美国学习的经历以及那段经历如何影响了您后来的学术发展吗？

高彦颐： 我是土生土长的香港人。香港很小，我们在学校读了很多关于外国的书，但都只是一种想象。听说美国是一个自由的国家，想去看看大家所说的言论自由和思想解放是怎么回事。在美国就读的第一所学校是位于弗吉尼亚州的一个很小的教会学校，当时觉得要去就干脆去一个从来没有太多华人聚居的地方。但那个学校实在太小了，本科三年级就转校去了斯坦福，刚到的时候经历了不少文化冲击（culture shock）。学校的自然环境和学习环境都很好，资源很多，可是当时的同学们不大爱念书。他们主要是美国中上阶层的白人子女，一

---

[1] 本访谈由陈利和张颖共同完成，访谈文字初稿由冯岚雅和王佳丽协助整理。经陈利编辑初稿后，高彦颐对全文进行了仔细修订。本访谈的精简版曾于 2021 年 7 月发表于《信睿周报》第 54 期。收入本书时，文字由郭跃斌校读，并经王雨和白若云润色。

天到晚都在谈周末去哪里吃饭和玩。我作为一个穷学生，显得有点格格不入。但是，我后来和老师们的关系处得特别好。老师们跟我谈了很多做学问和做人的道理，对我影响很大。这时，我才渐渐认识到美国社会是表面平等，但事实上却极端不平等。

陈利：斯坦福大学于1885年建校（1891年开始招生），和欧美很多其他名校相比较晚。但它像美国加州大学系统一样，发展得都很快，现在已经是世界级名校了。不知道您如何看待斯坦福和其他大学的博士培训方式？

高彦颐：确实，斯坦福的文科老师很好、资源丰富，但是在大学当权人那里，还是数理化和工程学科最受看重。与此同时，我觉得斯坦福没有学派和学风，是非常自由的。我们的老师也大力鼓励我们发挥自己的想象力，做自己喜欢做的事情。我后来才发觉这真是一件很幸运的事。其实说得不好听一点，我没受过什么正规训练。老师给我们非常宝贵的经验就是面对事物无所畏惧，无论遇到什么问题，我们都会找到方法去想通和面对。

我博士毕业后任教的第二个大学是加州大学圣地亚哥分校，我那时刚毕业几年，一开始就可以带博士研究生。当时发觉不是所有学校都像我们在斯坦福大学读书时那样自由自在；相反，其他一些大学有更多规范。后来我去了哥伦比亚大学教书，哥大的竞争很强，博士生的上进心也很强，当然也是良性的竞争。他们希望三年内把课修完、完成资格考试、准备博士论文提纲的答辩，可能就没有太多自由看书的机会。

陈利：我和张颖老师去美国留学是上世纪末本世纪初了，所以和高老师刚才分享的读博经历有很大不同。我在哥大历史学系学习的感觉就是前面至少两三年的课程比较重，读书被课程影响较大，自己进行自由学习的空间相对较小。

高彦颐：在 20 世纪七八十年代，整个社会还没出现现在这么激烈的竞争。也有可能是美国东海岸和西海岸文化上有一些差异，西海岸文化比较悠哉吧。有趣的是，当年我从香港寄信到美国，要求学校寄来申请表。申请表没到，却先来一封信。信上说："很高兴你申请我们的博士课程，但我们必须要提醒你，根据过去十年全美毕业生的就业情况来推算未来五到十年内的就业情况，你毕业后很可能找不到工作。"我们当时博士班的同学确实不多。大家都觉得，找不到大学教职的工作就算了，回家教中学也好，改行找别的工作也好。这种心态和美国当时的就业状况很不景气有关。现在看来，这其实是很大的福气，可以在比较宽松的氛围中按照自己的兴趣和想法来学习和做研究。

陈利：现在的年轻学者所面临的压力确实很大，毕业后就业的压力在还没进入博士班前就开始感受到了。压力小点确实有助于专心搞学术研究。您当初从斯坦福大学硕士毕业后回到香港工作，是什么原因让您决定重回斯坦福读历史学博士的？

高彦颐：我从未想象过自己可以当大学老师，当时觉得当中学老师已经是很好的职业了。香港人做生意的比较多，我认为自己肯定做不来生意，因为性格太直会得罪人。回到香港后，就在一个出版社当编辑。三年下来，感到有些闷。发现自己比较喜欢思考大问题，所以还是应该继续读书。收到斯坦福大学的博士项目录取通知书后，惊讶于学校给的奖学金非常丰厚，每个月有 700—800 元美元。记得当时每月的房租是 500 美元，而 300 多美元做饭钱足够了。我的想法是，六七年时间有人出钱让我读书，又何乐而不为呢？

博士生的时候，我身边有几位同学开始关注妇女和性别问题。大家可能认识贺萧（Gail Hershatter）、韩起澜（Emily Honig）师姐和曼素恩（Susan Mann）老师。我一直喜欢明清史，因为这是所谓的前现代时期，是"工业革命"发生之前的人和事，和我们现在想当然的很多常识是相反的。我觉得不能用现代的眼光去研究明清史，一定要回到明清时代男女的语境中，去看他们如何看待自己的世界。用男性的眼光也不能全然了解女性的世界。记得当年写的论文提纲是研究清初扬州的商人妇，看她们如何相夫教子和经商，后来才发觉完全没有相关资料。于是就转弯抹角找了许多其他视点，最后才定下来研究明清江南地区的女诗人。

张颖：我在日本和美国游学的时候，也没有过多考虑找工作的事。因为是在日本念了书再进入密歇根大学读博，所以不用再学日语和日本史，我就天天读欧洲史、美国史方面的书，当时觉得很自由。后来才发现很多学校的历史博士训练并不是这样的。我觉得自己读博的七年时光是很幸运、很享受的。

陈利：听完你们二位分享求学经历，我觉得我们三人有些地方很像，比如都没有受到太多传统的历史训练束缚。哥伦比亚大学的历史博士培养有自己的体系和传统，但我的兴趣很杂。选了两三门必修课后，其他课都是按照自己的兴趣选的，涉及学科领域除了历史学，还包括了人类学、比较文学、法律、哲学等等。这种跨学科的训练背景对于我后来确定研究题目和分析方法有很大帮助。回到高老师刚才所说的，我也认为求学期间不能过于功利。有的博士生非常着重实际功效，凡是与论文题目无关的课和讲座都不感兴趣。这就像有个隧道视野（tunnel vision），只盯着前方，可能很快就能做完论文，但学术视野和发展前景可能也会受到很大限制。

高彦颐：非常同意。话说回来，我认为职业化训练也是很重要的，因为我们需要掌握如何当好学者和老师的专业技巧，怎样写论文、怎样发表、怎样和其他同事对话，等等。不然，我们不懂如何在学术界生存，也无法把分内的事做好。可是在职业化之外，还有其他更宝贵的东西，我们应该保持自己的真我、热情和好奇心，这些才是最真实、能长期驱动我们的力量。我想你们也评审过不少文章和各种学术申请材料，你会发觉有"生命"的人写的东西，是一眼就能看出来的。在几十或者几百份申请材料中，同事们看中的人经常都是同样的几位。

张颖：我念书的时候，高老师的《步步生莲》这本书刚出来。学者们关注的可能是书中的研究方法，但这本书给我的震撼不仅仅是研究方法上的。我自己感觉这本书中涉及了很多生命，读者可以借此看到作者的兴趣、思想和情感，感觉是在学一个灵魂层面上的东西。这本书对我的影响是非常大的，让我明白高老师是个怎样的人、怎样的学者。

第二节　专著《闺塾师》成书背景

陈利：你们二位刚才交流的是学术上的不同境界。有的人用很认真的态度来做学术，而有的人是用生命在做学术。高老师第一本专著《闺塾师》是 1994 年出版的，也是国内学者了解您的学术路径和方法的入门之作。这本书对研究明清时期的女性、性别史和社会文化都有很大的影响。您这本书是在博士论文的基础上改写而成的，能否分享一下最初是如何确定这个题目的，以及在成书过程中克服了哪些挑战？

高彦颐：博士论文是在日本完成的。日本是一个很好玩的地方，我在日本五年，除了研究外还做了很多事，包括去当记者、当翻译。当时没有一定要做大学老师，所以没有什么包袱，也没什么抱负。后来还未毕业便找到第一份教职工作，就焦急不交论文不行了，便用几个月时间写了短短 168 页的论文交差，幸亏不需要正式答辩就过了。找到工作后，人就认真下来，花了很多工夫把它修改加长，再发展出分析框架。

我最初的意图很简单，只想从女性角度来反映她们的感情世界和日常生活，比如她们如何交友、旅游、写作、做饭，或晚上在灯下教儿女学诗或者刺绣。这些琐碎的生活细节是前人很少注意到的。可是出书的时候，我个人比较喜欢有鲜明立场和论调的专著，所以就思考书的主线在哪里。

我当时身边的人，无论是男是女，是中国人还是美国人，或多或少都带着"五四"的眼光看历史：认为所有传统社会的妇女都是受害者，都是祥林嫂。如果不把这个绊脚石挪开，我所写女性的生活再生动，大家还是会质疑：她还不是父权和夫权的受害者吗？我于是从反思"五四"的妇女观入手，书中的核心问题就变成了处理现代性的问题了。小时候在香港，每年 5 月 4 日，我和朋友们都会庆祝"五四"。那时自由主义高涨，所以会有这种想法。反思"五四"，也是对我自己的反思、清理和过滤。

把这条主线定下以后，我就开宗明义，在导论里先讲鲁迅笔下的祥林嫂、"五四"妇女史观和陈东原。之后每一章用不同的方式和他们对话，也可以说是一种对立。你说女人不读书认字，但明清有五千多个女诗人，还能说她们无知吗？她们不光相夫教子，还会出外工作，这样能说她们只是贤内助吗？大量的历史事实让我看到"五四"史观是一种意识形态，是一种想象，是为了让现代人觉得自己在现代社会是多么自由，比明清妇女进步、解放得多而构建出来的。

图 6-2　高彦颐专著《闺塾师》封面

第三节　对性别化文本和精英视角的反思

陈利：很多研究性别史，尤其是妇女史的学者面临的一个问题就是"性别化文本"（gendered text）。因为即便研究的是女性，使用的材料也多半来自男性的视角或者笔下。不管是地方志、文集还是诗集，甚至是女性作者的诗集和文集，一般也都是由男性文人整理或者编辑出版的。另外，明清的女性如果能留下诗文的话，也属于精英了。您当初研究和写作《闺塾师》和《步步生莲》的时候，是如何解决这些文本的性别和精英视角可能存在的偏见问题的？作为研究者，我们该如何穿过这些层层叠叠的不同声音和表述，去揭示和理解女性的生命和社会世界？

高彦颐：您讲得太对了。我第一本书《闺塾师》出版以后，现在在斯坦福大学的明清史教授苏成捷（Matthew Sommer）就批评说这是一本精英主义视角（elitist）的书，因为明清时期能读书识字的女人大多是进士的太太或者女儿。这是我后来决定写缠足史的最大动机，因为我希望跳出精英主义的框架。这个考虑也影响到后来决定要摒弃文本类的史料，用物质文化（material culture）作为史料去写妇女生活史。所有的男人女人，身边都有大量的用具，例如男人的文房四宝，是写书的工具，其实也是组成他们的主观经验和身体感觉很重要的一部分。并不是说只有研究妇女史才应该拿物品来研究。不过，因为妇女史很难单靠文本史料来研究，所以物质文化的材料可能更有特殊的研究价值。

我这么说还没有很好地回答您刚才所问问题的核心。如果只使用文本史料，不管是用官方文献，还是地方志，或者妇女诗词文集，其实都有很大的主观片面性。就像我们自己的写作，也是有我们的偏见，有我们的立场和主观性。要如何读性别化或者精英文本这个问题，是所有研究文史的学者都要面对的：话语或修辞（rhetoric）表象和背后的社会现象之间是怎样的一种复杂关系；这种关系绝不是一对一的直接对应关系。我从做文学批评和文学研究的朋友那里学到很多分析方法。现任教于芝加哥大学的蔡九迪（Judith Zeitlin）教授跟我说："你干吗要假设妇女在诗词里面写的东西就是对她们生活的真实反映呢？"我才意识到文本表面的话语与现实经验之间，不存在直截了当的对应翻译关系，必须要反复细读，与大量同时代的文本比较，才能摸索到点滴的线索，或者可以说是文本的破绽。

陈利：我同意您刚才的观点。前段时间在访谈林郁沁和王笛两位老师的时候，我们也谈到了史料的真实性和客观性的问题。我之前在一篇中文小文章里面提到过，几乎所有历史文献都存在片面性（partiality)和残缺性(fragmentality)的问题。只是在研究妇女史时,尤其是在男权制度下研究妇女史时,我们面对的挑战可能会更大些,因为女性的声音可能会被男性的声音和文本层层包裹或覆盖。在这种情况下,我们应该如何剥离这些文本和材料,尽量去找到更接近女性真实生活中的声音和人生体验?在文本残缺不齐的状况下,我们如何写出女性的故事?

高彦颐:妇女史的性别视角问题,我想也许可以放在一个相关脉络中来考虑。可以问张颖老师是怎样写男性史的?我很佩服张老师可以把男性史写得这么有声有色。表面上男性史是非常容易写,因为有大量史料存在。可是因为男性视角非常具有垄断性,男性的声音太强大了,男性文化雄霸的话语场(discursive field)太紧密了,反而导致我们往往没法找出男性文人自我宣示背后的真相和权力运作。相对来说,从零碎史料当中发掘妇女的声音和真实故事,我个人认为难度不是太高。请张老师谈谈!

张颖:刚才陈老师在提问的时候,我已经在想您这个问题了,就是学者最终关怀的是什么?自从当初向您请教开始,我一直在学习如何建立历史之同情。不管是什么人,包括像苏成捷教授所研究的底层妇女,她们和法律制度间存在什么样的关系?学者总可以找到一些办法,去探究她们的人生经历。我最初因为研究男性,以为路径会很不同,后来发现自己想做的研究和老师们差不多,即如何建立历史之同情。我在这个过程中也反思了自己作为一个学者的身份认同的问题,即如何去定位自己?别人会如何定位我?后来觉得,只要我被历史人物的经历感动了,能够把那种感动写出来就行了。我已经不太在乎那些分类和标签了。当然写东西还是尽量要去跟一些史学的重要分析范式发生关联,但是我想写的是人,而文字、物、声音、味道、触觉等等都是人的一部分,我考虑的是如何能把这些东西从历史中发掘出来。从您和其他各位老师的妇女史研究中,我学会了如何更尊重和接近历史人物的感受，以及理解他们的经历和一些冷冰冰的制度与大的历史事件之间是什么关系。

第四节　以性别作为方法：突破学界成见的挑战

陈利： 刚才高老师说到第一本书受"五四"新知识分子的视角影响。我下面想问的这个问题不是对您学术方法的批评，而是对自己研究的一个反思。我的问题是：假如我们的研究想去挑战一个成见或通说，我们的分析有时候是否会过多地被我们想批评的观点反过来影响？比如，从批评"五四"观点的角度出发去分析明清女性的地位，我们会不会忽略掉一些不和"五四"传统进行对话的东西？同样，比如我们想批判东方主义，我们的分析角度是否也会受其影响，导致一些别的东西被忽略了？

高彦颐： 您说得很对，矫枉过正是永远存在的辩证问题。要跟某个立场和史观对立的话，就无法完全避免走到另外一个极端的可能。我现在再去看自己的第一本书是看不下去的。可是还是很幸运，最近江苏人民出版社说这个书要再版，好像还是有人愿意看。当时年少气盛，气愤有人怎么可以这样看低明清的妇女。现在看来，为了反对某一成见而忽略其他观点也无妨，刺激刺激其他人把我纠正过来也好。

我非常愿意有人批评我的书，因为这样的话才有进步。如果从长远学术发展的角度来看，我觉得我们每一个人所能做的其实都非常有限，只是一步一步地把那个球推一推。能推到哪里，我们就走到哪里。别人用他们的眼光和立场，去把那个球踢掉也好，继续推也好，回头走也好，都是好事。

陈利： 我很赞同您的看法。刚才张颖老师提到的历史之同情，实际上对学者也是如此。读者需要考虑成书的时代和背景，不能用2020年的尺度，去评价五十年或者一百年前的书。我们当然可以批判性地阅读过去的著作，但这不等于完全忽略当时的历史背景。新专著都是建立在旧专著的基础上的，否则按现在的学术评价体系，就不能称其为专著了。

张颖：我每年都会教"中国历史上的性别与性"（Gender and Sexuality in Chinese History）这门课，基本上是用中西对照的方法来教，让学生在阅读中比较自己和历史学家的角度。高老师的书给我课上的学生提供了不同理解角度的光谱（spectrum），带来感动和惊喜，认识到女性曾经有过这样的故事。我的学生大部分都是美国人，偶尔会有一些中国来的年轻女学生，他们读到高老师的这本书都十分惊讶。作为一个研究者，我每次读这本书也会读出不一样的东西。可能作者觉得

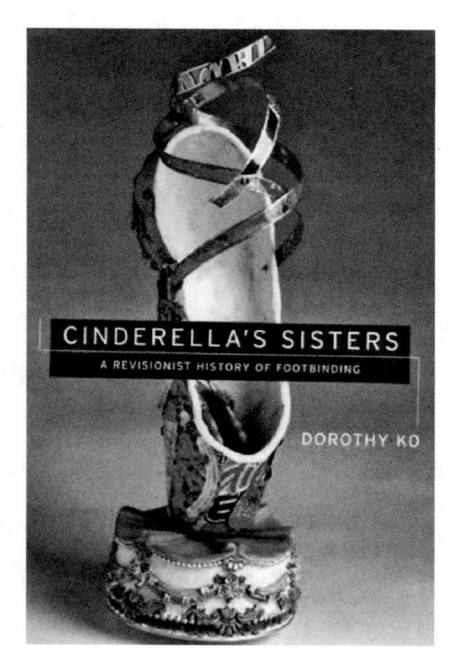

图 6-3　高彦颐专著《缠足》封面

有些东西没有写到，但是作为一名读者，我觉得有些东西高老师已经注意到了，只是碍于书中的结构而没有都展开分析。那是不是可以让后继者再关注一下这个问题？学术就是这样传承下来的。

陈利：高老师刚才提到第一本书使用了比较精英主义视角的文本，那么您的第二本书是如何去拓展和重新分析第一本书没有分析的问题的？

高彦颐：其实在《闺塾师》还没写好的时候，我已经意识到下一个课题要研究缠足。当时受到人类学和历史学的一些新的研究方向启发，例如情感史和身体感觉史，所以想，可以研究疼的感觉，因为疼不是妇女最基本的一种身体经验感受吗？我确实是想客观地把史料整理好，把明清时期妇女缠足的复杂情况呈现出来。可是很快便发觉，这话题并不容许任何人纯然客观地处理。我的朋友，无论是男是女，美国人还是中国人，一听我在研究这题目，就有一种发自内心深处的本能反感，问我："你为什么要研究疼这样让人难受的课题？"我从来没想到过这会是个问题。有一年在亚洲研究协会做论文报告的时候，听众明显地坐立不安，然后围攻我。我惊讶为什么他们的反应会如此激烈？好像这个题目触动了他们内心自我意识里非常重要的一种东西。为什么旧时中国女人缠足跟你现代人有这么紧密的关系？我便开始关注自由主义跟个人主义的问题，特别是个人主义的兴起过程。在所谓的自由社会中，我们对个人自由的认知往往是在和一些所谓的落后地方或者"受害者"群体进行反差比较的基础之上建构起来的；假如后者不存在，我们就不能通过去帮助和同情他们而建立我们自己的独立自主意识。

陈利：刚才您提到了个人主义和自由主义的相互影响。除了理性自由主义，我们也需要考虑在情感自由主义的背景下，我们对别人的苦痛做出的反应是如何影响我们自己的身份认同的。我们觉得自己是自由、文明、现代的人，往往靠的是寻找一个他者（the other）、一个相反面来衬托自我意识。很多人对您选择研究缠足来分析其中所体现的女性的主体性和能动性（agency）表示不理解，可能是因为您的观点挑战了他们的成见，颠覆了他们对现代性、现代人的主体性，以及对自由、人权和女性等概念的一些根本性假设和想象。很多人可能会想当然地认为，在父权和夫权社会里，女性都是被全面压迫的受害者，没有什么能动性和主体性可言。《步步生莲》和《缠足》这几本书我也经常在授课时指定为阅读书目，有的学生也会提出这些问题，因为书中的研究对他们之前的认知产生了很大的冲击。不知道张颖老师在教学中有没有类似的经历？

张颖：就我的经验而言，我发现我的学生思想更开放，可能是因为没经过职业化训练，所以比我所认识的一些学者反而更能够理解高老师书中所描述的一些东西。我们在教学中不是告诉学生哪本书更好，哪个结论更好，而是鼓励学生自己去阅读、思考和比较。很多学生确实会去认真地思考。我让他们去找19世纪美国的报刊上对中国的报道，然后将其同高老师的书放在一起来读，去理解妇女的真实经历。我告诉学生，结论可以不同，但需要有证据，把自己的分析过程讲出来。这可能会是很痛苦的一个体验，但不能因为痛苦，就全用负面的方式来表达。到目前为止，还没有学生特别反感这一学习过程。刚刚高老师提到她所遭遇的那种内心强烈的反感情绪，在明史研究领域也比较常见。我觉得学者和一些评论者对缠足现象很反感，主要和他们的职业习惯和意识形态立场有很大关系，而年轻学生反而令我感到更有希望。

高彦颐：我也教过一门缠足史课，课上讨论到身体也是一种历史的产物，不同时空中的人的身体可能也是不一样的，所以我们的身体经验也是不一样的。对我的学生来说，去改造自己的身体，并不是什么了不起的事。他们觉得你穿鞋子也是残害自己的脚,你去吃无麸质饮食也改变了自己的身体。所以我们如果把自然身体当成一种意识形态建构,也许我们可以有很多的分析角度。比如,传统中医理论把身体看成是一个生生不息、千变万化的场所(site of transformation),因此是一个不断跟外在世界交流、互动的存在。我们千万不要忘记,在麻醉药没有被发明的19世纪以前,各个社会的男女,都倾向于把疼作为一种宝贵的经验。比如,受刑时感受到的疼痛在法律上来说代表一个人说话没有撒谎,可以在法庭上作为证据;从宗教上来说,那也表示这人更接近神灵。所以我认为怕疼,也许是我们现代人的一种特权吧。

第五节　女性史/性别史的交叉学科研究

陈利:高老师刚才说您第二本书的写作背景包括了情感史和感觉史的兴起,而您第二本和第三本分析缠足的书都涉及了疼痛的体验和想象。我们现在讨论明清时期妇女缠足是一个很疼的过程,这里的"疼"不一定是当事人的疼,实际上是21世纪或者20世纪晚期的学者或者读者在想象明清时期的疼,更像是自己的疼痛感。这个疼对我们的主体性构建非常重要,不管是麻醉术的发展史,还是《三国演义》中关公刮骨疗伤的故事。后者在中国历史叙事中常常被作为一个经典英雄事迹来讲述,但是现在来看,可能有人就会觉得很恐怖和血腥了。所以这里面是否也存在一个观察和思考的视角问题?因为我们对女性经历缠足的痛苦所采用的评判角度不同,就可能不会把她们忍受的疼痛经历当作英勇的表现。女性的主体性因此也被放在了和关公刮骨疗伤完全不同的话语框架(discursive framework)下来诠释。不知道你们两位专家如何看?

张颖：我对高老师刚才那段话的理解是，我们各种各样的感受（emotions）不能被剥离出来单独讨论。比如，不能认为疼痛和其他的感受没有关系。我觉得高老师和其他学者想说的是，当我们把疼痛这种感受隔离出来，它跟人的关系就变了。但是，如果我们看高老师笔下所描述的这些缠足的妇女，会发现她们的生命历程中有一系列感受和情绪，包括在缠足的过程当中。一些女性有快乐，有对艺术的追求，也有对爱和其他方面的感情投入。在任何一个时代和背景下，这些感受都是存在的，能够组成一个真正的人的情感世界、精神世界和认知世界。我认为这是《步步生莲》这本书所呈现出来的状况。这也是我所理解的高老师的著作及其对身体史、感觉史和妇女史的贡献。

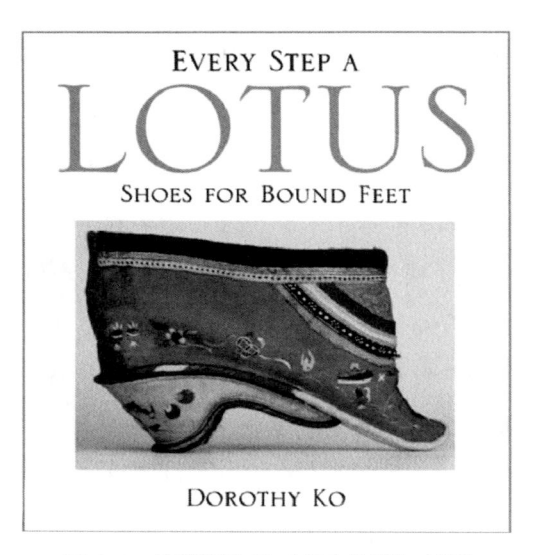

图 6-4　高彦颐专著《步步生莲》封面

陈利：谢谢张老师精妙的分析。刚才提到了高老师的《步步生莲》和《缠足》，高老师能否简要谈谈您这两本书想解决什么样的问题？

高彦颐：《步步生莲》严格来说并不是一本专著（monograph）。当时多伦多的贝塔鞋博物馆（Bata Shoe Museum）邀请我做策展人，在2001年办一个大型的绣鞋文物展。我不想出版一部典型的图录，就建议他们用图文并茂的方式做一个普及性的缠足史介绍。那时候我已经在写第三本书《缠足》了，意识到不能用直线前进的描述方式，从唐宋元明清讲到现代，因为我们现代的意识和成见太强烈了。所以就尝试把那个时代顺序倒过来，把最近的现代作为书中的第一章，先写清末民初的反缠足运动，把天足运动建构出来的缠足话语解构之后，再一步一步往回走，看明清时代的男性文人是怎么样去看缠足的，最后再写当时的女人可能会有怎样的主观经验和身体感觉。

但这样做，就没有办法把一些比较基本的问题说得很清楚。所以我就想到用《步步生莲》那本书，讲一些大家都想知道的、比较实证性（empirical）的社会史问题，比如说缠足的起源、历史的发展和地理分布，等等。这些具体的问题也有很多值得讨论的东西，但是它们不太适合放进我为《缠足》所预想的架构中。这就是那两本书的区别和关联。

第六节　社会史和物质文化研究

陈利：如果回到对现代性的反思这个问题上，我觉得您《缠足》这本书的导论对现代性和历史的关系讲得非常透彻，对我们的启迪很大。尤其是"五四"思潮怎么影响了知识分子，并影响了他们整理和解读历史文献的工作。刚才您提到，物质文化研究关注那些没有文字信息的物体，比如鞋、瓷器、丝绸、茶叶等，而这种研究方法能够帮助我们解读出精英文本没有的信息。您在2017年出版了第四本专著《砚史》，显示您在研究方向发生了很大的转变。请您再谈谈为什么觉得有必要写一本以物质文化为主的专著？在写书过程中有哪些心得体会和挑战？

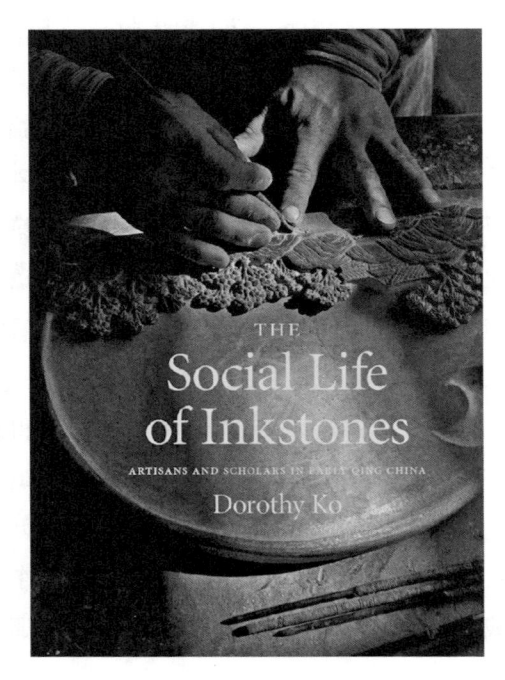

图 6-5　高彦颐专著《砚史》封面

高彦颐：第四本书其实在最初构想时还包括了分析性别的维度，考虑如何将性别和物质文化二者结合起来，写一本有人有物的历史。以前一般都是把物看成是人的工具，可是我想，物其实也有一定的主观能动性，它也会说话，只不过它说的不是人话而已。历史研究者可以怎么样去了解它们的物语？当时我也没有想通具体要怎么样做，反正就是先做下去再说。

本来我打算写家庭妇女的手工劳动。我们生活在后工业革命时代的商品社会，你想要什么东西就去市场上买，一般城里人不一定具备亲手建一所房子、搭一个马棚、下地种粮食等等的生存本领，可以说我们跟身边的自然物质环境是完全脱节的。可是 19 世纪以前的人不是这样子，当时还认为树木、植物、动物这些东西都是有灵性的，都是历史主体，甚至跟人类没有本质上的差异。那时候，人跟自然环境的关系还没有被资本主义的市场经济、商品经济割裂到我们今天这样的地步。所以，我觉得我们要考察当时的人们怎样看待他们的物质环境，不是现在说说物质文化研究就可以处理得好的。

我第四本书中的分析框架就是手工艺（craft），主要是从三个不同的学术领域里借鉴发展出来的。第一个是科技史。当时欧洲的科技史家开始注意所谓"知识文化"（knowledge culture）的问题，已经不再把科学发展看成是少数伟大的男性科学家的成果，而是开始注意到，在欧洲从16—17世纪的科学革命过渡到18—19世纪的产业革命的过程中，最主要的驱动力量是全欧洲各地特别是北方大大小小的作坊，比如说陶瓷作坊和冶金作坊。里面的手工艺人发展出来的身体感官和经验感受，形成了一套知识体系，再被后来的科学家加以理论提炼和运用。我觉得这套论述非常有启发性，就从他们的研究中挪用了知识文化的概念。手工艺人也好，做饭的人也好，他们也有自成一体的知识文化，只不过他们的学问和累积下来的知识主要是经验层面的，还没有被升华和概括成可以普及化的理论知识，所以现在不被我们尊重，一些甚至已经彻底消失。

第二个领域是中国社会史。我一直不喜欢用 social status 这个词，把它翻译成"身份"也好，"阶层"也好，都有概念上的问题。学术界的主流观点倾向于把 status 看成与生俱来的、一成不变的社会身份和属性，把士农工商看成某种不可变的、结构性的东西。这是社会科学方法无可避免的划分方式：先把一个概念或者类型建成一个盒子，然后再把内容掺进去。

可是中国社会从唐宋时期开始，已经脱离贵族社会，一般民众没有世袭的 status 了。学者们说科举带来了社会流动性（当然这个说法也有很多可以商榷的地方，可是起码学界的主流意见认为是流动性的社会），那我们为什么想象有人生下来就是士人，有人生下来就是商人？实际的情况并非如此，特别是在明末清初，大量的汉人没有办法通过读书出人头地，他们就改行从事治印、雕砚台。我们该怎样去定位这些人？说他们是士人，好像也不是，因为他们谋生的本领是一种技能，是一种手艺；说他们是匠人，也不全对，因为他们有的人读过书、考过科举。其实社会身份和社会属性，在明末清初流动性这么大的社会里，都是在人与人、人与物的互动和碰撞过程中产生的。士人往往没有办法在后半生坚守士人的身份，也有因为经商发财而资助其子弟读书成为大文人的。我的书要处理的是如何去理解士、匠、商身份的不确定性和流动性。

  第三个是艺术史。我觉得要去研究绘画图像，或是说砚台的雕工，不能用文献学或文本分析的方法，因为视觉分析和文本分析完全是两条路。所以我就去请教艺术史的同事，正式修课，跟他们去博物馆的库房做研究，学到一些鉴赏的皮毛。我想说明雕砚台的工匠也有他们自己的一套技能、知识体系跟知识文化，所以不能从文本入手，一定要从视觉分析跟物质分析入手。

  陈利：高老师给我们分析了三条主线：对知识文化的分析，对士的社会身份的流动性和不稳定性的分析，以及从视觉文化出发对物质文化的分析。我自己最近这些年一直在写有关清代司法幕友的书。幕友属于儒家文人或者士人阶层中的成员，他们中很多人是有科举功名的，包括很多秀才和部分举人与进士。但他们也通过获得和利用法律专业知识来寻求新的资源和社会流动性。

  高彦颐：以前我们把明清社会的知识体系太多等同于儒家的道学。可是儒家文人中其实有很多拥有专业知识的人，幕友是最好的例子，他们可以说是一种专业的知识分子。他们所受的训练不是来自书院学堂的，而是在实践中积累下来的，和手工匠人相似，虽然具体从事的范畴不一样，而且幕友可能还留下了更多书面的经验和理论总结。手工匠人的经验从传统经学家的眼光来看，或者从我们现在尊重理论和抽象知识的眼光来看，是不入流的，因为没有被提升到一个理论高度。不是说手工艺人或幕友没有能力去把经验升华成理论，而是他们可能不需要。所以如果我们还是带着强调书面和系统化知识为主的眼光去看幕友或者匠人，那么我们可能就说他们很多的知识还是基于实务，还没有达到理论化和抽象化。我们这样做的话，就是还不够尊重他们非常复杂的知识体系。

陈利：如果回到刚才咱们讨论过的历史文献的不完整性和如何利用的问题，您书中分析的如果是从文人转化而来的匠人，他们可能还有能力留下一些文本，但是许多制砚台的人应该是没留下任何文本的。我们可以怎样来重构和想象他们的世界呢？

高彦颐：我书中每一章处理的都是一系列不对等的关系，一边是士人和读书人，另一边是石匠和石工。在清宫造办处、肇庆石矿场、苏州作坊或福州宅邸等地，他们互动的场景和面对的问题不一样，就产生了一些权力结构上的不平衡。主要还是读书人占优势，但并不表示匠人就完全缺席。我们回到民间，文字信息还是大量存在的，不过不一定能在图书馆找到，也不一定印成白纸黑字。有一些刻字人可能从来没有磨墨写字，只是把字用刀刻在砚底、印面或紫砂壶身。又如广东肇庆的砚工，会在把一方砚台雕好后做一个砚谱，就是用纸拓印下来存底，这种砚谱传世很久，最早出自明代。大山里砚坑入口也能看到刻有"洞口之神"等字的石碑。可供我们利用的史料不一定是书本手稿，可能是图像，也可能是石头。

我们用文本文献为主的学者，往往会觉得图像和物质的意义好像没有文字那么确定，分析也似乎容易流于主观。可是去看艺术史家的论述，会发现人家绝对有底，不过那种分析推理方法不是我们读文献

图 6-6　高彦颐于 2019 年受邀作为康乃尔大学
胡适纪念讲座主讲人时留影

学的人使用的方法。我反而觉得，对于有些研究话题，文字材料不一定是最可靠的，其他类型的材料反而更靠谱。

第七节　新研究项目和对相关领域前景的思考

陈利：我们关注到高老师最近开始关注环境史方面的研究，请问您新的研究计划是什么？

高彦颐：这个问题不容易回答，因为还没有找到下一个研究题目。我只是意识到不能站在原地。现在我在用功补环境生态学方面的书，因为觉得自己以前的研究一直把人放在中心，把人作为万物之灵。这其实是前现代西方各种思潮，尤其是基督教伦理给我们的包袱：先把人和自然世界一分为二，然后再努力去把它们整合起来。我们有没有办法把人从一开始就放进多物种的世界和群体中去看地球历史呢？人是很重要的，可还有很多其他生物因素在这个世界里面，没有它们被人利用，吃了、烧了、杀了、砍了，人就无法建立辉煌的文明。我的初步想法是先开一门有关农作物、食品和大地环境的课，因为民以食为天，这是所有人类社会最基要的问题。

陈利：这和过去二十年来兴起的环境史和饮食研究（food studies）好像都有些关系，这也可能是因为大家的环保意识增强之后，对人与自然环境的关系也有了很多反思。所以您这个研究方向非常及时。如果从您80年代读博士开始算的话，您在学术界已经有三四十年了。您认为妇女史，尤其是中国妇女史研究，在过去这几十年有哪些比较大的进展，今后的发展前景如何？

高彦颐：我一开始接触妇女运动是在美国，然后是在日本，最后是在中国。我看到一个共同的现象，早期发展作为学科领域的妇女研究和性别研究，它们的养分来源一直都是社会运动，它们的驱动力是人们在街头大小角落追求平等自由的各种行动。中国的妇女运动起步其实很早，"五四"时期就有，然后在80年代引进了社会性别概念后，现在已经发展得相当好了，被学科化、制度化了，这些都是好现象。下一步应该怎样走？学院和社会运动互相结合还是一种非常好的驱动力，同时我觉得现在学科制度化建立起来后，我们可以去探索一些跟社会运动未必有直接关系的课题。刚才提到的人权和平等自由等为主题的社会运动，其实还是无可避免地建立在欧洲文艺复兴以来的自由主义和个人主义价值观上。也许可以尝试用妇女性别研究的角度去思考人和物种的权力关系：什么人会这样霸道，把所有的树都砍掉，把天下所有的资源当作自己雄霸一方的手段？性别研究给了我们很好的方法，去深入细致地分析权力结构。

陈利：从目前的状态来看，性别史和妇女史研究面临的最大的挑战是什么？

高彦颐：在中国国内和美国，我们看到的情况都相似，那就是妇女研究或者性别研究所关注的对象都不限于妇女和性别，而是跨学科的对话和研究方法，我觉得这是非常好的。在学术实践中出现了一些问题，但是没有问题就代表没有生命、没有前途。有问题要去解决，这样一步一步地走，才代表它是一个有生命力的领域，还有继续发展和改进的可能性，所以我还是比较看好的。

张颖：我很同意高老师的看法。我觉得不管妇女研究还是性别研究，它的自我批判能力都非常强，因为它本身就是建立在批判理论传统上的一个学科。它处理的题目都是争议性的，可以用学科的发展进一步跟这些争议之间发生关联。我觉得高老师的研究本身就是一个例子。所以我也很乐观，相信这个领域会有持续的进步。我认为高老师的研究和其他人不一样的地方是她特别重视和别的学科领域进行对话与互动。所以我想问高老师一个问题：您觉得现在我们这个领域，比如说明清史或者前现代的中国史，有哪些研究问题比较重要？

高彦颐：我的老师康无为（Harold L. Kahn）有一句话令我一辈子受用：每一代人都要不断地改写历史，每一代人都要写自己的历史。这其实是相当激进的看法，他觉得历史并不是一种过去就存在的真理，而是我们要不断去发掘、寻找出来的。历史是我们主动去建构的，这听起来可能有一些离经叛道，可我一直是这样认为的。官方历史只是历史经验的一种，另外还有很多不同的看法，很多不同的声音。

我们每一代人从事历史研究，是为了寻找新的视野去充实自己的想象力和生活，所以我没有觉得中国史必须要怎样写，不过也意识到一些非常有意思的发展方向。也是你们这些年轻有为的学者在给我们开路。比如说陈利老师的研究其实是把欧洲和中国结合起来搭成一个大舞台，使中国史真正全球化。我做不到，因为我的语言能力不够好，只能用一个很小很小、像蚂蚁一样微小的角度，去看一个大世界。

我还是本科生的时候，中国历史研究还处在欧美中心主义之下，研究中国史的人大部分是没有到过中国的学者，我尊重他们，但当时现状如此。后来我在研究生院的时候，柯文（Paul Cohen）的书出来了，我们都认为很好，要写以中国为中心的历史。可是到了今天，我们的目标也许又该变成去中国中心化。中国已经很强大，再把中国当成中心，就无法做到多元了。我觉得全球史也好，跨国史也好，海洋史也好，这些研究路径都给了我们很好的新挑战，让我们思考是否能既尊重中国的人性和历史现实，又把中国研究纳入全球的脉络中。不过分强调，不过分漠视，也不过分把帝国和国族看作历史学唯一的分析对象。

图 6-7 高彦颐（右二）在 2012 年于多伦多召开的亚洲研究协会年会期间同部分北美中国妇女史学者合影（其他几位从左往右依次为韩起澜、贺萧、曼素恩和罗丽莎 [Lisa Rofel]，照片来自贺萧）

陈利：高老师所说的跨国史、全球史、环境史，都有些去中国化和去西方中心化的倾向，经常是从超越了国族、文化或者文明界限的角度来分析，这可能是最近一二十年发展很快的一个领域。但是，目前全球史研究很大程度上还是受到西方的理论框架影响，不管是之前的"世界史"，还是彭慕兰等学者所说的"大分流"式比较史。我们一方面想去西方中心化，但是同时又很难摆脱西方中心化的理论和方法，因为很多问题意识和角度都和西方有关。

高彦颐：我们今天写全球化视野下的中国史，肯定会和前代人写得不一样，因为我们现在的觉悟是不一样的，中国过去二三十年的崛起也导致中西关系发生了变化。我们现在说的当代汉语，本来就是受到西方现代化影响而发展出来的，我们现在的学术规范，也或多或少是德国 19 世纪的科学体制经过日本再传到中国的产物。我觉得很难把中西彻底区分开来。在新冠疫情下近一年的时间里，我坐在书房里冥想，产生了很多古怪的念头。我们身处的世界其实非常复杂，前代人一直服膺的知识框架，无论是哲学框架、理论框架还是学术规范，现在都在崩溃的过程中。全球国家间的权力位次的变动也很明显。我们读书人需要去面对和思考这个世界的复杂性，不要把观察到的现象过于简单化。

要认真去研究气候变化史、环境史和全球史，最好先从质疑传统史学所认知的因果关系入手。传统史学善于处理的因果关系非常直截了当，例如说李自成进京、明思宗自尽煤山，于是明朝灭亡。可是这里要处理宏大的时空关系，比如说环境史最近研究比较多的是小冰期气候变化，气候变化在 16、17 世纪是不是迫使农民跑到山头去当土匪，间接导致了后来奥斯曼土耳其帝国的衰败等问题。这"间接导致"的论点又靠什么证据使人信服呢？历史舞台变得这么宏大，空间横跨欧亚，时段上下三四百年，我们的分析和立论就很难像以前那样直截了当了。所以我觉得这些新的领域对我们从事历史研究的人来说是非常大的挑战。我们需要重新充电，训练自己处理好非常复杂的因果关系，例如混沌原理中的蝴蝶效应等。也许我们此前的训练和方法并不能给我们现成的答案，需要在实践中不断摸索。

张颖：我很同意去中国中心化这个说法。科技发展到了现在的地步，历史研究如果要跟科学史和科学研究结合起来的话，我们的分析范畴可能就需要跳过西方人文学科的一些分析范畴，直接跟科学接轨，产生一种不同的中国史。另外在精神层面上也要有一个去中国中心化的过程，可以把中国作为很多可能性和方法之一。比如说研究明清史，如果把其中的东西当成一个中国现象来研究，那就永远有其特殊性。但如果在一个更广阔的范围内来考虑，比如明代的人对时空的感觉和理解，也是有普遍性的，这样就可以尝试用新的方法和分析，把它表达出来。我也认为现在是一切都在崩塌但一切又在被重新创造的时刻，这对中国史研究是一个特别的机会。

陈利：我们今天三个多小时谈了很多话题，但还是觉得意犹未尽。再次感谢二位精彩的分享。

第七篇

从微观史到全球微观史
对话哥伦比亚大学林郁沁

图 7-1　林郁沁（中国评论通讯社郭至君摄，林郁沁提供）

编者按：林郁沁现任职于哥伦比亚大学，是一位在中国近现代历史研究领域颇具国际影响的中青年历史学家，她的研究方向包括近现代中国史、性别史、科技和工业史、情感史等。她的主要学术著作包括英文专著 *Public Passions: The Trial of Shi Jianqiao and the Rise of Popular Sympathy in Republican China*（加州大学出版社 2006 年版。中译本《施剑翘复仇案：民国时期公众同情的兴起与影响》，江苏人民出版社 2011 年版）和 *Vernacular Industrialism in China: Local Innovation and Translated Technologies in the Making of a Cosmetic Empire, 1900–1940*（哥伦比亚大学出版社 2020 年版。中译本《美妆帝国蝴蝶牌：一部近代中国民间工业史》，上海人民出版社 2023 年版）等，其中前者荣获美国历史学协会东亚历史研究领域 2007 年度最佳著作费正清奖。2020 年 10 月，陈利通过视频对林郁沁进行了深入的访谈，她介绍了自己的学术成长道路和主要著作中所使用的微观史与其他史学理论方法，以及北美中国史领域近年来的一些重要发展趋势。[1]

---

[1] 本访谈由陈利完成，访谈录音的英文稿由冯岚雅、沈至慧和罗清清协助整理，中文翻译由仪泽芳完成初稿，随后由陈利校对和编辑，并经林郁沁审订。本访谈的精简版曾于 2021 年 2 月发表在《信睿周报》第 43 期。此为完整访谈修订版。收入本书时，文字又经仪泽芳和郭跃斌重新校读，再经王雨和白若云润色。

第一节 学术背景

陈利：谢谢林老师接受我们这次访谈。在开始谈论您的新书之前，能请您简单介绍一下您的个人背景和您作为一个中国历史学者的成长经历吗？

林郁沁：我在纽约长大，我的父母在大陆出生。他们移居台湾之后，在60年代时又移民美国。作为第一代华裔移民，我总是为我自己的文化背景感到骄傲。我在斯坦福大学念的本科。我个人一直对人文，尤其是历史感兴趣。80年代在斯坦福的时候，我开始对我的亚裔背景产生兴趣。在那个年代的美国大学校园里，人们对身份政治的兴趣在逐渐增加，那时的我也觉得这是个新颖而且令人激动的话题。之前我总是自我定义为一个海外华人，而在斯坦福我接触到了亚裔美国人这个带有明显政治性的身份。因为我对自己身份的认识逐渐提高，再加上对历史的热爱，我决定研究我自己家族的历史，然后从那里开始，我转向研究中国历史，而我的学术生涯也就由此开始了。

陈利：很多读者可能想了解您的个人经历，包括您在加州大学洛杉矶分校（UCLA）读研究生的经历是怎么影响到您的研究方向和方法的。能请您再讲讲吗？

林郁沁：我在UCLA的那些年是自己作为一个历史学者成长的关键时期。90年代的时候我在那里读研究生，那时UCLA有一批顶尖的史学家。中国史学者中，我的主要导师是研究明清文化和思想史的艾尔曼教授。他有很多优秀的学生，后来都成了优秀历史学者。那里的其他很多历史学家也启发了我，比如微观史研究先驱暨近代欧洲文化历史学家金茨堡（Carlo Ginzburg）。微观史这种研究方法，是通过专注于一个事件或者人物,来讲述其背后更广泛的社会、历史、政治现象,而我深受这种方法的启发。我在第一本书中探索了一个轰动一时的案件,案件主角是施剑翘,案因是她为父报仇,刺杀了一个军阀。我通过这个案件来讨论政治参与问题以及批判性公众在中国的形成。我刚出版的第二本书关注的是另一个令人着迷的人物——陈蝶仙(1879—1940)。我通过他来了解20世纪初的中国是怎样在全球资本主义中探索道路的。

图 7-2　林郁沁于 1998 年在 UCLA 读研究生期间

90年代也是城市史研究兴起的时候。在此之前,城市史基本被中国史学界遗忘,因为史学家们正忙着从中国农村史中寻找共产主义革命的根源。90年代的上海在世界上再露头角,因此中国史学界也开始关注城市史。民国时期历史尤其重新获得了中国史学界的青睐,因为正是在那个时期,上海和其他城市成为了充满活力的通商口岸。我直到现在还被清末民初这段历史深深吸引。我对城市现象的兴趣由来已久,包括中国城市中的媒体轰动效应以及消费文化,还有就是大多出现于城市里的科学和工业行为。

第三个影响了我的历史学者身份的是90年代历史学界从社会史到

文化史的转向。这个转向是受了历史领域以及整个人文领域中一些大的理论风向的影响。当时正值萨义德、福柯和德里达（Jacques Derrida）这些后结构主义学者批判性地研究话语的力量以及知识在权力构建中的参与，这个理论潮流启发史学家们从对经济基础（例如对生产关系的研究）的研究中走出，转而讨论政治、文化以及语言。如果说马克思主义者认为这些都是上层建筑的一部分，那么文化史学家会觉得这现象并非上层建筑，而是权力关系以及社会机构的构成部分。直到现在，这种后结构主义倾向在我的作品里还是非常明显。这不是说我研究的只是话语和思想。实际上，让我感兴趣的是知识生产之外的物质过程以及机构性背景，以及知识又是怎样反过来影响实践的。

后结构主义在学术界的影响产生了一个新潮流，那就是历史学家开始更加慎重地思考学者自己知识生产的原因和过程，以及这些知识的政治性和其中涉及的权力与影响。史学家们不再自满地认为自己可以做到绝对客观公正，而是开始意识到历史写作本身怎样获得权力，以及这背后的原因。这种反思促使历史学家们审视他们自己研究中使用的分析类别。我对这种理论方法一直充满兴趣，在著作中也常常问自己：为什么我提出某些特定的问题和选择特定的课题？这个课题与史学发展中的一些大问题有何种联系？为什么这些问题的提出有意义？它们怎样与现实国际政治问题相联系？

第二节　专著《施剑翘复仇案》的研究路径和贡献

陈利：在讨论您的新书前，我们先谈谈您的第一本书《施剑翘复仇案》。请您介绍一下该书的主要论点及其对相关研究领域的贡献。

林郁沁：我的第一本书《施剑翘复仇案》主要讲述对施剑翘一案

的审判。施剑翘是一个在20世纪30年代颇有名气的女人,因为她做出了刺杀军阀孙传芳为父报仇的壮举。她刺杀孙传芳,是因为孙传芳杀了她的父亲。我通过这件很有意思且耸人听闻的案子探讨了多个问题,包括公众对这件事的情绪化反应如何构成了一种我称为"公众同情"(public sympathy)的情感,以及同情的产生为什么不应仅被视为一种反常现象,还实际上展现了一个具有批判性的都市公众群体(同情对这一公众群体还有价值规范的作用),及其如何在现代中国法律、道德及政治上发挥影响。我通过追踪同情如何在这一事件中出现和在审判程序中发挥作用,及其如何在当时的报刊文章与其他评论中获得道德权威来阐述这一点。在这本书的最后,我探讨了当时的国民党政权如何将同情作为党国权威(尤其在司法领域)的基础。换句话说,通过这本书,我想展示的是(公众)对施剑翘这个孝女的同情如何被利用成为国民政府越过司法机关去特赦施剑翘的理由,以及施剑翘诉诸激情的品德如何成为了"新生活"运动的标杆。

通过对"同情"这一话题的讨论,我参与到20世纪90年代和2000年初学界对"公共领域"(public sphere)这一概念的激烈辩论中。彼时,由于哈贝马斯(Habermas)的《公共领域的结构转型》(*the Structural Transformation of the Public Sphere*)一书译本的出现,"公共领域"这个学术话题在人文和社科界已经获得广泛关注,且这一话题在20世纪80年代末东欧剧变这一背景下显得尤为紧迫。中国史学界也进行了自省。而我则想尝试用施剑翘这个案子来讨论公共领域问题。在我之前的学者认为,中国历史上从未形成过一个批判性的公众群体,他们引用哈贝马斯的理论来解释说是公共领域带领西方走向了民主。我想从历史的角度来思考这个问题,挑战以哈贝马斯的欧洲中心主义模式作为绝对标准的假设,并思考在什么条件下——虽然不吻合哈贝马斯的理想模式——批判性公众仍然可能在中国及其他地区出现。

在书中,我并非在讨论以哈贝马斯式的理想化公共领域为核心的理性公共舆论，而是严肃地看待批判性政治参与在情感和大众轰动效应中发生的可能性，及其在看似集权的统治下存在的可能性。而在哈贝马斯看来，这些情况是任何类型的公共领域的丧钟。施剑翘一案是用来探讨这些问题的完美案例。这个引起了强烈情感回应的轰动性事件发生于20世纪30年代——一个往往被视作实行威权统治且言论受控的时代。施剑翘案给了我一个机会，来研讨情绪化的公众在何时何地能对司法及政治问题产生影响力。

这本书的另一个贡献是对性别问题的聚焦。我对性别问题很感兴趣。同时，20世纪90年代正是学术界从女性史研究转向性别研究的时期。性别问题作为后结构主义对历史的解读的一部分，聚焦的是"身份是如何构成的"这个问题。性别越来越被认为并非是固定不变的，或不只是一个生物学上的概念，而是必须被理解为话语的产物。由此延伸开来看，性别也应被理解为一个影响了社会各方面的（包括政治领域，而不仅是女性领域）的观念。

施剑翘这个人物的精彩之处在于，她的行为受性别观念影响，因此非常适合性别研究和分析。她是大众媒体时代下的一名公众女性，而这种公众性本身就颠覆或挑战了某些性别观念。同时，施剑翘在描述自己的时候显示出令人难以置信的精明的一面，能够利用传统性别观念中"女英雄"这一形象来为自己激进的报仇行为创造空间并获得同情。因此，在大众媒体于全世界范围内萌生的时代，这是一个研究随之出现的公众女性的绝佳案例。当时，有很多以公众女性为主角的轰动案件在中国之外的世界各地出现。女性既是媒体的焦点，也是媒体的操纵者。施剑翘只是众多这类案例中的一个。

最后，我觉得本书还有一个贡献，那就是它以情感史作为方法，参与到情感研究中——这是我一直想要研究的主题，尽管传统历史学家对此并不关注。这一角度也有助于我反思哈贝马斯的公共领域理论过于强调理性这一问题。我想用中国传统文化中的情与理性并非对立的这一角度，来挑战他将理性行为作为批判性政治参与的基础的观点。"情"可以指代相对有理性的"事情"或"情形"，其对于被视作社会理性秩序根基的"人情"这一概念也很重要。同时，"情"也指"感情"和"情绪"。因此，中文里的"情"挑战了西方认识论中把理性与情感作为相对两极的这一假设。关注施剑翘一案中"情"如何定义"同情"这个问题，给我的研究提供了一个有力的出发点，让我可以挑战西方过于强调公众理性的传统理解，并由此探索感性的公众在何种条件下可以参与到批判政治中这一问题。

图 7-3　林郁沁专著《施剑翘复仇案》封面

第三节　新专著：陈蝶仙和民间工业的全球微观史

陈利：您的全球微观史专著《美妆帝国蝴蝶牌》于 2020 年 3 月

由哥伦比亚大学出版社出版，这本书通过陈蝶仙这个人物来研究全球工业主义（global industrialism）。为什么选择陈蝶仙作为微观史研究的对象呢？您在这两本微观史著作的写作过程中遭遇了哪些挑战？

林郁沁：做微观史研究的好处是，你不时会发现一些极其丰富多彩且令人激动的历史事件或人物，如施剑翘和陈蝶仙。他们都是很有趣的人物，而且有令人意想不到的古怪之处。这也是为什么传统历史学家都喜欢写人物传记。传记常常能精彩地讲述人物的一生，且能抓住读者的眼球。比如，微观史界的领军学者卡洛·金茨堡——我在加州大学洛杉矶分校学习时他还在那儿任教——曾写过一本力作，讲述一个言行奇异的意大利磨坊主。通过这个人物，他剖析了16世纪意大利农民阶级的宇宙观，并由此重新思考那个年代的流行文化，尽管其他与此相关的史料很少。另一名杰出的微观史学家娜塔莉·泽蒙·戴维斯的著作《马丁·盖尔归来》（*The Return of Martin Guerre*）使用了关于马丁·盖尔一案的丰富的近代欧洲司法史料。法庭判例对微观史写作来说，常常是极好的研究案例。

《施剑翘复仇案》也一样。我之所以能写出这本书，是因为这起案件的司法记录依然存在，且它们呈现了政府、国家与普通人之间的对话。微观史之所以精彩，正在于案例本身所蕴含的力量，而这也是微观史研究面临的挑战——我们如何从对特殊个例的分析得出适用于领域内更广泛的理论和史学问题的结论？怎样才能把这些个例作为超越时代的特例来看待？如何才能避免陷入只讲故事而放弃历史分析的误区？

我认为，微观史研究的目的并不是要高捧某个人物或大肆渲染某一事件，我也并不想写一本传统的人物传记或赞颂某人的传记。这也是我喜欢选择研究这些不太寻常的人物的原因。作为女性，施剑翘的确不凡，然而她也不是一个传统意义上的英雄领袖。陈蝶仙也并非显赫文人，但他们都有不凡之处。通过关注他们，我们不仅能探究他们的人生，还可以深入剖析他们所处的社会和时代，并解释重要的历史现象。比如，我对施剑翘案件的分析显示，在20世纪性别观念转变过程中以及大众媒体在中国城市中萌发的大背景下，施剑翘能够战略性地将自己描绘成一个值得高度同情的为父报仇的孝女和侠女，并因此取得了公众支持。虽然施剑翘一案极其精彩，但仅仅讲述故事本身是不够的，而是要把案例放到历史背景中来分析，并且退后一步来思考我们怎样从这一事件中了解更大的历史现象，比如本案中充满同情心又有批判性的公众群体崛起这一事件。在《美妆帝国蝴蝶牌》一书中，我用了同样的研究方法。陈蝶仙生于19世纪末的杭州，受过儒家经典教育。他从一个文人转型为一个职业作家、编辑、翻译家和现代科学倡导人，并在20世纪初成为上海工业的领导者之一。他所象征的是一种变化，这种变化不仅代表了他自身，也代表了20世纪初的中国。彼时的中国刚从帝国转变为一个与全球资本主义时代接轨的现代共和国，而这两个时代对男人及女人应该做什么有着不同的期望。在那个儒家正统、科举制度与帝国一同崩塌的时代里，和国家一道，陈蝶仙与他同时代的人所要做的是在那个风云变幻的转型阶段摸索道路。陈蝶仙抓住了民国早期的一些新机遇，不仅成了职业作家，创作鸳鸯蝴蝶派小说，还成为日用百货及化妆品生产行业的领军人物。陈蝶仙创办的最出名的化妆品是一款可用来敷面的牙粉。这款产品点子绝妙且销量极好，是其自创品牌"无敌牌"旗下的产品。考虑到当时的国货运动这一背景，"无敌"这个品牌名称再恰当不过了。陈蝶仙的品牌不仅在国内无敌，和外国名牌也有得一拼。在上海话里，"无敌"与"蝴蝶"是谐音，品牌的英文名Butterfly就是这样来的。

  陈蝶仙是一个非常风趣而聪明的人，他把"蝶"这一意象融入到自己的身份中：他的名字叫蝶仙，他写的是鸳鸯蝴蝶派小说，为他的化妆品品牌取名时也用到"蝶"字。总的来说，陈蝶仙也极善利用他的文人背景及个人能力在上海工业界寻求成功之道。在"捣鼓"(tinker)文字的同时也"捣鼓"化妆品配方及灭火器之类的小物件。从这个多面人物的身上，我看到了在中国从帝国走向共和之时，传统文人适应国家社会转型的一系列不同方式。

图 7-4　陈蝶仙的"无敌牌"系列化妆品的商标图案

陈利：您通过对两本著作的综合讨论，总结了微观史在方法和概念上的优势，也展示了这种方法是如何被应用到个例上的。下面想请您进一步谈谈，陈蝶仙与同期历史人物的不同之处和相似之处为微观史学家带来了哪些机遇和挑战？

林郁沁：陈蝶仙这个人物的精彩之处在于，他既有代表性，又很不平凡。在他所处的时代里，什么叫知识，什么叫专长，什么叫受过教育的精英，这些问题都没有确定答案。和他同时代的人中，有的也像他一样去探索不同机遇，并将文学功底和商业技巧结合利用。当时，科举已被废除，儒家正统已被社会抛弃，人们开始通过翻译外国书籍将科学技术和制造工艺引进中国。当时的很多作家不是作为文人在写作，而是为了盈利，通过职业创作和出售作品而日益被社会接受——

这些都是知识分子新的存在方式，陈蝶仙在这条探索的道路上并不孤单。与陈蝶仙相似的人里有一个叫徐卓呆的民国讽刺作家，他当时被称为"酱油大王"，因为他成立了一家酱油生产公司。和陈蝶仙一样，他同时参与文坛和商界。这本书中讨论的特别有意思的一点就是陈蝶仙和像他那样的人如何利用他们的文人技能并把这些技能带入工商业的新领域中。这种在新领域创新和从传统中汲取资源的能力也不只陈蝶仙独有，这涉及书中探讨的一个核心概念——"捣鼓"。在英文中，"tinkering"这个词的传统含义是改良装置，也常指走街串巷的锡匠修补家用厨具。在这本书中，我用这个概念来描述陈蝶仙是怎样创新的。"捣鼓"这个概念强调的是改造、调整及改良东西的能力，而非发明新事物，这种能力在陈蝶仙的写作及工业制造中都有所体现。比如，他写的连载言情小说基本上是对《红楼梦》的改编，这是他"捣鼓"经典文学"配方"、创造翻版的方式。虽然陈蝶仙用了写作模板，但他在小说中融入了创新成分及对时事的评论，并在报纸上连载，在吸引大批读者的同时，也获利颇丰。

陈蝶仙做化妆品时也是如此。在翻译外国配方时，他并不是盲目地复制，而是会对它们进行修改。他之所以修改这些配方，或是因为在中国并不总能找到原配方需要的原材料，或是因为材料的成本太高，他必须想方设法从本地获取原料，然后"捣鼓"配方，以更低的成本来生产改良后的新产品。陈蝶仙的产品虽是洋货的仿制品，却因为能利用当地原料并进行巧妙包装而广开销路，甚至在市场上超越了外国品牌。本书如此理解"捣鼓"和改良，而非强调发明，是为了挑战那种认为中国人只会仿冒不会创新的传统看法。陈蝶仙在清末民初这一过渡时期模糊了文学和工业之间的界限，并创造性地探索了新的机遇。然而，陈蝶仙的过人之处还在于他在这些探索上取得的成功和产量（不论是在文字上还是在商品上），这意味着他留下了足够的文字及实物让我这样的历史学家来进行分析和研究。

图 7-5　林郁沁专著《美妆帝国蝴蝶牌》封面

陈利：您这本新书的一个重要概念是 vernacular industrialism（民间工业主义）。能否请您介绍一下这个概念如何弥补了早前学术研究的不足，以及作为一个分析性概念，它如何帮您解读晚清到民国这一时段的转折？从时事性这个角度来讲，它在何种程度上帮助我们从"中国仿冒"这一指控中走出，并且探讨非西方国家在例如公共卫生和医药等方面，如何能合理地摆脱被个别国家垄断新兴科学技术和产品这一问题？

林郁沁：让我们从本书标题中的"民间工业"这个重要概念开始吧。事实上在最近一个中国杂志为这本书采访我的时候，采访者问我如何把 vernacular industrialism 这个词翻译成中文。要翻译它有一定的挑战性，因为在英文里这个词原本是一个语言学词汇。名词 vernacular 通常指和书面语相对的口语，因此在语言学层面上它的意思和中文里的

"白话"相近。我坚持用 vernacular 这个词的原因之一就是取它的语言学本意。尽管在中文里"白话工业"说不通,但是因为它的语言学含义,vernacular 这个词在这里很合适,因为陈蝶仙本人总是和文字打交道。他在作品里用的是一种 20 世纪初市场上流行的商业化文言文。由胡适以及其他"五四"时期知识分子领导的白话运动里倡导的那种把中文从文言文变成口语的做法在那时还是充满精英主义成分的。从某种程度而言,我们可以说陈蝶仙用的那种在上海市场上流行的商用文言文其实比五四运动倡导的白话更加"白话",而且代表社会中层。因此,vernacular 这个词能够抓住陈蝶仙的文学以及产品的中阶这一特点。但是 vernacular 这个词在英文中有多重含义,包括有和国际相对的本地这个意思。它有一种有时效的含义,表示虽然不正式但是有创造性。vernacular architecture(民间建筑)这个词就可以表现出这些含义。民间建筑不是正式或者官方的建筑,它们从当地环境中有机地产生,有点古怪,也避免被官方或者精英建筑风格所定义。我用这个词是想用它来囊括本地、临时,还有非正式的这些含义,然后来形容陈蝶仙工业行为本身的临时性以及非正式性。"本地"这个意思对于理解陈蝶仙对工业以及生产做出的努力也很重要。在那个强调本土生产的时代里,陈蝶仙把自己形容为一个本土主义者,而他本人也是国货运动中的一个商界领袖。到 30 年代的时候他已经成为一名医药界的领军人物,而且他的"无敌牌"也冲出国内市场,远销新加坡、马来西亚等地。然而,他依旧自称是爱国的本地实业家。他强调自己在成为工业领袖之前在当地仅仅是一个在短缺经济情形下艰难营生的商人,而且他们常常在材料短缺、知识匮乏的情况下生产。

诚然,为了了解怎样生产化妆品以及日常百货,他在对知识的翻译以及出版上下了最多功夫。陈蝶仙会翻译配方,包括很多品牌的配方。他非但不关心这些配方的产权,而且还会通过他编辑的报刊专栏把配方作为中国工业建设的"常识"流传出去。他会在报刊上的"如何"专栏里介绍化学知识。1915年的时候他是《女子世界》这个女性报刊的编辑。这家报纸上有一个"如何"专栏专门来介绍怎样在家中为"闺秀"们制造化妆品。他写的说明内容非常详细,包括如何在家建造实验室来制造口红、肥皂、洗发水等。这些是他民间工业行为的极好例子——尽管他的这些工作不完全属于"正式工业建设",但却对他建设中国工业所做出的努力极其重要。我想在这本书里考虑这些工业史学家通常不会注意到的非正统行为。我想在书中包含的是知识生产这一方面,像他的"家庭常识"专栏,还有他写的关于宁波海岸的诗。在诗里他讲了他在宁波海岸发现的乌贼富含钙质,而钙又是牙粉生产的重要原料。我想要探索的就是他这些捣鼓配方和原材料的业余手段,而这些手段最终帮助他建立了自己的工业。我想用民间工业主义这个概念来形容这种不寻常而且有点出乎意料的做法,通过这些行为陈蝶仙建立了自己的工业,而他的这些行为也拓宽了我们对工业化的理解以及合理工业手段的思考。换句话来说,当陈蝶仙把他的书房改造成化学实验室的时候,他所做的并不仅仅是没用的玩闹。他对物质世界的探索方式的确不同寻常,然而通过这些方式他最终走进了科学和化学的大门。他的商业成功正是建立在他的科学探索之上。

从这方面来讲,提出"民间工业主义"这个概念是为了挑战西方论述中对现代常规工业发展道路的解释。如果我们接受西方所谓正确的工业化模式,那么陈蝶仙这样的人物就会作为没用的旧文人而被忽视。他对科学和技术的研究会被看作无用之功,因为这些对现代性没有做出贡献。但实际上陈蝶仙以及与他相似的人的重要性不仅在于他们对知识和配方的翻译,他们还传播了信奉科学和资本主义的世界观,并且将这种观念变得更适应中国的情境。陈蝶仙的民间工业的另一个方面在于仿冒。自19世纪晚期自强运动开始,清政府及其要员就已经开始宣传用仿制以及改造这些必要手段来模仿国外科技和生产方法,并以此强国。那时,我们当今认作权威的现代工业资产这一概念还只是处于萌芽时期,因此在中国的这种宣传在世界上并不少见或者特别。美国、伦敦还有中国的人们都在四处仿冒。陈蝶仙继承了这种对仿制的推崇,他在作品里也宣传改造外国科技的好处。他鼓励翻译外国科技并且仿冒和改造它们,然后通过这种方式来改良。之后的国民党还给他"改良"过的产品颁发专利,包括一种圆珠笔还有一种经过他创新改良的纸。这本书想要挑战的就是把创新和仿造作为对立面的这种前提假设,还有由此衍生出来的那种认为发明就必须从零开始的观点,而这个观点是现代知识产权体系里的一个法律奇想(legal conceit)。我认为所有的创新都包括了一定程度的仿造、调整和改良。

图 7-6　陈蝶仙制造销售的"无敌牌"牙粉

陈利:您新书中用了"知识生产"(knowledge production)和"知识分配"(knowledge distribution)这些词,您也提及此前学术研究中的"物质转向"(material turn)。就您关注的历史时段而言,您为什么觉得当下对社会和经济活动的研究过于强调物质方面的东西而忽视了其他形态的知识、话语和文化实践？

林郁沁：在我回答这个极好的问题之前，我想对您刚才问的模仿和改造这些问题做一点补充，谈谈本书的时事性。在书的结论章里，我讲到了当今中国举世闻名的"山寨国"这一称号。批评者们认为"山寨"就是纯粹造假。我认为制造这种被称作"山寨"产品的做法，焦点不在于是否造假的问题，而更多是权力的问题。"山寨"的存在引出了一个问题，那就是谁可以自称独享一种技术或者知识的所有权？厂家生产"山寨产品"大多是为了绕过某些工业点子和科学知识的独享产权。事实上，这种被指控为不诚信的生产方式并不限于中国，在那些初入全球资本市场时处于劣势的国家中都很常见。通常这些国家必须要采取不同类型的进口替代，仿冒国外技术或者品牌，通过改造它们来保证制造的产品更便宜或者更符合当地消费者的口味。陈蝶仙就是这样生产他的化妆品的。例如他的牙粉生产成本更低而且包装上更符合当地品味，因此可以在售价上比占领中国市场多年的外国品牌更低。在21世纪的深圳我们也能看到这种做法：有的人买不起古驰或者普拉达的包，而当地生产的包因为用更便宜的材料制成，所以能在当地市场做到销量更高、销路更广。这种在生产中因地制宜的做法显示了战略性和智慧。给这种模仿制造的做法赋予历史意义，而不是简单地看作一种缺乏创新性的衍生行为，这是我想要提出的一个中心论点。可以说，我们在所有的人类创新中都可以看到改造和模仿的影子，但中国却被视为现代世界中最经典的仿造者。我接下来要写的第三本书事实上就会探讨这个问题，书名叫《制造中国仿冒者》（*Making the Chinese Copycat*），内容围绕关于专利以及商标的国际造假的争端展开，目的是探索20世纪中国被视为仿冒者这一现象背后的政治因素。

回到关于研究物质文化的方法这个问题。正如我之前提过的，当我还在研究生院时，因为后结构理论带来的语言学转向，学术界当时的潮流是进行话语分析（discourse analysis）。然而在过去二十年里唯物主义问题以及对物质的研究又逐渐获得了关注；现在的学者对研究物体本身感兴趣，而非词语或者概念。这个转向比较复杂，目的并不是回归到简单的唯物主义本身，而是想要利用例如物体分析以及事物的社会传记（social biography of things）这些方法，给物质现象赋予历史意义。这是对之前过度强调话语的一个正确纠正。这个物质转向坚持我们应当重拾对机构、物质实践（material practices），以及具身做法（embodied practices）等方面的研究。虽然这个转向影响了我，但是我也在批判地看待其中矫枉过正的成分。这个转向有时候会迷恋从物质角度观察问题，而忘却事物或者物质习惯周边围绕的言语、文字以及文化或者知识生产这一问题。这本书也可以算是对最近这个物质转向潮流中此种倾向的一个回应。

本书近距离地观察了陈蝶仙的物质做法：他捣鼓乌贼骨，把它们研磨成粉之后得到生产碳酸钙所需的钙质，而碳酸钙又是粉基化妆品的中心原料；书中还讨论了他如何善于动手并手工制造了胶印印刷机和灭火器。对这个课题同样重要的还有陈蝶仙的知识生产以及我们对这种生产形式的历史化。他也是一个多产的作家、编辑和翻译家。他对知识的探索是他的物质以及商业成功的关键。这种知识和物质的关系以多种方式体现。首先，他从写作本身就获得不菲收入，他的小说的稿费被他用于开办生产日用百货的家庭工业社。除此之外，他还通过在日报上的"如何"专栏和"家庭常识"专栏上发表文章来传播生产和化学知识，包括品牌配方。在那个大规模生产和批量印刷还处于早期阶段的时代里，他的做法并不特殊。实际上，在本书的简介中，我将陈蝶仙和 20 世纪初一个名叫雨果·根斯巴克（Hugo Gernsback）的美国科幻小说作家做了比较。和陈蝶仙一样，根斯巴克也利用报纸期刊这些新兴大众媒体来发掘新受众和传播技术知识，尤其是关于无线电和电子产品的知识。通过传播知识，他培养了一个技工和无线电热爱者社区，而且影响了他们对物质和科技研究的参与。通过比较根斯巴克和陈蝶仙，我表明的是这些新的媒体形式成就了对激励和激活物质生产极其重要的知识生产形式。此时是大型公司在美国以及全球开始出现的时候，而且它们寻求的是对生产知识的独家所有权。然而与此同时，陈蝶仙和根斯巴克等通过公开发表和分享技术知识和品牌化妆品配方，利用大众媒体来反抗这些公司的独家所有权。

陈利：您刚刚讨论了这类知识生产的动态过程。可以认为您这本书是以全球为背景、包含中国特色、关于 20 世纪早期知识生产的社会学（史）研究吗？

林郁沁：我其实非常受科学史界中知识社会学作品的启发。几个需要探究的重要问题包括知识是如何被生产的，知识的权威是怎样积累的，以及知识的社会学功能。这些问题从科学史研究中被提出，因为科学长期以来被认为是一种具有普遍性、绝对性以及权威性的知识形式。我认为科学史学者们已经从对现代科学认知论毫无保留的赞扬中走出，并且发展出了一个复杂的、对科学中一些普遍性断言发出质疑的史学领域。他们研究的是认识论形成背后的过程以及原理。因此理解知识如何成为权威、知识如何行使政治权力以及知识所有权在何种程度上是一种政治和社会现象这些问题非常关键。

这类问题在我的作品中处于中心地位。我用 knowledge work（知识工作）这个特定词语表达了陈蝶仙的这种以生产化学和工业知识为目的的物质行为。这包含他在上海时作为一个专业人士做的翻译、编辑以及汇编这些物质实践的工作，也包括通过与读者分享生产知识，对全球生产知识流通做出的努力。以他的翻译工作为例，他虽然不会讲任何外语，然而他的知识源自世界各地。我们可以用历史记录他是如何接触到这些知识的，以及追溯知识传播的线路和途径，还有知识传播时的动态。例如陈蝶仙在杭州时和一个在日本使馆工作的日本人是朋友，那人从日本带来了一套化学书籍。他在得到这些材料后就开始翻译它们。在上海他成立了一个由五个人组成的翻译局，里面包括他的两个孩子和他的两个同事。他们会翻译各种作品，包括福尔摩斯小说、法律合约以及科学配方。五个人中只有他的同事一个人会读外文，这个人会读出外文并且口头翻译，然后其他人会把他说的写下来。这个人讲的是白话，而他们又把白话翻译成文言文。最后一步由陈蝶仙把控，他把译文编辑整理而且修改错误，还加上自己的评论。翻译过程并不是一字一句地翻译，而且信息常常会被加以调整。如果特定原料没有，那么陈蝶仙会调整配方。他会讲因为碳酸钙在中国难以获得，所以要把它替换成类似的原料，比如碳酸镁。所以我们可以看到他在翻译的过程中会施加干预。这并不是一种无形的行为，也不是一词一句的翻译，而实际上是一个复杂甚至杂乱的物质行为。其中知识会演变、变化，并且依据当地条件被加以调整。

Chen Diexian 陈蝶仙(1879-1940), a Chinese Man-of-Letters in an Age of Industrial Capitalism

Founder of *Association of Household Industries* 家庭工業社
Brand Author of "Mandarin Duck and Butterfly" Romance Novels

图 7-7　陈蝶仙少有现存照片（拍摄时间不详）

陈利：您的书详细地介绍了陈蝶仙扮演的多个角色，比如编辑、作家、诗人，以及介绍实用技巧和技术建议的专栏作者。他扮演的这些不同角色以及其中的矛盾在清末民初的知识分子中有多大的代表性？您认为陈蝶仙体现了其他20世纪初的清末民初人物的哪些特点？

林郁沁：作为知识的生产者，陈蝶仙有很多令人着迷之处。他不是新文化运动时期常被提及的高阶层知识分子，像胡适那样领导新文化运动的知识分子看不起他这种商业作家。作为一个品牌作家，陈蝶仙靠贩卖他的言情小说获利，而他也因此受精英学者鄙视。他还给商业报刊编写"如何"专栏。他一个最出名的专栏叫"家庭常识"，刊登在当时上海最大的商业报刊《申报》的文学增刊《自由谈》上——他也曾短期担任《自由谈》的编辑。这个专栏的内容是他所谓的"常识"，包括医学、人体解剖等方面的小知识，也有教人制造小工艺的信息。阅读这一版块的大多是有文化的人，尽管他们未必是这些方面的专家。他们关注这个版块的原因有几点：有的可能是通过闲时翻阅这些专栏来定义他们的都市人地位和品味；有的可能是好奇的学生；也有想要创业的人，靠阅读这些条目来发掘使用技巧。尤其有趣的一点就是这些专栏提供的常识里也包括品牌配方。在现在来看，这些属于个别品牌的配方在知识产权体系下是不应该被分享的，也不属于常识，它们应该属于一类私有工业财产。然而陈蝶仙执意要把它们作为常识包含在流行专栏里，而且宣传这些是对建造中国工业有用而且关键的知识。他这样做实际上挑战了当时新兴的知识产权这一概念。在中国与全球资本主义接轨这一大环境下，陈蝶仙出版的一些作品是他的读者在令人眼花缭乱的物质主义世界里寻求方向的罗盘。他年轻时在杭州就已经开始通过写作和发表竹枝词来风趣地评论在他家乡出现的新科技，目的是为了打消他的同僚们对新科技的怀疑。到了上海之后，他成为了女性杂志《女子世界》的一名编辑。这本杂志其中的一个月载栏目上刊登的是给这本杂志的目标受众——闺秀们在家中制造化妆品的各种方子。考虑到这些配方有的很复杂，而且需要一定的化学知识和实验室器具来完成，这些闺秀们未必最后用上了这些配方。然而，通过把这些配方描绘成适于现代闺秀的生产知识，这个栏目或许把工业知识塑造成了一种品位的象征。在晚年时候，他出版了关于工业和生产的商业丛书。在那些书中，你可以感知到他心中逐渐增长的矛盾和不安感。这些感觉源于他所看到的，标志了现代中国中如潮水一般淹没一切的物质主义还有如杂草一般疯狂生长的各种事物。他出版这些丛书的目的就是让自己成为读者在这逐渐资本化的社会里航行的向导，并通过传播知识的方式在这物质的浪潮里给予他们一些掌控感。然而在做这些的同时，他的丛书也是一种商品，一种通过利用人们的不安来获利的工具。

陈利：在《美妆帝国蝴蝶牌》一书中，陈蝶仙的时代被描述为一个充满机遇，能让人学习与试验新事物的时代。而传统史学却将20世纪二三十年代视为社会混乱和低迷的时期。您在书中是如何重新思考这一看法的？

林郁沁：《施剑翘复仇案》就已经对"民国是一个混乱和失败的时代"这种说法提出质疑了。民国时期也不仅是从清帝国到中华人民共和国的转型时期。我认为，这些说法产生的原因是我们只关注了政治史，而社会文化史的优点就在于它能远离政治史里那些对失败及转型的描述。在讲述陈蝶仙的书里，我也同样避免把20世纪初简单地看成政治解体的时代。我看到的不是帝国的衰退及那之后失败的共和政体和持续的政治分裂，我看到的民国是一个充满机遇的年代。清帝国的解体及科举制的废除让知识分子不再受儒家正统的束缚，从此可以探索新知识，而他们面前也没有现成的路径供他们进行社会重建（social reproduction），因此他们需要去创新和试验。帝国主义虽然威胁了中国主权，但它也使中国与外界的联系增加了——尽管这是一种不平等也不对等的交流,但这也是中国进入全球知识与物质传播网络的新入口。这些新事物让很多人不安而且充满矛盾,然而像陈蝶仙这样的人对它们欣然接受,并将其变为获利的基础。

如果说我两本书关注的都是20世纪早期,那么我也看到最近史学界在对1949年之后的现当代中国历史进行重新审视。研究中国的学者在反思过去对于这个时代的看法,抛弃之前单一的政治史角度。现在的史学界更谨慎地思考那个时代的复杂性。我想优秀的历史学家总会这样做:重新思考所关注的时代,还考虑如何挑战我们对某个时代做出的评价的前提假设。

陈利:您对《美妆帝国蝴蝶牌》的读者有何期待?

林郁沁:这是一本比较复杂的史学专著,对于一般读者来说,它读起来会比较困难。这样看,该书显然针对的是中国史学家,但我也希望它能影响中国史之外的领域。一些研究科技史、比较工业主义和新资本主义史的学者已经对这本书表达了相当积极的反馈。这本书中的一个隐性主题是工业化对不同社会以及不同知识生产方式的影响,这也是我将陈蝶仙与美国科幻作家、无线电爱好者和推广者雨果·根斯巴克放在一起比较的原因。这两个人可以通过工业化及机械化文字复制这两个全球性现象联系起来:他们都喜欢利用大众媒体来分享科技知识,帮助自己和他们的读者越过20世纪初出现的知识产权。由此,我从全球史转向中受益,也希望全球史学家能认可我的全球微观史思路的价值。科技史学家和新资本主义史学家通常扎根于他们专注的某个领域,但同时,他们也想将自己的研究导入一个全球性的方向。作为一个微观史学家,我也从当今的全球史转向趋势中受益,并且用"全球微观史"这个词来形容这本书。换句话说,尽管这本书属于微观史范畴,且主要关注一个人,然而我也将陈蝶仙这个人物置于他所参与的跨国网络中——尽管他只是以翻译和贩卖商品等方式在间接参与这个网络。

陈利：《美妆帝国蝴蝶牌》讲述了一个扎根于本地、不会讲外语的中国人如何向中国读者和消费者介绍了很多来自国外的信息及科技的故事。从某种意义上来看，这是一个从本土角度出发，进入全球话语及全球工业和资本主义史的案例。您认为这是否涉及中国史甚至全球史领域里的新发展？

林郁沁：与过去相比，这本书的研究领域涉及科技史、新资本主义史和全球史，并以更严肃的态度看待非西方地区。从多种层面上来看，我都从中受益匪浅。其中，部分是因为当前史学界已从简单的、对单一文明发展进程（不管是西方文明还是中国文明）的研究中走出来了，而且开始关注这之间的跨国联系。随着历史学家对殖民主义的研究深入，关注跨国流动和交换的全球史视角在当今历史研究中逐渐获得重要地位。中国史学者及其他非西方史学者成为了推进跨国史方法的领导者和创新者，推动了将欧美历史研究中产生的普遍性结论逐步地区化。我发现，在这些作用力的推动下，年轻一代的欧美史学家、中国史学家对他们本专业之外的知识更好奇了。

我认为自己在各方面都受益于当今时代对中国史更重视的态度。为了让更多的非中国学者感兴趣，我在写作时还引用了中国史领域之外的科技史学家的著作。我引用的一些学术讨论不仅出现在中国史界，同时也在科学史、技术史和新资本主义史领域有重要地位。虽然目前中国史及其他非西方史学领域的学者仍然经常需要努力说服人们，告诉人们我们研究的历史不仅有意义，并且有非中国史学家也应当关注的联系点，但我觉得那种源于某种文明研究的、目光短浅的研究方法正在被摒弃，这也为我所从事的这种强调全球联系的微观史研究方法开创了可能性。

最后，尽管当今的全球史转向趋势极其重要，但有时它也会走入一些误区。比如,有的学者过于关注广度而放弃了深度,从而牺牲了对地方性知识的了解。优秀的全球史学家不会这样。例如,陈教授您的著作就在全球视角下很好地维持了对地方性知识的深度理解。然而,有的全球史学者却只浅显地追求描述的广度。因此,我仍然强调对一个地区的深度理解所产生的价值。这点之所以重要,是因为不同的全球性现象在各地落地生根的表现并不相同,而这个地区化的过程值得我们去研究。

第四节　新研究和对领域现状的观察

陈利:下面我们来谈谈您的第三本专著,您提到它会和知识产权有关,可以请您更准确地介绍一下这本书的研究主题及其与第二本著作的联系吗?

林郁沁:这个研究还未完全成形。我在 *Osiris*(《奥西里斯》,由芝加哥大学出版的一本科学史期刊)的最近一期特刊(第 33 期)上发表了一篇文章。这期特刊由我和两位科学史学者共同编辑,探讨的主题是科学和资本主义之间的交互影响。我在这期特刊上发表的文章标题是"Making the Chinese Copycat",这会是我下个研究的一部分。我也在考虑是否用这个题目来命名我的新书。和之前两本书不同的是,这不是一本微观史著作,也不再以单一人物为中心,而是把视角放诸国际舞台,关注国际商标侵权争端,其中包括西方政府和公司控告中国造假的各种案子。通过研究,我发现仿冒其实广泛存在于世界各地,而并非仅在中国。我关注到很多大型国际公司(比如英国药业生产巨头宝来惠康公司[Burroughs Wellcome & Company])都在世界范围内打击仿冒他们畅销产品的商贩,然而唯独中国被称为"现代世界的抄袭恶霸"。我要试图理解为什么只有中国遭受这种待遇,并将这些国际争端背后的政治因素及诽谤中国"只会仿冒，不会创新"的企图公之于众。

将仿冒行为历史化，出自陈蝶仙这个案例。陈蝶仙和20世纪初刚萌芽的现代知识产权体系非常合拍，他愿意用商标体系来打击仿冒自己的产品的人，尽管他也鼓励他的同行翻译、仿冒和改造外国科技。对他而言，这并不矛盾，反倒彰显了他的精明和处事的灵活性。这也反映了那个时代对于什么可以（或不可以）模仿、什么时候可以模仿的标准有很大的流动性。将这种流动性历史化，有助于挑战当今流行的"中国只会制造衍生品，并且喜欢仿造"等价值性判断。

陈利：您会如何介绍您的历史研究方法？

林郁沁：微观史是我在前两本专著中建立的一种方法，尽管第三本书讲述的是全球史，但我依旧坚持进行细致的案例研究。我的确认为，一个历史学家要有讲述好故事的能力，要能刺激读者的阅读欲望，满足他们的好奇心——审判记录、有趣的人物和外交争端，这些都是能达成这一目的的研究对象。作为读者，你可以想象自己回到过去，进入史学家要探讨的历史现象中。我觉得这是微观史的优点。为此，我努力地寻找有趣的事件和案例，让读者融入其中。

同时，随着年龄的增长，我觉得自己越来越想要讲好一个故事了。在我刚开始读研究生时，那时的史学家都对理论持怀疑态度，而我属于最早接受理论的一批史学家。尽管我现在依旧关注理论问题，但也发现自己越年长，就越喜欢去发掘厚重多彩的史料——不论是实物、案件档案还是小说。我喜欢对材料进行细读，但也喜欢把它们放在时代的大背景下，让历史生动地呈现在现代读者眼前。我也很想让我的学生明白，作为历史学家，享受历史这个行当本身及研究和写作的过程，是很重要的。

我想再补充一句：我不认为自己属于任何一支理论学派。有的人是坚定的马克思主义者，有的人狂热地推崇话语分析，而我喜欢运用多种方法及理论并批判性地看待它们，思考它们在什么情况下适用，在什么时候不适用，并思考它们如何帮助我构建我关注的问题，让我看清自己的知识生产过程。

陈利：以您从业近二十年的经验来看，您认为在中国史领域里有哪些最引人注目的发展趋势？

林郁沁：我觉得其中一个发展趋势是全球史转向。尽管这不仅限于中国史领域，但我觉得中国史学家在这个方向上占据主导地位。这一趋势之所以重要，是因为它挑战了我们狭隘的、以欧美历史为根基的对历史的常规性理解。全球史迫使史学界避免强调特殊性的言论，不管这种特殊性针对的是所谓西方的胜利，还是中国历史的独特性——这两种观点都会带来问题。全球史转向坚持的是放眼关注那些开辟了现代、近代和古代世界的跨国关系，因此这个发展是极好的。

我很高兴看到中国史学家及其他非西方史学家在这些趋势中展现出的创新性。我觉得，最早用后殖民研究来开拓全球史趋势的可能是南亚的史学家。而全球史则站在后殖民主义的肩膀上，超越了对殖民帝国及殖民地和殖民中心之间的关系的思考。全球史追踪的是后殖民主义里"中心-边缘"模型之外的跨国线路，使人得以在不同的框架（包括全球南方、全球东方及背离通常区域政治划分界线的联系和网络）下思考。这些都让人激动，而这也要求学者掌握更多的新能力。之前我们培养研究现代中国的学生时，要求他们掌握的是现代中文、文言文和日语。而现在很多学者还学习别的语言文字，比如满文和蒙语。我有两个学生专修中国及阿拉伯世界研究，因此他们不仅会中文，还熟练地掌握阿拉伯语，对阿拉伯研究有深入理解。这种在全球史趋势下产生的不同的培养方式也是令人激动的。

第八篇

从话语政治走向后维特根斯坦哲学
对话哥伦比亚大学刘禾

图 8-1 刘禾

编者按：刘禾现任职于哥伦比亚大学，是目前人文社科领域中少数具有广泛国际影响的华人学者之一。她的研究涉及比较文学、中国现代文学、中外文化交往史、国际法史和比较政治理论、翻译和文学批判理论，以及数码媒体研究等多个领域。她的主要学术著作包括 *Translingual Practice: Literature, National Culture, and Translated Modernity China, 1900-1937*（斯坦福大学出版社 1995 年版。中译本《跨语际实践：文学、民族文化与被译介的现代性》，生活·读书·新知三联书店 2008 年版），*The Clash of Empires: The Invention of China in Modern World Making*（哈佛大学出版社 2004 年版。中译本《帝国的话语政治：从近代中西冲突看现代世界秩序的形成》，生活·读书·新知三联书店 2009 年版），以及 *The Freudian Robot: Digital Media and the Future of the Unconscious*（《弗氏人偶：数字媒体与无意识的未来》，芝加哥大学出版社 2010 年版）。她编著的英文论文集包括 *Tokens of Exchange: The Problem of Translation in Global Circulation*（《交易的筹码：全球流通中的翻译问题》，杜克大学出版社 1999 年版）和 *Writing and Materiality in*

China: Essays in Honor of Patrick Hanan（《书写与物质性在中国》，哈佛大学出版社 2003 年版）。她的中文著作包括《语际书写：现代思想史写作批判纲要》（上海三联书店 1999 年版）、《六个字母的解法》（中信出版社 2014 年版。第二版更名为《剑桥的陌生人》，生活·读书·新知三联书店 2023 年出版）以及编辑的论文集《世界秩序与文明等级：全球史研究的新路径》（生活·读书·新知三联书店 2016 年版）。

2020 年 10 月，刘禾接受了陈利的视频访谈，从自己的早期著作《跨语际实践》和《帝国的话语政治》开始，一直谈到研究人工智能和文字符号的最新研究项目。访谈涉及了众多重要话题，包括了跨学科研究的学术价值和意义、如何理解翻译作为跨语际实践和特定时空条件下的"事件"、话语实践和跨语际实践对国际关系以及中国现代性的影响，等等。这篇经过刘禾本人仔细修订的对话录，反映了她在研究课题上的最新思考和学术成果，为了解其治学方法的发展轨迹和学术理论贡献提供了一个很有价值的阶段性总结。[1]

第一节　学术背景

陈利：刘老师好，感谢您拨冗接受我们的访谈。我之前看了一下您很多年前做的采访，了解到一些相关情况。但我们希望今天这个访谈能成为您在国内读者和中文学界中最新、最全面和最权威的一个访谈，您在加州大学伯克利分校工作了十二年后去了另一所公立名校密歇根大学，几年后转到了私立常春藤名校哥伦比亚大学。如果比较现在的北美高校和学术界与您 1990 年刚开始工作时的状况，您感觉这三

---

[1] 本访谈由陈利完成，访谈文字初稿冯岚雅和沈至慧整理。经陈利编辑初稿后，刘禾对全文做了相当多的增删和非常认真的修订和润色。本访谈曾发表于清华大学人文与社会科学高等研究所学术丛刊《区域》第 10 辑。收入本书时，文字又经郭跃斌、王雨以及白若云校读。

十年间发生的最大的两三个变化是什么？为什么会有这种变化？

刘禾：我开始在加州大学伯克利分校任教是在 1990 年，当时的西海岸和东海岸很不一样。西海岸的旧金山湾区领先于美国的其他地方，硅谷有发达的科技、互联网等，而伯克利那边思想活跃，另类文化、社会运动可以说领先全美，民权运动更是持续不断——那时的加州大学伯克利分校很像 20 世纪初期的北大。至于美国大学本身的变迁，它和整个世界的格局是分不开的，当时的国际大环境是冷战即将结束，世界正在向后冷战过渡。今天回头来看，这些变化的轮廓就显得更加清晰了。

我所熟悉的美国研究型大学，无论是公立还是私立，在过去的三十年中都产生了很多变化。其中一个最明显的变化是，研究型大学逐步开始往公司化的方向发展，这和 90 年代以来盛行的新自由主义有关，主要表现在学校管理制度的变革、对学术研究的量化要求、本科教育费用的持续增长、大学校园文化的改造等方面。

虽然我们很难透过某个局部来看清楚大局的变化，但透过大学，我们还是可以管窥冷战以后美国整个社会的转型。在最近三十年里，很明显地，不但大学越来越趋于公司化管理，联邦政府和州政府的不少公共领域也逐渐实行"外包"，比如有些州的监狱和青少年犯罪管理，也被卷入公司化过程。其中一个众所周知的操作是，连美国政府发动的海外战争也都经常由那些以追求利润为目标的外包公司来承担。

不过，这些变化并非是单向的。我们同时看到，大学教授和学生中添加了多元化的因素。女性多了，国际学生也多了，尤其是中国留学生，目前在美国大学占有很大的比例，当然以理工科为主。我 80 年代在哈佛读博时，记得有位著名教授来上课，每次都有女秘书给他端咖啡，在当时这是司空见惯的，现在你能难想象女秘书替男教授端咖啡吗？院系秘书的职位都已经消失，取而代之的是大学管理人员。这和公司化有没有关联？也许没有直接的关联，但学校的管理越来越有公司的作风,那是很明显的。另一方面,民权运动以来,女权主义和性别研究在大学校园的蓬勃兴起,对校园生态的改造也起到了不可小觑的作用。

我大概属于改革开放后第一批留学生,还是赴美读文科,在当年可算是稀有动物。现在读文科的中国留学生人数开始多起来,但科技类专业仍然是出国留学的首选,有的科系比如统计学系,甚至变成了中国留学生的天下。有人提醒我,虽然目前很多留学生选择读理工科,但他们似乎对进商学院或去华尔街更感兴趣。这也许是出于就业的压力,更可能是因为国内发财致富的理念已深入人心,可惜,这种选择大大限制了年轻人对自己未来发展的想象。其实,这种苗头早已在80年代末就已有显现。

我在伯克利任教时才惊讶地发现,90年代开始在研究型大学任职的美国文科教授,他们当中很多人和我一样,都不是一路考试,从学校到学校,最后进入大学当教授的。无论在美国还是在中国,我们这一代人各自都有些曲折和特殊的经历,这和今天的青年人很不一样。我在国内的时候曾下乡当过知青,在大西北的河西走廊插队、种地、修水库,什么都干过。后来我在旧金山湾区结识了一位美国人类学家,聊起来才知道,我们是同一代人,她在读博士前曾到美国的一个工厂,在那里组织劳工运动,进入大学前已经有丰富的工厂生活经验——这并不是例外。事实上,我的不少美国同事年轻的时候都曾投身于反战运动和民权运动。再追问下去,竟然发现我上小学的时候在中国北方所经历的那些防空演习,比如说挖防空洞,我的美国同事在小学时也亲身经历过,只不过她们是在太平洋的另一头,进行防核武器的操练。对我们这一代人来说,冷战是亲身经历,而这些经历可能对我们各自后来的学术发展有一定的影响。

陈利: 我记得您当初是伯克利第一位来自中国大陆的女性教授。

在过去三十年里，来自大陆的女性学者越来越多，这方面一定发生了非常大的变化。通过您的观察，现在女性学者在北美学术界的机遇和挑战是什么？她们是不是需要在平衡家庭和职业工作之间面临更大的压力和需要更多的支持？您对计划去国外留学或者在计划将来进入国内外高校进行学术研究的年轻女性学者有什么建议吗？

刘禾：这是个很好的话题。在当下，女性学者面临的压力的确很大，正在读研、读博，打算进入学界的年轻女性，相比男性来说，压力肯定会更大。这不仅在美国学界，走到哪里都一样，好像没有例外。法国政府最近刚通过一项福利政策，让父亲也同样能休产假，美国的有些大学也已实行同样的福利，这就很好，帮助解决来自家庭方面的压力。它正好说明，把生儿育女的"天职"放在女性身上，那是男权造成的社会问题，需要去变革。

如今年轻人遇到家庭和职业之间平衡的问题，是很自然也很普遍的，这和在不在学界没有直接的关系。它是一个跨国的社会问题。在美国，表面上女性有很多机会，法律规定性别平等，可实际操作起来，会碰到很多不成文的规矩，处处阻碍女性在事业上发展。长久以来的父权统治和社会习俗早已深入人心，短期之内很难产生根本的转变。因此对于年轻女性学者说，有时候你需要权衡，需要做出取舍，不能什么都要，不然就会活得非常累、非常艰难，可是，你能一夜之间改变千年的习俗吗？

记得我刚从哈佛大学毕业，进入学界的时候，在伯克利碰到过一些有趣的事。比如，当时加州大学伯克利分校在男女平权方面出台了一系列的政策，学校每年指派一位比较资深的女教授，让她和我接触，分享她的成功经验。第一年，学校从人类学系派来一位非常出色、成功的女性教授，见到她时，我发现她怀有身孕。这位教授热情地和我吃午饭、聊天，我们后来成为朋友。第二年，学校又从英文系派来一位出色的女学者和我接触，有意思的是，她也怀有身孕，在一起吃午饭的时候，讲的内容也都是产假之类的琐事。我当时感到很诧异，因为我实在想和她们谈谈学术、谈谈工作，可以说，我当时完全不了解学校这方面的苦心。

陈利：另外，在您的印象中，北美高校中的女性教授的人数或比例是否比原来提高了很多？

刘禾：这是肯定的，在这短短的几十年中，变化非常大。和90年代初相比，美国学界各个学科中的女性学者都在增加。在文科领域中，女性肯定占多数。而在理工科领域，比如说数学，女性教授所占的比例还不够高。一个值得观察的现象是，在当今美国，虽然有很多优秀的科学家是女性，但社会仍然期待是男性去当科学家，一般不会鼓励女孩子去读数学。中国的应试教育制度要求男孩和女孩都必须修数学，因此中国培养出来的女性科学家人数要比美国多得多。这是个制度问题，不仅是学界的问题。

据我的观察，这三十年内女性进入研究型大学中各个科系的人数大大超过三十年前，这和终身教授招聘制度的改变也有很大的关系。在此之前，不说远了，三十年前文科教授的招聘和晋升不像现在那么严格，有的教授虽然没有多少著述，但照样拿到终身教职。他们依赖的通常是有权有势的学术圈，俗称"the Old Boys Club"（老男圈）。如此，被排除在"老男圈"之外的女性，自然很难在学术界中生存。后来，由于女权运动的深入发展，美国社会和大学都不得不随之变化，为了保证公平的招聘和晋升，大学用人的体制也逐步改进，才开始有大量的女性进入教授的行列，这其实都是最近的变化。当然，这些变化也带来一些新的问题，例如，随之而来的出版压力让很多年轻学者备感焦虑，因为晋升文科终身教职的要求之一是出版一本以上的专著等等。这个制度的好处是，它突破了"老男圈"，让人们公平竞争；它的麻烦是，这个过程日趋繁琐，竞争激烈，增加了所有人的工作量。

我自己是从终身教职的评选制度出来的,而且长期以来,我也一直为其他人的终身教职的招聘和晋级尽自己的责任。在这个过程中,一些年轻女性学者担心能不能晋升终身教职,为能不能保住自己的饭碗而焦虑。这很普遍,因为她们的压力比起男性学者来说要大得多。不过,我觉得只要把自己的学术做好了,就不必太担忧终身教职这一关,这似乎是规律。关键在于你对学术有没有贡献,有没有明确的目标,有没有令人兴奋的研究和突破。

图 8-2　刘禾专著《跨语际实践》封面

第二节　跨语际思维:新理论的必要条件

陈利:很多读者都知道,您在比较文学、中国现代文学、翻译理论、跨文化交流、数字媒体研究，以及国际法和国际关系等众多不同的学术领域都有深入研究和著作出版，包括三本英文学术专著、一系列文章及多本编辑的中英文论文集。比如，您的三本英文专著关注了极为不同的研究课题和学术领域，这要求作者有极强的学术自信，敢于挑战自我，并乐意不断学习和掌握新领域中的知识。您的学术著作轨迹好像和当代多数学者只专注于在一两个领域内进行研究的趋势不同。国外学术界提倡跨学科研究已经几十年了，但真正能做到突破学科壁垒和传统束缚的学者还是极少数。请问是什么原因或者学术背景使得您愿意进入这些不同领域去研究和发表著述？另外，对于想从事跨学科研究的年轻学者们，您有什么建议吗？

刘禾：这个很难说，在很多时候，人的研究兴趣经常随着新问题的提出，或者随着视野的拓展而自然地发生转移，这在学术史上并不罕见。有一次我参加美国的亚洲研究协会年会，那时哈佛大学出版社刚出版我的《帝国的话语政治》不久。我碰到一位研究现代文学的同事，他问我：你离开文学研究了吗？我的回答是：当然没有"离开"——跨学科研究并不是我的初衷，它的强迫性来自学术研究本身的驱动。

我想关键还在于有没有鲜明的问题意识。任何敏锐的学者都不可能满足于跟着学术潮流，顺流而下，而是都会有一种站在上游的努力。而学科界限的设定，往往给人一个幻觉，让你觉得现代文学是自成体系的，有它的天然疆界，这很容易在不知不觉中成为你思想的藩篱。但是，在很多情况下，我们的研究对象本身其实已突破了这个体系，只是我们自己不觉得。二十五年前，我在写《跨语际实践》的时候，就开始意识到现代中国文学研究的比较文学基础。你看现代中国作家，从鲁迅到郁达夫到萧红，他们的文学活动都并不限于"中国文学"。一方面，他们阅读大量苏俄、日、英、美、德、法等国的作品，有人读的是原文，有人读的是译本，有人边读边译，这使他们文学活动一开始就是"跨语际"的；另一方面，他们都用白话文及现代汉语写作。那么，现代汉语本身是一种什么语言？如果把大量的外来词汇从现代汉语中剔除出去，不要说文学写作，我们甚至没有办法写一篇像样的新闻报道。我们所熟悉的很多句法和词汇都是外来的，这也就是我说的"跨语际"。虽然有些外来词可以用汉字写出来，但它不来自汉语。很多现代汉语词汇都来自日本人对欧美语言的汉字翻译。总之，现代汉语、文学以及文学理论这些领域的出现，已经预设了不同文化之间发生的互动和变迁，你无法把它们各自封闭起来。问题是我们对此有没有足够的自觉，是否仍然默认过去一直习惯的"疆界"，做循规蹈矩的研究。

总之，今天的文学研究，早有了新的语言和文化环境。一个人在单一的文化、文学、语言中思考问题，那是极其有限的。所以，无论在国外还是国内，我觉得现代文学领域的学者，要对这个环境有充分的重视。否则，你早晚会碰到很多困惑和难题，会发现现代文学与外国文化和历史之间的各种关联，发现"跨语际"问题根本绕不开。这时候你怎么处理它，就关系到你学术的走向，是因循旧章，还是寻求突破？我上面说到的学术研究中出现的强迫性，就是指这一类的情景。

第三节 国际政治：跨语际研究的突破口

陈利：关于您的学术著作，让我们先谈谈您 2004 年出版的 *The Clash of Empires* 这本专著。国内中文版将书名翻译成《帝国的话语政治》。请问为什么书名不是翻译成《帝国的冲突》而是《帝国的话语政治》呢？这是因为英文版和中文版面对的读者不一样吗？在英语语境里，"帝国"（empires）更能让读者了解书的议题。如果把"话语政治"（discursive politics）再翻译回英文作为英文书名的话，是否就没法传达相同的意思?

刘禾:这样的选择,不仅仅是出于对标题和书名的考虑。如果着眼于贯穿全书的思想,"话语政治"更切题一些,而"帝国冲突"就显得泛泛。何况书中对几个不平等条约的分析、对国际法的翻译的研究等等,都与"话语政治"更切题,可以说是从不同侧面展开对"话语政治"的研究。

这里还牵涉到我们对翻译本身的理解。首先,翻译不应以个别词的对应为单位,而应在更大的单位之间,诸如文本和文本、思想和思想、阐释与阐释这些关系中进行,一旦理解和进入这些关系,词义和概念的含义总是会改变的,也必然会改变。我在英文原著的写作中,取书名 *The Clash of Empires*,是有意针对亨廷顿所谓"文明碰撞"的陈旧论述。我在英文版的前言里说,其实不存在所谓文明之间的碰撞,历史上有过的碰撞,只是帝国之间的碰撞;而且,今天现实中已存在的和将要发生的很多冲突,被亨廷顿说成是"文明冲突",也是误导的。如果认真追索和考察,这些现实冲突和"碰撞"之所以发生和激化,其真实原因,还是现实中的新型"帝国"的操弄在作祟。因此,虽然《帝国的话语政治》的英文书名强调的是鸦片战争中的帝国冲突,但也是后殖民研究对亨廷顿回应的一部分,有很强的现实针对性。

陈利:我们一会儿再深入谈您的第一本专著《跨语际实践》,现在想先问一下,您的研究和学术兴趣是如何从《跨语际实践》发展到第二本书《帝国的话语政治》的?您当时从一个比较文学的背景出发去研究帝国政治和中外关系史,包括去阅读数量不小的国际法著作的时候,有过对进入一个新领域望而生畏的感觉吗?回过头来想,您写第二本书时最难忘的经历是什么?最大的收获又是什么?

刘禾:前面提到,学科界限的设定给人一个幻觉,好像文学和历史自成体系,井水不犯河水。在今天我们何必坚持这个幻觉?应该有足够的想象力和自由去突破它。

我在写《跨语际实践》的时候就已经在处理中外关系史了，只不过我在《帝国的话语政治》的写作里，把注意力直接转向了国际条约和国际法。当然，从这样一个层面进入，表面看似乎离开了文学研究，但是如果我们对语言和语言，以及文字与文字之间的关系有一个深刻的理解，这种"离开"其实很自然的，比如《跨语际实践》一书的论述集中在"跨语际"的文字、叙事、文学建制和意识形态等方面，而《帝国的话语政治》就转向了国际法和近代史的文字官司，两本书之间有着紧密的内在联系。

不过，当我具体这样做的时候，就需要做大量的档案研究，我不仅走访了世界各地的档案馆，还把英国国家档案馆所藏的外交照会与国内近代史学者通常使用的中文档案拿来一一对照，这才发现历史教科书对鸦片战争的解释多么需要重写——因为，正是通过对中英文档案的侦查和对比，我钩沉出了一些鸦片战争不为人所知的重要细节，而这些历史细节足以改变近代史的大叙事。

整个研究过程十分艰辛，由于需要阅读大量的文献，所以常碰到各种各样的挫折和困难。我在《六个字母的解法》一书中描述过其中的一次，那次为了查找有关鸦片战争期间来华传教士的资料，我千里迢迢飞到英国，到剑桥大学图书馆去阅读英国海外圣经公会的档案，结果被一套莫名其妙的官僚手续挡在门外，吃了闭门羹。这一类的故事很多，我就不细说了。说起来，这些做法很像一个历史学家，是不是？

但是，不管我多么尊重历史学家的工作，我还要说，我所关切和追问的，和历史学家有很大不同。我在《帝国的话语政治》里的一切努力，不是仅仅查清和还原"历史真相"。我的工作和历史学家有着很大的区别：在某种意义上，我关切的不仅是"真相"本身，更在于"真相"是怎样在历史写作中被扭曲和遮蔽的——这样的扭曲和遮蔽，很多情形下，不是由于材料的匮缺或者材料"不真"，而是由于其中有一个绕不开的"跨语际"的话语政治。比如书中对费正清和冯客（Frank Dikötter）等人做了点名批评，指出并且论证这些人的历史叙事，依然是对中英天津条约的因袭，因为他们始终不厌其烦地在"夷"和"barbarian"之间画等号，把晚清人对入侵者的反抗说成是闭关自守。这其实延续了鸦片战争的"话语政治"，影响绵延至今。

图 8-3　刘禾专著《帝国的话语政治》封面

第四节　跨语际研究与翻译理论的主要区别

陈利：虽然您的研究及其影响远远超出了中国研究和翻译领域，但很多中国研究之外的学者对您的了解，最初可能仍然来自您在翻译实践和理论方面的贡献。所以，就让我们从 translation（翻译）开始谈。对于众多并非翻译理论专家的读者或听众，您能否介绍一下，翻译在传统上是如何被理解的？而在近二三十年的批判理论影响下，尤其是在您自己的研究著作的推动下，学术界又是如何颠覆了那些传统看法的？

刘禾：有学者认为我对翻译理论的发展做了贡献，这是可以理解的。传统翻译理论是一个重要的学术领域，不过，把我这些年的工作归入翻译理论，或者当作一种新的翻译理论来看待，虽然可以，但还是不够准确。因为我近些年学术上的很多想法和做法，实在难以规范在"翻译"这个研究领域之内。如果说历史研究和我差不多有某种"隔行如隔山"的间隔，翻译理论和我的跨语际实践研究，其间的间隔也不小，甚至更大。因为传统意义上的翻译并非我所关注的目标，它和我的立场与方法，差不多也是"隔行如隔山"，两者并不是"同行"。我关注的是什么呢？是话语政治。这里的"话语"，原本指的是福柯意义上的话语，但我想借此机会，把我的跨语际实践和福柯的话语理论之间的联系与差异做一点梳理。我认为福柯有一个严重的缺陷，那就是忽略了话语实践的跨语际运动，尽管他的话语实践研究包涵了一个很大的空间，但是基本不关注国际政治中的话语实践，这和他不能摆脱欧洲中心主义的局限有很大关系。在多年对福柯思想的研究中，我一直以为，这是福柯思想和理论中令人遗憾的空白，应该有人来填补它，而且从中发展出一个有关话语实践的新观念、新方法。

这当然会碰到种种困难，其中一个普遍问题是，无论在国内还是国外，无论在学术界还是理论界，"词语"和"话语"经常被混为一谈。由此，福柯的话语实践往往被理解为语言和言说行为的某种"实践"，这是根本的误解。这种误解严重歪曲了福柯，因为福柯理论中所说的"话语实践"其实包括社会建制、科技认知、言说行为、社会实践等方方面面，涵盖的空间十分广阔，因此，话语实践所针对的绝不仅仅是政治辞藻和言说，而是广义地指向社会空间中的很多因素和很多维度上的实践活动。也正由于这种实践的作用如此广泛，可以说无所不在，以至于往往在我们没有留意的时候，它就已经在社会生活、思想生活和政治生活里发挥效用，对我们生存于其中的各个现实层面都全面地发生深刻的影响，而话语实践对国际政治的渗透就更为深刻，也更不容易被觉察。我努力将"跨语际"研究的触角伸入话语政治，选择国际政治的领域作为突破口，以开拓一个新的理论空间，一个重要原因，正是国际政治的话语实践不容易被察觉，其活动和效用十分隐蔽，从而少有人从这样一个切口进入去做研究。这有点像登山，当然要选择最高峰，虽然艰难，然而登山之乐尽在其中。

可以举一个例子：谁都知道 China 这个英文词，一般认为它是对应"中国"二字，但日本人和晚清人常常把它译为"支那"，而且，这个翻译带来的历史遗产一直延续到今天。问题是，这两种译法真是区区的"词语"翻译吗？如果仅仅是翻译问题，那为什么从晚清到民国初年，这两个译名引出那么多的国际争端？引发了那么激烈的冲突？很显然，那些争端所体现的恰恰就是话语政治左右国际关系的力量，是国际关系中典型的话语政治。

对这种话语政治，我在《帝国的话语政治》一书里做了详尽的分析。（读者可能对这些分析和讨论都已熟悉了，但我愿意在这里再强调和重述一下，因为它和我们今日现实中很多问题依然关系密切，那份遗产还活着。）比如中华民国成立初期，日本政府在其与中国外交部的往来照会上，反复称中华民国为"支那共和国"，此举遭到民国政府和知识界郭沫若等人的强烈抗议。对此日本方面反驳说，"支那"是 China 的译名，民国政府既然承认了英译"The Republic of China"，为什么不能接受日语的"支那共和国"？这个反驳很狡诈。日本人不能理直气壮开脱"支那"话语的歧视性，就拿英文 China 来说事，明显是提醒中国人：你们既然不能接受"支那"，为什么会坦然接受 China

呢？这不但非常狡诈，而且相当阴险。不过，它也带来一个真实的问题：中国人接受 China，而不接受"支那"，是不是有明显的自相矛盾？这里面是不是有一个巨大的盲区？我们面对的难道仅仅是名词翻译的争端吗？从话语政治的分析角度来看，我认为这里的确有巨大的盲区，因为它掩盖了一个重大的问题：即一旦把"中国"翻译为英文的 China，我们就已经认可和接受了一个特定历史中的话语体系，从而也在某种程度上接受了鸦片战争以来欧美国家强加给中国的话语关系和国际秩序。

所以，如果拒绝在"中国"和 China 之间画等号，那就等于我们终于要挑战那个整体的话语体系。

自从出版《帝国的话语政治》以来，我就一直在呼吁大家一起来挑战这个话语体系，起码从中国大陆开始，拒绝用 China 和 Chinese 这一类种族主义话语来翻译"中国"。真不知道这一天何时到来？当然，这个遗产非常沉重，名不正则言不顺，道理大家都明白，但这个拒绝，是一个非常艰难和严重的拒绝，并不容易实现，因为它从根本上牵涉到人的觉悟和政治意志等很多方面的实际困难。但是，我坚持认为，清醒地认识到这个种族主义的"支那"话语是非常必要的，多少年了，它们像精神的紧箍咒一样套在了中国和中国人的头上，始终于无形中这样或那样支配着世界对中国的认识，反过来，也支配着中国人对世界的认识。

"支那"和 China 所带来的麻烦，只是一个例子，不过这个例子非常尖锐，从根本上来说，就是要把大家都熟悉的那些概念放在放大镜下重新质疑，因此，这不是通常所说的翻译研究的角度——如此思考已经远远离开了，也超越了传统的"翻译理论"——因为我更关注的对象是政治、历史和文化。其中如果涉及"翻译"，那么翻译的行为是被放在了相关的政治性、历史性和社会性中来考察的，没有什么唯一的、纯粹的"翻译"本体或属性。为此，我再强调一下，跨语际实践的理论恐怕不能被局限为一种新翻译理论，严格地讲，它是有关社会实践和政治实践的新的话语理论。

陈利：很多您的研究著作都是关注各种观念或话语在不同文化和语言环境中的流通和演变，及其所衍生的新意义和政治影响与后果。您也曾谈到过，自己几乎从来不用"传承"（transmit）或者"传递"（transfer）这些词来描述翻译活动，而倾向于用知识的"流通"（circulate）和"生产"（produce）等。我们不少读者可能想知道，您是如何来理解作为一种知识生产活动的翻译的？这么理解对我们研究翻译和跨语际活动的意义是什么？

刘禾：一般来说，人们在思考"翻译"的时候，往往落入两个思想陷阱：一个是"语言交往"的模式，它基于人们对语言功能的认识，接近于翻译家严复论述的"信、达、雅"原则中的"信"字；另一个，是语义的神学模式，它基于人们对语词意义所属的认识，似乎比较接近于严复所说的"达"字。先不说严复，这里讲一下我为什么认为以上两个主要模式是思想陷阱，究竟是什么原因，使它们成为我们认识"翻译"这一复杂现象的难以逾越的障碍。

首先，语言的功能是多重性的，交往和沟通只是其中之一。如果把语言的多重功能简化为交往行为，那就会造成大量认识上的误区。比如，我们难免要随时面对"信"本身的困境，这个困境是根本性的，也是无所不在的。我认为在人类生活中，"信"是一个永久性的危机，它既是哲学问题，同时也是话语实践的问题。这二者之间又有着十分密切的联系，难以分割。因此，翻译中的"信"，让我们面临着一个严重的理论挑战，可是在当代理论界，对这些问题的思考还是相当有限，有待深入。总之，在对这个根本性问题进行透彻的思考之前，我们很难预设翻译的语言模式仅止于其交往功能，更不能假定翻译只是关乎"信"或"不信"的问题。

其次，为什么说语义的神学模式同样是认识"翻译"现象的障碍，也不可取？这里的"神学模式"源自《圣经·旧约》中的巴别塔神话。在基督教世界，这个圣经故事被用来解释人类语言多样化的缘起，并且，由此提出人类语言从同一化到多样化的神学命题。在哲学上，这表现为"同一性"与"多重性"的矛盾；具体到翻译理论，则表现在"语义的同一性"与"语种的多重性"的矛盾。但神学理论的思维模式有一个根本的假设，即"语义"可以跨越语言之间的鸿沟，而达到某种同一性。这在西方有些哲学和语言学著作里，始终都是研究和思考的一大主题。然而，在我看来，这些思考（包括乔治·斯坦纳［George Steiner］和本雅明［Walter Benjamin］）很少能对神学模式做出根本的否定和超越。今天，在对西方中心主义的批判越来越深入的形势下，这种局限已经变得十分明显，严重影响到我们对语言现象的复杂性的认识。实际上，人类语言文字千姿百态，丰富无比，体现出典型的"多重性"，而这种语言种类上的多重性，和人们在翻译中对"语义的同一性"或"达"的追求之间，无论在历史或现实中，都一直存在着永远不可调和的矛盾。

那么，如何面对这种矛盾？如何才能不落入神学模式的思想陷阱？我的努力，就是通过跨语际实践的理论，强调把翻译作为知识生产的活动来对待和研究，换一句直白的话来说，在我的理论里，翻译活动中根本没有纯粹的"翻"和"译"，一切涉及"翻译"的活动，无论自觉还是不自觉，其实都是某种知识生产的环节，而这些知识生产往往都深深卷入各种形式的政治，形成此时此地或彼时彼地的话语政治。比如在《帝国的话语政治》一书里，我之所以花费很多篇幅，专门研究鸦片战争时期的国际法翻译和中英条约中禁用某些汉字的公案，就是要说明，这些公案涉及翻译，但绝不只是单纯的翻译，更不是纯粹的翻译，而是充满政治内容的知识生产。

第五节　法国理论的"加工厂"在北美

刘禾：关于跨语际的知识生产，还有一些人们常常忽略或者不太思考的问题，即沉默、空白、省略或不翻译等，这些也都是翻译活动的一部分，而且，从知识生产角度看，很有意思的是，正是翻译中的沉默、空白、省略或不翻译，会以一种不为人注意的方式生产知识，并且这些知识对话语生产有着极其重要的影响，其影响在一定的时刻还会决定人类知识的发展范围和途径。我在《弗氏人偶》一书里，专门用了一定篇幅分析了战后欧美的学术和理论交流中"不翻译"所造成的后果。其中还特别回顾、检讨了法国思想家拉康（Jacques Lacan）进入英语世界的历史。拉康理论的引入，一直被当作后结构主义理论在英语思想界和学术界的旅行的始发站，而引入后的影响也非常大，可以说遍及各个学科和领域。可是，这个"引入"过程存在着很大的问题，也引发了多重严重的后果。我还在读博的时候，学界很多人就对后结构主义有很多困惑，有种种疑问，周围一些学者也都抱怨拉康难读，于是，这个"难读"引起了我的兴趣，在后来的研究中也一直保持关注。我的拉康研究可以说延续了很多年，后来，还是在形成跨语际实践这个理论的过程中，我才终于弄清楚，美国最早译介法国后结构理论的《耶鲁法文研究》（*Yale French Studies*），将拉康最著名的那篇分析爱伦·坡《失窃的信》的文章只翻译了三分之二，另外三分之一被省略掉了。为什么会省略？这里的空白、沉默和"不译"意味着什么？我在《弗氏人偶》一书中做了详尽的解答。简言之，在英语世界，拉康理论"难懂"的症结，一部分来自于最初的拉康翻译中存在的大量"省略"，而正是这个"不翻译"要对我们当年读不懂拉康负一部分责任。其实，要是我们稍微留心观察，就会发现，历史上形形色色的"不译"都曾发挥了不可低估的作用。

这里我还想特别提一下的是,在战后的美国学界,比较文学这个学科扮演了一个极其特殊的角色,几乎可以作为专门的题目来做研究,因为这个学科一直是生产法国理论的主要场地,我甚至认为,不妨把它看成一个"理论加工厂"。这个"加工""生产"的过程大致是:从法国源源不断地输送来各种理论"原料",美国学者则通过系统的翻译、阐释,进行精心的加工和包装,让这些产品首先适应美国本土,实现法美之间的理论"接轨",待其上烙过清晰的美国印记之后,再输往世界各地的学界和媒体,形成新一轮的理论旅行。回顾起来,诸如罗兰·巴特(Roland Barthes)、德里达、拉康等结构主义和后结构主义学者的理论,之所以能在全世界如此流行,对各国理论和学术包括历史学、人类学、媒体研究、社会学等领域,特别是对当代理论的发展产生如此深刻的影响,这个北美"理论加工厂"实在功不可没。然而,问题也出在这里:在"理论加工"的过程里,翻译这个环节往往会有这样或那样的省略,而这些省略就造成许多重大空白。因为是空白,不易发觉和发现,最后导致美国学界,以及受波及的其他地区的学术领域,都对后结构主义理论和其他当代理论,在认识上出现或多或少、或大或小的偏差,造成种种严重的后果。我在近些年跨语际的研究里,要经常面对这个翻译中的"不译",因此越来越感到,"不译"和空白本身就是一个需要我们重视的理论问题。我在《弗氏人偶》一书里,就这问题做了专门的论述。

第六节　衍指符号:跨语际的意义之链

陈利:所以,研究"翻译"是要将它作为一种剖析社会、文化、政治、经济实践活动的一个窗口,还是有其他更深层次的意义?

刘禾：我重视的是翻译作为话语实践，它本身所具有的社会能量以及政治能量，因为人的社会行为几乎无法不通过话语实践（绝不仅指言说行为）来实现。在过去，科学实践、政治实践、生产实践等实践活动都得到了非常的重视，这当然是必需的，但话语实践在哪里？依照我们大家熟悉的"反映论"的说法，文本背后好像总是有一个东西，无论这个东西是社会、政治、经济实践还是历史背景，但文本自身不是实践，而只能反映它"背后"的其他实践。从话语实践的理论出发，这一切都开始受到质疑，因为所谓的"背后"可能根本不存在，于是出现另一个问题：话语实践和其他社会实践之间究竟存在着一种什么关系？这是一个大问题，从理论意义上说，也是一个需要深入探讨的难题。不过，在《跨语际实践》和《帝国的话语政治》这两本著作里，我的做法是把问题尽可能具体化，主要放在国际关系领域，由此两本书都强调，话语实践如何使特定的历史来到"现场"，而不是构成"背景"，这些现场又往往如何成为政治施展影响的舞台。此外，为了兼顾和展示跨语际实践研究的广阔空间，我还把自己的研究有意地延伸到了广义的符号行为，比如在《帝国的话语政治》第一章里，我强调了19世纪出现的莫尔斯电码、军事及航海方面的信号和电讯技术以及有关的国际协约，并且用"国际政治的符号学转向"来概括帝国的话语政治是如何登上国际舞台的。

陈利：所以，我们是不是可以这么理解：我们常说的翻译不仅仅是一个跨语言或者跨文化间交流的媒介（medium），它本身就是一种政治（politics）；它不只是一个跨语际权力政治的产物（product），它更多的还是帮助生产和定义了跨语际权力政治（productive of politics）？

刘禾：很对，可以这么说。不过，我重点关注的是跨文化和跨语言的政治生态是如何形成的，也就是跨文化和跨语言的时空里话语政治的具体运作。刚才我已经说过，由于福柯不能完全摆脱欧洲中心主义的阴影，他的研究视野常常被欧洲的语言环境所局限。其实，人类历史和现实中的实践，在绝大多数情况下，都是在跨文化和跨语言的时空中展开的，只不过，由于殖民历史的结束，这个问题在今天变得异常尖锐。

陈利：您在《帝国的话语政治》一书中，揭示了英国人如何在两次鸦片战争期间最终通过1858年的天津条约，将中文的"夷"和英文的"barbarian"正式画了等号，并彻底禁止了中国人使用"夷"字。这也是您阐释 supersign（中文译成"衍指符号"）这个核心概念的重要案例。我个人认为您书中这部分的分析尤其鞭辟入里。但好像此后还有很多学术著作继续不带引号地使用"barbarian"来作为中文"夷"字的英文对等词。您认为这是什么原因呢？

刘禾：我花了整整两章的篇幅来分析这一点。证据就摆在那里，看懂的人就看懂了，看不懂也没办法，你没有办法阻止一些学者今天仍然在"夷"字和"barbarian"之间画等号，是不是？为什么会有人执迷不悟？执迷不悟这种现象在学界并不少见，但总会有明白人。一个新的思想要发挥它的作用，并没有具体的期限。五十年以后？一百年以后？对学者来说，重要的是坚持真理。

陈利：您在1999年出版的 *Tokens of Exchange* 那本书的编者序中，以及您在2018年和沈安德（James St. Andre）教授的访谈中都指出，在有关翻译和跨语际交流活动的学术研究中，研究者曾长期纠缠于"可译"和"不可译"这个问题。您在《帝国话语政治》一书中提出了"衍指符号"这个重要的概念，来帮助研究者跳出那个语意对等逻辑和执着于"可译"和"不可译"的怪圈。您能否帮读者们解释一下，这个概念或分析路径具体在哪些方面取得了突破？而且，在使用这个"衍指符号"的时候，又应该如何处理传统翻译理论中的"对等原则"呢？

刘禾：从传统翻译理论角度来看，"可译"和"不可译"是难以避免的问题，因为当我们面对自己不熟悉的语言和文化的时候，就不能不依赖于翻译。然而，从话语实践的角度来看，"可译"和"不可译"的种种论述，只不过表达了一种无法消除的焦虑。这种焦虑与我在前边提到的"翻译"中存在的两个思想陷阱有关，无论是谁，一旦落入这两个思想陷阱，当他们面对陌生的语言和文化，一定会提出可译和不可译的问题，一定会从自己所熟悉的语言和文化出发来找出解答，好像自己手里握着一把万能的标准尺子，可以用它有效地去衡量陌生的语言和文化，看其是否与自己熟悉的东西"对等"。从哲学和心理学来看，这里隐含着对"我"与"非我"进行界定的原初暴力，这暴力当然是隐蔽的、不可见的。

问题是，我与非我、像与不像、原文和译文，这些二元对立常常与镜像联系在一起。这里的对等原则就是把"自我"投射到"非我"那里，由此才出现一个译文和原文的语义对等还是不对等、似与不似、像与不像的问题。人在认知的过程中，往往不自觉地把陌生的事物拉入自己熟悉的环境来，建立某种强制的对等关系。在日常生活或者文学里，最常用的就是比喻，这个像不像那个——"像"与"不像"，就是这种镜像式的投射，就是建立强制的对等，于是不懂的也就懂了，以求得某种心理上的平衡。拉康的镜像理论的贡献之一，就是指出人们在思维和认知方面的这一类根本局限，它与精神分析指出的"自恋"密切相关。

这种认知的局限长期被传统知识（尤其是哲学、语言学）所遮蔽，因此，我提出跨语际的话语实践的理论，就是去蔽，就是破除这个遮蔽。这去蔽的第一步，是分析译文和原文之间的对等逻辑是如何生成的？这个对等逻辑是不是强制的？为什么是强制的？这个逻辑的内部是不是也包含不对等？而且，更重要的，是进一步追问：这对等与不对等，两者是不是相互定义的？是不是互为依存？由此出发，我提出了"衍指符号"这个新概念。把这个新概念引入话语实践，既是回答在翻译中存在的上述这些问题，更是要把隐蔽于这个对等逻辑中的运作暴露出来，而不是让它隐匿在翻译术之中。为此，我们需要一把钥匙，一种全新的理论框架，这就是我发明"衍指符号"的出发点。

我们还是把问题具体化，回到在《帝国的话语政治》一书中关于"夷"字翻译的分析。我在分析天津条约第58款的过程中，是把"夷"字、其发音和英文词"barbarian"三者捆在一起，从中揭示出一个被隐藏的秘密："衍指符号"不同于我们熟悉的符号，它不是单独的一个词或一个字，而是一个意义链。在这个意义链里，其中一个因素可以规定另一个因素，比如天津条约中的英文"barbarian"强制规定汉字"夷"的词义，由此，我把这个意义链用斜杠"/"标记出来："夷/yi/barbarian"，于是，意义链如何强迫词义就变得一目了然（还可以举出前面提到的例子，"中国/支那/China"，是另一个值得深思的衍指符号）。在这里，我们不妨借用符号学的概念去论述"所指"（词义）如何规定了"能指"（文字符号），即在"夷"字和"barbarian"之间，能指符号是"夷"字，所指符号是"barbarian"。也就是说，在这个衍指符号的内部，所指符号（它同时在英文中是个"能指"符号）规定了能指符号的词义。

但我说的"衍指符号"的概念也大大突破了传统符号学，突破了能指和所指的对立关系，因此我在能指和所指之间划斜杠，将它们捆绑在一起，就是要突出跨语际的意义之链。不过，这里还要注意另一个问题：跨语际的意义链构成了怎样的政治生态？比如天津条约如何依赖国际法的权威，把"夷/yi/barbarian"的意义链固定下来，使得它的对等逻辑坚不可摧？一旦把隐匿在"夷"字和"barbarian"之间的等号去蔽，我们就会对话语政治的现场开始有所把握。说起来，衍指符号和跨语际的意义链是个普遍现象，如果大家都来尝试使用这个方法，我相信会有很多意外的收获。

第七节　翻译也是事件：话语运动的时间形态

陈利：您在最近的一篇文章"The Eventfulness of Translation"（《翻译的事件性》，暂无中译版）中提出，翻译不只是话语实践，而且是特定时空条件下的历史"事件"，是对语言有不可逆转的影响的历史事件。这个对翻译活动的重新诠释，对我们更好地研究话语实践和跨语际活动的学术意义可以怎么体现出来？

刘禾：无论是衍指符号还是翻译中的其他时刻，时间性和空间性两个因素都是不可忽略的，因此我强调了翻译的事件性。比如《万国公法》是从一部美国的国际法著作（惠顿［Henry Wheaton］的 *Elements of International Law*）翻译过来的，在当时（1864年），它的翻译和出版成为一个十足的事件。现在回过头来看，《万国公法》其实是具有多重意义的事件。

关于时间性，我觉得还有必要再推进一下，因为时间性和政治性也不可分割。每一种政治事件的发生，都需要它自己的时间和机会。在某种情况下有某种政治的可能性，另一种情况下就可能没有。因此过去几年中，我一直在想，怎么在方法论上继续把翻译的事件性说得更清楚？这样推进的结果，必然要进一步突破过去长期禁锢我们的对等的逻辑。有了这样的意识，我们就可以从对等性（x 等于 y）到衍指符号（既不是"不等"也不是"等"）和多重性出发，去思考一个比较关键的问题，即在不同文化之间的交往过程中，话语实践究竟呈现出怎样的时间形态和空间形态？

陈利：从我自己在《帝国眼中的中国法》一书中研究欧洲人在1810年左右翻译《大清律例》的例子来看，注意翻译或者跨语际实践的"事件性"和"时间性"确实非常重要。因为《大清律例》或者类似文本作为一种跨帝国和跨语际的知识生产活动,其政治、文化及社会意义(包括如何影响了此后近二百年间西方社会如何构建中国法律"传统"以及与之相对立的所谓西方/现代法治传统)都与其所处的特定环境和时间有很大关系。可以这么理解吗?

刘禾:您研究《大清律例》的英译过程,确实提供了很好的例子。《大清律例》在19世纪初被译成英文后,是在当时发挥效用,还是在更长的时段里有效?再比如"主权"这个概念,当初在《万国公法》中被译成中文的时候,它并没有马上成为中国政治话语的重要部分,而是到后来才开始发挥作用。再有,对于时间性的思考,要是仅按照年代顺序,往往是说不清楚的;有些事件,假如只考虑年代,它似乎只是在文本上发生的,但几代人以后,文本事件突然变成社会上、政治上特别重要的事件,它就不仅只是文本现象了。说到底,这里有一个政治哲学的思考。

第八节 后维特根斯坦哲学和人工智能研究

陈利:您这些不同的学术著作在研究方法和理论上有什么关联?它们在分析问题的框架和视角上存在哪些异同?

刘禾:这是个很好的问题,我很乐意回答。文字和数字符号是我长久以来最关注的问题。《弗氏人偶》虽然集中于数字和文字符号在社会生活、政治生活中所发挥的作用,但是它与《帝国的话语政治》有一定的上下文联系,两书关注的问题一脉相承。您大概记得,《帝国的话语政治》第一章论述的是国际政治的符号学转向(包括符号学本身的诞生),比如莫尔斯电码的发明等,这些科学技术与殖民主义和帝国扩张的历史都有紧密的关系,而在《弗氏人偶》一书里,我开始集

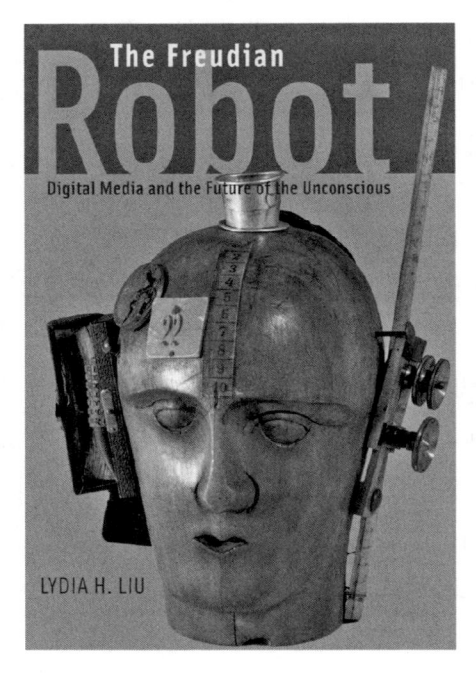

图 8-4　刘禾专著《弗氏人偶》封面

中思考科技与冷战之间的密切联系，回答的是战后的科技为什么朝着控制论、博弈论和信息论的方向发展这一类的问题。这些思考都离不开符号学意义上的文字语言，以及更广泛的其他符号现象。

不过，我的研究兴趣在后来有了新的方向，这些新兴趣都和文字与数字符号的变迁密切相关。《弗氏人偶》对此做了很多思考，试图在传统的符号学之外做一些开拓。比如，书中我还论述了科技与现代主义文学和精神分析的关系，这又涉及乔伊斯（James Joyce）以及当代法国理论。不过，所有这些思考和研究又进一步走向新的方向，让我更多转向对文字符号和数字符号与现代科技关系的探索。

文字符号和数字符号是人类古老的发明。古代文明在地球上四个不同的区域先后发明了书写系统，汉字是其中最古老而且依然持续发挥重要作用的文字符号之一，我一直对汉字符号所具有的强大的政治和社会组织能力保持浓厚的兴趣,我们能想象没有汉字的中国吗?如果没有汉字,那么所谓的"西学东渐"会是什么结果?20世纪的中国会是什么样?亚洲会不会变成欧洲那样的形态?

我们不要忘了,汉字符号是一种技术发明,字母符号也是一种技术发明,都是在特定的条件下发明出来的。无论是两河流域古楔形文字的泥版,还是当今最先进的芯片,符号技术的根本要素其实不外乎三个东西:刻写平面、刻写工具和自成系统的符号。因此仅有一套书写符号是不够的。这样展开问题,我们就不得不进入书写符号和科学技术如何相互作用这一领域——这也是我最近的研究。

陈利:您是从什么时候并且出于什么学术考虑,开始对研究智能机器等科技发展和文字符号产生兴趣的?

刘禾:大约是在写作《帝国的话语政治》和《弗氏人偶》的过程中吧,二十年前?文字符号自然是我们人文学者研究的东西,我们整天都在使用文字,以为它只是工具而已,其实文字和数字的双重符号系统,是所谓"文明社会"最根本的组织要素,是现代社会看不见的"基础设施"。在今天,很难想象一个高度发达的社会,比如现代城市,可以离开文字符号和数字符号而存在;也就是说,没有哪个国家可以不通过文字和数字(哪怕是最原始的文字和数字)来组织自己的社会,而计算机的发明恰恰利用了这种根本性,并且在当代生活中发挥了如此重大的作用。计算机/网络/人工智能给人类带来翻天覆地的变化,同时也给语言/文字/数字等为中心的符号学研究领域,带来了巨大挑战——人文学科在这样的挑战面前必须给出回应,并且在回应的过程中更新和发展自己。

计算机,或者说智能机器,在原理上并不难理解。它靠二进制的数位符号,按照机器规定的程序,再与字母和更复杂的符号系统发生关联。可以说,电脑、网络和智能技术就是在这些复杂的符号关系中生长出来的，然而这一切迫切需要理论上的充分解释，特别是哲学的解释。那么如何研究智能机器的哲学基础？这就涉及更大的空间里的"跨语际"的符号运动，只不过与以往不同，这是多重符号之间的运动和"翻译"，这就给我们提出一些新的研究课题。

而问题还有另一面，那就是我们不得不再次面对话语政治：在所谓的智能时代，我们怎样理解和解释文字符号和数字符号的社会性和政治性？人工智能将会改变世界的政治生态吗？为什么计算机的发明对当年的冷战和当前的国家安全来说如此至关重要？这些问题都已迫在眉睫。我忽然想起法国理论家拉康说过的一句话：计算机对我们人类的威胁大大超过原子弹。他说的不无道理。

《弗氏人偶》一书探讨的，正是这些问题，而我眼下写作中的另一本英文新书叫作 *Wittgenstein in the Machine*（暂译为《机器里的维特根斯坦》），是以上思考的一个发展，它与语言哲学有关，也与冷战时期的科技发展有关。

陈利：您现在正写作的这本新专著《机器里的维特根斯坦》，是沿着和《弗氏人偶》相关的主题和研究方向进一步展开来写的吗？

刘禾：的确是，这本书与我十年前出版的《弗氏人偶》将形成姐妹篇。我在《弗氏人偶》中曾研究过战后兴起的信息论和控制论，但目前正在写作中的新书与语言哲学的关系更大，其中有些内容是对人工智能的哲学源头的探讨。比如，人工智能的哲学是何时发生的？在哪里发生的？

也许可以概括如下：我的新书《机器里的维特根斯坦》更偏向语言哲学，但在研究方法上和以往的语言哲学有很大不同。我更偏重研究智能技术，以及符号在智能时代的新功能和新使命，尤其是"后维特根斯坦哲学"对人工智能研究的巨大贡献，这目前还是学术研究的空白。

陈利：如果要对刚才谈到的这一系列学术著作中的研究方法和理论体系进行总结，您会如何来概括性描述或者定义自己的研究方法（或者方法体系）？

刘禾：这个问题我自己还没有系统地总结过。我想这几本书在方法论上肯定是有联系和发展的，因为我一直不断地关注文字符号的运动、跨语际跨文化的交往、国际关系中的话语政治等，或许可以从中总结出一些东西。不过，如果要用一句话概括出我的方法，那恐怕很困难。举福柯做一个例子，他做过多年的档案研究后，才写了一本方法论的理论著作叫作《知识考古学》。他在书中系统地总结自己的方法时，预设了一个对立面，那就是思想史。福柯说，他对话语实践的研究，提出了一套完全不同于思想史的方法。我十分认同福柯的话语实践研究，但依照他的思路，在摒弃思想史的研究路数之后如何研究思想，这其实是一个新的问题，特别是当思想发生在欧洲之外的时候，这就更是一个全新的问题。

因此我今后的新研究，会继续强调多重语言的视角、国际政治的视角，并努力在方法论上寻求突破口。在过去，跨语际实践的提出，衍指符号的提出，以及翻译的事件性的提出，都是这方面的尝试。不过，尽管以往这些研究涉及的问题有很多面，但我对书写符号一直保持着特别的兴趣，比如文字和数字这样的书写符号如何维系着高度复杂的、程式化的现代社会的治理，维系帝国军事统治的优势，维系人们的日常生活，等等。

早在大数据出现之前，各类的书写符号就在人类社会中发挥了长久和至关重要的作用，现有的科学史研究已经详细地论述过书写技术在帝国扩张中的作用，如罗马帝国、蒙古帝国，乃至大英帝国，尤其在远程治理方面。帝国扩张得越大，就越依赖于文字符号、数字符号和其他技术，以实现各种可能的远程治理。现在看来，未来的人类社会的组织方式一定会发生极大的变化，这样的前景意味着，我们已有的知识，特别是哲学，似乎处在大变革的前夜。

陈利：您的研究著作对不少领域产生了很大的冲击和影响。您自己对哪本书感到最满意？

刘禾：最满意的书我还没写出来。当然，每一本书都有值得回头看的地方。到目前为止，我比较重视是 2010 年出版的《弗氏人偶》，因为它对我们认识当代和未来世界都提出了一些崭新的问题，包括非理性与智能机器。但我更期待早日完成下一本书《机器里的维特根斯坦》，它将是第一本研究后维特根斯坦哲学的著作。

第九篇

法律社会学理论的运用和发展改造
对话多伦多大学刘思达

图 9-1　刘思达

编者按：刘思达于 2002 年离京赴美留学，就读于长期享誉欧美社会科学界的芝加哥大学社会学系，师从当代社会理论大师安德鲁·阿伯特（Andrew Abbott, 1948—）教授。博士毕业后，刘思达曾任威斯康星大学社会学系和法学院助理教授，多伦多大学社会学系和法学院副教授，现任职于香港大学。刘思达在法律社会学和职业社会学方面耕耘多年，成果颇丰，已在社会学和法学等领域的顶尖中英文学术刊物上先后发表了数十篇文章，并有多部中英文专著和合著出版。他对 20 世纪 80 年代以来的中国法律与社会，尤其是法律职业化进程的动态发展，有着基于多年田野调查和理论思考的研究和洞见。他既有的著作和目前进一步的理论发展工作，对上述多个领域的学术对话和分析模式都极具开创性价值。在同陈利于 2021 年进行的这次视频访谈中，刘思达不仅详细分享了自己是如何走上法律社会学研究的道路的，还言简意赅地总结了他近二十年来反思和探索相关社会学理论和研究方法的心得体会。[1]

---

[1] 本访谈由陈利完成。访谈录音的文字初稿由韩隽祎和王佳丽整理。经陈利编辑整理后，刘思达对全文进行了认真修订和润色。本访谈的精简版曾于 2021 年在《清华社会学评论》发表。收入本书时，郭跃斌和白若云又对文字进行了校读和润色。

第一节　走上法律社会学的研究之路

陈利：我们知道你在国内是北大法律系本科毕业的，请问你当初报考大学时，选择法律专业是有什么特殊原因吗？

刘思达：其实我中学是学理科的，在一个数学实验班混了六年，花了很多时间学习奥数。那时学的奥数有四个分支：代数、几何、数论、组合，其中我最喜欢的是几何，觉得平面几何是这个世界上最和谐、最美的东西。高二的时候我开始看大学专业，当时有个很偶然的事情，北大法律系原本只招文科生，但从1997年起开始在北京文理兼收，正好是我高二那一年，于是我忽然发现自己有学文科的机会了。我那时有个荒谬的想法，觉得法律就是一种类似于在生活中做几何题的工作，因为平面几何从五个公理推出许多定理，再用这些定理来解决问题，而法律也是从宪法推导出民法、刑法、行政法等部门法，然后法官和律师再用这些"公理"和"定理"来解决问题。我十六岁时对法律的想象就是那样的，是逻辑性很强、非常理性的一个学科，而且我虽然在数学实验班，却一直想学文科，不喜欢物理化学，最讨厌做实验。所以恰好有了一个读文科的机会，我就不顾父母和老师的反对，特别坚决地报了法律专业，但后来发现其实法律并不是我当时想象的那样。

陈利：你说法律不是自己所想象的那样，具体指的是什么？又是什么时候开始从希望当律师或者法官这样的职业人士到希望从事学术研究的呢？

刘思达：在北大读到大三的时候，我发现法律和我原来想的不一样，法律其实是一门手艺，没有那么理性，逻辑性也不是太强。更重要的原因是我读大学的时候,正好是2000年左右,中国正处在一个高速变化的时期。我在学校里看到的主要是自己的老师,比如北大法学院的几位老师,我觉得他们的许多想法都很好,个个踌躇满志,想要推动中国的法律改革和制度变革,但他们的想法能变成改革措施、影响实践的程度却非常有限。比如贺老师,他是我的本科论文指导老师,在90年代写了一系列关于司法改革的文章,在全国到处奔走做讲座,可他的各种改革建议里最终被接纳的只有一条——法官穿上了法袍,敲起了法槌。这是非常形式化、符号化的东西,那些更实质的东西却推动不下去,面临着很多制约。所以我大三时就有些迷茫,觉得以后如果去做律师、法官、检察官,我对国家的法治进程能有多大贡献呢?我当时非常怀疑,于是就开始胡乱上别的专业的课,看其他学科能否给我一些不一样的视角和想法,一些在法学院得不到的东西。

那时的北大是个自由散漫的地方,文科也没什么作业,有很多时间可以做自己感兴趣的事。我大一、大二读了很多闲书,主要是哲学和政治哲学方面的,但社会学的书从没读过。我学社会学也是很偶然的。大三第二学期我同时上了两门社会学课:李猛老师当时还是社会学系的助教,给别人代课讲"西方社会思想史",一学期只讲了涂尔干和韦伯;另外我还上了"法律社会学",是那时还在北大的赵晓力老师教的,也是一门精读西方经典著作的课。这两门课上完之后我感觉自己被洗了脑,一下爱上了社会学,不过当时我对社会学的理解很肤浅,并不了解当代的研究,只觉得古典社会学家笔下的"现代性"(modernity)问题非常有意思,也就是关注从传统向现代过渡时出现的那些社会问题,比如涂尔干研究的自杀、韦伯研究的新教伦理与资本主义精神等。他们看的是19世纪的欧洲社会,但我认为也可以用来理解世纪之交的当代中国,因为两者同样是社会变革非常剧烈的时代,社会秩序和伦理方面变化巨大,甚至可以说是"礼崩乐坏"。

陈利：你读大学时就对后来的学术兴趣形成了比较清楚的定位了吗？

刘思达：刚上大学时也不是很清楚，大三第二学期上了这两门课、想了很多事情之后才明白。我的大学同学现在多半都在做律师，挣了不少钱，也有进政府机关的，大多数人都在做法律相关的技术工作，可我不喜欢这样的生活，在律所实习了几个星期就觉得很枯燥。所以大四申请出国读研的时候我根本就没申请法学专业，申的全是社会学的博士项目，十二个美国的学校，两个英国的学校，最后运气很好去了芝加哥大学。

陈利：当时出国留学选择了申请社会学系而不是去法学院深造，是因为觉得法律职业者无法改善社会现状，所以希望用社会学研究来更好地理解或者甚至推动变革吗？

刘思达：当时是这么想，现在觉得也是比较幼稚的想法。那时我认为社会学能让我看到不一样的东西，或许就能对国家的法治进程有不一样的贡献，我能看到法学院的老师同学看不到的东西，或许就能做他们做不了的事。但现在过了快二十年之后回头看，其实学社会学并没什么用，事实上文科大都没什么用，文科是一个陶冶情操的地方。做社会学研究不能一上来就想有什么用，社会学的核心是描述和解释问题，而不是开药方。

陈利：最近有些同学在问，是应该直接读博士还是先申请硕士？能分享一下自己的看法吗？

刘思达：现在这个事情往往不是学生自己能选择的，因为有硕士学位的人太多了，本科生直接申请博士班越来越难。我申请的时候毕竟是二十年前，和现在的情况很不一样。

读文科博士是件风险很高的事，你在博士班里读个七八年，七八年以后发现自己原来的同学该挣钱的挣了钱，该当官的当了官，而你却还两手空空，好不容易毕了业，还有一半以上的概率找不到教职。所以一定要有一个你非常痴迷的题目，让你心甘情愿地为它贡献七八年的青春。读博的时光是一个人极其宝贵的年华，把七八年时间贡献给一项研究，这是非常大的牺牲，如果没有自己特别热爱的东西，读博读到一半打退堂鼓，那是最悲惨的。因为读完本科和硕士就可以直接去工作，读了博士班再去做同样的工作的话，又何必呢？

图 9-2　刘思达从北京大学毕业时

第二节　感受芝加哥大学的博士训练

陈利： 最后选择芝加哥大学，是因为芝加哥的学术培训和其他学校有什么不一样吗？

刘思达： 其实不是我选了芝加哥大学，而是芝加哥大学选了我。当时我被三个学校录取：芝加哥大学，我后来工作过的威斯康星大学，还有英国的诺丁汉大学。这三个学校里只有芝大给了我奖学金，所以也没什么可选择的。说到底，人一辈子许多最重要的事情其实都是由这种偶然的事件决定的。

芝加哥大学相比其他美国高校有一些独到的地方。美国的高等教育普遍比较左、比较进步主义（progressive），尤其是文科，很多学者做学问是为了推动社会变革，为了自由、平等、社会公正，但芝加哥大学是个相对保守的地方，也有些意识形态很保守的老师。不过我觉得这不是最本质的差别，本质差别是芝加哥大学的学术环境让你可以做很纯粹的学问，不是为了改变世界，也不是为了促进种族平等、减少歧视、男女平等、改善劳工权益、让空气变得更好……芝加哥大学不在乎这些，也不在乎什么政治正确，而是要培养非常纯粹的学者，做学问的目的就是做学问，做最好的学问，为人类知识进步做出原创性贡献，而不是为了修身齐家治国平天下。

从这个角度来说，芝加哥大学是一个很"书呆子"（nerdy）的学校，我觉得适合读博士不适合读本科。本科生我感觉还是应该要"放养"一些，让你有各个方面的兴趣爱好，芝加哥大学是把本科生当博士生培养。当然作为一个学者我是很受益的，芝加哥大学的学术训练非常严格，但也不是说一定要把学生塑造成什么样子，导师都不怎么管学生，只教书不育人，跟美国的其他私立名校风格差别很大。从学术训练来说，有些学校培养的学生，是导师手把手带出来的，老师恨不得扶着你一步一步向前走。这样有好处也有坏处，好处是确实能学到东西，老师也会大力支持你毕业和发表文章，这种学校出来的学生往往第一份工作找得很好，但后劲未必足，因为有些人离了导师就不知道怎么做研究，不知道该怎么自己走下去了。相比之下，芝加哥大学毕业的学生第一份工作往往找得很一般，因为老师也不怎么帮你，但十年之后再看，很多人都会在学术界往上走。恰恰是因为老师不管学生，真的是全凭自己，学问是自己摸索出来的，在博士阶段就成了

图 9-3　芝加哥大学校园中的"方庭"(the Quadrangle)（来自学校官网）

很独立的学者，不独立也不行。老师路铺得不好，所以可能这些人的第一份工作并不好，但他们单打独斗的能力很厉害，长远来看不一定是坏事。

陈利：你的研究中做了许多田野调查（fieldwork），但你的老师好像大多是研究欧美课题的学者，那研究方法和问题设计都是自己摸索吗？

刘思达：是，也不全是。我的博士论文委员会有三个老师，阿伯特教授是做社会理论和职业社会学的，在理论上给我指导。赵鼎新教授是研究中国的，但在田野调查的技术上，他们两个人都没有给我太多的指导。赵老师对我的帮助有很多方面，最重要的一点是他经常批评我。赵老师是个彻头彻尾的科学家，是美国社会学界为数不多的有两个 Ph. D.（哲学博士）学位的人，先读了昆虫学博士才又改学社会学。所以赵老师的思维完全是科学化的，最喜欢韦伯，强调解释现象的"机制"（mechanism），注重因果关系。我读书时他总骂我的脑子不知道是怎么长的，怎么都学不会机制和因果关系，我后来想想，还真是脑子长得不一样，我从小就喜欢平面几何，讨厌物理化学，不太相信那种以自变量和因变量为基础的因果关系思维方式。

陈利：你按照自己的方式做学问到现在，从中是否可以看出在博士培养上中外有些不一样的方面值得我们探讨呢？

刘思达：芝加哥大学很好的一点就是老师真不管你，老师不会把学生塑造得和自己一样。有些老师喜欢一个学生就要把学生塑造得和自己很像，尤其是做量化研究的老师，他们可以克隆出很多个自己，但我这几位老师不会，他知道你和他不一样，也不会强求。我和老师们在很多事情上都有分歧，即使我和导师阿伯特教授在学术上一脉相承，但是他的观点我未必都同意。比如我的博士论文《割据的逻辑》，我自己感觉我做的就是社会几何学，研究的是社会的形状，阿伯特却说你这个不是几何学，是拓扑学，最终我们也没能互相说服，但他不会强迫我接受他的观点。

在田野调查上对我帮助最大的是我的第三个老师哈里代（Terence C. Halliday）教授，他不是芝加哥大学的老师，而是美国律师基金会（American Bar Foundation）的研究员。这个所谓的"基金会"其实是个全世界知名的法律实证研究机构，有很多这个交叉学科领域的顶尖学者。哈里代教授主要研究法律社会学，也是芝大社会学系博士毕业的，和阿伯特是同学。或许是机缘巧合，我博士班三年级的时候，他正好对研究中国感兴趣，于是经过阿伯特教授引荐，我们两个人从 2005 年开始合作做了一项关于中国刑事辩护律师的实证研究，十年后出了一本英文书，叫《中国的刑事辩护：律师工作中的政治》（*Criminal Defense in China: The Politics of Lawyers at Work*）。

我 2004 年夏天第一次对中国律师业进行社会学田野调查，是自己去的，在北京的几个商务律师事务所做访谈和参与观察，当时也没受过什么方法训练，几乎是胡乱摸索。后来我访谈的手艺基本上是从哈里代教授那里学来的，我们一起在国内做了很多趟访谈。具体如何设计问题、怎么谈，都是他手把手教给我的。

第三节　田野调查的策略和技术

陈利： 田野调查具体有什么需要注意的地方呢？

刘思达： 这个问题可以讲很久，我就简单谈几个大家容易犯的错误吧。

首先，访谈不是座谈，不能很多人坐在一起谈。访谈应该是一对一的，最好在访谈对象的工作场所进行。当然这也分情况，如果是一个政府官员或者法官，他不一定愿意在办公室里谈，那也可以去喝个茶、吃顿饭，但原则上讲，如果是要了解他们的工作，访谈最好在工作场所进行，因为在这个场所里你能观察到很多东西。访谈不同于打电话或者视频的交流，而是访谈人和受访人面对面接触的互动过程。社会学里有个很著名的理论传统是从芝加哥学派衍生出来的符号互动主义（symbolic interactionism），最强调的就是面对面的社会互动过程。因为两个人刚坐下来谁都不了解谁，彼此没有信任的时候不会很好谈。你问问题他会有戒心，而你不了解他，自然也不知道该问什么问题。对于建立信任而言，面对面的交流与电话、视频区别很大，所以我不到万不得已，一般不会通过电话和视频做访谈，连教书时也很抵触网课。

访谈的前五到十分钟很关键，应当花一点时间彼此了解，让气氛变轻松，彼此逐渐建立信任。你的访谈什么时候成功了呢？等受访人开始主动向你诉苦的时候，你就成功了。怎么才能达到这个程度呢？一开始要做许多铺垫，不要一上来就问你最想知道的事，要先努力搞清楚受访人想说什么，他想告诉你什么。你要去倾听，要让他多举例子、讲故事，而不是按着事先设定好的问题盲目提问，不然效果会很差，而且得到的回答也会越来越短。

还有一点很重要，就是访谈要因人而异，根据不同的受访人学会"装傻"（play dumb）和"装聪明"（play smart）。有些人表现欲很强，你就要摆出一副好奇的傻样子听他说，不要打断他，等他扯得太远了再把他拉回来；有些人话很少，像挤牙膏一样，或者他看不起你，觉得你一个学生什么也不懂，这时候就不能装傻，要问一些一针见血的问题，表现出自己是做过功课的，不是外行。

图 9-4　刘思达专著《割据的逻辑》封面

陈利：这和跟历史学研究的确不一样，我们是找资料，你们是挖资料。但有时访谈人本人的身份会影响回答者的态度与回答内容，如何去平衡这些影响呢？

刘思达：研究者的身份并不是不好的东西，这是访谈和问卷调查最大的区别。问卷调查是要客观,研究者不应该出现在问卷里,但访谈这么搞的话就不是访谈了。社会学的质性研究是要有反思性的,你了解受访人的同时也在了解自己,寻找自己的定位,这也是我为什么这么强调访谈人和受访人之间的沟通和信任,因为这是个互动的过程,在这个过程中你永远不可能客观中立。

那该如何处理访谈人的身份对访谈的影响呢?首先你要知道自己的位置,和受访人的相互关系怎么样,发挥自己的优势,而不要暴露自己的弱点。其实有些人你不了解他或者你处于弱势地位反而是好事。我再举个例子,社会学里关于劳工问题的研究很多都是研究生做的,让功成名就的老教授去做是很难的。当然也有例外,比如加州大学洛杉矶分校的李静君(Ching Kwan Lee)教授,五十多岁了还去肯尼亚研究矿工,做参与观察,这是非常罕见也非常令人敬佩的。正因为是年轻学生,才容易和工人同吃同住同劳动。据我观察,社会学界许多做民族志(ethnography)研究的人第一本书写的都是弱势群体,可第二本书的研究对象就没那么弱势了,这跟他们自己社会地位的改变有很大关系。当了大学教授、有了上层中产阶级的地位,再去接触弱势群体,人家就不愿意和你沟通了。

每个访谈人都有自己的优势和弱点,一个年轻学生或许觉得自己经验上不如一个资深教授,受访人不会把自己当回事,但有时候不把你当回事反而是好事,因为他对你没有戒心。有些人接受访谈时,有的话只愿意跟外国人讲,不愿意和中国人讲,是因为他觉得跟外国人讲是安全的;你是中国人的话,他不知道和你会不会有千丝万缕的联系。比如我的老师哈里代教授是个白人老头,根本不会中文,但他访谈时能问出一些我问不出的问题。说出来很多人可能都不相信,我们研究过程中最敏感的几个访谈其实都是哈里代教授一个人带着翻译去做的,我都没有去,我去了的话可能还不如他做得好。所以说,没有任何一个访谈人是完美的,每个人都有自己的优势和弱点,重要的是利用自己的优势建立和受访人的联系，让他信任你，愿意和你交流。不仅做访谈如此，人与人之间的交流基本都是这样。

第四节　美国社会科学的现状和趋势

陈利：请问现在美国的社会科学领域中是量化研究占垄断地位吗？

刘思达：现在美国的政治学已经被经济学侵略了，除了政治理论、政治哲学之外，质性研究越来越边缘化，但还是存在的。比如中国政治领域里我认为做得最好的都还是质性研究，因为关于中国政治的统计数据质量实在太差，做不出太好的量化研究。社会学比较独特，基本上是大约四六开：六七成的人做统计、玩数字，而包括我在内的其他一些人做质性研究。为什么会这样？其实社会学也经历过那种"科学化"的过程，而且比政治学还要早。社会学早在20世纪五六十年代就开始大量使用统计方法，用问卷调查来做社会分层、人口学、犯罪学等方面的研究。但在这个学科的"科学转向"转了一半的时候，美国恰好发生了民权运动，然后新马克思主义、女权主义、后现代理论这些东西纷纷出现，又把社会学给拉了回来，一直到现在也没完全量化，我看以后也不太可能。我倒是很好奇政治学家们什么时候才会如梦方醒，认识到量化研究的弊端和局限性。

我认为量化本身不是问题，但三脚猫的量化就是问题了。我是个中学学奥数长大的人，对数学有很深的热爱和敬畏。政治学和社会学里有些人做的那种统计分析真的是不堪入目，说得好听是玷污数学，说得不好听就是强奸数学。法学里的量化研究就更离谱了，有的人才收集了一二百个样本就敢用多个自变量做回归分析，样本数量显然是不够的，这是最基本的统计常识。我现在越来越觉得，社会科学里的量化研究就像宗教一样，信则有不信则无，对我本人而言，他们这个宗教太荒谬，我从来就没有信过。

陈利：在社会学里或者其他学科里，请问有哪些是用数据尤其难以解释的问题？

刘思达：这个问题比较难回答，因为研究方法是手段而不是目的，方法本身没有优劣之分。社会学的研究目的是要把社会现象解释清楚，用什么方法并不重要。量化方法在社会科学里占主流，所以做量化分析的人很容易自我膨胀，有些经济学家认为同一个模型既能解释金融问题，又能解释政治问题，甚至还能解释爱情，这是很危险的想法。社会科学不可能像自然科学那样完全理性化，但很不幸，社会科学家里有一大批人真心认为他们掌握了宇宙真理。

任何一个研究题目，都有数字和统计解决不了的问题。人口、分层、组织社会学都是很量化的领域，但也不是所有问题都可以用数字解决。现在的人口学里很少有质性研究了，但也不是关于人口变化的所有问题都能用数字来解释，比如这次新冠疫情，我们看到很多现象都是具有时间性和空间性的，疫情中心在几个月内就全球大挪移，时间和空间的流转对理解这些问题是有重要影响的。

量化研究最根本的假设是社会具有因果关系，但这个假设本身就有问题，我导师阿伯特教授写过一篇文章，认为把社会现象变成变量的那一步，你就对这个现象做了假设，失去了很多信息。举个例子，对教育程度的量化有一种标准做法，小学是1，初中是2，高中是3，大学是4，硕士是5，博士是6。但教育真的是这么衡量的么？把一个概念变成变量，许多信息就丧失了。在这个量化评价体系里，一个美国藤校的本科生的教育程度是4，一个野鸡大学的博士却是6，到底谁受的教育更好呢？任何一个问题，各种研究方法都可能有用，但是用法不一样，用不同的方法看到的东西也不一样。我在威斯康星大学任教时，有个美籍华人学生梁丽丽（Lily Liang），她的博士论文研究上海中产家庭的小学教育，就没有做量化研究，而是和家长小孩同吃同住同上课，这让她看到了许多美国主流教育社会学根本看不到的东西。

陈利：中美的社会学培养模式上有什么显著差别吗？

刘思达：我不太适合回答这个问题，因为我没在国内读过社会学。但国内的期刊我读过，也发表过一些中文文章。我认为目前国内的研究水平已经比较高了，《社会学研究》《社会》等期刊并不比美国的主流社会学期刊差，只是国内学者的问题意识和品味不一样。

中国社会学和美国有区别其实是好事，理科有普遍的标准，但文科如果全世界都是同一套标准的话，那就完蛋了。这和我刚才讲的访谈有类似之处，学者人在哪里，做出来的东西是不一样的。社会学并不是坐在家里就能做的学问，个人生活史对你的理论视角、对你认为重要的问题都会有影响。当代美国社会学所关注的许多问题都和不平等（inequality）有关，尤其是性别、种族、阶级的不平等，这些也确实是美国社会过去五十年来最重要的问题。中国社会当然也存在不平等问题，但它未必是对于理解中国来说最重要的问题。

中美博士培养最重要的差别是制度上的差别。国内研究生的培养制度让人根本没有时间好好做博士论文，更像是连读了两个硕士，因为三四年做一个社会学的博士论文是不够的，美国一般要七八年时间，我在芝加哥大学七年读完算是很快的，人类学和历史学就更长了。我并不觉得国内的老师和学生比美国差，但这个制度让人写不出优秀的博士论文，如果只给我三四年时间读博士，我怎么可能拿出整整一年的时间去做田野调查，全国跑十几个省做二百多个访谈？学生博士论文开题之后没有上课和毕业的烦恼，能花几年时间专心钻研自己的学问，这是美国的学术制度比较好的一点，前两三年上课和考试，之后就都是自己的时间。通过博士资格考试后的那几年时间是最奢侈的，因为你在这段时间对这个世界没有任何责任，只需要关心自己的题目，把很小的一个题目做到完美，对人类知识做出原创性贡献。即使对我们这些老师来说，这也是很奢侈的事情，因为开始教书以后时间就碎片化了，哪还能有这么长一段能够专心致志的时间呢？

第五节　学术写作与学术发表

陈利：在我们大家每天的时间因为琐事缠身而严重碎片化的情况下，请问你是如何有效利用时间，来持续性地在学术创作上做到优质高产的呢？

刘思达：其实我是个写东西很慢的人，每天最多写两段，五六百字左右，写得再多的话，就没法保证质量了。但我是个耐力很好的人，可以持之以恒，每天都坚持写两段。算一下的话，如果每天写五百字的话，一万字的文章，二十天不也写出来了么？当然我现在杂事太多，也做不到一周七天每天都写，但学生时代是可以的。做学问是长跑不是短跑，比的不是爆发力，而是耐力和持久性。

每个学者都有自己的写作习惯，有些人写东西很快，但要改很多遍，初稿几乎没法看。而我属于写得很慢但写完后改动比较小的那种人，一篇文章初稿完成之后的修改几乎没有伤筋动骨的。改动比较大的一次是前几年我投稿给《美国社会学杂志》（American Journal of Sociology），因为这个杂志可以发比较长的文章，所以我第一稿写了一万七千字，但后来被拒稿了，而其他社会学期刊都不接收这么长的文章，一般只要八千字左右。结果我就不得已把文章删了一半，许多鲜活的数据和细节都没有了，但发表之后再回头看，其实也不算什么损失，文章比原来更精炼了，我想表达的东西也都说出来了。

这些年我写作的体会是，把文章写长容易，写短不容易。社会学期刊普遍要求的篇幅也没有那么长，能用五千字、八千字把一个问题说清楚是需要训练的。把文章写短是社会学的基本功，我经常遇到博士生抱怨自己的文章太长，撕心裂肺也砍不到八千字，其实这只说明你的训练还不到位。我这么说或许有点极端，但的确是这个道理。

写作习惯有一部分是天生的，但和专业训练也有关系。芝加哥大学是三学期制（quarter system），我博士一年级时，第一个学期的期末论文要求写二十页，第二个学期变成一门课写两篇论文，每篇十页。到了第三学期，上古典社会学理论课，任课老师是个德国人，只要求写两篇论文，每篇五百字。这是我写过的最难的两篇论文，因为要用五百字说清楚涂尔干、韦伯或者马克思的思想是非常难的事，而且还要写出独到的东西。经过了这种训练之后，我再想把文章写得长一点也扯不长了。我每次看到那些洋洋洒洒写几万字文章却发表不了的学生，就觉得他们从最开始就没有训练好，因为无论是诗歌、小说还是学术论文，每种文体都是有自己的规矩的，一个学者必须首先学会在本学科的规矩之下写文章，然后才能逐渐随心所欲。

你们说我高产，其实我原来经常被导师批评说文章发得太多了，要放慢一点，多花点时间思考。当然我现在也没停下来，每个人都有自己的节奏吧，我是属于那种一边写作才能一边把问题想清楚的人，光思考不写的话也想不清楚。不过我导师说得很有道理，学问不是靠数量来评价的。国内学界有个不好的倾向就是过分强调发表数量，这是我们的量化考评体制决定的，理工科的人掌握学术评价标准，让文科也变成这样了，像绩效考核一样数数。但真正的学问不是这么做的，有的人一辈子只写一两本书，同样也是赫赫有名的学者。我觉得学术突破有两种不同的方式：一种是写很多文章一点点积累，几篇代表作放在一起能对一个研究领域起到推动作用；而另外一种学者可能会花很长时间专注于写一本书，但这本书一出来就把整个学科的范式都转过来了。

我来多伦多大学之前任教的威斯康星大学社会学系，曾经多年在全美排名第一，学术评价标准虽然很高，却是非常灵活的。比如我有个同事当年评终身教职的时候只有一篇文章和一本书，那篇文章还是博士阶段发表的，但他的书出来之后对整个政治社会学都有重要影响，同样也得到了系内同事的认可。但现在社会学界的风气越来越不好，量化指标横行霸道，学术评价标准也变得越来越功利。大家都在追求引用率，比的不是真正的学问，不是你的学问对人类知识是否有原创性贡献，而是像机器生产一样越多越好。我那位同事如果今天还是只用一篇文章和一本书来评终身教职的话，十有八九是拿不到的。

这几年我看一些学生的博士论文，越来越担心这件事。十几年前我读书的时候，做质性研究的博士论文要写完整的一本书，但是今天的社会学界，不管你用什么研究方法，哪怕是民族志和访谈，都是写完三篇文章就毕业了！我这些年看过不少三篇文章组成的博士论文，经常是第一篇文章已经发表，第二篇还在投稿过程中，而第三篇基本上是为了毕业糊弄的。这对于量化研究倒是没什么，本来他们就是写文章为生，但对于做质性研究的人就不太好了。表面上看起来你的发表数量比十几年前写一本书拿博士学位的人更多，但人家到了评终身教职的时候已经写出第二本书了，你却才刚写完第一本书，那么对人类知识的原创性贡献究竟谁更大呢？现在博士毕业的要求越来越缩水，越来越功利，导致学生们特别早就满脑子只想着发文章，结果有的人看似发表数量很多，但写出来的都是些不堪入目的东西，并没有真正的原创性成果，这是非常可怕的。我自己虽然也发了很多文章，但如果几十年后社会学界还有人记得我这个人，肯定不是因为我文章发得多或者引用率高，而是因为我有几篇文章的观点和内容值得被记住。这件事是不能本末倒置的。

第六节　重视可能决定你高度的博士论文

陈利：你的中文著作《割据的逻辑》对中国法律社会学研究除了提供了很有价值的案例分析和数据之外，还有很多理论上的创新探索。能给我们读者介绍一下这本专著的写作背景和过程吗？

刘思达：《割据的逻辑》是我的博士论文，最初是用英文写的，后来决定用中文出版。我不鼓励学生学我这种做法，因为把美国的博士论文出成中文书是很吃亏的，国外学校里的各种考评都不看中文作品，同事们想看也看不懂。但对我这本书而言，这个选择是合情合理的，因为我写的是中国法律职业，田野调查做了二百多个访谈，跑了十几个省，从全国各地的律师、基层法律工作者和政府官员身上学了很多东西。我觉得这些东西应该最先让中国人看到，对于西方学界而言这本书只有学术价值，对中国法律职业而言却还有实践价值，而且这也是我对受访人的责任。

虽然在芝加哥大学接受了七年的社会学训练，但法学的实用思维还残留在我的脑子里，我觉得应该让国内学界和法律实务界尽快了解实际情况，所以这本书出中文版是有时效性的，如果花三五年时间先出英文版的话就丧失了时效性，只剩下历史价值。而且即使我的英文再好，毕竟中文是母语，文字可以写出美感来，比如这本书每章开头都引了一句诗词，用英文出版的话是做不到的。归根结底，书是自己的，写成什么样子，首先要让自己满意，连自己都不满意的话，别人更不可能满意。不过这本书我还是有些遗憾，毕竟初稿是用英文写的，翻译过来的语言即使再润色，也还是保留着很多英文的句式和段落。

为什么说博士论文很重要呢？因为一个学者博士论文的高度基本上代表了他的学术高度，写完博士论文之后走下坡路的人不少，博士论文写得很差后来再走上坡路的却几乎没有。许多人的学术之路都是由博士论文打开的，从我们社会学的祖师爷涂尔干的博士论文《社会分工论》开始就一直是这样，很少有人能完全放下博士论文所打开的领域和视野，去研究完全不同的题目。写博士论文的时期是一个学者成长的黄金时期，一篇好的博士论文能让人吃很多年，甚至一辈子。

陈利：对于在读博士生或者正在考虑博士论文的同学，你有什么建议？

刘思达：我觉得任何其他事都不重要，最重要的是尽快想清楚自己博士论文要做什么题目。找到题目本身是需要时间的，博士班一年级就要开始想，要把自己的兴趣和本学科里重要的问题结合起来，不同学科的写作方式和有价值的研究题目都不一样。我比较幸运，开始读博的时候就基本上想好题目了，要研究中国的法律职业，但还是上了两年课，和导师一起精读了一遍职业社会学的主要文献，才最终定下了自己的博士论文题目。

我在芝加哥读书时的师兄麦宜生（Ethan Michelson）也是研究中国律师业的，我看了他的博士论文，分上下两卷，一共五六百页，其中有一条脚注里提到，当时北京的民事案件的律师代理率只有百分之二十多。然后我就问他，那其他百分之七十多的案件都是谁在代理呢？他告诉我，中国除了律师之外还有另外一个法律职业，叫"基层法律工作者"——我在北大法学院读书时从来没听说过有这个职业，法学院的一些老师大概都不一定知道。后来他的这个脚注就变成了我的博士论文，研究律师、基层法律工作者和其他法律职业之间的市场竞争问题。从对一个研究方向感兴趣到博士论文开题是需要一个过程的，在这个过程里要有针对性地读书，逐渐熟悉本领域的文献，同时也要不断思考和收集相关的经验数据和信息。

第七节　从经验研究到理论探索

陈利：能谈谈你此前的研究和目前正开展的研究项目之间是什么样的关系吗？然后也给我们介绍一下你现在具体在研究什么？

刘思达：《割据的逻辑》这本书为我后来的研究提供了太多东西，首先当然是对于中国法律职业的实证研究，我后来写了很多关于这个题目的作品，比如律师的跨地域流动、政治动员、律所的规模化与全球化、女法官的职业生涯等，直到现在每年都还有人找我写关于中国律师的文章，但我自己没什么兴奋感了，不想再写了。

从理论上讲，我研究中国法律职业，实际上是想讲清楚社会结构分化和整合的过程，把割据的逻辑讲清楚，社会为什么分久必合、合久必分。博士论文写完后的那几年我花了很多时间读布尔迪厄的书，想搞清楚他的场域理论和我用的芝加哥学派的生态理论之间的异同。2016年我和威大的同事埃米尔拜尔（Mustafa Emirbayer）教授一起发表了一篇文章《场域与生态》（"Field and Ecology"），就是关于这个理论问题的，后来也收进了《割据的逻辑》的增订版。我今年刚发表的理论文章《社会空间之间》（"Between Social Spaces"）也和这些社会空间理论有关，因为虽然写社会空间的人很多，布尔迪厄在社会学界也有许多追随者和附庸风雅者，但始终没有人把社会空间之间的各种关系写清楚，布尔迪厄自己用一个"同构性"（homology）的概念就糊弄过去了，所以我就写了这么一篇文章。

我过去几年还写了一些关于职业社会学和法律社会学的理论文章，也都是从博士论文中来的。比如2015年发表的一篇理论文章叫《法律的社会形态：法律社会学的"无权力"范式》（"Law's Social Forms: A Powerless Approach to the Sociology of Law"），后来也有了中译版，这是我自己比较欣赏的一篇文章。我读博士班时从没上过法律社会学课，完全是自学，芝加哥当时没人教这门课。2009年我到威大工作后开始每年教法律社会学，然后就发现美国主流的法律社会学和我的研究兴趣有很大区别：他们注重研究权力和不平等问题，美国的"法律与社会运动"起源于民权运动风起云涌的60年代，是一个非常"左"的领域；我是从社会学角度研究法律，和他们感兴趣的东西不一样，我最关心的不是权力和不平等，而是法律的社会形态，这其实就是从我博士论文里来的。《割据的逻辑》后记里写过，我最关心的是社会的形状，是社会结构如何在时间和空间中分化整合，而并不太关心权力关系。我这几年做的学问虽然越来越理论化了，但追本溯源的话，我的学术轨迹、过去十年做的所有东西都是从博士论文来的，博士论文是为我的学术研究打下的地基。

陈利：你能给读者再多解释一下，你所发展的社会空间理论与芝加哥学派生态理论的渊源和关系，以及与布尔迪厄的场域理论的关系吗？

刘思达：我读书的时候就和阿伯特教授讨论过这个问题，他是社会学芝加哥学派的当代领军人物。他认为每个国家出产的理论就像这个国家一样，布尔迪厄的理论一看就是法国人写出来的，场域理论的感觉很像法国社会，结构性强、阶层很多、壁垒森严。你很难批评布尔迪厄，因为他什么都说了，比如他也说场域里的位置和惯习可以变化，但这个理论根本上是结构性的。为什么他强调再生产（reproduction）？因为他觉得社会空间是个很稳定的东西，稳定才是常态，而像法国大革命那种能打破场域界限的大变革是罕见的——这是个非常法国的理论。

相比之下，芝加哥学派的生态理论就像是20世纪二三十年代的美国，大量移民从欧洲迁移过来，社会秩序还没固化，是个开放的空间，流动性非常强。我导师阿伯特认为社会其实没有什么固定结构，一切结构的本质都是事件（events），连人都是由随着时间流淌而发生的诸多事件所组成的。虽然两个理论都是在讲空间，但生态理论的流动性很强，不怎么强调再生产，而是强调互动。

图 9-5　社会学芝加哥学派 20 世纪初提出的关于解释城市社会生态的"同心圆模式"图

我的研究基本上继承了芝加哥学派的传统，90 年代末中国社会的高速发展和变化，流动性也很强，甚至可以说是个"野蛮生长"的环境，各个职业的发展都还没有定型，芝加哥学派的生态理论对这个社会事实的解释力就非常强。如果是研究十几年后的今天的中国法律职业，那么也许布尔迪厄的场域理论解释力就会更强一些。

但我毕竟是中国人，中国人写出的社会理论也应该像中国一样。我不敢说我写的理论很中国，毕竟已经在海外生活了十几年，但从中国人的角度看场域理论和生态理论，还是能看出些不一样的东西。比如 ecology 这个概念中文应该怎么翻译？一般翻译成"生态"，但曾经师从芝加哥学派祖师爷帕克（Robert E. Park）的费孝通先生却把它翻译成"区位"，他这个译法其实是很好的，"区"是划分，"位"是位置，把这个空间的感觉都译出来了。不过最近几年我终于想出一个更好的翻译——"江湖"，所谓社会空间其实就是中文里一说大家就懂的江湖，比如我们常说"人在江湖，身不由己"，布尔迪厄讲的场域和惯习，不也是这个意思吗？

不管是场域理论还是生态理论，基本的分析单位都不是个人，而是关系，布尔迪厄强调支配和权力斗争，而芝加哥学派更强调互动过程。生态理论的基本假设是社会从互动中产生，但布尔迪厄则认为互动的本质在于结构，两者恰恰相反。芝加哥学派里也有以杜威（John Dewey）和米德（George Herbert Mead）为代表人物的社会心理学，但生态理论更多的是把社会看作外在于人的东西来研究，讨论人的心理比较少。为什么呢？因为 ecology 这个词原本就是从生物学来的，芝加哥学派最初用生态这个词，就是想像植物学家一样把人当作花花草草来研究。

陈利：无论是布尔迪厄的场域理论，还是芝加哥学派的生态理论，都是基于欧美的历史社会发展经验形成的。我们在借鉴这些外国的理论分析框架来研究中国问题时，有什么潜在的风险或者问题吗？我们又应该如何避免这些问题？

刘思达：这是个非常好的问题，在海外读过书的学者，包括我在内，很多人都有"食洋不化"的问题，也就是学了一大堆生硬的洋概念，然后套到中国的语境里，却忘了其实我们本来已经有更恰当的概念来描述和解释同样的问题。我上面提到的"生态"和"江湖"，就是个很好的例子，但我花了十几年才想明白。再举个例子，赵鼎新老师以前有一次聊天时跟我说，其实奥尔森（Mancur Olson）关于集体行动的那个著名的"搭便车"（free rider）理论，就是中文谚语里说的

"三个和尚没水吃"。他还说，其实社会学里的大多数基本理论，都能找到对应的中文谚语，我后来想想，他说得还真是有道理。把西方的概念和理论真正消化掉，然后变成自己的东西，不但需要时间，更需要学者有意识地从中国问题出发，在自己的研究中不断体验和反思，而不能学了点洋概念就如获至宝，不加反思地到处乱用。当然这件事说起来容易做起来难，我自己也不敢说做得有多好，但这些年我一直坚持同时用中英文两种语言写学术论文，一个原因就是要努力控制这个"食洋不化"综合征，因为语言是文化的精髓，用不同的语言来表达，做出来的学问是不一样的。

陈利：最后想问一下，你曾经想过重新思考自己学术定位吗？

刘思达：我是带着题目去读博的，所以目标一直很明确，那时候信息也比较闭塞，读书时对别的学校、别的学科的事情也不怎么关心。而且我是个很能享受孤独的人，博士期间真没有想那么多，虽然这样风险很高，但我在找工作之前都没有想太多。专心写论文的那几年我很享受。唯一一次有点怀疑，还跟历史学有点关系。我读了英国历史学家霍布斯鲍姆（Eric Hobsbawm）的"年代四部曲"，这四本书里有一种巨大的美感，让我深刻意识到了社会学是一门装腔作势的伪科学，而历史学研究的才是更真实也更美的东西，和社会科学相比是个更真诚的学科。那是我学术生涯里唯一一次觉得动摇，直到现在我仍然怀疑，也许自己有一天会去写历史的。

第十篇

历史叙事并不排斥理论
对话耶鲁大学濮德培

图 10-1　濮德培

编者按：濮德培接受本次访谈时任耶鲁大学历史学系讲席教授。在哈佛大学读书期间，他师从费正清和孔飞力，但受伍思德（Alexander Woodside）、傅礼初和史华慈等几位史学家的影响尤其大。1982 年至 2007 年间，濮德培曾任教于麻省理工学院。濮德培精通多门外语，研究领域广泛，涉及农业史、经济史、社会史、边疆史、环境史和全球史等，是当代北美清史研究者中最有影响的资深学者之一。其主要学术著作包括专著 *Exhausting the Earth: State and Peasant in Hunan, 1500-1850*（《竭尽地力：湖南的国家与农民，1500—1850》，哈佛大学出版社 1987 年版）和 *China Marches West: The Qing Conquest of Central Eurasia*（哈佛大学出版社 2005 年版。中译本《中国西征：大清征服中央欧亚与蒙古帝国的最后挽歌》，台湾卫城出版 2021 年版），其中后者荣获亚洲研究协会 2007 年度的最佳著作列文森奖。他在 2007 年当选美国艺术与科学院院士。

陈利、和文凯与张泰苏于 2021 年底与濮德培进行了一次对话，围绕他的学术经历、研究方法和路径，以及他对清史研究近期发展的看法进行了深入的探讨。[1] 访谈人中，和文凯现任职于香港科技大学，其英文专著 Paths toward the Modern Fiscal State: England, Japan and China（哈佛大学出版社 2013 年版，中译本《通向现代财政国家的路径：英国、日本和中国》，香港中文大学出版社 2020 年版）曾获美国社会学协会（American Sociological Association）2014 年度巴林顿·莫尔（Barrington Moore）最佳著作奖。另外两名访谈人的简介可见于本书第一篇和第十六篇。

第一节　早期的学术生涯

陈利：感谢濮德培教授抽时间来接受我们这个访谈。请您先谈一下自己是如何开始学术生涯的，比如您在哈佛接受的历史训练对您之后的学术发表和研究产生了哪些影响？

濮德培：如果你不介意的话，我想从本科前说起，因为那几年对我的成长有很大影响。我 1949 年出生在纽约，在长岛长大，在北马萨诸塞上了一所私立高中。我高中时上的唯一一门必修历史课是美国史，课上讲了一些关于关税政策和条约的内容。那时候是 60 年代，当时的美国历史课，如果从现在的角度来看，就是一部从国家角度书写的白人男性历史，没有提及非裔美国人或其他当今社会史关心的问题。我还上了一门中国历史的选修课。授课的教授曾经参加过太平洋战争，课一开始，他问了一个问题：19 世纪最具灾难性的内战是哪一场？我们当然都回答是美国的南北战争。他说不对，应该是中国的太平天国战争，至少导致了五千万人死亡。这让我们都很惊奇。那是我第一次

---

[1] 本访谈录音的英文稿由冯岚雅整理，中文翻译由刘小宇完成初稿，再由陈利校对和编辑。和文凯和张泰苏校订了访谈中与之相关的段落。访谈的精简版曾于 2021 年 10 月发表在《信睿周报》第 60 期。收入本书时，文字又经刘小宇和郭跃斌校读，然后再经白若云润色。

接触中国历史。你知道,中国是个很大的地方,发生了很多事情,跌宕起伏,很吸引人。相比之下美国历史就显得简单多了——都是些小事情。(笑)另外我上的是男校,那个课是唯一一节男女合上的课,这或许对当时的我也有额外的吸引力。(笑)

当我刚进哈佛读本科的时候,其实是想读数学和物理专业的,但是我上了一节导论性质的课程,叫作"社会科学(二)",这个课把社会理论和历史结合起来讲。我们探讨了一些历史事件,并请了一些课外的教授来演讲,比如普林斯顿高等研究院(Institute for Advanced Study)的迈克尔·沃尔泽(Michael Walzer)教授,那时候他已经写了《清教徒的革命:关于激进政治起源的一项研究》(The Revolution of the Saints: A Study in the Origins of Radical Politics),那是一本针对英国清教徒革命进行社会和心理分析的书。另外请了查尔斯·蒂利(Charles Tilly)来讲他对法国大革命的研究。我们还从弗洛伊德的角度来分析纳粹。这些都使我第一次意识到,可以从更大的社会科学和理论的角度来看历史事件,这个概念对我影响至今。因为想研究活生生的人,所以我放弃了数学和物理专业,但人的社会行为是有规律的这一观念,却从此一直伴随着我。我早先对数学、国际象棋、语言的兴趣,也就逐渐变成了对考察人类行为的规律和变化的兴趣。

我当时还上了埃德温·赖肖尔(Edwin Reischauer)关于日本历史和政治的课,并开始学习日语。此外,我也上了詹姆斯·汤普森(James Thompson)教的美国外交政策的课程——那是我第一次接触中美关系的问题。也就是在那个课上我第一次读到了入江昭的书,那时候我觉得他重视概念和文化的思路比单纯研究条约、外交和外交官传记要有意思得多。约翰·道尔(John Dower)是那门课的助教,他是我接触过的最好的助教,那时候正在写吉田茂的传记,而且已经开始研究赫伯特·诺曼。他看日本历史的角度跟赖肖尔不太一样。我本科的时候也上过费正清的课,但那时并没有留下深刻的印象。当然,我们之后有很长时间的交往。我本科后期去了日本，并寄住在一个日本家庭里，这是段十分强烈的经历，让我迷上了日本历史。我写了一篇本科毕业论文，讨论美国对日本的占领，特别是1947年的情况——那时的日本政府可以说是带有社会主义色彩的。我当时的日语水平还不足以直接阅读文献，但我跑到了马里兰州的美国占领军档案馆，他们翻译了很多当时日本的媒体报道。1947年的日本本来有机会形成一个社会主义的政府和社会，但是被美国占领军阻止了——这个观点在当时不那么受欢迎，当然我的文章也没给阿尔伯特·克雷格（Albert M. Craig）留下深刻的印象。今天这个观点一般被称为"逆转论"（the reverse course argument）。我想美国的确阻止了当时日本的一些亲工会和尝试废除天皇制的激进做法，并且出于冷战的考虑而扶植了一个很保守的右翼政府。在那个时候，这就是我的兴趣。由于西方的学者当时还很难进入中国，所以我曾经计划在读研究生时研究日本历史。

那个时候有一些学生组织在搞反对越战的活动，有些派别还把毛泽东的红宝书带在身边，作为指导美国革命活动的纲领。你们可能觉得难以想象，可当时的确是这样。实际上我有个室友就是一个进步工党组织的成员，这个组织是当时的学生民主社会运动（Students for a Democratic Society Movement）的一部分，运动参与者认为遵循《毛主席语录》里的教导就可以在美国工人阶级中发起革命。1969年，哈佛发生了学生罢课，但罢课者内部派系林立。现在还有个网上的罢课五十周年再聚首活动，我也参加了。总而言之，就是在当时的种种混乱和社会活动中，我们初尝了集体行动和学生政治的味道。我仍然认为那些经历是历史变革中最让人兴奋的部分，但是，我当时在想，如果他们能读中文版而不是英文版的红宝书，或许更能体会其中的内容。相比之下，日本历史显得保守、单调。毕竟60年代的中国正处在"文革"的高潮，混乱、无序，又让人兴奋，所以我就慢慢改学中国历史了。同时我还开始学习法语。我很喜欢法语，当时也知道法国的年鉴学派和布罗代尔（Braudel），这些人写的书都很长，所以我花了好几个月时间在哈佛图书馆里读一些上千页长的法国地方史研究，直到今天它们都还称得上是奇书。我还花了整个夏天读布罗代尔。

总而言之，当时我关心的主要是两个方面：一方面是毛泽东与中国的农民革命和农业史，另一方面是年鉴学派、长时段视角（the longue durée）和美国农业史。我那时的想法是能不能尝试把这两者结合起来。我从毛泽东 1927 年关于湖南农民运动的文章入手，想看看其中讨论的农民革命有没有一些出自更早时代的根源，这个思路把我带回了清代，促使我研究清代农业长时段内的变化以解释 20 世纪为什么会发生湖南的农民革命。不过最终我没有再返回去研究 20 世纪的湖南，至于为什么我没回去，这可能是你想问的一个问题，如果你愿意，一会儿我们可以详细说说。

至于说研究生时期受到的其他影响嘛，对我影响最大的是伍思德和傅礼初。伍思德当时做的是制度和思想史视角下越南和中国的比较研究，而傅礼初研究的是内亚，也就是中国的西部边疆。另外史华慈对我也有影响。就思想史领域而言，可以说他对当时的所有人都有很大影响。他是个真正的君子，而且对思想的研究有一种热忱和奉献精神。另外他基本上什么都懂，可以跟任何学者讨论任何问题。到了研究生阶段，同学们开始分成两拨，一拨人跟着史华慈搞思想史，另一拨搞社会史或者制度史。很幸运，我上那门清代文献研讨课的时候，课是费正清、伍思德、傅礼初一起教的。这种情况之后再也没发生过。我们从而接触到了三种不同类型的史料和研究方法。伍思德叫我们读《皇朝经世文编》里面的文章，这些东西在当时还没有学者提起过。费正清没提过，魏斐德也是后来才发现的。这些文章讲的都是政治经济学、经济和其他一些东西。当时的学者普遍认为清代的官员只阅读儒家经典和思考道德问题，对这些东西不感兴趣，而把政府运作中的具体问题都交给吏来处理。换言之，学者认为帝制晚期中国根本没有政治经济学方面的理论。当然了，这是五十年前，那时的学者就是这么以为的。傅礼初叫我们读的是跟内亚有关的东西——费正清或者史华慈的研究的倾向使得他们不怎么关心这类东西。以上大概就是我在研究生阶段上的课和接触的人对我的影响。

在我写完博士论文之前费正清就退休了，然后孔飞力来了，我是在后者的指导下完成论文的。不过说实话，我在他来的时候就已经快写完了。我从国外研究回来后，差不多直接就把论文交给他了，没怎么跟他好好讨论过。后来我自己当了导师，也从别人手里半路接手过学生，才知道当时那种情况其实是有点尴尬的。不过孔飞力很和蔼，他跟我说：哎呀，我也不喜欢这种方式，不过没关系，因为我当年也是这么被费正清中途接手的。孔飞力当年基本上也是自己写完了博士论文，然后直接就交给费正清了。所以说孔飞力对我实在很和蔼，不过对我影响最大的人还是伍思德和傅礼初。

和文凯：您在研究中使用了包括满文和俄文在内的多种不同的语言。请问您是如何获得这种外语能力的？是在研究前学的，还是在研究过程中学的？

濮德培：在这点上我很同意詹姆斯·斯科特（James Scott）对研究生采取的"无政府主义"培养方法：我们不能设立一些所有人都必须达到的要求。我这么说可能有点极端，但是设立所有人都要达到的要求是个太简单化的做法。如果所有人都照着做，就会搞得就像工业生产的过程了。过去做过的没意义的事，最后倒可能发现是很有用的。我的俄语是在本科时学的，我在耶鲁的同事、一个俄罗斯历史学者那时候正好是我室友，我就问他：我喜欢俄罗斯诗歌和文学，有些俄罗斯历史我可能也得读读，该怎么办呢？他说：你得找些苏联时期的初中历史课本来读读，因为这些课本的语言很简单，讲的故事也很简单，可以让你了解俄罗斯马克思主义和民族主义角度下的历史。就这样，这些书进入了我的俄罗斯历史词汇库里，不为什么特别的原因，当时也没有什么特别的用处。满文也是一样，当时傅礼初正好有个研讨课在教满文。没有什么原因，可能学了也没什么用处，但是，我想试试满文，结果就上了那个课。我猜自己是喜欢无来由地学些语言。另外我在开始读研时，本来是要用日语来研究日本文学的，但因此学的日语后来对我研究经济、社会史很有帮助。另外中亚史也是日本学者做得很好的领域。这又是一件你在做的时候可能不知道，但后来却发现极为有用的事情。

张泰苏：您去耶鲁任职的时候，把历史学系中国历史研究生要求学的第二外语从法语改成了日语。如果现在还能改的话，您会希望加点别的什么要求吗？

濮德培：从我当研究生的那会儿开始太多的事情已经改变了。如果把硕士阶段的学习包括在内，我花了十一年才读完博士学位，这放到现在根本就不可能。而且说实话，我的中文是从当研究生时才从头开始学的，我那时懂点日语，学中文就花了两年。但是现在是不可能读十一年的。如果我是斯科特那种"无政府主义者"，我会同意搞些十一年的研究生项目，这样读的人就可以花时间学他们需要的所有技能。但是我们没办法这么做。那我们能做些什么呢？我们现在能做些以前不能的事情，比如博士后研究，那时候就没有。做博后能帮你得到一年的时间，但是一般来说大家都用这个时间来改已经写好了的论文，以便找到工作，所以这并不会鼓励他们去探索、发现新研究方法。那么我们应该设法确保大家至少保持头脑开放。顺便说一句，斯科特得了社会科学研究委员会的赫希曼奖（Albert O. Hirschman Prize），上周发表了个演讲。他们问他，你怎么能做这么多工作的？斯科特说，这需要点玩耍的心态。虽然你随时都在被其他的种种要求限制，但是你必须得做你觉得有意思的事情。所以我觉得大家至少得保持头脑开放,然后用部分时间来做有意思但是看起来没用的事情。也许你就是喜欢 GIS（地理信息系统），花了很多时间在上面,但是并不一定会搞出有用的地图来,因为如果你想搞有用的地图,最好是请个电脑专家来帮你。但是如果你懂一点 GIS 编程,那么你也许就更懂拿了张地图该做什么。统计学也是如此。我曾经提议过研究历史的人都要学一点统计,但是失败了。应该学统计,因为有些人对数据的解读可能差之千里。同样还要学气候科学,因为现在我们有气候数据。气候学家按照他们的规则使用这些数据,而不是按照我们历史学家的规则使用。所以,首先你得对这个领域有所涉足,其次你得学会跟科学家合作。现在历史已经成了一个比以前更具合作性的学科,而且我自己很喜欢跟人一起做东西,但是必须要说,这并不是历史学家的典型习惯。

第二节　从湖南到新疆

张泰苏：您刚刚提到最初研究湖南的农民是为了解释中国革命的起源。对我而言,好像您想做的是一种农业版的列文森式的研究。因为您的研究设想好像是通过回溯到清代来寻找中国农村革命兴起的长时段解释。但是,您最后并没有再回过头去研究革命的历史。您后来完成的两本书关注的都是从盛清到清中晚期的这一时段,而这成了这个领域内对清朝在长时段中的缓慢衰落——而不是短时间内的革命——进行研究的主要范式。您是出于什么原因决定不再回头去研究 20 世纪的农村革命,而是专注于清代的？

濮德培：这是个很好的问题。我曾经想过给我的第一本书写个第二卷,考察 19、20 世纪的湖南,这样就能把整个故事写完了。我关于湖南的那本书是 1987 年出版的,所以 90 年代我在麻省理工学院工作的时候本应该写这本书来评终身教职的。但是,那时已经有几个其他学者也在做 20 世纪湖南的研究了。周锡瑞(Joseph Esherick)已经做完了湖南辛亥革命的研究;安格斯·麦克唐纳(Angus W. McDonald)也做了一个很好的湖南研究,谈及了农村对革命的需求。所以这个领域看起来有点"挤"了。我个人比较喜欢选其他人还没怎么涉足的地方或题目来做。有一些人喜欢沉浸在已有的文献中,然后"杀"出一条路来。相比之下,我更喜欢做别人研究相对较少的题目。这是第一个原因。

第二个原因是我开始对湖南这个故事的环境面向感兴趣——比如洞庭湖抽水造田对长江流域洪水的影响,还有其对清代农业政策的影响,等等。当时我的想法是研究比较长江流域的三个地区:四川、湖广、江南。虽然当时我已经申请到了研究资金,但这个计划可能野心太大了,根本没法完成。不过,我的兴趣就这样从研究群众动员转向

图 10-2 濮德培专著《竭尽地力》封面

了环境。还有一个考虑——这个我现在思考得更多些——那就是长时段的方法可能并不是非常适用于研究 20 世纪的历史。几乎所有经典的年鉴学派历史学家考察的都是早期现代，而不是 20 世纪。这要么是因为 20 世纪的史料不太一样，要么就是因为长时段视角本身有些问题，让它无法匹配 20 世纪中那些急促的历史事件。一些过去常见的结构（structures）在 20 世纪很难找到。布罗代尔把《菲利普二世时代的地中海和地中海世界》（*the Mediterranean and the Mediterranean World in the Age of Philip II*）分成了三部分，针对他的批评常说他没能把第三部分紧密嵌入前两部分中。我不觉得这种批评是公正的，但第三部分中那些迅速发展的事件确实无法跟前两部分中考察早期活动的内容紧密契合在一起。所以我想这也是一个我不太敢处理 20 世纪的原因，或者说，我至少没有针对 20 世纪写出一部专著来——不过我倒是经常教关于 20 世纪的课。

和文凯：刚才您谈自己在本科和研究生期间受的影响时，提到了针对历史事件的弗洛伊德式分析。我记得当年在您的"历史与理论"讨论课上，我提到用弗洛伊德理论分析历史人物，您好像很生气，说这只是一个奥地利中产阶级男性搞出来的理论。但是看起来您在本科的时候似乎对他的理论很有兴趣。我的问题是：您在受到不同理论和方法的影响时，是什么时候开始对其中一些方法进行批判和怀疑，并把注意力集中在另一些理论上面的？

濮德培：我希望我当时能更灵活些。可能我花了几十年才意识到弗洛伊德说的一些东西也很有价值。实际上我还上过一门埃里克森（Erik Erikson, 1902—1994）的课。他是个很棒的心理分析学家和历史学家，也是身份认同发展的理论创立者，当时在哈佛很有影响力，可以说成了一个偶像。他写了甘地和路德的心理传记。但是，你们都知道，如果一个学者倾向于马克思主义和社会史，那么一般就不会倾向于弗洛伊德理论,除非你是德裔美国学者马尔库塞(Herbert Marcuse, 1898—1979),他那个时候在伯克利也是一个教主式的人物。他的主要灵感就是把弗洛伊德和马克思主义理论结合起来,研究性解放一类的东西。他的研究对伯克利的人影响很大。那时候在美国东岸和西岸的学者间有比较大的鸿沟。

我还得提一下那时候研究生教育的一个特点。那时候没有电子邮箱,没有真正的沟通渠道,学生基本上被限制在自己的大学里。我那时候根本不知道哥伦比亚大学的人在做什么,甚至也不太知道耶鲁大学的人在做什么。一个地方的教授和学生可能就会发展出一套属于那个地方的"小文化"来。哈佛有自己的"小文化",我们虽然对伯克利的"小文化"有一点点了解,但是没什么实质的接触。

总之,作为历史学方法的心理分析在当时火起来了,不过其中有些东西让我望而却步。当然霍布斯鲍姆之类的学者也不是很喜欢弗洛伊德,我想包括 E. P. 汤普森(E. P. Thompson)在内的经典社会历史学家也都不喜欢弗氏的理论。总的来说,英国的历史学者当时都对弗洛伊德不太喜欢,虽然现在情况已经有所改变。

如果你想采取一种理性化的角度(来研究历史),看理性的利益群体如何为自身的利益而行动,那么在经典的社会史范式里,我们经常关注的就是食物、安全、家庭等问题,而不是俄狄浦斯情结。另外,心理分析理论还有欧洲中心主义这个问题。如果你想考察的是非西方社会,那么弗洛伊德的分析——它其实是建立在 19、20 世纪之交维也纳的特殊历史语境基础上的——究竟在多大程度上能够被当作一种解释人类动机的普遍理论来应用呢?

当下我们仍然要面对一种张力——如果你喜欢查克拉巴蒂的《将欧洲区域化》(*Provincializing Europe*)这本书,那么就知道这个问题——如果我们将所有那些从特定的西欧经验当中提炼出的社会理论运用到其他地区,以为它们能解释欧洲之外的一切,就犯了欧洲中心主义的错误。我相信这种欧洲中心主义对所有的社科理论而言都是一个主要的问题。弗洛伊德不过只是其中一个例子，马克思也是。

和文凯：这对在写博士论文的学生而言是很有意思的一个问题。他们的导师对某些研究方法的态度可能会发生改变。之前可能很不喜欢一些方法或学派，但后来变得更宽容了。如果指导教授对学生喜欢的研究方法持批判态度，那学生应该怎么做呢？

濮德培：这也是为什么学生永远不应该变成某个教授或个人的"门徒"，而应该有好几个指导老师。在现在这个电子邮件和社交媒体的时代，博士生能够联系自己学校、院系之外的学者。当然了，对于指导老师而言，我想最好的导师应该是按照"道家"的风格来，那就是不轻易表露自己真正的观点，而是采取一种超然的态度，就像一个弗洛伊德式的心理分析学家一样，不告诉你他究竟在想什么，而是要你自己去思考。但是你知道的，我们都不是道家或者禅宗和尚，我们都有自己的观点。我最仰慕蒂利的一点就是他会改变，会调适自己的观点。如果你瞧瞧他的书和研究项目，会发现他初期的研究是非常量化的，主要关注利益的动员理论（mobilization theory），但是到了那本2000年左右出版的以故事为主题的书（*Stories, Identities, and Political Change*，《故事、身份与政治变迁》）的时候，他开始忏悔了，觉得那些只关注利益的理论有重大缺陷，认识到身份认同、故事、个人的心理形态等等——也就是他所说的关系性现实主义（relational realism）——对于政治动员来说也是十分重要的因素。这些因素在标准的社会史或者社会逻辑分析中没有受到足够关注。所以说蒂利的研究态度是随着时间变化的。同样，你们也不要把自己绑死在任何一个学者的理论和方法上。蒂利早期的书曾把集体行动分为三类：回应性的（reactive）、前瞻性的（proactive）、竞争性的（competitive）。他公开说过：虽然自己早就摒弃这些概念了，但不少学者仍然深陷其中。所以，要留心这种风险。

张泰苏：您的研究从《竭尽地力》到《中国西征》，再到更晚写的环境史的文章，好像是从农业史转向了帝国、环境。我发现在里面反复出现的一个主题是"国家"（state）。您可以说是个"国家主义者"。您提到自己最初关注农业史是因为想研究社会底层而非大人物的历史。现在这个已经不是您的关注点了，但"国家"仍然是您第一本书里串联各章的一个主题——比如说农民是如何以国家为反面来自我定义的，他们又是怎么跟国家合作的。每本书关注的时空不同，关注的问题也不一样，比如说有时候您讨论了帝国、族群等等，但"国家"始终都处在一个很显著的位置，这在您那些关于环境史的研究中也是一样的。您关注的主题变了，对大背景的阐释变了，对话的对象更是变了很多，理论工具也变了，但是最终您总是回到"国家"的主题上来。所以我的问题是：您的研究方法具体发生了什么样的发展变化？又在那些方面维持不变？

濮德培：你发现了个很有意思的事情。我意识到自己可能反复尝试过把"国家"从对中国历史的研究中剔除出去，但是都失败了。这似乎是在跟年鉴学派和詹姆斯·斯科特对话——出于不同的原因，我总是被这二者吸引。对于年鉴学派来说，研究历史变迁不一定要从国家的视角出发，而更多通过考察社会生活的日常结构来进行。对于那些试图逃离国家的人的尊重和崇敬——就像斯科特的研究展现出的那样——也是很值得欣赏的。但是，当你要讲一个像是蒂利所谓的"更优的故事"（superior story）的时候，你不能随便讲一个老套的故事，而是要在你收集的史料的基础上讲一个尽可能纳入所有关键因素的故事。这个时候，你就不能对中国历史上的国家因素避而不谈，因为无论如何，国家就在那里。

在很长一段时间里，我曾以为问题是史料的局限性造成的。当我刚开始研究的时候，手头没有真正来自档案馆的材料，只有方志。你们都知道，方志是相对边缘而又难以划分的一种史料，虽然算是一种私人写作，但大部分又是由国家官员编写的，所以可以说是私人写作和官方写作的混合物，处在二者的边界上。然后就是奏折，奏折是由国家官员为了国家的目的写的。除此之外当然还有精英人士的私人写作，但要知道那时中国的精英们都是被训练来为国家服务的。所以说在非档案类的史料中不太可能避开国家。同时，即便是档案类的史料，比如奏折或别的东西，它们的作者也都是官员。即便你去考察叛乱者的口供，从而听到了一些非精英、非官方的声音，别忘了那些口供也是由书吏和官员记录下来的，而且常常是严刑逼供出来的，所以，也不能认为那些声音就是未经过滤的老百姓的声音。有人可能会说，我们不如认输，接受在中国历史中没法绕开国家这个事实，然后老老实实地考察国家做了些什么。对我而言这肯定是不够的，因为即使是在中国历史中，国家也是有局限的，比如说自然环境的局限、物质性的局限，还有社会性的局限，所以国家必须与其他力量协商、妥协。不管你喜不喜欢。必须说，无论以何种标准来评判，中国官僚制度的耐久度都让人惊叹。

陈利： 刚才泰苏也谈到了，您的第一本书和第二本书的主题显然是不一样的。不仅它们的关注点、研究方法不一样，而且后者还与所谓"新清史"的出现联系在一起。不管您愿不愿意，很多读者，特别是不少的中国读者都把您当作是"新清史"的开拓者之一，或者是在其兴起中起了最大作用的三四个北美学者之一。读者可能希望听听您是如何定位自己在过去几十年学界发展中的角色的，以及您怎么看"新清史"的贡献和局限。柯娇燕教授也被人认为是所谓的"新清史"学者之一，但她并不认同别人对"新清史"的定义，也否认有所谓的"新清史学派"，更不认可自己是其中的一员。

濮德培：我的第二本书跟所谓"新清史"的主要观点是很不同的，我也很理解为什么柯娇燕不愿意被看作某一学派的一分子。我不是很喜欢"新清史"这个标签。中国的历史学家很爱把学者分成不同学派，这招有时挺有用的，但是对那些被贴了标签的人来说，他们内部的观感跟给他们贴标签的人的外部视角肯定是不一样的。别人有时候会把你放到一个学派里，然后暗示说你跟学派里的其他人有多相似，但是你自己更清楚你跟那些人的区别。我们这些被放到一个学派里的人并不是受同一个权威、导师、大师指挥的。首先我不确定自己是否算这群人里的一分子，其次即便把我算成他们中的一员，这群人也是出于各自的原因、以各自的方式做研究的。你也可以这么说年鉴学派，我们等于把这些法国人也贴了个标签。不过话说回来，年鉴学派毕竟搞了个期刊，从这个角度说，他们也的确形成了集体的身份认同。但是没有所谓的"新清史"期刊。所以说，我们到底是不是一个学派呢？或者说划分学派是不是一种有用的做法呢？我对此很怀疑。

回到另一个问题上，我是怎么从第一本书转到第二本书的呢？对我来说这个问题更有意思一些。对湖南那本书影响比较大的一个概念是施坚雅的宏观区域和市场模型。要想把一个采取长时段视角的研究做成可把握、可施行的，就必须把它弄成区域性的研究——这是一种很常规的做法，也是当时法国人采取的办法：他们把法国分成了很多区域，然后基本上把所有区域都研究了个遍。应该怎么把中国分成区域呢？按省份来划分其实不算很好，国家划分的行政边界不一定就是对的边界。所以施坚雅对我很有吸引力，因为他的区域是从环境的角度或者说从地理的角度划分的。我的注意力集中在长江中游区，然后在那个区域内部，我又特别注意洞庭湖和其他几个地方。在我放弃了那个针对整个长江流域的研究计划后，我想着换一个北方或者西北的地方来考察。如果考察一个比较偏远的地方，已有的研究应该不多，会有更大空间供我发挥。这样甘肃好像是个比较好的选项：我们有物

图 10-3　濮德培专著《中国西征》封面

价的数据，有粮仓的数据——那时我们已经开始在档案馆里面收集材料了。也就是说，我可以用一个与之前考察湖南的那种角度相关联的视角考察甘肃，但是又比之前拥有更多史料。另外考察市场看起来也可能可以做成一个研究，对湖南那本书起到补充的作用。总之这就是我们最初的想法：研究甘肃。这个甘肃的研究计划最终坚持下来了。这也是为什么我认为评终身教职应该以第一本书为评判标准，不应再要求搞第二本。在压力下，大家会为了完成要求，从第一本书里随便延伸出个题目来研究应付了事。另外大家的思路也不会很自由。我比较幸运的是，在评终身教职的时候，他们除了我的第一本书外，把我发的文章也算进来了，这样我就没什么压力，可以比较自由地追踪甘肃的线索了。线索把我带到了军事史的方向，因为清军经过了甘肃。我从来没想过会研究军事史——只有那些想复盘"二战"的老兄们才想搞军事史，其他人不会感兴趣。但是，你想把军事从你的研究里面踢出去，军事却一直跑回来。你知道，根本没法把军队从这个故事里踢出去，他们扮演的角色太重要了。所以说整个研究从经济史演变成了军事史，然后随着我追踪清军的脚步到了新疆，又变成了边疆史。结果，很可怕的是，这个时候我发现有一大堆中文的研究已经考察过这个题目了，也就是所谓的"边疆学"。从20世纪早期甚至清朝开始，已经有上万篇文章写这个题目了，甚至还有个边疆研究所。所以我得想个办法处理下这个问题。我雇了些研究助理，幸运的是，在麻省理工我雇到了一些很棒的中国本科生甚至是学者来帮我大致摸清已有中文研究的情况。所以，从我开始做这个项目起，我的研究方向发生了很大变化。整个研究仍然采取一个长时段的研究方法——你知道，我覆盖了几百年时间——但是却成了一个军事加外交的故事。我书里的主要论点，跟研究伊始相比已经改变了很多。

陈利：读者可能会很想知道，书的作者究竟想要讨论的问题是什么？这样就可以把作者的意图和读者的解读做个对比。

濮德培：我很高兴书的中译本在2021年初出版了，是由一群非常棒的大陆和台湾学者翻译的。台湾会出一个繁体版，我希望在大陆也能出版，我没做任何修改。至于说，我写的时候的意图是什么？费正清有一种特别的提问方式，他会提一些看似很简单，甚至有点蠢的问题。那时候我们觉得他的问题蠢，但后来发现没那么简单。比如，为什么中国这么大？这就是他的"蠢问题"之一——现在彭慕兰也开始处理这个问题了。换句话说，为什么中国这个国家，或者说汉族、中华、中国社会这么巨大？首先我们可以逐渐缩小这个问题的范围，比如，我们可以指出18世纪的时候中国还没有那么巨大。如果你把中国跟包括俄罗斯的欧洲相比，会发现它们的人口是差不多的。但是问题还是没解决。中国到底是什么时候变得那么大的呢？这就是我的思路。

实际上就大部分帝制时期来说，中国并没有那么大，也没有大家说的那么统一。我就不在这里就这个问题大谈一番了，不过我之前的确讲过，中国的历史不等于各个大一统王朝的历史，它是一部统一的历史，但同时也是一部充满纷争、战争、混乱的历史。但是到了18世纪，发生了一些事情，以至于清帝国的疆域达到了前所未有的规模。它不仅征服了中亚，而且长期维持了对其的控制。非要说的话，元朝可能算之前的一个特例，但是清朝仍然很特殊。很多那些被清朝控制的地区，成了现代中国的领土。1757年是个重要的时刻，因为从那时开始一切尘埃落定，开始稳定化了。

所以我想最大的、为整本书定调的问题就是：为什么清帝国可以在那个特定的时候做到之前没人能做到的事？今天，针对这个问题，我的答案包括了四个——而非之前所说的三个——因素。第一是经济。清帝国的经济高度商业化，这个经济像之前一样，仍然以长江中下游和南方沿海为中心，但为对中亚的军事和经济渗透提供了支援。第二是制度。清帝国有一些能够动员资源的制度，一些比较独特的体制，比如八旗、粮仓系统、政府沟通的特殊渠道等等。这些东西确保了很多资源可以被发掘出来，然后用于战略上的目的。第三是清帝国有一些以其政府的中亚元素为基础的外交和军事策略。在这一点上，我是同意"新清史"学者的观点的。我在他们的基础上多做了一点点，比如讨论了中亚政治、跟蒙古人的互动、间接统治、俄国人，等等。最后一个因素就是运气好。清朝皇帝里面有两个统治了超长时间（康熙和乾隆），其他皇帝其实换得很快。其他的比如疾病、饥荒还有各种自然、气候的变化都给地缘政治和社会方面的平衡造成了无法事先预测的影响。所以说一共有四个主要原因——经济、制度、外交、运气——组成了清帝国扩张的"完美风暴"。

张泰苏：所以从您的研究角度来看，即便清朝整体的局势是和平、大一统的时候，还是有很多征伐。但是，如果我们仔细考察清代中期的军事征伐和其所需的财政资源，然后与同期的英国和法国对比，就会发现清朝扩张需要的仅仅是加收一些贡粮，无须给土地税收的核心区域添加太多负担。帝国只需要多征收 400 万到 500 万石的粮食就可以了。把这个跟当时的西欧相比，会发现在西欧百分之六七十的政府收入都花在一些看起来就像全面战争的军事行动上了。虽然清帝国和西欧的确都打了不少仗，而且清帝国的后勤能力也不应被低估，但是，这二者打仗的性质看来还是大不一样。

濮德培：是的，这就是蒂利的理论，他认为战争造就了国家，而国家又不断发动战争。但他的理论主要关注的是西欧，没法运用到其他地方。另外王国斌也指出过，欧洲的战争和国家构建（state-making）与中国的战争和国家构建很不一样。从某种意义上来说，我是支持这些观点的。如果只考虑为了支持战争机器而所动用的资源规模，那么西欧是有其独特性的。但是，为什么是这样呢？欧洲之所以这样又意味着什么？我们不应该预设 17 世纪的帝国是一个十分祥和的地方。在大部分时间里，那时的中国的确在跟其他主要帝国交战。你知道欧阳泰（Tonio Andrade）那本研究帝国和火药的书《从丹药到枪炮：世界史上的中国军事格局》（*The Gunpowder Age: China, Military Innovation, and the Rise of the West in World History*，普林斯顿大学出版社 2016 年版）。在一段时间里，（明末）中国（郑成功）方面和荷兰人的军事实力相当。这个时期本来有可能变成一个国家间高度竞争的时期。18 世纪对于中国来说与之前的时期很不一样，对英国人来说也是如此。欧洲打了很多战争，这些欧洲内部的战争相对短暂，但是资源会被动员起来，然后投入到帝国的殖民地战斗中去。就西欧国家或者至少是英国、法国、荷兰来说，很大一部分资源都用到海外了。你可能会说，他们不得不这样，因为他们很穷，没法得到他们必需的资源，所以必须扩张、征服新大陆，他们不得不采用奴隶制和一些其他的东西。一个聪明的经济学家可以论证说，实际上从量化的角度来看，他们可能并不需要一个奴隶社会——的确也有人这么论证了——但是我本人更老派一些。我认为不管欧洲人理论上需不需要奴隶制产生的收入来搞资本主义，事实是，他们的确弄了奴隶制，而且用赚来的钱搞了资本主义。而清帝国从来没用奴隶和苦力来做这些事情。如果你想问我的观点，我会说，我们不要只谈欧洲的国家构建，还要谈它们如何利用了奴隶制和抵押苦力（bonded labor），这是欧洲帝国构建过程的一个特色，一件清帝国从来没做过的事情。以上是我针对一个十分宏大的问题提出的一个很简短的答案。

第三节　理论与故事

张泰苏：我想再多谈谈历史学中的理论问题。从您当研究生开始，历史学领域就变得去理论化了吧？您有没有想过如何扭转这个趋势，还是觉得可以任其发展？

濮德培：是的，变得去理论化了。去理论化是好事还是坏事呢？我不确定。有时流行这个，有时流行那个，有时风尚又是循环的。社会史流行的一波是从六七十年代的欧洲史领域开始的，然后慢慢被引入了非西方历史的领域，差不多在 80 年代达到了顶峰，然后开始衰退。历史人口学也曾是个风潮，当然到今天其仍然存在，但跟巅峰的时候相比没那么流行了。我记得我曾评论过一篇观点很强烈的文章——《社会科学历史协会的四十年历史》（"The Forty Year History of the Social Science History Association"）。社会科学历史协会是查尔斯·蒂利和其他人在 80 年代创建的，我是热心会员，常去参加活动。四十年过去了，这个协会怎么样了呢？我必须说，我有点失望。协会里的人都是很棒的，但是好像大家都停留在初创时期做的工作上面，之后再也没有探索过什么新领域。这其实不是保持传统的最好方式，因为事情总是会变的。社会史之后又有了新的潮流，也就是文化理论、语言学理论的那一波。我觉得现在这一波也开始衰退了，但是我个人对此倒不是很担心。另外现在我们还有一个新潮流，也就是数字人文、电脑呀什么的。我觉得这个潮流其实再次遭遇了很多以前社会史的问题，很多的担心和牢骚都是一样的。比如说，有人会讲，科学的语言跟人文的语言很不一样，对人文学者来说很难学会；也有人会说，人文学者不应该搞科学，或者说要学会科学惯用的技术要花太长时间，研究生项目根本没有这么长时间；还有人会说按这个搞法根本写不出博士论文来，或者找不到工作；等等。这些跟70年代大家谈社会史的时候说的东西是相似的。但我只说一点：那时候搞社会史的那些人最后也都读完了博士，然后搞得也不错。也就是说他们那时候最终找到了一条出路。我相信现在我们也能找到出路。

另外还有一个关于理论问题的例子。我就不提具体的人名了。有一次，耶鲁历史学系的教师们和一个院长开会，院长问我们：你们历史学家究竟是做什么的？这又是个看似很蠢，但实际上很复杂的问题。结果所有人都不出声，大家很尴尬，直到最后有一个著名的历史学家说：我们就是写故事的，我们讲述故事。然后其他人开始附和说："对对，我们是搞叙事的。"我们历史学家的工作的确包括讲故事，但是难道我们的工作就仅仅是讲述故事吗？我感到有点受挫。当时接下来的讨论开始往一个方向发展，就是把故事和理论两者对立起来，好像爱写故事的人就不怎么谈理论，好像学者只能在二者中选一个来做。这时候我忍不住了，我说："社科历史协会早就存在了，明明有些人把叙事和社科理论结合在一起呀，理论并不一定排斥叙事。"实际上，如果你只讲故事的话，就没有考虑到那些实际上构成了你的故事的基础概念，而如果你不能把潜藏的概念框架带到表层来，把它化隐为显，你就不能对其进行批判。蒂利在他2000年的书中就提了很多类似的观点,我觉得今天还值得重读。可能这就是我对那些只强调叙事和讲故事的观点常有怨言的一个原因。不过,我们历史学家就是要做我们的本职工作。我们也有一些很优秀的学生。就像我常说的,我不要求学生干这干那,我只在他们自己愿意的时候鼓励他们去干一些事情。我有一些学生比较听我的建议;其他一些压根不听,他们自己搞一些叙事性的历史研究,不过也挺好。

陈利:您刚回答泰苏的那个历史叙事和历史理论之间的关系的问题,我同意您的看法,历史学家说自己讲故事,但这不等同于反理论,也不是说我们讲的故事没有理论关怀做支撑。我觉得,把叙事和理论对立起来可能主要是历史领域之外的学者的看法。至于历史学家内部,至少我不认识有谁仅仅是为了讲故事本身而讲故事的。我觉得我们的故事都是被某种理论上的问题或关怀所引导的——比如在决定选择到底讲哪一个故事的时候。我不知道您是不是也是这种看法。

濮德培:对,你说的正是我想过的东西。就我所知,历史的去理论化,或者说历史学系的去理论化,有时会表现为我们不怎么谈理论问题。老实说,我在麻省理工的时候比在耶鲁的时候更能在本科课上谈一些历史的大问题。当然,在多数本科生的课上,我们一般不谈这些宏观的问题,因为很多学生没法懂。只有在部分高年级本科生的讨论课上,或者研究生的讨论课上,倒是可以谈。如果说历史是一种公众也能懂的文类,那么对我们来说,本科生课上的那些学生就是所谓的"公众",他们希望你能讲故事。如果说你很厉害的话,就能在讲故事之余夹带一些理论分析,让读者在读故事的过程中无意识地吸收一些理论上的论点。在这方面约翰·道尔就特别厉害,他写了《拥抱战败:第二次世界大战后的日本》(*Embracing Defeat: Japan in the Wake of World War II*),得了普利策奖。大家都读过这本书,但是一般读者不知道的是,道尔在书中其实夹带了很多极具颠覆性的论点,讨论了美国对日本占领的本质到底是什么。比如说他认为对日本的占领并不是由麦克阿瑟自上而下完成的,而是由日本人自己从下往上完成。再比如说,他认为"逆转"的确发生了,美国强行推进了自己保守的冷战议程,而日本人反抗了,然后一直有一个争夺的过程。还有,日本并不是我们一般以为的那个独特的、充满异国风情的地方。诸如此类的论点,内行学者读到了肯定能辨别出来。然而与此同时,这本书也是一本畅销书。总之故事讲得好又能夹带理论,是一门很罕见的技巧,如果你能掌握就厉害了。这也是为什么讲故事和讲理论应该结合到一起。蒂利这方面也很厉害,他很懂一些故事的局限性——那些没有被当作"故事"而批判的故事。大而化之地说,这种故事一般是民族国家中有权力的精英的传记。直到现在这种传记都是最畅销的。要么是思想精英,要么是政治精英,现在精英更多元化了。但是这种传记差不多就是所谓"公众"——也就是本科生们——想象中历史的样子了。

和文凯: 您知道,我是从科技史转向政治学的。我曾经认真学习社科理论,但是后来发现,当我们要处理重大历史事件的时候,历史叙事很多时候比任何社科理论都有效得多,因为没有任何一种社科理论能够应对偶然性(contingency)和意外行动造成的影响。基于这个原因,我认为叙事在社会科学中应该有很大空间。

濮德培: 这是芝加哥大学的阿伯特写的《过程社会学》(*Processual Sociology*),是他的一个论文集。(拿出一本书向几人展示)书里谈了社会理论应该是什么样的。社会理论应该是用来处理重大事件的。他提出的是一种以事件为基础(event-based)的社会学,而不是一种以分类为基础(category-based)的社会学。你说得对,很多社会理论,特别是在政治学领域,都注重检验假设——你先想几个命题,然后搞一堆数据做回归分析。我也认为这种分析能告诉我们的事情不多。对我个人来说,类似的方法没有什么吸引力。但这也不是说你必须得讲故事。

和文凯：如果再深挖一下这个问题的话，现在社科学界流行的因果关系的概念是一个十分简单的、线性的概念。对数据的分析可以搞得十分复杂、精妙，但对因果关系的理解十分简单。比如说您之前提到的本科经历——在未知领域漫无目的地探索，然后发现了一些没人预料到的东西——在我看来就是非线性的。真正的人生、真实的世界、真实的社会就是这样的。我觉得历史学家在认识真实的社会和活生生的人方面做得挺好，而社科学者则在回避真实的社会和世界。

濮德培：我必须得说，我同意你的看法。尤其是在当今这个时代，有太多我们继承下来的范式都被证明是有重大缺陷的。我想 2008 年次贷危机就摧毁了大部分的新古典经济学——没有人预测到了，或者甚至没人想到了金融危机可能会那样发生。当然了，之前资本主义就有过多次危机，但不知为什么他们就是认为可以通过常规的手段解决问题。然后是政治学家，他们从理性选择和利益集团的角度看问题，结果 2016 年美国大选证明他们错了——不只是在美国，在其他一些地方也是一样。这也就是弗洛伊德的理论可以施展的地方。心理学理论，甚至是尼采无名怨愤（ressentiment）的概念，都比理性选择理论更能解释民粹威权主义（populist authoritarianism）。所以说，是的，历史学家并没有谈为什么事情是偶然的，没有试图搞出一个关于偶然性的理论，而是仅仅按照发生过的情况讲故事——这样你就能直观看到偶然性是如何运作的。比如亚当·图兹（Adam Tooze）的 *Crashed: How a Decade of Financial Crises Changed the World*（《崩盘：十年金融危机如何改变了世界》）一书就告诉了你 2008 年的危机是怎么实实在在发生的，不过作者当然也很懂理论，所以也许这（结合讲故事和理论）才是最有效、最正确的方式。

张泰苏：图兹的确展示了偶然性，但是他辨别出的那些偶然性，被他视为突破口的那些偶然性，无一不源于他最基本的经济学观点。

图兹基本上是一位新凯恩斯主义者,相信特定的时候市场会失灵。按他的说法,2008年的危机之所以发生,最应该怪罪的就是——像您说的——新古典主义经济学的崛起,以及对新凯恩斯主义的忽视。但是问题是,在图兹的书里,这么一个理论立场实际上在推动他的叙事上起的作用远比他自己愿意承认的要大。实际上得认识他本人,或者读过他那些更具理论性的书,才能发现:原来是这个东西在驱动他的叙事。如果您是这种新凯恩斯主义的拥护者,那么对危机发生的原因就会有很特定的看法。如果您是个政治经济学家,那么就可能会说危机的发生更多是源于政治上的失败,而不是监管问题或其他什么。老实说,即便是新古典主义经济学在2008年之后也没有完全死亡,而是以它自己的杠杆理论为基础,在编织它自己的叙事。所以我想说的是,所有这些叙事,不论它们如何强调自己只谈事实,实际上都是建立在某种理论基础上的。我觉得,如果确实如此的话,那还不如把你的理论立场点明,不要把它隐藏起来。作者想说的是什么就写什么,这样别的学者才能更好地评估你的观点,在你的理论脉络里面跟你对话,而不是只能在叙事层面上跟你对话。所有人都得在理论和叙事两个层面上对话。我们当然不能假装现在的社科理论做得很好——就像文凯指出的,这些理论忽略了太多东西,忽略了叙事,搞了太多定量分析等等——但现在的问题是,当下有没有一个学科是在理论和叙事之间找到了对的平衡点的?陈利肯定会说,我们设计的这些研究问题就已经是建立在某些特定的理论思考的基础上的——的确是这样,但是做理论不仅意味着搭建研究问题的框架,还需要展示出其背后的具体思考过程,以及得出的答案背后的思考过程。

陈利:濮教授,在您回应之前我想补充一点。我和泰苏就这个问题其实已经辩论过好几轮了。原则上我同意他的看法,但是从我的角度看,泰苏对于"理论"的定义过于"社科",甚至是过于"科学"化了。在他的定义中,一个提出、运用理论的人必须要非常透明,在提出问题和解释结论是如何得出时必须遵循一定的推理论证模式。对于现在大部分社科学者而言这可能是对的，但是对历史学家而言，这些要求可能是不必要的，可能也不是最有效的向读者传达信息的方式。我并不反对泰苏强调理论的重要性，只是在历史学者可以如何具体展现故事背后的理论关怀这个问题上，我与泰苏观点不同。在这一点上我猜我跟文凯的共识更大一些。现在请濮教授谈谈看法。

濮德培：我总体上同意泰苏的观点。当然，现在还有一些概念的、方法论的，或者说历史学家作为"工匠"或"手艺人"要面对的问题没解决。但是，至少从原则上说，我们时刻都应注意那些影响了我们对史料解读的暗藏的基础概念。我们在叙事的同时，也得思考为什么我们选择讲这个故事，而不是讲别的什么故事。然而，如果一个毛毛虫总在想自己的脚应该踩在哪里，那么它就没法走路了。所以问题是，你到底怎么把这种自我反省式的做法跟你的叙事结合起来？——这是20世纪最好的那些小说家达到的境界，但是还没有历史学家敢这么做。乔伊斯、普鲁斯特（Proust）和其他一些现代主义小说家就是这么做的。他们太厉害了，一方面在讲故事，但另一方面又告诉读者，这个故事只不过是我告诉你的一个故事，而非代表现实的唯一一个故事。他们把这两方面结合在一起。好的电影导演也能做到这一点，他们在讲故事的同时能让你意识到这不过是电影导演在给你讲的一个故事。比如说费里尼（Federico Fellini）在这一点上就很厉害。有些人很讨厌这种东西，这种费里尼式的叙事，因为它很现代主义，所以让人们感到不舒服。在叙事技巧这件事情上，我们历史学家仍然停留在19世纪。另一种做法就是把你的研究命题和潜藏的理论立场从故事中分离出来——这也是大多数学者选择的做法。他们一般会搞成像三明治一样，在开头的时候讲一些理论上的预设，然后中间讲故事，最后在结论中又回去谈理论。对于很多学术专著来说，这种做法行得通。虽然这么做可能没法让一般读者读你的书，但是也适用于很多事情。不过，我觉得这种做法有点不老实，就好像在说：我为了你的方便把故事剔出来了，把我的所有理论命题都放到前言里了。如果你是个社会学家、理论家，你可以只看前言，不看故事；如果你喜欢故事，那就只看故事。这就好像把故事和理论当作了两种分开的东西，但它们并不是分开的。它们的确不是分开的，然而在学术专著的世界里，我们常常就是这么做的。

之前你们问我除了多读理论和多学语言外，研究生们还应该做什么。我想说，多练写作。我现在觉得这很大程度上是一个"工匠"或者"手艺人"的技术问题。你该如何把所有这些东西结合在一起，怎么去写一个故事，同时又确保它是一个蒂利所谓的"更优的故事"？这样的故事不仅充满戏剧性，让你想读下去，同时也包含了故事的亲历者们没有意识到的因素，即那些组成了故事一部分的潜意识的或者结构性的东西。从某个角度说，小说家做的就是这个事情。比如说现实主义的小说家会描述一个英国村庄里的房子在哪，树在哪，有多少牛，然后告诉你这就是环境，人们居住的环境。我想环境史在这方面很适合。这就是环境史学者要面对的挑战，你要讨论的不仅是人类社会，同时还得把那个非人类组成的世界也写到整个故事里来。

和文凯：对，这也是我所知的好的微观史能做到的。这就是我们有些人可以学习去做的，就是如何把引人入胜的故事跟理论分析、概念问题结合在一起。就像我之前跟泰苏提到的，孔飞力在他的《叫魂》一书中做得很好，他既吸引了读者，又提出了一些非常重要的论点，探讨了清代政府治理的运作、本质，还有他所谓君主权力和官僚权力间的张力。过去几十年里出版的不少微观史路数的书在兼顾故事和大背景方面都挺成功的。当然，泰苏可能会说，最好的微观史也会清晰展现其理论关怀。在我所知道的最好的微观史学者中，有的可能会这么做，但有的也不一定会在书中清晰展示其观点的推理论证过程。我觉得这归根结底是个人喜好的问题。有时候，濮德培教授刚总结的那种做法，即在书的一开始就把故事的结局讲出来，容易弄巧成拙。因为你已经把结果讲出来了，这样读者很可能会直接跳过中间的故事。

第四节 "新清史"、环境史、全球史

陈利：另外，刚才谈到了不少环境史的问题。韩森、柯娇燕、罗友枝等资深的北美中国史学者在过去二三十年还出版了不少全球史书。请您谈谈对这些新著的想法，以及您早期的那些研究如何把您引向了环境史和全球史。

濮德培：回头来看，我的转向可能显得比实际上更自然一些。在我第一本关于湖南的书里就已经存在环境史的线索了，虽然我自己把它定位成农业史，但后来哈佛校友杂志把那个书分类为环境史，然后我就想：真的吗？原来我这本书是环境史，看来我在不自觉的情况下就在研究环境史了。《中国西征》里面有很多环境史元素，包括在沙漠和草原中运送军队的补给物资，或者说国家必须面对的一些挑战，都有环境的元素。另外，在书里也有体现全球史或者说跨国史的内容，因为这个研究超越了中国这一民族国家，或者说清帝国的范围，尝试给中亚或者其他的参与者以足够的重视，这些参与者都是处在中国核心传统的轨道之外的。所以说这个书在环境史和全球史的方面都有所尝试，这使得这个研究项目变得过于庞大，难以把握。因此我可能在相关的问题上不会再写一本新的大部头了。我保证，不会再写一本这么厚的书了。这意味着我必须走一些捷径，而捷径一般都不容易走。这是很痛苦的，因为我喜欢把任何线索都追到底，一直追到史料的层面上。这就是为什么我花了二十年做《中国西征》，因为我不完全相信二手研究，如果情况允许的话我总是根据脚注对比史料里面的原文，这很花时间。不过 Asia Inside Out（《揭秘亚洲》）一书的做法可能是

一种可取的方式，编这几卷论文集的时候，我们让每个参与的作者都选一个日期，一个他们觉得对于自己研究的区域来说十分重要的日期，然后再来看每个日期所牵涉的那些相互交汇的力量是怎么合力定义亚洲空间的。很有意思的是，基本上大家都没有选传统上受重视的那些日期，而是选了些一般不会被注意到的日期。比如说，负责越南和印度的作者就选了十分有意思的日期；我自己负责澳门的部分，也选了比较有意思的日期。这种方式可能不是我们首创的，但这是我觉得可行的一种方式。

有一个主题我已经思考一段时间了，但刚刚开始写——那就是1900年左右的中国。我们搞了一个义和团和八国联军的网站。1900年正好也是巴黎世界博览会召开的那一年。年初的时候，列强都聚集在巴黎，炫耀他们的科技奇观。他们还炫耀了各自的殖民地，日本搞了个朝鲜馆来炫耀，当时还有个中国馆。到了下半年，这些列强又跑去入侵北京，把整个城市搞得乱七八糟，然后又炫耀。你知道，帝国到底意味着什么呢？巴黎博览会也好，入侵北京也好，都是一种视觉景观。之前我跟道尔还有其他一些同事做那个 Visualizing Cultures（视觉文化）项目的时候就已经收集了些视觉史料。我想这些史料能够带给我们一种新的叙事，而且这种叙事是很容易进入的，这就是数字时代的一个特征。也许我们能把这些事件放到一起来看，还有其他一些发生在1900年左右的事情，比如当时全球无政府主义浪潮的支持者策划的一些事件。还有社会主义革命者格里戈里·格尔舒尼（Grigory Gershuni）的故事，他被流放到西伯利亚，据说在19世纪90年代的时候躲在一个酸菜桶里面逃了出来，经过满洲到达了东京，然后在那里见到了孙中山和其他中国革命者，之后又去了美国出尽风头，最终他还去了苏黎世，当时列宁正在那里。自始至终沙皇的警察都没抓到这个人，他是俄罗斯社会革命党的创始人之一。所以当时有很多像他这样的全球无政府主义者通过北京、东京还有一些其他地方到处跑。这是一个挺有意思的线索，可以追踪。除此之外还有一些其他有意思的线索。我现在正在想如何把这所有的一切串起来。韩森的书 The Year 1000（《公元 1000 年》）提供了一些灵感。挑一个比较短的时段，然后横向扩张你的视野，去追踪一些相互纠缠、混杂的事物。

和文凯：经您这么一说，我觉得更能理解您为什么转去做环境史了。但是当您用文学打比方的时候，这真的让我很受震动。将人类的历史和环境结合形成一种新的叙事，的确非常刺激，很有意思。我的问题是，您在麻省理工教书的经历在多大程度上促使您转向了环境史？我记得有些做科学、技术与社会研究（STS）的教授也在做环境史。

濮德培：麻省理工那个人类学、STS，再加上历史一起组成的联合科系对我来说是个非常大的灵感来源。我觉得如果科技史做得好的话，视野就不应该局限在科技历史的内部。一个不局限于内部历史的科技史，就是一种社会史，在理论方面是由知识、社会、经济理论推动的。我认为这是当下最主流的科技史研究，我们在耶鲁做的差不多也是这种。我在麻省理工的联合科系教一个历史编纂学的讨论课时，谈了很多跟这个有关的东西。在那时候，环境史还没有引起我的注意，我最开始注意的是物理学的历史、工业技术的历史。但是，后来在系里那些搞人类学和历史学的学生聚集在一起，都对环境研究感兴趣。现代生物科技通过基因、微生物还有一些其他手段改变人体——这也属于麻省理工的一个研究重心——此类现象对我们来说也属于环境史。我们之前开了一个会，还出了书，想要把科技史和环境史结合起来。一直以来这二者都是相互分开的，比如说美国的那种经典环境史倾向于研究农业，然后总是有点怀旧的情绪，有时是反工业的。科技史的问题正好相反，有时候一味向前看，很少考虑科技产生的伤害。将二者融合到一起，发展出一个新的领域，这本身就是一种技术。一座工厂肯定会参与创造其周围的环境，所以这二者其实是同一枚硬币的两面。

它们不应该被分开。

对我来说可能时间不够了，不过我不能做的事情我的学生可能可以。当然我不能强迫他们去做，至少在美国指导的模式下，教授不会指派学生去做某一研究——我认识的人里没有这样的。学生得自己研究自己感兴趣的方向，不过导师指导一下也有帮助。我的学生可以把我发起的一些工作继续下去。

张泰苏：就像你们说的，一定程度上讲，现在不论做什么，都得说点环境史的东西。您说自己最初以为可以研究农业史但不探讨环境退化，结果最后发现这根本不可能。后来以为至少可以把文化或者政治同环境分开来看，但却发现环境问题仍然处在这些课题的核心。如果您想做好边疆史研究，或者做好帝国的研究，又或者只是想做好技术、生命权力的相关研究，都可能需要熟读环境史的理论和新进展。我想这其实涉及一个更大的问题，就是当下在历史学科内部是不是还应该划分出任何的次级领域？不光是环境史，其他所有的一切都变得相互关联了，这在四五十年前还没人意识到。当然，一般维护次级领域的人会说：学者的精力和时间是有限的，因此必须分工化、专门化。但这是一个出于实际考虑的论点，并非一个智识上的论点。一旦我们翻过刚开始的几座大山，读完博士，找到了教职，智识上的压力就来了，迫使我们去突破，走出自己熟悉的领域。在中国历史的研究者里面，您在这方面可以说是个典范——您一直在转换研究方向，一直在把新的元素纳入自己的研究范围。就学术而言，我们生活的时代是一个超级分工的时代，而这似乎有违现代人文主义对环境和社会的理解所展示出的那种艺术家型知识分子的倾向。所以想问您一个问题：我们怎么解决这个矛盾？

濮德培：我同意你的看法。我不认为学者现在还能在完全不谈环境——也就是非人类的活动——或者全球视角的情况下，提出一个很实在、很严肃的历史学观点。我自己也愿意读一些美国同行的作品，这些人不一定对环境或者全球视野感兴趣，或者他们的作品并不涉及这些主题。在我看来，这样的作品也可以很优秀，并且可能卖得很好，但肯定不是最有开创性的。不过在一个历史学系当中不是所有人都会同意你的看法。就像你之前说的，历史研究有点反理论。历史学家总的来说不太喜欢德国人所谓的 methodenstreit（英译即 method dispute），也就是不停地讨论方法论。从某种程度上说我们因此获益了。人类学因为这种争论变得四分五裂。当他们总是因为方法论和概念吵架的时候，整个领域被削弱了。所以也许更好的态度是对自己和别人都别太苛刻，在能找到志同道合的朋友的时候就交朋友，在挑战别人的观点的时候也别太极端了。总之，这是我这个即将退休的老头的看法，年轻人可能会想着去搞革命。（笑）

另外还有一个说法——也有人这么问过斯科特——就是是否应该在拿到终身教职之后再做那些野心比较大的研究项目，在这之前先把那些比较窄、比较专门化的工作做好。但是，这基本上就等于用十四年时间把你的博士论文做好，然后出版出来，被同行接受，再拿到终身教职。到那时候你的脑子里是不是真的还有空间做别的事情呢？我的意思是说，那时候你可能早已经习惯于，或者说被某一种特定的学术训练给驯化了。这种情况下，不会有很多人想要变换研究方向。不过我觉得这也没关系。但如果你身处这种情况中，即自己想做的事情跟做了能够让你在学界获得一席之地的事情不同，这时你怎么办呢？一方面有各种制度上的限制，另一方面你又有一些个人的或者智识上的渴望，这时候该怎么办呢？葛兰西（Antonio Gramsci）管这个叫作"突破体制的长征"（the long march through institutions）。我很同意他的观点：有革命精神的人，会想到规则外去。比如说，离开学界，然后做非学术的事情，或者可以把学校体制推倒改造，又或者自己建个学校。有一些在科系体制之外的工作，也可以试着做一做。但是，历史学不管怎么说还是一个学科,而学科归根结底还是多少有些意义的。这些叫某某研究的科系,虽然有各自的内容,但不能完全称得上是学科。比如STS的研究就有这方面的问题,它无法清楚定义自身到底做的是什么。STS的核心概念工具是什么呢?在麻省理工我们集体认为,它的工具其实就是历史学和人类学。这就是为什么我们弄了那个人类学、历史学、STS组成的联合科系。总之对我来说有些是核心的学科,有些只是领域,并不拥有自身独特的方法论。我还是相信跨学科系统的。我们能不能在这个基础上更进步一些呢?很多进步都是从外部驱动的。比如说,如果专门研究某一欧洲民族国家的教授让他们的学生也只研究这一国家,那么他们肯定没法给学生找到工作。这些教授肯定要说:这是一场危机。即便我们说的这个民族国家是英国——除美国之外最核心的研究对象——情况也是一样。我曾经考察了一些历史学系,访问了各种文理学院(liberal arts college)。在这些地方,除了美国历史之外最主要的就是英国历史了。在一个典型的历史学系里面,一般有至少三个做英国历史的,加上两个分别做德国和法国的,一起来教授欧洲历史。但是在有些地方,只有一个人是做英国史的,这实在不算多。英国历史在世界历史里很重要,英国还领导英联邦,还有殖民史,等等。英国是世界的一部分,虽然现在他们好像在试图脱离世界。(笑)

我们做中国历史的有个优势,即我们研究的是一个很大的民族国家。即便我只关注这一个国家,别人也不会有意见。这对学生来说也是好消息——这个领域里还是有一些职位的,你只研究现代中国也不会有问题。不过,陈利应该知道的——你尝试研究过一些中国外的东西,如国际关系、比较史等等——我们研究中国的历史学家也可以选择做别的东西。所以我们的情况肯定还是"百花齐放"。有些花会更主流一些,比如说做特定国家的历史学家就像向日葵一样最显眼,然后还有一些小点点——紫罗兰和兰花,或者一些混杂的花。我想我们能够确保所有的花都活下去，让它们继续开放。新冠疫情期间我做了很多园艺，所以我现在比以前更喜欢花了。

陈利： 所以，您认为最近这些年来环境史和全球史方面的发展，会对中国历史领域的未来发展产生实在的影响吗？

濮德培： 是的，我是这么想的。学生担心找不着工作的时候，我就告诉他们：你们肯定得做世界史、全球史。而且，你们不能跟别人说，之所以做全球史是因为没有选择。你们得告诉别人，你是真的想做全球史，并且展示给别人看中国为什么处在全球史的中心。你还得告诉别人，在这件事情上我能比别人做的都要好。在过去几十年里，全球史领域里的教科书发生了很大变化。现在所有教科书的编写小组里都有专注研究中国的人，以前可没有。所以说，是的，中国处在世界历史的中心——它从来都处在核心的位置。

和文凯： 濮德培教授，我想您对于现在的研究生有两个建议，其中第一个是尽可能探索、尝试新东西——新的知识、新的学科。尽管有时候显得很"无用"，但有一天这可能会有帮助。可是现在这对于博士生来说似乎是种奢侈，在美国是这样，在中国的学校更是如此。学生有一种很强的焦虑感，从进校第一年就开始想怎么发表的问题。这种焦虑实在太强了、太早了，以至于有很负面的效果。在听您讲当学生的体验时，我很享受，因为您的经历听起来太理想了。是不是这种美好的时代已经过去了，还是说我们现在仍有可能为年轻一代创造一种环境，让他们有机会体验您曾经体验过的那种过程？是不是在学术制度方面我们需要一场革命？

濮德培： 革命倒不一定需要。如果从一个成功者的角度回头看所谓过去的美好时光，这个叫幸存者偏差。在我读书的时候，很多人都退学了，起码有三到四成没拿到博士学位，而且那时候也没有这么多职位。我读完的那一年只有一个教职空缺,我很幸运。所以说当时的情况也没有那么美好,只是回望的时候看起来不错。现在呢?我认为情况从几个方面来说更好了。总的来说,就业市场,还有招聘委员会的开放程度都进步了——这点我本人可以作证,因为我在耶鲁和其他地方参加过很多招聘委员会。委员会一般都很喜欢思维广阔的人,不太喜欢过于专门化的。你的博士论文是很专门化的——这一点他们可能会接受,但是他们会问你:下一步呢?我们想知道你博士论文之外的研究会往什么方向发展。所以说这个趋势是很好的。现在我们系里有很多母语是中文的学生——以前没有——这至少解决了中文口语的问题。

和文凯:我再问另外一个相关问题。在我这边的很多学校里,有各种量化的考核标准,这是个多少有些破坏性的环境。但是如果不搞这些,已经有终身教职的人就没有压力,那么很多人的效率可能就不高。我们如何达到一种平衡呢?

濮德培:我痛恨这种研究产出考核(research assessment exercise)系统。我也参与过这种考核,今年夏天的时候,我还评定了一百多份中国香港学者的研究。英国的大学也这么做。但我很高兴,即使有这种系统存在,大家还是做出了一些有意思的研究。但是这种体制会迫使学者做一些短期就能出版的研究,那种在期刊上发表的小文章。在理论上,这种文章的形式更适合科学领域,而不是人文学科。我觉得这个系统是有害的。但是,有人会反驳说,肯定会有那些比较低效的人,有很多研究时间,但是没有动力去做出成果。如果把这比作油井钻探,你会失败很多次,然后最终可能会发现一个喷油的。如果比作种花——你撒下很多的种子,大部分会死去,但是有一些会长大。这就是自然世界和人类社会通常的运作方式,在这种情况里没有什么是可预见的。这个做法的反面是建构一个官僚系统,试图产出标准化的产品。在我的观念里,含有创造性的工作是不能这么操作的。你得创造一个最有利于创造性的环境,这样的话,肯定就会有一些人做出成果来,同时当然也会有一些其他的人浪费自己的时间。我觉得学术的官僚化和企业化是一种我们要反抗的趋势。

和文凯:这么说听起来像是学术达尔文主义。(笑)

濮德培:我觉得达尔文主义是需要被颠覆的。那些使用定量评估系统的人才是达尔文主义者,他们认为我们的世界是一个竞争的世界,如果我们不在当下的评判标准中努力成为最有竞争力的人,那么我们就会落后、失败。但这是假达尔文主义,达尔文本人可没这么说过。他从来没说过存在一个可预测的进化过程,没说过最系统化的物种肯定会成功。现在世界上称霸的物种是什么?可不是自然选择的那些,而是直到彗星撞击地球之前都只能躲在洞里的小小哺乳动物。彗星一撞击,人类突然取代恐龙成了老大。之前我写过一篇关于恐龙和人类的小文章,挺有意思的。麻省理工学院有个工程师说所有的成功都来自专门化,然后这也就是为什么我们需要那些十分技术化的能力。恐龙可是十分专门化的,而且直到陨石撞击之前都很适应它们的环境,但是最终赢的却是那些小哺乳动物,因为它们更灵活。再说恐龙还变成鸟了呢,世界上可没有哪个官僚可以设计出能变鸟的恐龙。但这才是实际发生的事情,真正的达尔文主义,真正的演化。

和文凯:哈哈,所以您是真正的达尔文主义者。

濮德培:这就是为什么大家需要懂科学,或者至少读点进化论,知道它到底讲的是什么。

陈利:我们今天的对话远超过预期时间了。非常感谢各位的精彩分享和抽时间来参与这次对话。

第十一篇

媒体、性别和文化社会学的交叉研究
对话弗吉尼亚大学普勒斯

图 11-1　安德莉亚·普勒斯

编者按：安德莉亚·普勒斯是美国第一代媒体社会学家之一，因将性别、阶层和流行文化的交叉研究同媒体社会学结合起来所取得的开创性成就，成为具有国际影响的媒体、性别和文化研究学者。她曾任弗吉尼亚电影节执行董事，曾先后任教于密歇根大学和伊利诺伊大学厄巴纳-香槟分校，现任职于弗吉尼亚大学，并任《传播学评论》（*The Communication Review*）主编、国际传播学会（International Communication Association）会士及该会女权研究部主任。她的主要学术著作包括 *Women Watching Television: Gender, Class, and Generation in the American Television Experience*（《女性看电视：美国电视经验中的性别、阶级和代际》，宾夕法尼亚大学出版社1991年版），与伊丽莎白·科尔（Elizabeth Cole）合著的 *Speaking of Abortion: Television and Authority in the Lives of Women*（《言说堕胎：女性日常生活中的电视与权威》，芝加哥大学出版社1999年版），与布鲁斯·威廉姆斯（Bruce Williams）合著的 *The New Media Environment*（《新媒体环境》，威立-布莱克威尔出版社2010年版），与弗朗西丝卡·特里波迪（Francesca Tripodi）合著的 *Media-Ready Feminism and Everyday Sexism: How U. S. Audiences Create Meaning across Platforms*（《媒体就绪女性主义与日常性别歧视：美国观众如何在不同平台创造意义》,纽约州立大学出版社 2021 年版),以及 *Cinema and Feminism: A Quick Immersion*(《电影与女性主义:快速入门》,蒂比达博出版社 2021 年版)。她也是访谈人白若云在伊利诺伊大学读媒体研究学博士时的导师之一。白若云于 2021 年对普勒斯进行了视频专访,并整理出了这篇访谈录。在访谈中,普勒斯详细回顾了媒体社会学在美国的兴起,并讨论了媒体研究和性别研究等领域的最新发展趋势。本访谈有助于读者了解普勒斯的研究方法和相关学术领域在北美近几十年的历史演变。[1]

访谈人白若云系多伦多大学士嘉堡校区媒体研究专业创建者并曾任该专业项目主任。此前曾任美国纽约大学媒介、文化和传播系助理教授(常任轨,2007—2008 年)。她的研究兴趣包括媒体与社会、媒体与性别、大众文化和比较媒体研究。她的主要学术著作包括英文专著 *Staging Corruption: Chinese Television and Politics*(《屏幕上的贪腐:中国的电视与政治》,英属哥伦比亚大学出版社 2015 年版)以及另外两本合编英文著作 *Chinese Television in the Twenty-First Century*(《二十一世纪的中国电视》,劳特利奇出版社 2014 年版)和 *TV Drama in China*(《电视剧在中国》,香港大学出版社 2009 年版)。她目前的项目研究丑闻事件(scandal)所反映的新媒体、流行文化与政治、经济和社会因素之间的相互作用及影响。

第一节 媒体社会学的兴起过程

白若云:安德莉亚您好,谢谢您抽时间来接受这个访谈。
普勒斯:很荣幸能参与这个很有价值的活动。

---

[1] 本访谈由白若云负责完成,访谈录音的文字初稿由冯岚雅整理和翻译,然后由白若云和陈利进行校对和修订。本访谈的精简版曾于 2022 年 5 月发表在《信睿周报》第 73 期,《信睿周报》做了部分文字编辑。收入本书时,文字经冯岚雅和郭跃斌重新校读,然后再经白若云润色。

白若云：这的确不是一个常规的学术项目，我们访谈计划的初衷就是面向公众的交流。这几年中国和美国之间的地缘政治日益紧张，公共话语中也伴随着不少虚假信息和误会。我们认为学术交流不应因此被打断，而且学者也有责任去促进彼此间、国家间以及学术界与大众之间的交流。现在，想请您跟传播学外的读者们介绍一下自己吧！

普勒斯：好的，我是安德莉亚·普勒斯，在加州大学伯克利分校获得社会学博士学位，师从媒体研究学者托德·吉特林（Todd Gitlin）。毕业后曾在肯塔基大学医学院的行为科学系做博士后，然后在密歇根大学担任传播学和妇女研究的助理教授。随后我去了伊利诺伊大学厄巴纳-香槟分校担任语言传播学（speech communication）的副教授。最后，我来到弗吉尼亚大学，在这里创建了媒体研究系，现任小威廉·凯南社会学与媒体研究讲席教授，同时也担任弗吉尼亚电影节负责人，并与（配偶）布鲁斯·威廉姆斯合编《传播学评论》期刊。

白若云：《传播学评论》这本期刊是什么时候创建的？

普勒斯：在我们接手前已经存在了，但我和布鲁斯已经合作二十多年了。

白若云：您在读博时，传播学研究领域是个什么状况？

普勒斯：我的描述不一定准确，因为我是社会学毕业的，所以当时对这个领域不算熟悉，即便我最早在佛罗里达大西洋大学找到了一份传播学讲师的工作。正是在那里我认识了布鲁斯，他当时学的是政治科学，而他前妻是社会学的，我们三人成为朋友。同时还有三位年轻学者和我一起被聘为传播学的讲师。我在佛罗里达待了一年半，然后去肯塔基大学做博士后。虽然我是在行为科学系，但实际上有点像传播学的博士后。我在那里和弗莱德·费耶斯（Fred Fejes）成为非常好的朋友，他现在是知名的传播学学者了。当时弗莱德把这个领域介绍给我，同时还介绍了领域内其他的学者和同僚，比如詹妮弗·戴瑞·斯莱克（Jennifer Daryl Slack）和迈克·巴德（Mike Budd），后者是传播学系的系主任，也是后来招聘我的人。研究电影的科莱·斯泰恩曼（Clay Steinman）也在这个系。这些经历对我来说也是一个学习的过程。

虽然此前对传播学了解甚少，但我开始意识到自己的研究对其他传播学学者好像也很有吸引力。我当时正在完成的博士论文是通过采访的方式来研究女性电视观众，后来在 1991 年修改成《女性看电视》一书出版。这类采用民族志方法的观众研究（qualitative ethnographic audience study）在当时的传播学领域是很新的，之后变成较普遍的研究方法。我作为一个博士生受邀在一个会议上介绍自己的研究（也许是在克罗地亚的杜布罗夫尼克），并在会上认识了许多传播学学者，记得有艾琳·米汉（Eileen Meehan），泰德·格拉瑟（Ted Glasser）（现任职于斯坦福大学）和詹妮特·瓦斯科（Janet Wasko），以及其他我不知道的但在传播学界赫赫有名的学者。在博士毕业前，我在夏威夷参加了第一场国际传播学会议（20 世纪 80 年代末）。斯图尔特·霍尔（Stuart Hall）在会前做了一系列讲座，我都参加了。我还在会上认识了拉里·格罗斯伯格（Larry Grossberg），并了解到伊利诺伊大学的语言传播学系。

这两年对我来说是认识传播学研究的重要阶段。虽然同年我没有去参加伊利诺伊大学举办的第一次文化研究学会，但我有朋友参加并给我介绍了该领域的动态和发展。他们回来后都对这个领域感到很兴奋，因为这与我们所做的研究有很强的联系。所以我对媒体研究领域的认知和探索是一个非常有趣的过程。

白若云：这两年是什么时候呢？80 年代中期？

普勒斯：是的，我应该是 1985 年 1 月去的佛罗里达大西洋大学。

1986年6月开始做博士后,并于同年的5月17日结婚。那是一个为期两年的博士后。我找教职时,获得了很多机会,显然我的博士论文研究对媒体和传播学学者来说有很大吸引力。我收到了罗格斯大学的聘书;瓦萨学院本来也要给我一个offer(聘用机会),但我撤销了申请;印第安纳大学也邀请我去面试。我找工作的过程很顺利,但我在社会学领域的同期同学却没有人这么顺利。我当时意识到自己的研究在传播学和媒体领域受欢迎,但在社会学内部却很少人问津。

我的研究课题跟性别社会学和媒体社会学有关,但当时并没有媒体社会学这一个分支。我的导师吉特林是第一位真正意义上的媒体社会学家,而性别社会学则是由研究女性和劳动的人主导的。因为我做的更多是文化层面上的研究,所以当时也不属于性别社会学的范畴,后者感兴趣的主要研究课题是薪酬平等、女性就业、家庭社会学和女性在家中的经历等等。但我想做一些全新的研究,也就是性别文化社会学(cultural sociology of gender)研究。文化社会学是一个很新的领域,是由一群受伯明翰学派(Birmingham School)影响并对媒体和流行文化感兴趣的研究生在一个学会上建立的,在当年的主流社会学领域根本没有合法性,得不到好的评价。我们花了十几年才获得了现在的评价。虽然还不能说文化社会学这个领域在学术界已经拥有了很高的地位,但其中也有一些知名学者,比如耶鲁大学的杰夫·亚历山大(Jeff Alexander)、哈佛大学的米歇尔·拉蒙特(Michèle Lamont),以及我自己所在院系中研究集体记忆和文化的杰夫·奥里克(Jeff Olick)。可以说现在的文化社会学有多方面的发展了。但对我来说,有趣的是,最早建立起这个领域的是诸如我这样的以及其他研究流行文化、流行乐、电视和"俗"文化(low culture)的研究生,而现在做文化社会学的人则倾向于研究美术馆和歌剧等"雅"文化(high culture)。普林斯顿大学的斯姆斯·汗(Seamus Khan)刚写了一本关于歌剧的书。这些更"高雅"的新研究课题可能给这个领域和作者带来了更高的学术地位，但同时也改变了这个领域的研究基调。

图 11-2 普勒斯专著《女性看电视》封面

白若云： 所以您是以文化社会学家的身份进入传播学，并且专注于性别、女性和媒体的？

普勒斯： 是的，女性和女性主义。

白若云： 您的第一本书《女性看电视》是由博士论文发展而来的，并在媒体研究中被广泛引用。能谈一谈这本书吗？

普勒斯：《女性看电视》是我们这个领域内最早从女性角度讨论美国社会阶级的研究之一，我在书中探讨了妇女之间的阶层差异。当然，女性主义研究领域之后也很快开始强调交叉性（intersectionality），讨论妇女之间的差异。我的书或多或少处于当时这种发展脉络之中，因为它提到了社会阶层的差异，这在美国至今还未得到充分研究。受伯明翰学派影响，阶级对我来说一直都是个非常重要的课题。实际上我在布林莫尔学院读人类学本科的时候，就在毕业论文中开始研究社会阶层和女性了。我当时研究美国宾州费城"干线"(Main Line)富人区的上层妇女,所以一直都对妇女和社会阶级的问题感兴趣。

白若云:关于交叉性的思考和研究在那时才刚刚开始,对吗?
普勒斯:是的,讨论交叉性在当时还是个很前沿的做法。

白若云:现在似乎已经成为主流,每个人都在讨论交叉性。
普勒斯:它现今在女性主义和性别研究领域已经主流化了。

白若云:您对这个领域正在进行的工作有什么看法?
普勒斯:我认为人们正在努力地公正处理性别、种族、阶级和性(sexuality)等交叉性的压迫,这是非常重要的工作。我很高兴看见有这些进展。

第二节　性别、阶层和媒体社会学:
媒体受众的跨学科研究

白若云:您的第一本书《女性看电视》出版后,获得了什么样的反响?

普勒斯:这本书的反响很有意思。因为那是一个跨学科研究,所以我在英语文学系里也变得有名气了。当时,受众研究(reception study)在文学研究领域里十分流行,我也引用了不少文学学者和受众研究理论。珍妮斯·拉德威(Janice Radway)的研究对我来说是开创性的,我的博士论文从她1984年出版的《阅读浪漫小说》(*Reading the Romance*)里获得了诸多灵感。她是一位学文学出身的美国文化研究学者,关注流行书籍的受众情况,而这个方向在当时的文学和美国文化研究中没有任何地位。因为出版了这本书，她在宾夕法尼亚大学没有获得终身教职，但这本书却是使她一举成名的经典之作。当时宾大并不推崇关于通俗文化的研究，也不推崇关于女性受众或者受众文化的研究，因为这在当时的文学研究领域还是新方向。后来这些研究方向在文学领域中变得重要，我的书就是在她带动了人们对这方面越来越大的兴趣的时候出版的。

同时，文学系里也开始流行对电影和电视剧的研究，现在也有很多文学系教授在教关于电影和电视研究的课，但这些在当时都是崭新的领域。所以，我那本书在文学系和媒体研究系变得有名，我作为一个媒体社会学者也有一定的知名度。我的博士导师当时在伯克利有一群研究媒体社会学的学生，我们后来也成了第一代媒体社会学家，比如阿默斯特学院的罗恩·伦博（Ron Lembo）和加州大学圣塔芭芭拉分校的约翰·克鲁兹（John Cruz）。我和伦博研究电视文化，克鲁兹则研究流行音乐。这就是媒体社会学的开端，但其在媒体和传播研究领域里得到了更多的关注。我们现在仍然处于这两个领域之间，因为在传播学里，人们还没有进行大量的受众研究，而社会学里的人也没有做足够的媒体研究。所以我们位于两个领域之间，与英国社会学和英国文化研究的发展更一致，我们的研究也受到这两者的影响。

白若云： 托德·吉特林是对您影响最大的人之一吗？

普勒斯： 他是我的导师。

白若云： 但他没有做受众研究？

普勒斯： 对，他没有。他写 *Inside Primetime*（《黄金时段内幕》，1983 年初版）时，我是他的研究助理。这本书研究了黄金时段的电视制作，他采访了很多参与电视节目制作的人，所以他更像是一个文化分析家。他也是个非常活跃的活动家，曾出版了一本关于 60 年代的书。同时，他还是一个非常有名的文化评论家和公共知识分子，现在仍然在写关于政治和文化方面的书和文章。

白若云：您在研究女性电视观众时使用的方法大多来自社会学？

普勒斯：对。因为我本科学人类学，而加州大学伯克利分校的社会学系博士培养过程比较松散灵活，所以我在伯克利读博的时候走了一条不寻常的路。我一年前刚翻过我的博士成绩单，发现当初只上了少量社会学的课，但选了不少比较文学和电影研究的课，还研究过海德格尔和批判理论，并学习了法语和德语。当时读博士有很多跨学科选课的自由，现在已经是件很难得的事情了，因为每个系都会给自己的研究生施加压力，敦促其尽快毕业。我现在主要教电影学，对电影研究十分感兴趣，正在写一本关于女性主义和电影的书。这些都和我读博期间培养的一些兴趣有很大关联。我的学术兴趣培养是一个循序渐进的过程。我在布林莫尔学院接受了人类学方面非常好的训练和教育，然后在哈弗福德学院选了很多社会学方面的课。我当时的导师是人类学家，但我也与社会学家马克·古尔德（Mark Gould）有很多的合作，他至今还与我和他的许多学生保持着联系，所以我在方法论上面的训练大多来自人类学。而当我设计论文题目时，我又用上了这些方法和知识。

我没有继续学人类学的部分原因是我想研究美国妇女，为此，我力图阅读大量的理论。受限于时代环境，彼时人类学家一般不去研究自己的文化，而人类学领域也和现在颇不相同，比较明显的是不像社会学那样强调理论。如果我那时能够预判人类学领域后续的发展，可能会走上人类学研究的道路也未可知。现在，人类学家研究的主要是自己的文化，也汲取了大量的理论，可能比社会学家还多。但在当时，社会学系更加吸引我。我想，如果打算研究美国妇女，也许我应该成为一名社会学家。但我对社会学的了解其实远不如对人类学，而且我在伯克利的学习兴趣主要是在社会学之外，所以并没成为传统意义上的社会学家。这就是伯克利社会学系的特性——它培养了许多从事民族志研究的学者，与大部分社会学系的培养方式不同。另外，那也是一个非常激动人心的时代，因为福柯和德里达都来伯克利讲课。当时有很多跨学科的理论，还有对后结构主义、结构主义以及电影研究的激情，但还没有人教电影。我作为博士生在伯克利社会学系开了第一门"女性与电影"（Women and Film）课，这是一门高年级的研讨课。那是我第一次教这门课，我非常喜欢，从1984年起一直在教。当我不能教的时候，我感到很难过，因为我喜欢教关于好莱坞电影中的女性。我喜欢电影，也喜欢把它们展示给没有看过的人，这是件很快乐的事。

图 11-3　普勒斯合著《言说堕胎》封面

白若云：您现在还在教这门课吗？

普勒斯：我还在继续教。在这个领域的学习过程中，我了解到了很多关于电影的知识。我还有一门关于好莱坞著名导演希区柯

（Hitchcock）的课，以及一门情节剧（melodrama）和电影的课。在七八十年代，女性研究和电影研究之间有诸多交集，我对此有很大兴趣，因为我一直对电影和电视研究感兴趣，这也是我开始研究受众的部分原因。

白若云：您是如何教"女性与电影"这门课的？

普勒斯：为了确保这门课的效果，我一直与教学资源中心密切合作。我在课程最开始会说，我是一个非常喜欢跨学科的研究者，所以这门课会和其他的电影研究生课不同。我是一个社会学家和媒体研究学家，同时也是一个女性主义学者，所以我关注的是女性研究、媒体与传播和社会学的交叉点。我将女性置于美国有声电影兴起后的几十年这个时代背景中，研究她们是如何被刻画或者表述的。从20世纪30年代开始一直讲到第二次世界大战，我们从历史中去看是什么改变了妇女的形象，什么是前好莱坞电影制作守则的电影（Pre-Code movies），第二次世界大战的影响，以及职业妇女和观众。这门课有很多关于职业妇女的电影。随后我们讲玛丽莲·梦露（Marilyn Monroe）时代的崛起，我写了一些关于梦露明星形象的文章。我们还讲妇女在战后回归家庭进行生产时发生了什么、退伍军人回归美国社会后的问题，接着就是关于60年代的讨论。我还教一门青少年与电影的课，讲青少年在电影中的形象和表述。从50年代詹姆斯·迪恩（James Dean）开始讨论对美国中产阶级家庭的反抗，到60年代的青少年文化，最后是七八十年代，一些女性导演和性解放的题材开始萌芽。这是门很有意思的课，我让每个学生反思自己的高中时期的经历，并将之与电影中青少年的高中时期进行对比，我认为我们能从中学到许多。

白若云：您说的这门青少年与电影的课和"女性与电影"是不同的课程，对吧？

普勒斯：是的，这是一门不同的课程，但我有时会在女性与电影课上展示一些青少年电影。回到女性与电影课，在 60 年代后我们开始讨论第二波女性主义、后女性主义以及现在的电影。我通常会用一部当前的电影作为课程的开端，比如我们今年看了由一位相当杰出的女导演执导的《小妇人》（*Little Women*），将 19 世纪女性主义的小说以不同方式为 21 世纪的女性主义改写。你知道我很喜欢研究流行电影，我喜欢研究人们看过的电影，所以我很爱研究当下的电影。我也很爱研究恐怖片，因为有很多关于恐怖片的女性主义理论都非常出色，比如对《万圣节》（*Halloween*）和杰米·李·科蒂斯（Jamie Lee Curtis）的形象分析，还有对《惊魂记》（*Psycho*）里弑母情节的精神分析。我还可以谈希区柯克和《迷魂记》（*Vertigo*）以及希区柯克的金发女郎和这位导演电影中的女性形象。资料非常的丰富，我永远都不可能涵盖所有的题材，但这些全都令人兴奋。我对黑色电影（film noir）、高度被性化的女性形象（hyper sexualized woman）、吸血鬼和犯罪题材也很感兴趣。

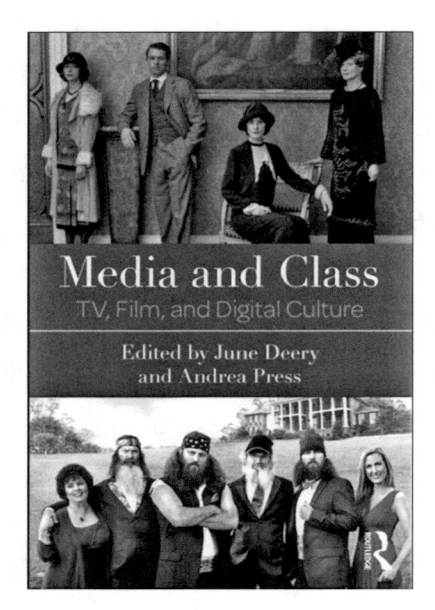

图 11-4　普勒斯合编《媒体与阶级》封面

第三节 流行文化、女性主义和数字媒体研究

白若云：您是最早从女性主义角度研究流行文化的学者之一。可以谈谈流行文化研究对性别动态（gender dynamics）研究的意义吗？

普勒斯：如果你看当下的流行媒体，我们甚至没有词汇来描述媒体如何改变我们的日常生活、儿童社会化的过程、约会与求爱和其他的沟通方法和关系。但它无所不在。它是文化传播的方式和人们体验文化的方式。文化是赋予生命意义的东西，是人们对其经验的反思。所以你可以研究人们在工作场所受到的待遇，但这些经历是通过文化的方式被体验的，且人们从文化的角度来理解这些经历，决定自身对事物的看法。她们经历何种情感？这些都是文化的问题，所以我对只关心女性的工资和工作类别的狭隘社会学研究感到不满意。和文化层面上的问题相比，这些社会学问题似乎不那么有趣。这些女性有什么文化品位，如何将这些文化融入到自己的生活中，以及她们如何通过文化来理解自己在工作和家庭中的经历，比如性别对抑郁症的解释等等，我认为这些问题在我们的文化中仍然都是值得探讨的问题。

白若云：随着数字媒体的快速增长，流行文化的形式也在激增。电影和电视仍然是流行文化传播的重要场所，但现在研究流行媒体似乎变得更有挑战性。对于研究数字时代的大众文化，您有什么建议呢？

普勒斯：我不认为自己有任何好的建议。我正在思考现在所有学者都在关注的一些问题，比如我们当中为什么会出现法西斯主义和右翼民粹主义、如何看待人们的政治意志和投票行为、为什么特朗普会赢得那么多选票、为什么法西斯主义会在整个西方文化中呈现出死灰复燃的态势等等。我认为媒体是这些现象的核心，所以我一直尝试设

计一个用民族志的方法去剖析社会阶层问题的研究课题，看看不同阶层的人们对政治媒体和承载政治价值观的媒体有哪些不同的体验。我试着做了一个研究计划，但进程缓慢，因为我有其他非常感兴趣的项目。我现在正在做一个关于线上约会建议视频的项目，同时还在做一个关于全球简·奥斯汀（Jane Austen）的女性粉丝群的项目——有些粉丝群非常活跃。我还在采访一些科技（STEM）领域的女性，了解在"还有我"（#MeToo）运动之后她们对性骚扰的认知和意识、对工作场所的条件、职场里有哪些待解决的问题，以及公司如何回应增强的性别意识等等的看法。因为这三个项目在同时进行，所以民族志的研究不得不后挪。

图 11-5　普勒斯办公场景

白若云：你对简·奥斯汀粉丝的研究是否以某种方式延续了您之前的电视观众研究？

普勒斯：简·奥斯汀粉丝群体现在如此广泛的部分原因来自流行电影，因为这一类电影的流行肇始于 90 年代的一部青少年电影作品——《独领风骚》（*Clueless*）。该电影改编自简·奥斯汀一篇不太出名的小说。我感兴趣的问题是，通过电影了解简·奥斯汀的观众和通过书籍了解她的读者之间是否有区别。两者之间肯定有一些重叠，但也有人就是不喜欢电影，也有一些人从来不看书，只看电影。这对我来说是一个非常有趣的议题，因为电影对书进行了特殊的阐释。你不可能在电影中得到书中的一些细节。文学研究者认为简·奥斯汀如此出名和具有创新力是有原因的，而我不确定她开创的那种叙事技巧，即所谓的自由间接话语（free indirect discourse），可以完全转换为电影。在简·奥斯汀的叙事下，叙事者进入主要人物的头脑里，读者通过主要人物的眼睛看到一切，第三人视角的旁白不再存在。这种叙事技巧主要出现在《爱玛》（*Emma*）——同时也是《独领风骚》改编的原始文本——里面。这不是在电影里可以描绘的东西，因为一般来说电影必须要有一个叙述者（narrator），但这不是大部分简·奥斯汀电影的拍摄方式。我得回去看看那些电影是否有旁白。书中有叙述者，因为这些书不是以第一人称或者第三人称的视角来写作的，而是交换角度来叙述的。电影的叙述者则是摄像机镜头，电影是通过摄像机镜头所选的角度来讲述故事的，但我们在看电影时却不能像读书时那样进入主人公爱玛或者《傲慢与偏见》（*Pride and Prejudice*）的主人公利兹（伊丽莎白的昵称）的脑海里去了解其心理活动。书中的旁白有时会以人物的方式看待事情，有时则从上帝视角看事物，并在这两者之间自由无缝地转换。

白若云：所以你现在是在研究这两种简·奥斯汀的粉丝吗？

普勒斯：我现在还没有开始研究，我还在思考。我一直在跟研究粉丝文化的人交谈，尝试搞清楚什么样的研究才有意义。我是一个书迷，所以我加入了许多关于简·奥斯汀的脸书（Facebook）小组和博客。北美简·奥斯汀协会邀请我去做一个讲座，所以，如果我做了这个研究，我就有东西可以讲了。但我经常听她们的讲座，昨天正好有位我很喜欢的简·奥斯汀学者发言。她在亚利桑那州立大学教书，写了一系列关于简·奥斯汀的畅销书，也给 The Great Courses（伟大课程）[1]系列做了一些很棒的讲座。她虽是一位研究简·奥斯汀的学者，但她的研究又反过来帮助提升了简·奥斯汀作品的知名度。她去年出版的书围绕简·奥斯汀的粉丝群体是如何形成的，从19世纪一直讲到现在，探讨了不同年代粉丝群体的差异。她还有一本新的传记即将出版，是位非常高产的学者。她昨天的讲座是关于奴隶制和奥斯汀家族的，特别是《曼斯菲尔德庄园》（*Mansfield Park*）里奴隶制的内容，这本书有很多的争议。现在没有人对这些内容进行比较好的改编，因为这并不符合现代人的感受，这是个有待完成的事情。我相信人们都在努力，但没人喜欢《曼斯菲尔德庄园》的女主人公，她太被动了。

白若云：你是否把粉丝研究看作受众研究的一部分？

普勒斯：当然！因为它们是同时兴起的研究方向。早些年我为宾夕法尼亚大学出版社编辑的学术著作系列中，有一个关于女性受众研究的系列，称为 Feminist Cultural Studies, the Media, and Political Culture（"女性主义文化研究、媒体与政治文化"）。这是有史以来最糟糕的名称，但我们出版了卡米尔·贝肯-斯密（Camille Bacon-Smith）早期的一部研究女粉丝改写《星际迷航》（*Star Trek*）叙事的书，应该是叫 *Enterprising Women: Television Fandom and the Creation of Popular Myth*（《进取的女性：电视粉丝与流行神话的形成》）。她参加了粉丝聚会，收集粉丝创作，这在没有互联网的80年代是件了不起并非常有创新性的研究。这本书在1991年出版，就在我的书之后。因此，她不得不收集粉丝分发的油印（mimeographed）纸片和印刷品。这个粉圈内部有很多女同性恋，她们将科克和斯波克（Kirk/Spock）重塑为男同性恋并拥有一段感情关系，那在很多方面都是非常创新的。还有许多其他

---

[1] 编者注：一个在线学习新知识的付费网站。

粉丝研究的课题，也是受众研究里最有趣和令人兴奋的领域。我从未做过粉丝研究，因为我作为一名社会学家，对边缘群体/亚文化群体（fringe）没有那么大兴趣。我更关注的是主流人群。简·奥斯汀的粉丝如此吸引我的一个原因，是这个群体之庞大堪称主流，而非一个边缘群体。有些人将之看作边缘群体是因为粉丝群中有相当一部分上了年纪的白人女性，但实际上大多数粉丝都在三十到四十岁之间，一些比较出名的播客主甚至还要更年轻一些。总而言之，简·奥斯汀的书吸引了很多英美两国的老年女性读者，而改编成电影后又将她所写的故事和叙事风格带进了喜欢看电影的年轻人当中，并影响了一些当红的青少年题材电影。大部分上女性研究和电影课的学生都看过 2005 年好莱坞版改编的《傲慢与偏见》。所以，一个出生于 18 世纪的作家对爱情和浪漫的看法，为什么会成为 2021 年年轻女性最受欢迎的浪漫叙事之一，这对我来说是一个非常有趣的问题。

白若云：目前对这个问题有什么暂定的答案吗？

普勒斯：等我想明白了，您会是第一个知道的人。这个问题是我的兴趣所在，它激励我思考。

白若云：这个问题似乎与后女性主义有一定的关系。

普勒斯：这也是研究约会建议视频里出现的一个问题。现在有一个针对三十岁以上女性的约会建议视频行业，但跟我合作的一些学生说，针对年轻女性的视频建议和针对年纪大一些的女性有很大的不同。给年轻女性的建议会更加女性主义一些，但针对年纪大一些的女性则是类似"如何表现得更加女性化一些，以便你结婚生孩子""如何吸引男人，让你的前男友回心转意"，以及"如何让你的男人开心"等，感觉回到了上世纪 50 年代。

白若云：在方法论上，粉丝研究和受众研究有什么共同点吗？

普勒斯：我认为这两者有很多的共同点。做粉丝研究的人经常做访谈，当然也有文本分析的成分，因为很多粉丝都会重写故事线或者改写世界观。你必须要讨论他们喜欢的媒介和文本，不管是乐队、音乐视频、简·奥斯汀的电影、小说又或者是《星际迷航》的电视剧。我之前有个学生——她现在在法学院学媒体法——在毕业论文里研究了英国-爱尔兰男子乐队 One Direction（单向乐队）的粉丝群体。虽然我没有听说过这个乐队，但他们的粉丝群体十分庞大。粉丝们会写关于乐队成员的故事，有些故事在网上以不同的形式广为流传，他们是一个非常活跃的粉丝群体。我认为这是一个非常有趣的研究。

第四节　网络民族志和新研究项目

白若云：在讨论数字媒体的研究方法时，很多人都说到网络民族志（online ethnography），您对此有什么看法？

普勒斯：这真是一个好问题，我感到很纠结。实际上，我近来刚开始跟一位经济学家一起研究线上约会视频，看看能否从 Youtube 上获取一些数据，分析关于约会的视频的真实受众是谁。但很多做网络民族志的人并不能回答受众真实身份的这个问题，也没办法确认网络评论者的真实身份。这对我来说是个大问题，因为如果你做民族志和人类学研究，你会想知道自己研究对象的方方面面，形成一个更全面的视野，而不只是想看到这些人在 Youtube 视频或者电视栏目的评论。从我的角度来看，这不足以回答受众研究中各式各样的有趣问题，所以我没有被这个方法吸引。还有一些其他问题，比如，研究在线约会可能会涉及隐私权问题。很多脸书小组是封闭的私人小组，研究者可能很难获得对方的许可去研究其活动。所以我认为，网络民族志有一定的空间，有许多有趣的在线活动，但我不认为它可以取代更加传统的、通过面对面的交谈来了解人群和文化的民族志方法。我想做的民族志研究是用更加传统的方式去研究社会阶层、政治和新闻媒体。除了人们在网络上消费的政治信息以外，我还想更多地与人见面，了解他们生活的不同方面。

白若云：所以网络只能发挥辅助补充作用，但不能取代传统的民族志方法，因为传统的方法在今天依然是必不可缺的。

普勒斯：我认为它们很重要，并且为我们提供了回答更广泛问题的数据。一些局限于网络环境的研究非常有趣且可能也有必要，但这不够，我认为我们需要真正的民族志，将这些人的线上活动置于现实背景当中，因为人们并不是他们线上活动的总和。

白若云：很高兴知道您也在做关于#MeToo运动的研究，我相信读者对此会很感兴趣。可以谈谈一下您的研究吗？

普勒斯：目前我的研究发现是，人们仍然觉得在工作中受到歧视，不得不经常面对骚扰，而公司采取的任何行动都非常缓慢，这点有些令人沮丧。很多人和公司都意识到这些问题的存在，这是件好事，但这种意识还未走向我们期望的那种职场改革。因此，我正在与霍华德大学的一位女性学者合作，尝试做一个媒体研究项目。我们希望样本里能有一些有色人种女性，这样我们的研究能够更加具有交叉性。我们目前也和一位男同性恋学者合作，同时还收集了一些跨性别女性的数据。我希望能有某种职场革命，让公司能更积极地处理这些问题，但根据收集到的数据，这个职场革命目前似乎还没发生。

白若云：#MeToo带来了一些好的变化，但制度性的变化是否会因为运动自身的局限而导致进展缓慢？

普勒斯：#MeToo 运动自然给我们带了一些正面的变化。比如，当现在有人提出性侵控诉的时候，人们不会再像过去那样把控诉人当成疯子。同时，一些领域也开始发生变化，引入了一些好的规章制度或者处理机制。但被性骚扰后，受害者仍然很难得到任何补偿。这就是我们目前面临的困境。虽然这个运动才刚起步，但如果我们有必要预测其结果的话，这可能就是结论。与此同时，这个运动也未能给身处科技领域的女性职员在薪资和晋升评估过程中所遭遇的隐形歧视带来改善。相比而言，得益于第二次女权运动浪潮，美国学术界有着较为公平的两性就职比例，其薪资待遇也较为平等。但你不能完全依靠立法实现评估、晋升、奖励等方面的性别平等，因为对工作表现的评估涉及很多主观人为因素。我相信作为一名学者，你也看到了这一点。因此，我们必须继续努力，加强这方面的意识，并尽力减小职业机会和待遇上的性别差异。这非常难，但需要大家坚持不懈地做下去。

第十二篇

从边界解读现代国家的构建
对话马里兰大学宋念申

图 12-1　宋念申

编者按：宋念申 1996 年毕业于国际关系学院中文系，从事新闻工作多年后于 2005 年赴英国伦敦政治经济学院攻读硕士，两年后进入美国芝加哥大学攻读历史学博士，2013 年毕业后在瓦萨学院做博士后，2016 年入职马里兰大学巴尔的摩郡分校历史学系并于 2020 年提前获得该校终身教职，晋升为副教授，现任职于清华大学。宋念申的研究兴趣包括区域及全球史视角下的中国近现代史、边疆与民族、东亚史、城市、历史地理等。除了一系列发表于重要刊物的中英文文章外，他的主要学术著作包括英文专著 *Making Borders in Modern East Asia: The Tumen River Demarcations, 1881-1919*（《制造现代东亚的边界：1881 至 1919 年间图们江界河的划定过程》，剑桥大学出版社 2018 年版，此书并有 2022 年韩文译本）和中文专著《发现东亚》（新星出版社 2018 年版，香港中和出版公司、台湾联经 2019 年版，此书并有 2020 年韩文译本）。他的部分学术文章发表在包括《美国历史评论》（*American Historical Review*）和《亚洲研究杂志》（*Journal of Asian Studies*）在内的国际顶级学术刊物上。

从对话中，我们可以看到为何宋念申在多年工作之后决定重返校园进行知识"充电"，并成功在学术界找到自己喜欢的职业道路。从他的学术经历与研究成果，可见欧美研究型大学对于人文社科领域提倡的跨学科训练及学术理论和方法创新的重视，有助于年轻学者的成长与知识积累。宋念申的第一本英文专著研究的是19世纪末到20世纪初东北亚地区图们江流域的边界争端。该书从跨国史角度分析了边疆有关人和土地的话语和实践，如何影响了现代东亚国家主权、领土和民族建设的进程。该书的研究发现和视角，对相关领域的研究很有价值。访谈中谈及的东北亚近现代国际关系史、边疆地区史的研究方法和理论，对于近些年越来越多试图将近现代中国史同跨国史和全球史结合起来的学者也很有借鉴意义。[1]

第一节　学术背景和留学经历

陈利：我之前读过你分享的学术经历，似乎和不少一直从本科读到博士，然后进入高校工作的人不太一样。能谈谈你在读博士前的经历吗？

宋念申：读硕士前，我做了很多年的报纸编辑，主要负责国际评论版面。我的工作是邀请国际关系学者就外交政策、国际形势等话题展开讨论，偶尔也做采访。对我后来学术工作影响最深的一次经历，就是2004年到东北探访中朝边境。那是我第一次去东北、第一次实地接触中国的边界，印象很深刻，也产生了很多问题。我去伦敦政治经济学院读硕士时，论文题目就来自于这次采访中了解到的高句丽历史遗产的争端。由此又衍生出我的关于边境和移民史的博士论文题目，最后就成了我的第一本学术著作。现在想起来，当编辑、记者的经历

---

[1] 本次访谈由陈利负责策划和执行，访谈录音的文字初稿由招淑英和罗清清负责协助整理完成，然后由陈利进行文字编辑，再由宋念申对全文进行了认真修订和润色。本访谈曾由《澎湃新闻·私家历史》专栏于2020年11月发表。收入本书时，文字又经白若云润色和郭跃斌校读。

对我的求学还是很有帮助的。除了对实地考察的重视,我对 deadline（最后期限）也比较敏感——做报纸最忌拖稿嘛。所以我写论文时也是,比如规定自己这个月要完成一章,就一定要完成。

陈利：能够及时完成写作计划这点很重要,但这对于学者来说也是很大的挑战,日常生活容易被杂事影响,我现在也会常赶不上 deadline。谈到英语学术写作,请问你有没有经验和心得可以分享？

宋念申：我英语写作开始时也不好,喜欢用大量从句,好像这样才够学术味。后来被老师批评了,就专门上了学术写作课,而且一次不够还上了两次。写多了之后就明白,英语和汉语一样,最高明的写作,都是用简明直白的语言来表达复杂的思想,用短句完成丰富的内容。对初涉英文写作的朋友,我的建议是,你喜欢谁的文字风格,就先去学习、模仿他/她的写作。

陈利：我也同意模仿是学语言过程中很重要的一个部分,学好英语确实可能是一个艰难的过程。我记得你本科是读中文系,然后在媒体工作,再回去做英文学术,在这个过程中需要克服的语言障碍,难度说不定比我还大。我本科是英文专业,但学习用英文写作也同样必须下一番功夫才行。那么是什么契机促使你从媒体行业转到学术研究呢？

宋念申：首先是媒体工作的客观环境。此外也有对新闻职业性的怀疑,特别是去海湾采访伊拉克战争、目睹英美媒体如何操作议题之后。正在我思考自己的职业路径时,我刚好得到去英国留学的机会。我不想学跟新闻相关的专业,因为自己做的是政治评论版,就选择了念政治学,去了伦敦政治经济学院。

后来,我的硕士论文居然得到了难得的"优秀"（distinction）,这给了我很大信心,觉得或许尚有潜力深造,所以就决定转行。写论文时读书，特别喜欢的学者是杜赞奇和布鲁斯·卡明斯（Bruce Cumings），恰好两人都在芝加哥大学历史学系，我就唐突地写邮件给杜赞奇，说自己很希望跟他学习，只是担心我从没有历史学训练。没想到他回信了，而且对我非常鼓励。我就这样去了芝大，转读历史专业。

陈利：芝加哥大学的历史学系博士培养给你的总体印象是什么？与伦敦政治经济学院相比，又有什么不同？

宋念申：英国的博士培养时间短，博士生不需要上课，主要任务就是写博士论文。如果你的论文题目已经准备好，可以一来就下笔写，那去英国念就快。但是英国奖学金机会比较少。

在芝加哥大学，新入学的博士生必须上课，且头两年要选择一个跨两个学期的 seminar，完成两篇长论文，才有资格开题。像我这样没什么史学基础的，前面两年的训练很重要。比如，我想研究中国，自然应该选修一门中国史，可不巧的是，那两年芝大历史学系没开中国史课程。但塞翁失马，我第一年跟柯德雷（James Ketelaar）老师学了日本史，第二年跟布鲁斯·卡明斯老师修了韩国史，不但逼着我填补了知识空白，而且彻底改变了我对东亚历史的认知视角——即不能仅仅从单一国族的角度去理解历史，而是必须要有区域的甚至全球的视角。

芝大历史学系的另一个特别之处是，它属于社会科学学部而不是人文学部。选课阶段，历史学系要求博士生一定要选够一些非历史学专业的课，强调跨学科学习。所以你容易与其他学系的老师同学一起交流、一起玩。芝大也有一个很好的传统，就是学校会资助学生筹办众多的工作坊（workshop），学生可以在工作坊分享研究成果，也请外面的嘉宾来做讲座。许多工作坊的主题就体现跨区域、跨学科的特色。我也担任过"东亚跨区域历史"（East Asia Trans-Regional Histories）工作坊的协调人。

图 12-2　宋念申就读芝加哥大学期间在密歇根湖畔

陈利：我之前也被邀请去芝大历史学系这样的一个工作坊做报告，现在才知道这原来是由芝大博士生组织的。这样挺有用的，你们能邀请自己感兴趣的学者，也很早就和学者交流联系，对博士生的研究有很大帮助。芝大历史学系对博士生具体是如何辅导的？

宋念申：芝大历史学系老师有一个特点：真的不管学生，研究与日常生活什么都不管，至少我那会儿是这样。我读博士时是比较抓紧时间的，六年就毕业了。当时十几年没毕业的很常见，夸张的也有二十年没毕业的。近年来才有了毕业年限的规定，好像是八年吧。老师不管你，大概因为觉得你既然能来到这里，就该是个有想法、独立的学者，尤其是成为博士候选人（All-but-Dissertation）以后。

我见主要导师卡明斯聊论文，平均一年也就一两次，每次十几、二十分钟。我刚去芝大，杜赞奇就被新加坡国立大学挖去好几年，后来干脆从芝大退休了。虽然他仍然在我的博士论文委员会中，但我们也就只能在亚洲研究协会年会上见面，聊个十到十五分钟。这种"不管",好的方面是学生有充分自主。但也有不好的方面,比如找工作的时候,我们的职业竞争力就相对较低。

陈利: 所以这和老师手把手扶持出来的学生反差是很大的,从每一步都有老师盯着和扶着,变成每一步都靠自己。这感觉就像国内的高中生到大学,高中生每堂课都有老师盯着,很多人从高中考上大学之后,没人盯着就不知道要干什么了。所以国内的学生到美国读研究生,在出国之前,应尽量学会自己如何规划时间、如何有效运用时间,并提高英语能力,摸索出自己的学术方法。国外的博士培养模式大概有两方面的优势:一是提供宽松的研究环境,包括选题、研究方法、变换论文题目,毕业时限也比国内宽松;二是在前五六年时间里,学校提供的学术和资源支持很到位。美国的老师不手把手指导,反倒帮助学生培养了独立解决问题、有效规划时间,以及在研究创新和论文写作上的能力。一般会是什么原因导致一些博士生耗时很久才毕业呢?

宋念申: 有博士生中途选择退学,也有迟迟不毕业的。我的观察是有两种情况:一类可能是准备得不好;另一类则是极聪明,思路活跃深邃,有点追求完美。不像我这样,限制自己在某个期限必须完成某个任务。于是在老师没有使劲督促,学校又没有特别限定的情况下,很多才智出众的学生会耗费比较长的时间。

陈利: 做学术,自律确实非常关键,不管是读博士还是毕业后继续在学术界工作,都是如此。拿到评审意见后,在有限时间内就要改好论文再投出去发表,否则就可能影响之后的研究工作和职业发展。要做学术,除了有必要的智商、学术兴趣和潜能之外,是不是很大程度上还在于学生的自我管理和利用时间的能力?

宋念申: 其实就我个人体会而言,在美国,以学术为职业的话,并不需要你有绝顶聪明,中人之资可能更容易适应。因为中人之资会愿意中规中矩地按照学校和学术生存规则来。我的智力就很平庸,这是实话,有很多才智很高的人,也许反倒不太适应这套规范。

陈利: 自己有一套时间管理方法,把精力与资源用在刀刃上,让自己在有限的时间里更高效地生产出结果,这也都是做学术成功的关键因素。大家的时间与智力都是差不多的,重要的是如何把自己的时间与知识放在能产出效果与效率的东西上。这不仅要训练,也要有意识,才能逐渐培养出来,不是每个人天生就有的。刚才提到芝加哥大学对学生就业培训不多,根据你当初找工作的经验,觉得有哪些关键的步骤,是博士生需要提前准备的?

宋念申: 按我在美国求学与任教的经历,我认为目前状况而言,可以做的是增加教学经验。大多数空出来或新增的教职,是文理学院或者小学校的,他们的要求与研究型大学不同。我是到了博士后阶段,才真正明白职业市场的要求。

芝加哥大学的培训方式,是着重学术能力训练,不太在意学生的教学经验,学生也少有到其他大学教学的机会。但现在的职场上,大量的职缺是教学型的。你去文理学院或者小型的私立及公立大学面试,可能系里没人懂你这个领域。把自己的学术研究说得太专,听众未必有兴趣。他们更关注你能给学生带来什么,可不可以完成基础教学,并教授有一定跨度的题目。当然,如果你面试的是顶尖的研究型大学,像芝大历史学系那样,四五个中国史教授,两三个日本史教授,那对方会特别关注你研究的新意。但是这种机会特别少。

我建议找工作的同学,要准备三份申请材料。一份给研究型大学,突出你的学术能力;一份给文理学院或教学型大学,适当突出你的教学能力;再一份是找博士后用,针对不同博后要求强调不同的点。另外,找工作要有一个正确的心态,不要碰到挫折就气馁。尤其是通过了初次面试,到达校园面试(on campus interview)这最后一步时,这跟你个人能力已经没太大关系了。学校聘任的考虑，有很多偶然因素，你除了保证自己表现不要出太大纰漏外，其余的很难控制。从众多申请者中走到最后一步，说明个人能努力的方面已经都做到了，千万不要因为最后没有拿到聘书就怀疑自己的水平和能力。

我自己也是毕业三年之后才拿到一份常任轨研究型职位。听起来不太顺，但横向比也算比较幸运了。第一年，我找到了稳定的博士后，资助比较好，授课不算多，既积累教学经验，又有相当多的时间修改论文。中间两年去了很多学校面试，但无果。到拿到现在这个职位时，我的书稿已经有了出版合同，也积攒了两三门课的较成熟的讲义，可以随时上。所以很多时候，博士后也是个不错的选项。

陈利：职位找得好不好，确实是受很多因素影响，除了学术能力以外，还包括事前的准备、老师有否针对性培训等。另外，做博士后一般不要超过三年，不然可能会给人不佳印象。做博士后三年是比较长的，一般是一两年。如果博士后期间没有任何期刊发表，超过三年再去找工作就会比较困难。最好第一年就开始找，第一年不行，还可以有第二年，不然第二年才找就时间紧迫了。最近有读者问到求职时学术期刊文章发表的数量。现在北美历史学系毕业生求职时，一般需要发表几篇文章？

宋念申：视学校而定，比较注重教学的学校，更注重你能显示自己具备研究能力。一般学校对刚毕业的博士生，不会要求过多的发表量，但要看 potential（潜力），比如你有没有文章准备投稿、有没有正在审核的文章可能会被学术期刊发表。有时发表的期刊论文数量多，但不是在著名的学术期刊上，反而给人的观感不好。期刊发表，质量比数量重要，特别是人文学科，不是太看重数量，最重要的还是你能否顺利把博士论文出版成书。如果已经做了两三年的博士后，书稿和期刊文章都没有的话，就可能引发学校对你学术潜力的怀疑了。

第二节　首本英文专著出版过程和主要内容

陈利：博士毕业后就得开始修改论文，准备出版。你的首本英文专著《制造现代东亚的边界》由剑桥大学出版社于2018年出版。这本书是由你在芝加哥大学的博士论文改编而成的，能分享一下论文改编成书的过程与心得吗？

宋念申：我有一个建议给正在写论文的博士生：写论文时就尽量照着书稿的方向去写。不要总想着说，我的论文只是为了博士委员会或者导师看，心里要装着一个更大的读者群。我有幸参加过几次讨论学术出版的工作坊，也读了一些学术出版社编辑撰写的指导性书籍（比如资深编辑威廉·吉尔马诺［William Germano］的 *From Dissertation to Book*［《从学术论文到学术专著》］）。

所有人都会告诉你一些最基本的修改要求：比如不要让编辑觉得你的书稿还是博士论文的模样，不要有过于冗长专深的理论和文献综述，要把叙述尽量打磨得有趣，使更多人能够介入你的议题，等等。这并非说，你要写本通俗小说，而是说要让非专业领域的人也能够从你的书里获得启发。其实说到底，就是要清楚，书的读者对象和博士论文的读者对象是不同的。

我写论文时，是按照成书的想法去处理篇章结构的。所以改书稿时，就不觉得特别费劲。我的主要内容没有大改动，加入了一些新内容、新材料，但没有做太大的增减。论文的总体架构没有大变化，改编成书所用的时间也相对较少。

陈利：博士论文的最初读者是答辩委员会，一般是四五个老师，都是论文领域的专家，但是学术专著则以更广的受众为对象，并非人人都是论文的专家。以写书稿的方式来写博士论文,应该如何平衡专家与普通读者的不同要求与期望呢?

宋念申:这就只能凭经验了。可能我有个占些许优势的地方,就是我当过多年的报纸编辑,我约来学者的文章,多数情况下都必须改成能够面对普通读者的文字。所以我不难理解,一个面对特定读者群的编辑,希望看到怎样的叙述、怎样的风格。当我看到威廉·吉尔马诺教你如何改编博士论文时,他说你一定要想着书是给更多人看的,我马上就特明白他在说什么,因为我也是这样改学者的文章的。但具体该怎么改,很难一概而论,需要靠自己慢慢摸索。

陈利:把博士论文改写成书出版,你花了多少时间?

宋念申:总共花了大约四年左右。虽然我投稿比较早,但还有一轮修改是在评审意见回来之后。所以我的另外一个经验是,初次投书稿,不要等你认为完美了才投——完美是没有尽头的,写到八成满意就可以了。通常收到审稿人的意见后,还会有一番思考,会有一轮大修。如果能遇到好的审稿人,他们会提供非常好的建议,应该根据他们的意见,把书稿最后的两成完善。当然,我说八成满意,也不是说直接把博士论文投给编辑,坐等别人给你提意见。拿博士论文投稿会被拒的,至少要把它改到有书稿的样子。我拿到审稿意见之后,大概又花了一年半,继续跑田野收集资料,最终才把书稿改定完成。

陈利:我的书稿也是在博士论文基础上改了四五年后才寄给出版社的,而且书的分析框架则是在完稿前不久才最终确定下来的。你能那么快就把博士论文改写成书稿,和你的之前准备,比如说写论文时就以书来写,应该有很大关系。

陈利:请问这本书选题的背景是什么?

宋念申:我最早接触图们江和朝鲜族,就是2004年去东北探访中朝边境，当时我特别感兴趣高句丽王城申遗这件事。一年后，这件事引爆中韩间历史争端，也成为我在伦敦政治经济学院的硕士论文课题。后来到芝加哥大学学习，我就带着一个模糊的问题：东亚国际关系总是问题丛生，这些问题大多跟历史认知有极大关系。边界和边疆虽是政治问题，但也是历史认知最为撕裂的地方。而流行的政治学、国际关系的框架，总是谈实力啊，利益啊，结构啊，意识形态啊什么的，拿来解释东亚时，隔膜都太大了，所以我认为还要回到自身的历史脉络去分析。在为日本史和韩国史两门seminar写论文时，我都选择了"间岛"交涉：因为这个问题涉及东亚三个国家，并且当时我已经隐约觉得，真正引发冲突对立的，就是19世纪末到20世纪初这段时间内发生的改变——东亚的区域结构、国家论述、历史观念，都在这个时间点产生了极大变动，导致我们对共同经历的历史产生了截然不同的理解。

陈利：你书中的一个概念我觉得很有意思，就是你认为是边疆定义了国家。过去外交史和国际关系史一般都是从国家角度来看边界，你是反过来从边界看国家，可以在这方面多说说吗？

宋念申：我在学政治学的时候，开始对"国家"概念产生疑问。我发现，实际上我们对于英语语境中state（国家）的概念并没有理清楚。东亚国家的形成过程，并不能按西方现代政治学概念来理解。我们一直把近现代西方的"国家"概念当作一个不用质疑的框架，用来分析三个东亚国家的关系或者整个区域的关系。可是东亚的问题，很多时候并不能在固化的现代（领土-民族）国家框架下理解和解决，很多摩擦和冲突恰恰是在这三个地方追求国家现代性范式的过程中产生的。

这个时候我们必须得回到历史中去看，不要把"国家"想当然地当作一个既定概念，而是要当作一个不断发展变化的过程。就像边界一样,它在历史中不断变化,有时候虽然边界实体没有变,但理解它的观念变了。随着它的变化,国家的内涵和外延就都不同了,甚至理解国家的方式都不同了。那么这个时候,究竟是先有了国家实体,然后这个实体去处理它的边界;还是先有了边界,然后边界以其同时的排斥性和容纳性,重新定义了这个国家呢?这就是为什么在分析图们江领土争端时,我不想用传统外交史的方式来写。因为在外交史中,国家往往是先验性的,不需要讨论。我觉得在这个地方和在这个空间里面,这个"国家"的概念恰恰是很流动的。只有当有了划定边界的过程,其领土的形状性质才确立,其国民的内涵也才更新。因此就像你刚才准确地指出来的那样,不是国家定义了边界,而是边界定义了国家。

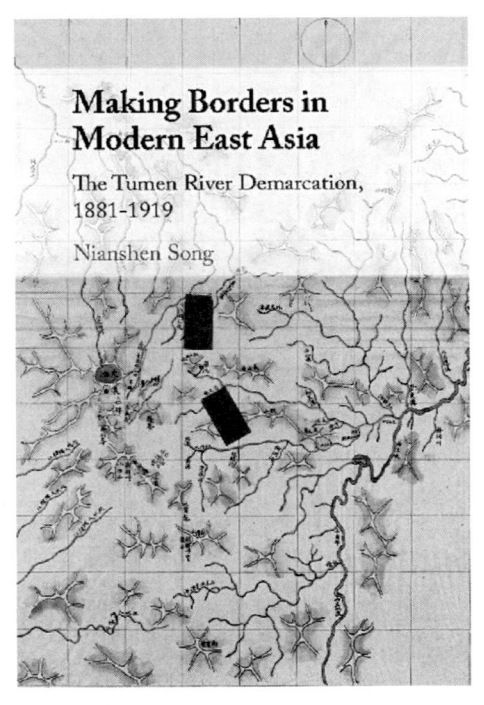

图 12-3 宋念申专著《制造现代东亚的边界》封面

陈利：你这本书是在和此前相关领域中的哪些学者或者学术议题进行对话？

宋念申：从问题意识上讲，我的书可能更接近彼得·萨林斯（Peter Sahlins）对边界国家的讨论（*Boundaries: The Making of France and Spain in the Pyrenees*,《边界：法国和西班牙在比利牛斯山区的划界》，1999），或者通猜·威尼差恭（Thongchai Winichakul）对国家地缘机体的讨论（*Siam Mapped: A History of the Geo-body of a Nation*, 1994。中译本《图绘暹罗：一部国家地缘机体的历史》，译林出版社2016年版）。他们不是从一个回溯的角度，问"某一个国家的边界在哪里？"，而是问"这种现代的边界感及边界实践，究竟是怎么来，又怎么塑造现代国家的？"。同时，我也想介入对民族问题的探讨。这一二十年中，研究边疆少数民族的作品很多，不必一一列举，很多作品提出边疆民族在帝国或民族国家塑造中的作用。我想问的是，从帝国向现代国家（不论我们是否称其为"民族国家"）的转变过程中，边疆民族扮演了何种角色？东北的边疆民族实践，又为什么与西南、西北如此不同？

说到如何看待现代转变，我不太同意把现代和传统对立起来。在延边这个地方，现代也是在传统中演化、刺激出来。西方国家介入很少，即便有，也是间接的。更为重要的因素，是地方精英、民众在交涉过程中的实践。

陈利：所以你专著的学术价值，不只是挑战盛行的对民族国家的理解，也包括历史叙述、领土传统，以及东亚的领土争议和国际法本身的适用性等问题。历史上双方可能根本没有这个现代的边界意识，实际就算过去的民众关心边界，他们所理解的边界与国家也与我们今天的理解不同，是这样的吗？

宋念申：对，我们不能拿现在的框架去分析历史，这是第一步。第二步，我们也要意识到现有框架的形成，是有具体的历史和意识形态背景的。比如说我们一谈国际法，总觉得它就是一个世界公认的权威规范。可是，看一看国际法形成的过程就知道，19世纪到20世纪初的国际法是殖民主义的工具。国际法对于东亚国家意味着什么呢？不要忘了，在1905年，当时的朝鲜被由国际法组成的"国际社会"剥夺了国家资格。在书里，我有一小节专门分析"无主地"概念是如何被殖民者操弄，用来为殖民东北提供国际法论证的。这些抽象概念的背后总体现着特定的政治意识形态，和生活在边界地区的民众理解的土地、空间概念，差别非常大。

陈利：而且你也提到了，过去我们的理解是现代国家塑造了边界，或者说划定了边界，通过不管是争端，谈判或者说国际法。但就如你刚才解释的那样，你的专著实际是想从边界探究现代国家的形成，来理解历史进程。所以不管是中国、日本或韩国，实际上它们对民族国家的理解，多来自它们怎样理解边界。

从这个角度上来说，你的书可以说是以小见大，通过一个具体的案例来研究在历史上有密切交往的三个东北亚国家，是怎么通过边界争端理清楚了它们对自我的认识的。

宋念申：这的确是一个自我身份形成（identity making）的过程，而且这个过程不是发生在首都，而是发生在边地，这是很多边疆学学者一直强调的：帝国或者民族国家是边疆塑造出来的（empires or nation states are made in the frontiers）。边界也不是由在首都的几个外交官坐下来谈判出来的，而是在一个具体的地方空间中，由国家和非国家的行为者一起塑造的。甚至这里所谓的国家不仅指首都中的权力机构，比如外交部，它也包括各级地方政府：地方和中央的边疆逻辑是不一样的。基层官员代表的国家，当地精英代表的地方社会和非精英的草根民众群体，他们在实践中都有自己的利益和观念。很多时候，是民众和地方社会推着地方政府去提出边界问题，地方政府又推着中央去交涉。所以很大程度上，是地方的居民和官员，以他们面对具体问题时的具体实践推动和完成了对"国家"的重新理解。

图 12-4　宋念申专著《发现东亚》封面

陈利：你的专著除了中文和英语之外，还使用了日文、韩文资料和档案。这是很不容易的研究项目。你当初做研究的过程中遇到了哪些挑战？

宋念申：一个是你提到的语言，另一个就是所有边疆史研究者都会遇到的问题，一些档案比较难获得，但田野调查能够获取一些补充性材料，所以这也不是最大的挑战。

最大的挑战，在于用什么框架去阐释这个题目。这个题目在中日韩的历史学界已有很多积累了，需要想清楚自己能从哪里突破，要做一个什么样的研究。不少人一开始会说我的题目是"外交史"。可随着研究的深入，我越来越清楚这不是外交史。外交史关注国家层面的交涉，把边界冲突理解成两个和多个国家对主权范围的争夺。

可是"间岛"争议不是这种情况；在 19 世纪末之前的图们江地区，行政机构往往是不在场的、远离的：这不是说这个地域不属于任何国家，而是说国家对它的管治方式是去封禁、搁置，而不是资本主义式的开发、利用。正是因为 19 世纪末的内外压力，这个过去有意空置的地区，开始了现代国家建设，这时候才需要把土地、人民，乃至当地历史，都做一个清晰的定义和分界。这个过程，是现代国家在此"生成"的过程，也是"民族"概念在此"生成"的过程。而且，它不仅重塑一个国家，而是同时重塑了三个东亚国家、重塑了区域。

想清楚这点后，我也就知道，我关注的不是抽象的国家，而是具体的、由地方实践塑造出来的国家。我的主题是从地方史，从一个边地，来看几个现代国家的形成。这是个多边地方（multilateral local），同时是带有极强的区域性（regional local）和全球性（global local）的地方。从地方史出发来讨论国家，我们或许可以摆脱主流政治学和国际关系研究的既定框架和术语，而专注于构成国家的两个最基本要素：土地和人，看看这两个要素在大冲击、大转变中，如何在与传统的分裂中又延续了传统。

陈利：这本书可以为中国近代史，以及近现代东亚国际关系和国际关系史，提供哪些新视角呢？

宋念申：往往谈到中国近代史和近现代东亚国际关系，一个大主题就是中西（或东西）间的关系、传统和现代的关系；而中日关系、日韩关系、中韩关系等等，都是在这个大主题之下的分支。如果说我的书存在一个新视角，那可能就是指出了有这样一个地方，一个封禁的边疆地带，它在没有西方的直接介入下也快速发生了现代转化。

这个边疆地带，包括整个中国东北，在 20 世纪中叶成为东亚最为

"现代"的一块场域。在东北的国家建设实践，在"二战"后深刻影响了所有东亚国家的现代建设。杜赞奇在他的《主权与真实性》一书中，曾经把伪满洲国比喻为现代民族国家的"试验场"。如果是这样，那么几个国家先期在延边的国家建设，可谓是伪满洲国的"试验场"。这给我们充分认知"东亚现代"的内生性和自发性，提供了一个可供参考的案例。

另外，我把国家看作动态的、流动的，而土地和人才更具延续性。边界、边民的状态，一面被国家自上而下地影响，一面也自下而上地塑造着国家具体而微的样态。你在核心腹地感受到的国际关系，与在边地感受到的，绝对不一样。国际关系不只有抽象化的国家视角，也有具象化的、人文性的视角。我们在北京上海感受到的中国和朝鲜的关系，与边境居民的感受，是完全不同的。

陈利：你的研究和最近几十年研究国际政治和国际关系的新帝国研究，以及后殖民主义理论研究有哪些关系和异同？

宋念申：倒没有刻意想和国际政治学、国际关系学或者历史社会学中的帝国研究对话。其中对清帝国、日本帝国和韩国的讨论，更多可能是对东亚史学界的帝国研究做回应。比如在我的书中能看到濮德培的影响，他强调帝国建设的全球联结，特别是地图、知识、物质、法律的全球散播，我的书也强调这点。

另外，研究日本帝国的学者绕不开的一个话题，就是泛亚主义的复杂面向：它一方面是反（西方）殖民帝国的，另一方面又带有很强的殖民主义帝国主义理念。这方面的讨论很多，比如内田江（Jun Uchida）的书《帝国掮客》（*Brokers of Empire*）。在帝国如何催生了韩国民族主义的兴起这方面，施恩德（Andre Schmid）的《帝国间的朝鲜》（*Korea Between Empires*）是部无法绕开的杰作。现在很多日本学者越来越关注知识生产中的帝国性。我在分析内藤湖南、筱田治策这类帝国知识分子时,也借鉴了名和悦子等日本学者在帝国批判框架下的新研究。

我的书比较强调历史延续性与断裂性的辩证关系。我虽然没法完全摆脱"帝国"与"民族国家"的术语对立,但是从对地方的考察中看,两者的对立并不明显。举"入籍"这个概念为例:民族国家所谓的"入国籍"(成为公民),和帝国的"入版籍"(以征地纳粮),在地方具体实践中是紧密联系在一起的。只有当人口流动,和土地分离时,二者之间的断裂感才体现出来,进而对国家的规范方式提出新的要求。而族群的多元性也不是帝国的排他性特征,包含朝鲜族在内的中国现代民族国家的构建就是一个很好的例子。

这本书没有直接和后殖民研究对话的意图。这倒不是说后殖民理论对我没有影响,只是当运用到具体的地方史研究时,后殖民理论有时候会简单地塑造一种"本土"与"外来"的对立,把二者作一刀切的本质化理解。延边和东北的近现代史,当然受殖民主义的影响,但也有很多是叠加性的,无论在时间还是空间上,都比单向度的殖民性要更加丰富。我觉得汪晖提出的"跨体系社会"可能是一个更适合的框架。

陈利:在回答上一个问题中,你提到没有直接和后殖民研究对话,能再多谈谈你的考虑吗?

宋念申:其实我的书里,有很多地方是受后殖民研究影响的。比如对近代国际法话语和民族主义史观的反思等。可是,如果把后殖民框架在东亚放大,就可能把历史上实在的经验也抽象化、简单化了。比如,当我们说"民族"概念是虚构的、想象的,很大程度是对抗殖民主义的产物时,随之而来的问题是:中国人的身份完全是虚构的吗?或只是近代建构的吗?好像又不完全是。现代中国民族的概念,其实是把历史上不断出现过的身份认同,按照民族主义的方式嫁接、改造了。

后殖民思想深嵌于殖民框架中,但用来分析边疆有诸多问题,很容易过度强调一种内外身份对立,而忽视各种跨界交往的长期、复杂和互动。拿东北边疆来说,谁才是东北的"原住民"?这片区域自古以来就是多族群、多文化交汇的地方,一直到20世纪都是如此。再比如,今天的中朝边界线其实从明代就基本确立了。如果因为现代边界的观念是殖民的产物,而认为连实体边界本身都是现代的发明,那就不符合历史事实了。也是在这个意义上,我虽然整体欣赏威尼差恭对"地缘机体"的描述,但对他过于强调边界的现代属性的论断("只有现代地理学意义上的民族国家概念才需要边界")则有所保留。

陈利:你有哪些经验分享给研究类似或者相关题目的年轻学者?

宋念申:我自己在本科、硕士和博士阶段,学的是不同学科,因此常常遗憾自己史学功底不足。芝大也不开方法课,我只好边研究边

图 12-5　宋念申 2016 年在长白山踏查图们江源

补课，就好像是直接跳进水里学游泳。但是因为心里没装着既定的研究路径，所以一边读书，一边东抓一把西抓一把，见到有用的就拿来。我喜欢到历史现场去看，在实地观察中找感觉。后来才知道这其实就是人类学田野调查的基本训练，它让你得到文献无法给你的感悟。所以我也建议初涉研究的学人，多看历史学之外的书，多在实地考察中积累感性经验。

第三节　新研究项目和方向

陈利：你下一本书准备什么写题目？和这次出版的新书有渊源吗？

宋念申：我现在准备写的书稿算是微观史，打算写沈阳一个小街区三百七十年的历史。这个题材和前一本书还是有渊源的。我做博士论文时去沈阳查资料，一位老师知道我研究朝鲜族历史，特意带我去了沈阳著名的朝鲜族聚居区。后来我有意查了一下这个社区的形成，发现那里的历史非常有趣。所以我想从一个小空间中反映中国或东亚长时段的演化。

陈利：这个小区如果是街道的话，出现在档案里的频率应该比较低吧？

宋念申：其实还好，尤其是当代部分。很大一个原因是沈阳的地方志做得很好，甚至这个街道都有自己的街道志。我的着眼点，当然还是把小空间和大的历史背景结合起来，这样的话，这个空间的意义就不局限于它本身，甚至不局限在它所在的城市。

陈利：我刚才听到你用了很多次"空间"，看来你的分析框架是用空间组织你的资料，这如何帮助你说明主要的观点呢？我相信不只是空间的变化和延续，对不对？

宋念申：这是一本比较接近城市史的作品，所以关注空间的生产和人在空间中的关系。不过我最希望突出的还是叙事，想写一个比较好看的故事，而不是用某一种框架去突出一个观点。其实从城市空间入手，我发现最终落脚点还是在国家，是通过小空间讨论大空间的变化。

陈利：微观史一直面临一个批评：太具体而微了（too specific），似乎分析得越细就越没有代表性。所以，我很想知道你下本书如何解决这种张力？

宋念申：我不觉得微观史一定是和宏大叙事对立的。好的微观史，阅读下来应该和大主题历史没有什么不同才对。我选择这个小空间，可能正是因为它太有代表性，以至于我都没有感受到它和代表性之间存在张力。以小写大，其实主要要解决的是视角问题，以及怎样写才能好看。另外，因为本书算是某种意义上的长时段吧，我在处理不同历史阶段的时候，会有意识地与研究这些时段的著作对话，比如清史、伪满洲国史、社会主义时期东北史等。

第十三篇

从细微处捕捉历史的轨迹
对话澳门大学王笛

图 13-1　王笛

编者按：王笛出生于四川省成都市的一个知识分子家庭，他现任职于澳门大学，主要关注中国社会史、城市史、新文化史、日常生活史和微观历史。其主要专著包括《跨出封闭的世界：长江上游区域社会研究（1644—1911）》（中华书局 2001 年版），Street Culture in Chengdu: Public Space, Urban Commoners, and Local Politics, 1870-1930（斯坦福大学 2003 年版。中译本《街头文化：成都公共空间、下层民众与地方政治（1870—1930）》，中国人民大学出版社 2006 年版），The Teahouse: Small Business, Everyday Culture, and Public Politics in Chengdu, 1900-1950（斯坦福大学出版社 2008 年版。中译本《茶馆：成都的公共生活和微观世界，1900—1950》，社会科学文献出版社 2010 年版），The Teahouse under Socialism: The Decline and Renewal of Public Life in Chengdu, 1950-2000（康奈尔大学出版社 2018 年版。中译本《茶馆：成都公共生活的衰落与复兴，1950—2000》，香港中文大学出版社 2022 年版），Violence and Order on the Chengdu Plain: The Story of a Secret Brotherhood in Rural China, 1939-1949（斯坦福大学出版社 2018 年版，中译本《袍哥：1940 年代川西乡村的暴力与秩序》，北京大学出版社版 2018 年版），《显微镜下的成都》（上海人民出版社 2020 年版）以及

《从计量、叙事到文本解读：社会史实证研究的方法转向》（社会科学文献出版社 2020 年版）等。他的英文专著《街头文化》曾荣获美国城市史协会（American Urban History Association）最佳著作奖，《袍哥》中文版曾获吕梁文学奖。

王笛的历史著作早期运用社科方法，后来转以新文化史和微观史的研究方法为主。他也是当代人文社科学者中少有的同时以中英文不断发表学术著作的华人学者之一。本次访谈围绕他的学术著作和研究方法展开，有助于读者更深入地了解他近几十年的学术发展轨迹与研究成果，也为那些对微观史感兴趣的研究者提供了重要经验。[1]

第一节　学术背景

陈利：感谢王老师抽时间接受我们的访谈。作为为数不多的在美国和国内都接受了专业历史学训练并长期同时用中文和英文发表学术著作的学者之一，您可以谈谈在美国读博士的经历对自己学术道路的影响吗？

王笛：非常高兴接受你的采访，也很荣幸能够有这个机会表达我通过研究得到的一些心得。从我的背景来说，我受到中西两种学术训练，先在国内读了硕士，后来又在四川大学教书，同时做研究。在那样一个背景下，我主要接受的是中国史学的研究方法。比如说我们强调实证的方法，从本科就开始进行这方面的学术训练。我现在还记得一个老师在课堂上说，你们研究历史，如果资料收集齐了，你就完成了 70%。你要研究历史，你必须要拿史料说话。你有了史料，你的研究才能有说服力。比如当时研究长江上游的区域社会史，我的方法更

---

[1] 本访谈由陈利策划和完成，访谈录音的文字初稿由冯岚雅和罗清清协助整理。在陈利编辑后，王笛对全文进行了认真修订。本访谈的精简版曾于 2021 年 2 月在《信睿周报》第 43 期上发表。收入本书时，文字又经过了郭跃斌的校读和白若云的润色审订。

多的是受社会科学研究的影响,比如说使用了大量的数据,对数据进行分析,大量地使用统计表,书里边还有数学公式。那个时候我觉得要说明一个问题,就要尽量把它转换成数字,比如官员的任职、人口、粮食、耕地,这些要用数字来表达。

1991年出国去约翰斯·霍普金斯大学读博士可以算是一个全新的锻炼。当然我在国内的时候,就已经受到一些西方学术的影响,比如说施坚雅的《中华帝国晚期的城市》。出国的时候我已经是副教授了,重新放下身段回到学生时代和年轻的学生一起上课、学日语,当时还是很有压力的。我现在还记得我的日语课上都是二十岁左右的年轻人,而我都三四十了,都开始有白发了。对我而言,这确实是一个艰苦的转折,但是我勇敢地接受了这个挑战。学术转化需要大量的阅读、讨论与写作,是循序渐进的,绝非朝夕之功可以成就。

在读博士期间,我受到许多西方学者的影响,最为显著的是,我开始重点研究普通民众。这个视角与我第一本书《跨出封闭的世界》中以精英、国家与地方政府为主轴的分析角度全然不同。换句话说,我的研究经历了从精英历史到普通人历史的转变。我在研究某个课题的时候,会首先思考用什么方法最能表达我在这个课题中想表达的东西,而不是因为我现在对某个研究方法有兴趣,就想用一个课题来验证它。也就是说,研究方法只是帮助我们完成研究课题的工具或者手段。

陈利:以您的经验来讲,中西不同教育体制下对历史学者的培养方法有哪些主要的异同?

王笛:在美国读博期间,我感受到中西方博士培训体制的不同之处。举个我自己的例子,我在川大读硕士的时候,我们的课全部都在历史学系上,以跟着导师为主。无论是小的还是大的课都在历史学系,如果是专业课就跟着老师和三四个学生一起上。但是到了霍普金斯后,我们必须要选四个方向(fields),其中只有两个可以在历史学系里。

我就在人类学系里选了社会人类学，在政治学系里选了比较政治学。从长远角度来看，这种流行于西方的跨学科培训，具有显著的优势。比如，学生的眼光相当开阔，能够跳出历史学系固有的思维去多维度地看待历史。这样一种培训方式，我觉得是中国可以借鉴的。总而言之，历史学生不能只局限在历史学系的研究范式里。

第二节　从微观史研究社会和文化

陈利：在近年出版的学术专著中，您广泛运用了微观史的研究方法，以四川成都地区为例来分析中国近现代文化和社会的转变过程。意大利微观史学家曾提出过一个很有意思的概念——exceptional normal，可大致译成"例外的常态"，也就是说，要在看似特殊的个案中分析出适用于更大范围的常态结论或规律。请您谈谈在研究中，您是如何从例外（exceptional）事件的材料中分析出对常态（normal）的结论的，以及请谈谈微观史在中国史学界的现状和发展空间。

王笛：中国学术界引进微观史的时间并不长，虽然它在西方已经发展了五十年了，有很多作品。彼得·伯克（Peter Burke）统计过一百多种微观史作品，我看过的没有这么多，主要还是一些有影响的著作，但已经发展得相当成熟了。但是在国内，对微观史总体上还是以介绍为主，真把微观史或新文化史作为一种研究方法或一种趋向进行实践的学者，其实我见得并不多。

在中国，受英雄史观、国家叙事的影响，大家都集中于研究大问题。过去其实也有中国学者想去研究普通民众，但是面临方法的问题，无法找到系统的资料。西方微观史是从研究意大利、法国开始的，宗教裁判所把资料系统地保存了起来。但是中国缺乏这样的条件。所以，怎样才能从微观史研究的角度去学习他们收集和处理资料的方法呢？

我觉得可以从文学、诗歌、民俗（folklore）等方面入手。每个研究对象都不是独立的，总是会和外界发生关系。微观史用以小见大的方法为我们揭开普通人在复杂多变的社会关系所扮演的角色，我觉得其重要价值恰在于此。

当然我也承认，任何一种研究方法，不管是传统的史学方法、新的史学方法，还是多学科的方法，都有一定的缺陷。一种方法不可能是完美的，包括微观史。微观史研究从小处着眼，但一个人的经历、一个社区或一个村庄，提供的都只是个案，而这个社会，哪怕是在中世纪或古代中国，总是会和外界发生关系的。那么，我们在研究微观史的时候，就需要思考和案例相关的背景因素，而不是把自己研究的案例看作孤立的（isolated）、不与外界发生关系的一种研究对象。比如我写的《袍哥》，虽然研究的是微观问题，但我绝不会把这个微观问题局限在成都郊区小望镇这样一个地方，这样做是为了避免出现研究小社区以及普通个人的那种局限。我们一定要跳出这种局限，把研究的眼光放得更大、更远。

你提到的 exceptional normal 问题，是一个非常有意思的概念。我甚至认为，任何一个问题都会同时涉及 exceptional 和 normal。正如我前面所说的，任何一个社会和文化都不是完全孤立的存在，哪怕偏僻的村庄也会受到外界的影响。其实，人类学家的研究早已发现，一个社区有自己的特点和行为方式，这就是 exceptional，使其区别于其他的社区。但是，哪怕再封闭的社区，无论是在经济结构、语言，还是在政治体制、意识形态等方面，与外面都有着千丝万缕的联系，所以其也有着与外界共同的地方，也就是 normal。回到中国的历史来看，我们在研究任何一个城市、一个村庄时，都可以发现它的独特性和普遍性，两个因素同时存在。

举一个例子来说明这个问题。在《街头文化》那本书中，我提到晚清时期成都各街区的清醮会。每年清明节前清醮会的人都会收钱，组织唱戏喝酒，而在一起宴会看戏之后，大家要清淘阴沟——因为成都地势低洼，每年必须疏通阴沟预防水灾。这个活动不是政府主持的，而是由清醮会来负责的，可以算是成都的 exceptional。但这类由社会组织负责城市的社区管理的例子，在晚清时期中国的各个城市其实都可以找到，有的地方称土地会，有的地方称善堂，有的地方则是由会馆负责……这种城市自治管理的方式，也可以算是 normal 吧。

陈利：刚才您提到史料的收集和解读问题。不是每一个题目或每一种材料都适合微观史研究，我们在运用微观史研究方法时，应该如何看待和运用史料？

王笛：这确实是我们在做微观史的时候都会面临的问题。首先是资料，怎么处理各种不同的资料。不管采用什么方法，传统的中国式的方法也好，西方的多学科的方法也好，又或者是微观史的方法，我始终认为我们所使用的资料并不见得就是历史的记载以及历史本身的反映，而是记录下这段历史的那个人、那个机构所看到的历史。无论是档案还是其他的记载，包括个人日记、官方文献或口述资料，都始终有一定的缺陷。所以在使用这些资料时，必须要有批判的眼光，不能认为我们手边有档案，我们就掌握了历史的事实或历史本身。比如，我研究秘密社会和袍哥时翻到一些官方口供，这些口供很可能是在酷刑下的一种招供。这些口供虽然被完整地保留在档案中，但可以说它们代表的一定是本人的态度吗？即使是档案，也必须要对其进行批判，这是我在使用资料时所持的一种态度。

当然，在面对各种资料的时候，我从来不排斥任何研究方法。实际上，我觉得一个课题可以同时采用多种不同的方法，关键取决于研究这个问题的人是怎么思考的。我们作为研究者要有开放的眼光，不可故步自封。而微观史恰恰是一种非常开放的研究视角，一种在方法和理论上不断进行探索的形式。

比如我现在正在为下一阶段的袍哥研究做准备，进行大量的史学和非虚构文学的阅读。《你当像鸟飞往你的山》（*Educated: A Memoir*）一书的作者塔拉·韦斯特弗（Tara Westover）曾回忆她在摩门教家庭成长中受到的虐待——她的父母不让她接受教育，父亲和哥哥经常暴力地对待她，最后她逃离出来，并在剑桥大学接受教育。但即使是亲身经历过的事情，她都对其真实性表示怀疑：我的这个回忆是不是真实的？她向哥哥、父母、亲戚求证：你们是不是这样看的？结果发现，对于她亲身经历的很多事情，大家的描述都不一样。

我们在做历史研究时也面临着同样的问题，在处理资料时面临着相当大的不确定性。所以我始终说，历史学是开放的，我们可以学习各种对历史的描述，比如记者的非虚构写作，对于我们的历史写作也有借鉴作用。但现在的历史写作为什么路子越来越狭隘了？这是因为，我们始终觉得撰写历史有一整套规范和规则，不愿意打破它。

第三节　关注社会个体和下层群体的历史

陈利：您的著作对成都下层民众的故事给予了很多关注。他们的声音在正史和现存史料中很少被人聆听。即使能被听到，往往也经过了层层叠叠的包裹，然后由精英阶层来转述。这和斯皮瓦克（Gayatri C. Spivak）所谓的那种不能（直接）说话的下层人（subaltern）类似。我想请您谈谈，在分析成都袍哥和茶馆时，您是怎样重现当地下层民众的生活的？作为不能去直接采访那些研究对象的当代历史学者，我们如何才能更接近历史上社会下层民众的真实感受？

王笛：这是我们在书写历史时共同面临的问题。过去大家都研究精英，因为不管是统治者还是精英群体，都可以留下比较完整的记录。现在，当我们想把研究对象转向民众时，首先面临的问题就是到哪里去寻找对民众的记录。所以才有了斯皮瓦克问的：Can the subaltern speak?（下层人能说话吗?）他们的声音能够留下来吗？我在写《街头文化》时也面临这样的困境。按照金茨堡的说法，对他们的记录哪怕留下来了，也是被歪曲的。我们所说的大众文化是精英看到的大众文化，而非代表大众自己的文化。

但我始终认为，我们是可以寻找到民众的声音的，不过必须要思考如何做到。寻找小小的声音确实很困难，但并非不可能实现。比如，古哈（Ramachandra Guha）在研究印度的庶民时，就是要去寻找历史中微小的声音（small voice of history）。再比如，我在《茶馆：成都的公共生活和微观世界，1900—1950》一书中也写了下层人之间的争斗。

过去我们都关注上层和下层之间阶级的斗争，即富人和穷人之间由于经济或政治原因进行的斗争，但很少注意到普通人、下层人之间的斗争（struggle among the ordinary people or the lower class people）。其实，我们可以在字里行间阅读普通人的生活。通过男服务员向政府写的信，我研究了茶馆男服务员和女服务员之间的摩擦。之前在茶馆工

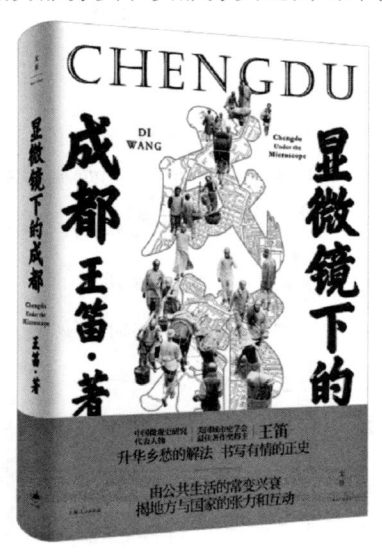

图 13-2　王笛专著《显微镜下的成都》封面

作的都是男人，可以说这个空间是男人的世界。但在抗战爆发以后，随着大量外地人和难民涌入，有女服务员的茶馆开始出现。这些女服务员受到了男服务员的猛烈攻击，他们想把女人排除出这个领域，因为他们自己的生计受到了挑战。那么，如何找到他们的这些声音呢？比如在档案中可以查到，他们给政府写信，讲女服务员进入茶馆以后如何危及他们的生计，她们如何没有技术，如何败坏了社会的风气等。这些都是他们的声音，虽然很微弱并藏在档案深处，但是只要能把它们挖掘出来，即使只有一件，也非常能说明问题。

陈利： 如您所说，很多史料记载的其实都是男性精英的声音和视角。这就要求研究者对当时的社会、文化和政治环境有深入的了解，才能读出言外之意。而这些男性精英的叙述并不一定就是历史的真实反映，可能更多反映的是记述者自身的立场。可以这样理解吗？

王笛： 没错，是这样。实际上这也涉及每一个历史研究者自身的眼光。我经常讲，过去提到史学观，我们总讲唯物主义。但这个史学观指的是什么，是宏大的国家叙事，还是日常的个体叙事？你关心的是个人的命运，还是国家的命运？每个人看到的东西是不一样的。我也关心国家的命运，但当我在写个体叙事时，我始终在想：如果我处在他的位置，我会怎么想？

比如城市卫生和交通规范化，警察不准小商小贩进城摆摊在晚清时就开始了，但是不像现在这么严格。作为一个精英、一个城市管理者、一个警察，他会觉得这是城市的进步——过去漫无规则，小商小贩到处摆摊影响交通、垃圾遍地。在现代化的过程中，城市的面貌得到了改良，对国家叙事也是件好事，对不对？但如果再细想一下，假设你是为了生存挑菜到市场、街头贩卖，这个生存方式关乎一家人今天能不能吃上饭，小孩会不会被饿死……在这种情况下，你对这些规章会有什么思考、什么反应？这种转换角度的思考方式其实能给我们带来很多启发：你是站在谁的角度来看问题的？

过去，我们的研究是从上到下的，包括我自己的研究《跨出封闭的世界》，我会看得很开阔、看得很大。可一旦把焦点缩小，甚至放到显微镜下来看一段历史时，你看到的是不一样的。在飞机上看一座城市和站在街头看一座城市，是完全不同的体验。我觉得你可以在飞机上看，这是有必要的，但也必须站在街头看，这样你才能全面地了解一座城市。对人、对群体也是这样，不能只站在一个国家或者一个民族的角度去看，我们有那么多个体，每个个体后面可能代表着千千万万的人。比如一个送外卖的小哥，他代表的可能是几万、几十万、上百万拥有同样经历的人。

陈利： 有学者认为，微观史的研究方法不太适合中国史领域，因为中国历史上没有欧洲宗教裁判所档案那样的详细资料。但据我了解，清代司法档案中的信息也非常丰富，包罗万象。除了法律诉讼文书，还有很多地方行政文书，而且这些不同类型的文书经常涉及地方社会的风俗习惯，以及其他文本通常没有记载的信息。您觉得司法档案可以作为新文化史或微观史研究的一个重要来源吗？

王笛： 我觉得中国以后如果要在微观史研究方面取得发展，就是要利用司法档案。案例可以为我们呈现清代在法律实施过程中的一些通常的实践（general practice）和社会问题。这种档案被保存下来并且陆续得到整理出版，给史学研究提供了新的可能性。

第四节　历史写作和理论方法

陈利： 我之前在一篇文章中初步讨论过，因为现存的几乎所有历史资料都带有天然的残缺性（incompleteness）和片面性（partiality），所以我们作为历史研究者得出的结论也就带有至少部分的不确定性。我们不能因为找到了比别人更多的文献资料，就觉得自己找到了历史"真相"，或者认为自己的结论更客观正确。从您的著作和刚才的谈话里，可以感觉到您对所谓获得了"客观历史真相"这种说法也持保留意见。您能分享一下在这方面的看法吗？

王笛：不管是历史真实，还是历史客观，我觉得都是相对的。每一个写历史的人都会受到自身思考和眼光的局限。这种局限可以来自多个方面：出身、教育背景、地域、政治思想、经济地位、个人兴趣，等等。并不是历史学家不想寻找一种历史的真实，而是我们生活在一个千变万化的社会中，面对的历史也是丰富多彩的。历史从来不是铁板一块，即使是对同一个事件的描述，不同的人都会有相当的区别。

我们面临的资料也是这样。历史学家通过文献进行历史研究，而能够流传下来到我们手里的文献都经过了相当长的时间，有的是几千年，有的是几百年，有的是几十年，它们只是真实历史发展中非常小的一部分。哪怕是在今天这样的信息时代，记录的手段已经如此强大，但关于一个人的真实生活、真实的社会，能流传下去的记录可能也不到百分之一，更不要说我刚才提到的，记录者和记录的方式存在各种缺陷。我们通过留下来的百分之一的记载去重建过去的历史，不管是文化的历史、经济的历史、政治的历史、事件的历史，都可以想见其中有多大的局限性。

当然，这并不是说历史不可信。历史是可以被知道的，只是我们距离真实的历史，有远有近。对于有些问题，我们可能永远都不能回到它历史的本身，我们只能越来越接近。每个历史研究者所写的历史，都只能代表他自己。我从来不相信什么国家的历史，或者由国家组织来写的历史。我们必须认识到，任何历史资料，都只是表达了历史的一个角度、一种看法、一种分析，而不代表真实的历史。有些人宣称找到了历史真相,我想说的是,历史没有标准答案,因为你看到的标准答案只是你看到的,其他人看到的会是不同的历史。历史的魅力就在于此。

陈利: 有学者认为,最近二三十年出版的历史著作过多强调叙事历史(narrative history),而忽略了清晰地解释和论证自己所研究的问题及其理论假设,甚至缺乏面对理论分析的勇气。您如何看这种批评意见以及叙事历史?

王笛: 其实无论是从西方还是从国内来看,我都没有发现大家抛弃了理论。实际上,我们的博士生、硕士生在开题写论文时,都在不断地回答理论问题。我反而觉得,强调叙事的是少数派。但我也承认,叙事历史在发展。什么是叙事史学?我觉得是把你的观点、分析、所要表达的东西,通过个人经历、历史故事,通过讲述历史的方法展示出来,而不是通过理论分析来阐释。比如我们写一个普通人,也是要把他放在历史的大背景中,这个以小见大的叙事就是我们的理论。不能说我没有采用哈贝马斯、福柯或者马克斯·韦伯,我就没有理论,没有思考,没有讨论。

我们不能把理论和历史的讲述割裂开来,关键是怎样利用资料,怎样讲述历史。我写《袍哥》的时候,很多读者不理解我为什么起了一个这么大的题目——"1940年代川西乡村的暴力与秩序"。实际上,这个就是我要阐述的中心观点:过去主宰乡村的有两方面的存在,一是有优势的暴力,一是既定的社会秩序,并靠一定的不成文的规矩(unwritten law)来维持。我觉得,历史的写作者和历史的接收者之间,其实还是有相当的差距的。读者所关心的和我所关心的、专业人士所关心的,是不一样的。这就又回到一个很重要的问题:难道我们历史的研究、历史的写作就一定要迎合大众吗?

当然,我是希望我的写作能够被大众接受的。但是我在写的时候,

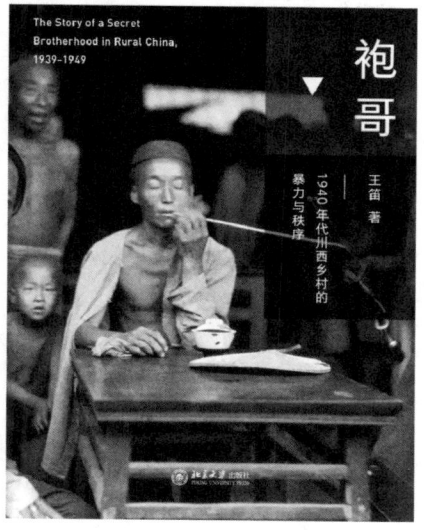

图 13-3　王笛专著《袍哥》封面

只会考虑怎样用某种或几种表达方法来阐述我想阐述的东西,而不是思考读者会怎么看。如果读者喜欢,那将是一个意外的收获,但我更关注的是同行会怎么看这个问题。所以从这方面来讲,我会尽量让更多的人愿意去读我的作品,但是书怎么写,我主要还是根据这个课题本身来考虑研究方法和写作方法。

第五节　"茶馆"系列的由来和今后的研究项目

陈利：《茶馆：成都的公共生活和微观世界,1900—1950》和《茶馆：成都公共生活的衰落与复兴,1950—2000》是您写的两本关于茶馆的英文专著,为什么觉得需要写两本关于茶馆的书呢?这两本书在主题和研究方法上有何异同?

王笛：其实我最开始决定写茶馆的时候,只打算写一本,因为资料有限。我大概自 1997 年起就开始对成都的茶馆进行考察了，因为我知道文字资料不够，必须做田野考察。比较系统的考察是在 2000 年到 2003 年进行的，其他时候，每年也都会回去，但是没有做系统考察。我在写《街头文化》那本书的时候，收集到一些新的资料，同时再结合我的田野考察，发现大概可以写一百年（从 1900 年到 2000 年）的成都茶馆。转折点是，在 2000 年到 2003 年期间我在成都市档案馆读档案时，发现了非常多的关于茶馆的档案，比如工商登记档案、警察局档案、商会档案，当时觉得像挖到了金矿一样。我觉得只写一本书的话，还不能把这些珍贵的档案全部用上。所以，我就决定干脆以 1950 年为界（成都是在 1949 年 12 月 27 日解放的，刚好快到 1950 年了），前五十年写一本书，后五十年写一本书。

图 13-4　王笛两本研究茶馆的专著封面

那么，这两本《茶馆》难道只是时代不一样吗？在第一本《茶馆》里，我主要通过地方茶馆看国家文化怎样影响、打击和取代了地方文化，而地方文化又是如何抵制国家文化的侵入的。什么叫国家文化？简单来讲，它有一个统一的模式，代表着中央集权的这样一种主流文化。在20世纪的现代化过程中，国家文化的现代化话语不断把地方文化表述成落后的、需要被改造的东西，从而冲击了地方文化。詹姆斯·斯科特的《弱者的武器》（*Weapons of the Weak*）对我的启发很大，这些茶馆的经营者和顾客的日常生活方式，实际上就从一定程度上反映了一种弱者的反抗。所以在这本《茶馆》的结尾，我写道：在国家文化和地方文化的反复鏖战之中，地方文化实际上能够抵制国家文化，虽然在这个过程中，它也不断地被改造、被削弱，但是最终能够幸存下来。这是我在第一本《茶馆》中反复论证的东西。

在写第二本《茶馆》时，我主要考虑的是，在中国进入一个新的历史阶段，社会力量薄弱的情况下，以茶馆为代表的民众公共生活是怎样受到这种大局势影响的。在这本书里，我主要研究的是政治文化（political culture），分析公共生活在1950年到1977年再到改革开放前后的兴衰演变，探讨政治如何影响到每一个人的日常生活。所以说，这两本《茶馆》思考的问题不一样。第一本讲国家文化和地方文化的冲突和对抗，第二本主要讲政治文化以及国家对个人生活的干预。

陈利：您已经出版了一系列深得好评的专著，下一步有什么研究计划？

王笛：主要有几个项目。一个是我近期正在整理我的茶馆考察笔记，当时记录的资料最后写到书中的只是非常小的一部分。出版社知道有这个考察笔记后，非常感兴趣，看过其中的某些记录后，觉得这些资料值得出版，可以配上各种照片。另一个是我在四川大学读本科期间的日记，现在还没有整理。这些日记展示了当年大学的校园文化、校园生活，还有我作为一个年轻人在改革开放初期的一些思考和所读的一些书。其中涉及个人的内容很少，大部分是对整个社会的思考的记录。我觉得它的意义在于，这是以改革开放初期的大学生的眼光所

图 13-5　王笛专著《从计量、叙事到文本解读》封面

看到的社会,其中包括观看的电影和参加的讲座,还是挺有意思的。我最近几年花时间最多的是关于美国与辛亥革命以后的中国的课题,主要是利用美国媒体对 1912 年至 1928 年间中国的政治、经济、文化、教育事务的报道,通过他者的眼睛来看民国初年中国的历史。(这个研究课题将以两卷本《中国纪事:1912—1919》《中国纪事:1919—1928》的形式,由人民文学出版社出版。)

此外,我现在正在进行的一个大工程是"袍哥三卷本"的写作。和之前写的微观史不一样,这三卷书会从宏观角度出发,讲述袍哥的起源和转变,以及这期间的历史和文化。我从 20 世纪 80 年代起开始收集有关袍哥的资料,整理了这么多年,现在就只差动笔写作了。我也一直在做大量的准备阅读,包括阅读本尼迪克特·安德森(Benedict Anderson)的民族主义方面的著作,具体怎么写,还在思考之中。

第十四篇

版权与中国现代性
对话印第安纳大学王飞仙

图 14-1　王飞仙

编者按：王飞仙现任职于印第安纳大学，并任《美国历史评论》副主编和剑桥大学历史与经济研究中心（Centre for History and Economics）通讯研究员。她的主要研究兴趣包括近代东亚（特别是中国）文化生产、信息传播、商业与政治间的互动，法律与经济生活的微观史等。她的主要著述包括英文专著 *Pirates and Publishers: A Social History of Copyright in Modern China*（普林斯顿大学出版社2019年版。中译本《版权谁有？翻印必究？近代中国作者、书商与国家的版权角力战》，台湾商务印书馆2022年版），该书荣获美国法律史学会2020年度彼得·斯坦因最佳著作奖。王飞仙于2020年11月初接受了陈利的专访，详谈了自己的求学经历、成书经过、研究方法以及版权在近现代中国的历史。访谈为读者和年轻学者了解王飞仙的学术成长之路也提供了不少有用信息。[1]

---

[1] 本次访谈由陈利完成，访谈录音的文字初稿由王佳丽和罗清清负责协助整理完成，然后由陈利进行文字编辑，再由王飞仙对全文进行了修订。本访谈的精简版曾由《上海书评》发表。收入本书时，文字又经白若云润色和郭跃斌校读。

第一节　留学和博士期间的积累与成长

陈利：谢谢你抽时间接受我的访谈。我们想先从你的留学生活开始谈起，然后再谈你的学术兴趣和经历以及最近出版的专著。请问你当年为什么决定去美国读历史学博士，还选择了芝加哥大学？

王飞仙：我的学术经历与很多人不同，可能没有特别大的参考价值。我本科硕士都在台湾政治大学的历史学系，辅修新闻。成为职业历史学家并不是我最初的志向。这一切可以是说因缘际会、误打误撞、顺势而为的结果吧。

我硕士毕业时并没有清晰的生涯和职业规划。硕士论文以商务印书馆的《学生杂志》为例，探究"五四"思潮如何超越北大，超越《新潮》和《新青年》，对整个中国文化界产生影响。虽然论文受到了老师的肯定，后来也由政大历史学系出版成了专著[1]，但我没有一个"非得成为历史学家不可"的执念。除了继续从事历史研究，我更严肃考虑的是专职写作或者做编辑。

去美国实际上是个人因素使然。我结婚了，先生在芝加哥大学读博士，所以我就搬去了美国，当了一阵子家庭主妇，也写稿赚赚稿费，但总感觉在知识生活上少了些火花，因此开始认真申请博士班。选择芝加哥大学除了家庭原因，也有学术上的考虑。从写硕士论文开始，我对书籍史产生兴趣，而芝加哥大学刚好有很好的师资。

陈利：芝加哥大学作为一所名校，在研究生培养方面同北美其他学校以及台湾的大学相比有什么特点？你对芝大印象最深的是哪些方面？

1　编者注：即《期刊、出版与社会文化变迁：五四前后的商务印书馆与〈学生杂志〉》。

王飞仙：我认为是对智性追求的强烈程度（intellectual intensity）相比我后来互动过的学校和机构都要高。我刚进去的时候作为一个外国人，每天都有挑战极限的感觉，指定阅读的量非常重。芝大实行三学期制度，十二到十六周的东西压缩到十周完成，每一门课一周最少读一本书，老师上课时也会想办法让学生挑战自己的思维模式。芝大历史学系对于各学科或历史学科内各领域的界限并不是特别看重，学校非常鼓励跨学科的训练，历史学系的学生每年都要上外系的课。导师也会鼓励学生修自己专长领域之外的课，不拘泥于门派和方法。人类学系、政治学系有历史学家，历史学系也有做社会理论的人。在芝大，研究价值的高低在于能否问出一个好的问题，而非是否遵从某个特定的学术典范。理想的状态，用武侠小说来比喻，就是管他气宗剑宗，发展出一套属于自己的武功。老师也不希望学生成为 mini me（小号的我），做与自己类似的题目，或采取一样的手法。

另外一个不一样的地方就是在我们的日常学习和活动上，老师和同学批判性都很强。讨论的时候不讲礼尚往来，而是就事论事、单刀直入。系里的工作坊上，师生都在平等的地位上报告和分享。我在芝大见过很多次研究生批评老师的书稿，老师点头称是，回去修改。这种提问的方式非常直接、不留情面，但也促使大家更深刻地思考问题，完善论证。后来我出去开会才发现这种"凶"是芝大的文化。我第一次在美国开会是去哥伦比亚大学的研究生研讨会，很不习惯大家客气友善的提问方式。

陈利：如果总结一下你刚刚提到的几个方面：一是课程的阅读量大，对学生要求很高；二是学生敢直率地对老师或者其他更资深的学者的研究提出批评意见，这些培养方式可能会让学生在应对学术问题的辩论和批评上积累更多经验；三就是跨领域学术培训。您提到芝大历史学系要求学生每学期都从别的系选课上，老师同学的交流中也会有较多跨领域讨论，目的是希望集各家所长，从跨学科训练里找到研究方法和路径，不会太多重复前人的观点和方法。我自己在哥大读博时主动去外系选了不少课，其他博士生可能也会这么做。历史专业是比较老的专业，固守陈规的话，研究方法就会比较传统和封闭，而跨学科训练和思考可以帮助我们在研究方法和路径上不断推陈出新。

回到博士论文这个话题，写作博士论文的过程对大部分学者的学术成长来说至关重要，因为这是研究方法成形的时期，博士论文也经常是很多人写得最好的一本书，专门用于研究和写作的时间比较多，还有众多老师的建议和反复修改。你的获奖专著源于博士论文，当初你是如何确立自己的研究兴趣和论文选题的？

王飞仙：刚才提到，我从在台湾政治大学做硕士论文时就对书籍史产生了兴趣。博士阶段就读的芝加哥大学，刚好在中国近现代史与书籍史方面都有好的师资。我的指导老师有艾恺（Guy Alitto）教授、杜赞奇教授，还有历史学系从事欧洲书籍史研究的艾德里安·约翰斯（Adrian Johns）教授。我申请博士班的时候，只有个模糊的大方向：当明清的出版传统、书籍文化和知识生产的模式，在19世纪后半叶遭遇了欧美的知识体系与活字印刷术时，会产生什么样的冲撞和交流？我第一年写研讨班论文，便想从"版权"（copyright）这个概念来入手试试。大家一般认为版权这个概念源自西欧，与其活字印刷出版业的发展息息相关。对晚清中国来说，这是一个外来概念。时人是如何讨论它的？版权的"版"跟明清的雕版又有什么关系？当时我主要研究了中国早期鼓吹版权的人，如严复、梁启超，考察了不同的出版文化与知识传统的碰撞。但实际做起来后，我发现这牵扯到其他更大的问题，比如知识概念的生产与流通、知识经济（knowledge economy）的运作、法律的制定与执行、印刷文化的形成、西学和现代性等等。我写完时有些意犹未尽，同时也觉得文化思想史的路径不是解决这个问题的最好方法。导师们也很支持，我后来就决定继续研究下去了。

陈利：刚才你提到了选题的背景。当初您写博士论文，包括研究和收集资料的过程中，有没有遇到过感觉很困难甚至想放弃学术道路的时刻？

王飞仙：放弃的念头其实没有，想法就是我尽量做，写不出来也是命。我在台湾读书的时候，母校政大的历史学系非常强调史料收集整理的基本功，注重史实的细节。这和美国的历史学写作和思考方法其实有非常大的差别。我博士班期间，不断被老师们逼问"so what?""这个案例很有趣，但为什么我非得知道它呢？"。他们也意识到这是我的死穴吧。收集大量的史料对我来说没有什么困难，但是进行概念化的讨论和分析却十分艰辛。我在写博士论文的过程中，跌跌撞撞地摸索出方法，类似于自废武功之后重新塑形，用台湾的流行语来说就是"砍掉重练"。在台湾史料本位的训练基础上，进一步把重建的历史事实进行概念化的分析，并与其他相关的大的知识问题进行对话。在博士论文写作的过程中，适应另一种历史学研究的方法和要求对我来说是最大的困难，还好后来顺利写出来了。

陈利：您的论文写作从确定题目到最后完成一共花了几年？对正在读博士或者准备申请文科博士的同学，您作为过来人有什么建议？

王飞仙：我论文共花了四年吧。写作花了三年，做研究花了一年。我觉得国内的学生申请时太过执着于学校排名，但排名其实不是很重要，最重要的是找到对你的题目有帮助的老师，和你的学术品味和风格相近的系所，这样才能得到最好的帮助，遇到自己的伯乐。如果我们单就成功的几率论，这样的申请策略成功率比较高。对于正就读博士班的同学，我的建议是开拓自己的世界。在读博士班的过程中，让我获益最多的未必是老师的教学，而是与同侪的交流。一部分因为我先生的关系，一部分是因为我修的课，在芝大期间我往来的大部分都不是做中国史的同学。平时一起喝酒、看球、听音乐会的有做欧洲史、苏联史、南亚史、日本史、明清文学和政治哲学的朋友，各式各样。他们打开了我的视野。在讨论聊天的过程中，我理解到了不应该把中国史当作孤立的个体，不能预设自己习以为常的东西就是理所当然。因为我的朋友大多不是中国近现代史专业的，我也学会了如何把自己的研究解说给非专家听，并使他们产生兴趣与共鸣。

图 14-2　王飞仙与先生和友人在芝加哥千禧公园露天音乐节

第二节　从博士论文到专著：
跨学科角度新解版权史

陈利：北美人文专业从博士论文完成到改成专著出版，一般都要耗费四五年时间。经常需要对书的整体理论框架进行提升，并在材料和内容分析上进行补充和大幅修改。所以很多导师都建议博士论文写完后不要急于出版，应该静下心来，重新思考对书的定位。我自己的书也从头到尾改写了四五次。不知道你改书稿的经历如何？你博士论文和书稿的主要区别是什么？

王飞仙：当时改书稿时，我刚开始教书，没有太多的精力。中间有段时间慢了下来。我也觉得改论文前要先产生距离，把自己置于旁观者的角度，重新审视自己的作品。不能有改一句话就像割一块肉的心态。

我写博士论文时虽然是比照书来写的，但修改过程中发现还有很多不成熟和不足的地方，行文上也比较别扭。冷静一段时间后重新看，就会发现之前很多不准确的地方。段落顺序修改以后，论证过程也要重新梳理。我的书稿和博士论文的最大区别是讨论框架上的变化。我毕业后到剑桥大学的历史与经济研究中心做了两年博后，参与中心的"经济、法律与政治理念的交换"研究计划，让我开始对法律生活与经济生活的历史有了比较深刻的思考。当时我们一群在剑桥与哈佛中心的同事，虽然各自研究不同的地区和时段，却大多是以档案为基础，关心法律和经济制度在日常生活中的实际运作。这些新的刺激让我在修改书稿的过程中，在方法与结构上能够跳出原来书籍出版史的基调，把书商和盗版者的故事作为经济生活史来分析，并进一步通过版权纠纷讨论国家、市场和社会三方的互动。在内容上，我新写了一章。原来博士论文写到1937年全面抗战就结束了，但后来我一直不断被问："1949年以后发生了什么？"于是博后期间我花了一年多增加了一章，把讨论延续到中华人民共和国早期。我对书的前半部也进行了结构调整，比如第一章讨论copyright在东亚被翻译成"版权"的过程，为了强调德川晚期和明清时期的书籍出版惯习在这个过程中的影响，我对原先散布在后面章节的内容进行了大规模的改写。

陈利："Pirates and Publishers"这个书名怎么翻译好？能说说书名的由来吗？

王飞仙：书名有人翻译成"盗版者与出版商"。本书想要讨论的问题是"版权"这个概念从晚清在中国流行起来，一直到20世纪50

年代末 60 年代初渐渐消失在大众讨论的这六七十年间，中国的出版商、书商、作者、翻译家、读者、政府官员是如何理解和实践版权的。之前的学者比较注意著作权法的制定，以及版权纠纷在政府正规法律体系之下的解决，而我认为版权不仅是一个法律的定义，还牵涉知识的产权和书籍的所有权，以及背后的知识经济和出版文化，甚至包含财产权的惯习和市场秩序等问题。所以我真正感兴趣的是在这段时间内，中国人以版权之名究竟做了什么事，在日常实践里保护的版权究竟是什么东西，采取了什么样的手段来保护他们认为的版权。因此我这本书的副标题定为"版权的社会史"。

陈利：你书中的研究是如何与之前的学者进行对话的？

王飞仙：我尝试对话的有几个不同的群体。首先是中国知识产权法史的学者。他们往往认为中国在改革开放之前没有对知识产权的保护，版权在中国是没有历史的，或是失败的。还有另一派认为，中国最早发明印刷术，因此在明清甚至更早的时候就有类似的概念，领先世界。我认为这些并不准确，他们不自觉地拿现代知识产权的概念套用到了过去。版权的产生是一个循序渐进的历史过程。过去总是认为中国传统文化讲究临摹，讲究公众利益，并不注重创新，因此不能产生对知识产权的尊重。我在书中想说明事实并非如此：中国的书商、作者和翻译家很早就非常积极地以一己之力伸张自己的版权并保护它，但他们理解的"版权"与我们今天定义的"知识产权"并不完全一样。过去大家比较注重正规法院的记录，忽视了民间的运作。我在书里强调版权的实践，所以正规法律途径以外的手段是我关注的重点。这些民间的记录与运作，呈现出的是和过去理解很不同的、更复杂丰富的版权史。

其次是知识产权国际化，或者说是法律移植的问题。目前讨论这个的主要是欧美法律史学者和知识产权的学者，但他们的讨论显然以欧洲为中心。我的书尝试提供一个非欧美的例子，对这个问题进行补充。我想要说明，法律的移植很大程度上取决于当地的经济文化条件，以及原来的正式法律与习惯法的基础和结构。在不同的地方脉络下不断重塑变化的过程，而非法条与法理的传播与复制，可能才是知识产权法全球化过程中的样貌。回到我博士论文的初衷，我也想借此例子说明中国从晚清到20世纪五六十年代出版文化的变化与知识典范的转移如何带动书籍市场的竞争、文人经济生活的重整，以及对于知识与书籍价值的重新评估。所以这也是一本尝试把思想文化史与社会经济史连结起来的书。

陈利：你能简单介绍一下书中最主要的观点，以及各章是如何具体展开分析的吗？

王飞仙：这本书想要挑战认为版权的移植在中国是外力压迫导致而且失败了的通说。将关注的焦点由国家的法律与条约制定转向出版商、作者、译者的日常实践，这本书揭示了过去鲜为人知的、活泼而复杂的、在正规法律体系外的版权惯习与体系，显示了清末民初的文化人因为自身利益的考虑，也积极地鼓吹与实验这个外来的新概念。然而他们对版权的理解深深受到中国原有印刷文化与知识生产传统的影响，进而改变了版权在近现代中国的本质。

第一章追溯 copyright 如何在19世纪后半叶进入东亚的语境，变成日文的"版権"，再被引进中文变成"版权"。从明治日本到晚清中国，copyright 在翻译的过程中，与东亚雕版出版传统原有的以版木为中心的"藏版"概念捆绑在了一起，进而被理解成了印刷工具的所有权而非文本的所有权。

第二、三章将版权在晚清的流行放在知识典范转移与书业结构变化的大脉络里讨论。第二章讨论新学商品化如何使生产新学知识成为一个生意，而翻印新学书籍成为发财法门。第三章则以严复为例，说明他的经济生活如何受到影响，以及他如何与出版商摸索出管理版权与版税的方法。接下来的三章分别由不同的面向，讨论晚清与民国的文化人如何在国家权力疲弱的情况下，对正规法律与政府权威逐渐失望，决定使用民间的力量与市场的惯习，来伸张与保护他们认为是"版权"的东西。

  第五、六章的主角是上海书业公所/上海书业同业公会。上海的书商通过公会注册版权、调解纠纷、惩罚盗版，甚至组成私人的盗版查缉小队。他们创建了一个与正规法律机制平行的、有效的版权机制。最后一章讨论社会主义新中国对于版权与盗版问题的理解与处理，以及对于文化生产的目的与价值的重新定义。盗版被视为1949年以前高度市场化的中国出版业被资本主义唯利是图的心态支配的邪恶产物，唯有通过社会主义改造出版业的结构与运作，这个问题才能根本解决。随着文化产业的重整，"版权"作为一种私有财产的概念，逐渐被视作者与译者为脑力劳动者的"稿酬"制度取代。

图 14-3　严复设计的版权印

陈利：清末民初以前的中国也一直有作者、出版者和书商，在没有现代版权和知识产权体系的情况下，他们是依靠什么机制来维系彼此的社会和经济关系的？

王飞仙：雕版印刷在宋代以后渐渐普及，明清的书籍出版已经在相当程度上商业化了。我一直避免用"版权"来代称明清时期印刷书与文本所有权的概念。虽然二者看起来类似，实际上逻辑是不一样的。我在书中特别强调的是，晚明到清中叶很多时候，书的所有权和刻版的所有权是联系在一起的。研究明清出版史，不少学者举陈子龙、李渔为例，认为中国有类似版权的先河。然而陈和李本身是著者，也是出版自己书的人，这就是为什么我们很容易感觉他们的主张和版权很类似。这种所有权机制建立的基础，不在作者写出文本所以拥有这本书，而是出版者花钱雕了版、拥有版，从而独占了复制文本的能力。确实有部分明清的作者通过写作维系经济生活，但我们要认识到，很多明清作者的本职并非写作，而是当官或在书院教书。出版不一定能给他们带来实际的经济收益，但可以提升他们的名声，从而进一步增加他们的文化与社会资本，进而获得富人的资助和礼物馈赠等。这套机制也不是依靠写作和售卖自己的作品的。

陈利：你书中非常重要的一个概念是"知识经济"，你如何理解和诠释这个概念？

王飞仙：我在书里用这个概念时并不那么严谨。主要想要表述的是作为一种经济的知识的生产、流通和消费。如果我们从文化思想史的角度来看，会讨论思想的流行、风行草偃什么的；但如果我们把这个过程用经济活动的生产、流通与消费来理解，那么参与的人就不只是知识分子或文人，还有书店、出版、印刷、盗版的人，他们以生产与传播知识维生。既然是一种营生，就牵涉到产业与经济结构。对我来说，知识不仅仅是知识。例如晚清的时候，西学作为一种知识，因为被认为是西方先进概念,十分流行,需求增加,因此商品化很严重。我在讨论时会强调出版与盗版西学书籍背后市场运作和经济商业的考虑。这些会左右到我们最后看到的、读者能获得的知识的内容与呈现方法。

陈利:今天学术著作的版权,包括翻译和以不同语言出版的权利,实际上也没真正在作者手上,而是被出版社控制了。这和当年的书商控制雕版是不是有些类似?

王飞仙:版权理论上仍在我们作者手上,但是被有条件地授予出版社了。当代学术出版与明清著者和印书人之间的关系是有些类似。明清时期文人不一定能够马上出版拿到钱,要看是家刻、私刻还是官刻、坊刻。大多数文人的心理可能是:只要我写的东西能被看到就好了,经济效益不重要。就跟我们的学术专著卖不了多少钱一样。

陈利:你书的一个成功之处在于创造性地利用了资料。但是中国历史上关于版权的档案文献相对非常有限,往往就是书的扉页上印上个"翻印必究"。欧洲则还可以找到一些当年出版商的详细价格表和出书种类等原始资料。你是如何克服档案问题的?你在书中对这些仅有的档案又是如何充分有效地加以利用的?

王飞仙:因为我在博士期间发现从文化思想史的角度入手有局限,而且我更感兴趣的是背后的经济文化和社会的日常运作,那么我就必须拿到更多史料,利用档案,而不是局限于几位著名文人的言论。我受我的老师约翰斯影响很深,所以一开始就很清楚,自己想做的不是版权法的历史,而是版权这个概念的历史。虽然我在一定程度上受到了正规法律档案缺失的局限,但这只是我所用史料中的一种而已。我收集的范围很杂,各种东西都看,希望能沉浸到当时的文化出版界里。因为书籍史的训练,我把这段时间的出版品当作物质文明的材料来分析，也想办法收集了清末民初的正版和盗版书、报纸广告等各式各样可以想到的史料。大部分我使用的史料都不是什么秘本，只是因为过于常见和琐碎而不太受注意。

另一个重要的突破点是上海的书业同业公会档案。这就体现了比较史的重要性：英国的版权法和版权制度的形成，和伦敦书商公会（Stationers' Guild）有很重要的关系。我老师的第一本书也利用了这个档案。对日本进行研究的时候，我发现江户时期本屋仲间的档案也很重要，我就想中国是不是也有类似的东西呢？阅读芮哲非（Christopher Reed）的《谷腾堡在上海：中国印刷资本业的发展（1876—1937）》（*Gutenberg in Shanghai: Chinese Print Capitalism, 1876-1937*），我看到他讨论上海书业同业公会的活动。所以去上海档案馆探路的时候，我特别去找了书业公会的档案，发现它规模不小，但不是很有组织。其实之前学者已经知道这个档案的存在，但因为太过杂芜而没有充分利

图 14-4　上海书业同业公会查究的盗版《啼笑因缘》（上海市档案馆馆藏）

用。我的兴趣在于日常运作,杂芜反而是天降至宝。这些档案需要花很大功夫重新梳理。原先的分类是根据公会自己的方便,如信件收发种类来分的。要厘清个别案件的始末,就需要把片段破碎的史料从不同的卷宗里导出再重新组合。还牵涉到公会档案以外的史料,整合在一起才能重建出公会运作的状态和个别案件的原貌。之前收集的报纸、出版商和作者的日记、回忆录、通信、报刊杂志广告、实际出版书籍都可以和档案连结起来,丰富的全像就浮现了。

陈利:你刚才这些关于研究方法、分析角度和理论背景的分享很有意思。在史料和理论/方法之间的反复思索对有创意的研究很重要。研究者对史料的挑选和整理,实际上就包含了理论和问题意识,不是运气好碰到一批档案就能写本好书了。有些人觉得做历史不需要方法和理论上的自觉,这实际上是误解。号称自己没有理论就是一种理论上的选择。你是怎么理解理论在历史研究中地位和作用的?

王飞仙:还是回到芝大的训练上来讲吧。我在台湾读书的时候,政大历史学系非常强调史料收集整理的基本功,注重史实的细节。这和美国的历史学写作和思考方法其实有非常大的差别。我博士班期间,不断被老师们逼问"这个案例很有趣,但为什么我非得知道它呢?"。收集大量的史料对我来说没有什么困难,但是进行概念化的讨论和分析却十分艰辛。我研究时的目标就是找到一切可能对我有用的资料,用可能有用的方法进行分析,重建过去,再从这些日常实践出发讨论背后的结构因素和变化。

相比于芝大的同学,我并不是一个特别理论先行的人。我比较认同的是小威廉·休厄尔(William H. Sewell, Jr.)的想法:历史学做概念化的论证是由下而上的,建立在史料、档案的基础上,从实证研究中看出结构的变化,以及在更抽象层次上的意义。这与其他社会科学由上而下的概念化,寻找个案来证明或修正理论框架的方法是不一样的。由下而上的历史概念化论证，虽然未必能在抽象的程度上与由上而下的取径一样高，但对于其他社会科学的同行有特殊的意义和价值，加上对时间变化的敏感度，这也是历史学家参与理论讨论时带来的独特贡献。

陈利：我同意你的看法。一方面，历史学家不是用理论套史料，而是从史料出发，扩展理论使用的范围和外延。另一方面，我们在选择史料时，其实已经涉及某种理论和问题意识了。而不同的历史学者对史料的搭配和选择应该也是不一样的，因为想了解的东西不一样。历史学家的独特性和主观性是不可能被完全抹杀的。另外，有学识的历史学家能够让史料溢出字面信息，产生意想不到的效果，并能够填充史料间的缝隙。回到你的书，我觉得你对20世纪初的版权的分析好像更接近人类学家和社会学家的分析，跟历史学家和法律史学的方法和角度不太一样，你自己怎么看？

王飞仙：这是历史学对我来说最迷人的地方。同样的资料，因为大家的兴趣与研究方法不同，放在不同的脉络里，就会看出不同的东西，做出来的研究也能反映出个人的品味与关怀。我不太认为所谓的科学就非要泯灭人性不可。比如卓越的计算机程序编写员写出来的程序，往往会带有辨识度很高的个人风格。同理，我觉得这也是某些历史学家的写作特别能打动人心的原因。

在研究方法上，我并不特别觉得自己受到人类学和社会学的方法影响。我的讨论建立在把档案吃透以后，找到习惯和固定行为模式，再以个案为例去描述和分析的基础上。与其说受到人类学和社会学的方法影响，不如说受到了老派书籍史影响，特别是年鉴学派的费夫贺（Lucien Febvre）和马尔坦（Henri-Jean Martin）。他们在《印刷书的诞生》（*The Coming of the Book*）里尝试通过出版和书籍的日常运作，描述作为一个整体的社会。

陈利：感觉你书中年鉴学派的影子比较少，而新文化史和民族志的影响更明显。是这样吗？

王飞仙：我确实受到了新文化史的影响，特别是罗伯特·达恩顿（Robert Darnton）。而达恩顿也确实受到克利福德·格尔茨（Clifford Geertz）"深描"民族志的启发。书籍史的流派有多种，一种来源于年鉴学派。虽然未必是我们熟悉的长时段研究方法，但其关注社会整体史的精神是一脉相承的。这也是为什么我在书里讨论版权时，特别强调群体运作的氛围和社会文化经济条件。

陈利：你这本书获得成功的一个原因是它利用了跨学科的分析方法和角度，能吸引多个不同领域的读者。然而，读者越多样化，作者面临的挑战就越大，要在有限的时间和篇幅中去满足四五个读者群的困难很大。你给自己的专著设定了哪些不同的读者群体？你在改写书稿时又是如何取舍的？

王飞仙：我从开始写论文时就意识到这个题目对不同领域的学者有不同的重要性。我设想的读者是那些对中国近现代史、文化史或书籍史有兴趣，对中国法律社会有兴趣，对知识产权的历史有兴趣，以及对于商业史和知识经济、出版文化有兴趣的人。这是个多元的读者群像。

我在改书时想要关照到这些不同群体的需要，除了强调可读性，还考虑要如何在有限的空间里，提供足够的基本知识与背景，让不同领域的读者可以跟上。我现在看到一些书评，也有个别读者的反响，他们从文学研究到执业律师，从法学到政治学再到出版研究、商业史都有，似乎大家都能找到他们感兴趣和觉得有意义的部分，还蛮让人开心的。这是对我当时的决定一定程度的肯定。

在研究的过程中，我真正有兴趣的是文化和社会的变化。从一开始，我就没有打算写一本专注于特定一个问题的书。版权这个东西在很多问题的节点上：法律、出版业、商业、文化史、国家，等等。我觉得要做得好，就不能把版权放在很特定的领域内。这是好处也是缺点。从读博士到现在我常常被问，你是法律史吗？文化史？还是社会史？此外我还要照顾中国史与非中国史的读者。我最重要的两个导师分别做中国史和欧洲书籍史，在和他们交流与获得回馈的过程中我很早就意识到要考虑不同类型读者的需求。真正修改书稿时，我反而没有遇到太大的挑战。

图 14-5　王飞仙专著《版权谁有？》封面

陈利：你认为《版权谁有？》最大的创新和突破是什么？

王飞仙：总体来说，我希望读者在读完这本书以后能够理解法律和经济生活的密切关联。法律文献可以帮助我们理解经济生活，反过来通过研究经济社会历史中利益的纠纷，可以让我们进一步理解法律制定与运作的问题。另外一个就是文化思潮的变化所带来的经济影响，从而造成文化市场和知识生产过程的变化。我想要强调的是，知识分子和作家也是经济的动物，我们分析他们的言论与作品的同时，也要思考他们身处的知识经济的大环境。现在大家做中国近现代史还是常以1911年和1949年做断代分期。我的书从晚清讨论到民国，再到新中国成立后，另外也向上追溯到明清。我希望能强调更长时段的变化与连续性，而不是断裂。我们必须要了解明清的样态，才能了解20世纪中国的许多变化。

陈利：你这本专著荣获了美国法律史学会2020年颁给美国法律史之外的最佳英文法律史著作奖。你对获得这个奖项是什么感想？

王飞仙：非常惊喜和荣幸，这对我来讲是很大的肯定。除了您[1]和斯坦福大学的苏成捷教授，去年和前年获奖的也是学友。这显示全球法律史（global legal history）是个非常有活力的群体，不同世代与地域的学者都在思考法律史的各种方向，讨论法律与社会的关系。中国法律史的社群，在其中是非常重要的角色。

第三节　今后的研究和对北美学术生活的感想

陈利：跨学科的方法还会延续到你下一个研究项目吗？你接下来会做什么题目？

王飞仙：肯定还会用跨学科研究方法。我现在在同时进行几个不同的题目，不久前在哈佛费正清中心所做的演讲报告，是我目前比较集中研究的一个题目，希望可以写成一本小书，暂时命名为"帝国魅影——后帝制中国的历史幻想"。想讨论的是1911年以后，中国通俗文化与大众消费中，为什么"帝国"主题（不论是本国或外国）会持

---

[1] 编者注：荣誉提名。

续受到喜爱与热议。正是因为有了持续的想象和需求，才会有不断的文化生产。不同时代与阶层会有自己的帝国幻想，但背后还牵涉通俗历史的形成和民族国家政治之间的关系。通过野史、小说、电视剧这些大众文化产品，我想了解通俗心态里的中国是什么、盛世是什么，观众读者如何通过这些产品想象中国的现在、过去和未来。在费正清中心讲的乾隆皇帝是其中一个个案。之前我也写过改革开放之后的中国对于茜茜公主的异常热爱是怎么来的。我认为1911年后的中国，或许用"后帝制中国"来理解会更有趣。并非清朝被推翻以后中国马上就"现代"了，告别帝制的过程非常漫长。

陈利：你现在担任美国历史学领域旗舰杂志《美国历史评论》的副编辑（Associate Editor）。能介绍一下你负责的工作，以及该刊对文章的评审和发表流程吗？

王飞仙：《美国历史评论》最近进行了一些内部整改。我们有一位主编负责规划期刊的方向和学术论文专著、组织圆桌论坛等。我作为副主编，除了协助主编的编务，主要负责的版块是书评。尽量帮大家找到理想的书评作者，向读者介绍新出版、有价值的历史学著作。此外还有主管文章编辑和格式的执行编辑。我们还有来自各校、各领域的编委会以及书评编辑顾问群。加上十个左右的研究生助理，协助我们处理书评的邀请和数据的整理。是个比较庞大的队伍。

我们接到投稿后，会先进行初步的审查：文章是否质量过关，是否是足够原创的研究，是否符合期刊的立意。之后，文章会被送给相关的编辑委员和外部审查人。审查之后，如果审查人认为可以考虑出版，就会要求作者进行一定程度的修改。因为我们想要确保文章的质量，对历史学有足够的创新贡献，有时修改的过程会持续几轮。最终稿被接受以后，我们的执行编辑会和作者一起编辑行文和脚注格式。《美国历史评论》每篇文章的外审人数不一定相同，大概在二至六人之间。

陈利：恭喜你2020年获得印第安纳大学终身教职。回顾自己作为一个华人学者去美国求学、工作和生活的这十多年，你觉得在哪些方面遇到过较大的挑战？做学术研究和当大学老师最吸引你的是什么？

王飞仙：对我来说最有吸引力的，很实际，就是做自己喜欢的事情还有薪水拿，再好不过。其次美国的学界，尤其我们系，不会有人限制你做什么样的题目和怎么做研究，学术自由较大，弹性和发展空间相对宽广，学校和院系比较尊重个别老师的独立性。在美国大学教书，毕竟不是自己土生土长的社会和国家。虽然亚裔教员和学生的比例在增加，但还是属于少数；国际学者的身份也比较暧昧，美国文化和社会的很多内里我们并不充分了解。这是挑战也是机会：让我们可以保持距离，以外人的角度观察美国社会和高校的运作，又不太过介入。

第十五篇

经济、环境与历史的跨学科探索
对话范德堡大学张萌

图 15-1　张萌

编者按：张萌现任职于范德堡大学，她的研究兴趣聚焦于明清时期的经济社会与环境变迁以及全球资本主义兴起过程中的跨国互动。她出版的英文专著包括 *Timber and Forestry in Qing China: Sustaining the Market*（华盛顿大学出版社 2021 年版。上海人民出版社将推出中译本，中译名暂定为《清代中国的木材与森林：市场的维持》），该书荣获美国森林史学会（American Forest History Society）2022 年度查尔斯·惠好（Charles A. Weyerhaeuser）最佳著作奖，以及中国法律与历史国际学会 2022 年度最佳专著奖荣誉提名。张萌在 2021 年 11 月接受了陈利的访谈。在访谈中，张萌分享了自己的求学和求职经历，并介绍了她刚出版的英文专著 *Timber and Forestry in Qing China* 以及相关研究领域的最新发展趋势。读者通过该访谈可了解到张萌是如何在经济学、环境研究和历史学这些不同学科领域中探索自己的研究路径和方法的。作为一位学术新星，张萌的学术成长经历对不少年轻学者应能起到很大的鼓舞和启迪作用。[1]

---

[1] 本访谈由陈利通过书面形式完成。收入本书时，陈利和张萌对部分文字又做了修订，并由白若云润色。

第一节　学术背景和读博经历

陈利：张萌老师好，欢迎加入"云里国际学者访谈系列"。今天很高兴能有机会向读者介绍你的学术经历和研究成果。我们按惯例希望你能先谈谈自己的个人经历。请问你籍贯是何处？你 2010 年从北大光华管理学院金融系毕业后，是出于什么考虑决定出国留学的？又为什么选择攻读历史学专业博士？

张萌：我是山东德州人，本科是在北大光华管理学院读金融专业。其实我高中是理科生，本科的双学位读的也是数学，并不是历史，很多家人朋友对我后来读历史学博士是很惊讶的。我自己一直对文理分科这件事很不以为然，到现在也觉得学科之间的壁垒没有那么绝对。北大是一个对学生都"放养"的地方，大家都是上一些五花八门的课。我上过几门历史学系邓小南、阎步克、叶炜老师的课，觉得发现了新天地。后来给光华的老师做一些简单的助研工作，当时想的还是为以后接着读金融做准备。其中，周黎安老师以经济学的理论探讨一些明清商帮的问题——现在周老师这方面的文章也很丰富了，当时还是刚开始不久，我只是帮他找一些二手资料，现在想想就连这个简单的工作当时也做得很没有章法。但是得益于平时交流的过程中受到周老师很多启发，接触到新制度经济学等领域，又觉得经济史大有可为、现有的研究有很多不足之处，又觉得如果自己能掌握原始资料可以做出不一样的东西，才开始有读历史学博士的想法。其实现在回想起来，这些想法狂得很，当时对基本的文献都没有什么掌握。

陈利：对年轻读者们，你可以就自己当初准备申请出国留学和读博士的准备过程和心路历程分享一些心得吗？比如，选择出国留学以及工作的利弊等等。

张萌： 大学时期最纠结的是可以选择的道路太多了，我想现在的年轻人更是如此，都是一路多手准备。我也是跟大家一样，实习、助研、出国考试、考特许金融分析师（CFA），什么都不想落下。就是申请出国留学，也是金融、经济、历史一起申，真的非常忙乱。如果专精一个方向，肯定会准备得更好。但我觉得年轻人应该有那种想做什么都可以做到的冲劲儿，不要被自己限制住了。就申请博士项目而言，除了必要的考试，我想最关键的是对研究有一些大胆新奇的想法，可能好过中规中矩四平八稳，毕竟完成博士论文要靠很强的内生动力和好奇心。但我的经验很有限，历史学我只申请了 UCLA，因为我很确定就是要做经济史，觉得没有比 UCLA 更合适的地方了，想着申请不上也就不用纠结了，接着读老本行就是了。这里面也有很多运气的成分，导师每招一个学生也是冒着很大的风险，因为要判断的并不是这个学生现在做得如何，而是他的潜力，这是很主观的判断。

图 15-2　加州大学洛杉矶分校校园（张萌摄于 2011 年）

陈利：你在加州大学洛杉矶分校读博士期间感受最深的印象是什么？之前我们分享过包括在哥伦比亚大学、芝加哥大学、耶鲁大学、哈佛大学、加州伯克利、密歇根、斯坦福、弗吉尼亚大学、宾州州立大学、纽约州立大学等学校读人文和社科博士的经验，不知道你的感受和他们的经历有何异同？

张萌：在 UCLA 直接指导我的是王国斌和万志英（Richard von Glahn）两位老师。两个人的风格很不一样，非常互补。我的学科背景恰好跟王老师一样，本科学经济，博士学历史，这对我来说是很幸运的，因为比较能跟得上他的思路，他是出了名的很难懂，说的话比别人的写作语言还复杂。王老师的评论一般都有很深的理论关怀，也大都不是局限于中国史的，这一点对我的研究思路影响很深。在具体的史料分析方面，我更受益于万老师。万老师是我理想中想成为的样子，想做货币史就能做货币史，想做宗教史就能做宗教史，想写中国经济史就能从先秦写到近代，关键是在每个领域都做得极其扎实，对前人所作有很大的突破。王老师侧重于跨区域比较，万老师侧重于跨区域交流，两位都是把中国史置于全球视野中的，同时又很注重扎实的史料分析，对于一时流行的学术风潮并不很以为然，这些也都影响了我自己的学术品味。王老师《大分流之外》（Before and Beyond Divergence）一书的合作者、加州理工大学的经济学家罗森塔尔（Jean-Laurent Rosenthal）与他们两位合开了一个中国经济史的研讨会，主要用于指导学生论文，所以我经常能得益于经济学和历史学的双重视角，这一点在北美经济学和历史学渐行渐远的形势下是最为难得的。我的博士论文很大一块是关于长距离贸易的，UCLA 历史学系恰好云集了一批研究地中海、印度洋、撒哈拉等地长距离贸易和商人群体的学者，这更敦促我进行跨区域的对话。唯一觉得遗憾是没多上几门郭安瑞（Andrea Goldman）老师的课，在文化史领域涉猎不深。刚来的时候在郭老师的课上初次接触了一些文化史的著作和理论方法，当时真的是云里雾里抓不到重点,也是几年以后再回去看才有些体会,现在的研究用到了更觉得不足,只能自己补课了。

图 15-3　张萌于 2011—2017 年间在 UCLA 读博期间

陈利:对于计划攻读历史学或者人文专业博士的青年读者们来说,你认为最应该注意的方面有哪些?

张萌:我觉得最重要的就是不要为了拿个博士学位或者想当大学老师而去读博。这条路一来很漫长,二来现在就业前景也不是很明朗,且如果不是对自己的研究有一种近乎偏执的兴趣,读博的过程恐怕不会太开心。天大地大,工作的路有千万条,为了一个工作不值当。就博士阶段的学业本身来说,可以根据自己的研究方向多接触一些相关的学科和领域、多学习一些相关的语言和技能。有的东西是你已经知道学来可以做什么用,然后才去学。有的东西是学来可能有用,但也说不上具体有什么用,要学了以后才能发现它可能解锁了新思路,这些是不可能循规蹈矩提前计划好的。再就是要有一点"盲目"乐观的态度,要有一点"过度"的自信,鼓励自己一路向前,否则坎坷实在是太多啦。

陈利:在 UCLA 所写的论文是关于什么题目的?当初为什么选择

这个题目？做研究过程中所遇到的最大障碍是什么？最大的收获是什么？如果说准备北美人文/社科专业的博士资格考试时浏览二三百本书是让一个人成为更为"博"学的研究者所必需的基础工作的话，那么完成博士论文的过程，则是使其成为一个项目或者领域专家学者的必经阶段。你当初在写博士论文的过程中，在自己的学术方法和研究思维上有经历哪些比较重大的转变甚至是蜕变吗？

张萌：我的博士论文是关于清代长江流域的木材贸易和林业的，这也是我最近出版的 *Timber and Forestry in Qing China* 的基础。其实最开始的题目是要做长距离贸易和商帮，出发点是经济史学界，尤其是从新制度经济学出发的对契约保护中正式制度与非正式制度的争论，以及商人组织的作用及其对市场开放性的影响。后来觉得还是要具体到某一种商品才能看清一些跨区域的互动，选来选去后感觉大宗贸易中木材的研究比较少，可以挖掘的空间很大。也是定了以木材贸易为主题以后，由贸易而涉及生产供应，进而带入了林业中的产权问题研究。相对于普通田地产权来说，林地产权的研究在当时也不多，对于造林的长时间维度所产生的经济问题的探讨极少，又有大量的徽州和清水江文书可供发掘。于是我的研究就从贸易的远距离和生产的长时段这两个维度的挑战展开，看看前现代的制度安排如何应对。

一旦涉及森林，这项研究就与环境史密不可分了。环境史并不是我资格考的领域之一，这基本上相当于要熟悉一个全新的领域并与之有效对话。这是我在博士论文过程中的一个最大的转向。所幸当时北美有好几个青年学者正在进军东亚森林史这个领域，很多新的研究正在进行中，包括伊恩·米勒（Ian M. Miller）、约翰·李（John Lee）、戴维·费德曼（David Fedman）、拉丽莎·皮茨（Larissa Pitts），还有当时同在 UCLA 的池翔。米勒和费德曼的著作也已经在 2020 年由华盛顿大学出版社出版。

我算是找到了一个小团体，进而与更多领域的环境史学者交流学习，了解环境史的问题意识和研究方法。经济史与环境史之间的对话是很欠缺的，各自有一些并不言明的价值评判体系，由此形成的张力成为了我在研究方法上的核心关怀。

图 15-4　张萌 2017 年从 UCLA 博士毕业

第二节　求职经历和心得

陈利：你对博士毕业后求职过程的主要体会是什么？有哪些心得和经验可以分享给准备求职的读者？

张萌：我的经验只限于在美国的求职过程。历史学系的就业市场这些年很低迷，中国史方向相比于欧洲史、美国史已经算是景气了，但每年常任轨的职位也很有限，僧多粥少，每年有什么学校招人也没准，很难说博士毕业那年一定有与自己的研究兴趣特别契合的职位出来。毕业之前以准博士的身份找工作确实优势有限。从尽快发表博士论文的角度来说，我觉得毕业以后做一年博士后是最好的（不是近年出现的教职博士后［teaching post-doc］，而是没有或者很少教书任务的博士后），之后再找工作竞争力也会强很多。最理想的情况是同时收到工作和博士后的 offer，新雇主又同意你先去完成这个博士后再入职。但是我的这个美梦并没有实现。

我找第一份工作是在博士第六年，因为知道还有第七年的 funding（资助），所以是抱着先试练一年的心态，申请的工作主要是在美国的常任轨的职位，想着如果找不到来年再扩大搜索范围。准博士找第一份工作还是不能太挑剔了，要在多个面向上推广自己的研究和教学，为各种类型的学校 tailor（量身定制）自己的申请材料。这个过程也不只是为了找工作而做的无用功，因为需要好好思考自己的研究如何与更广泛的领域对话，如何引起其他领域的学者的兴趣，写好这些材料对之后写出版计划也是很有益的。

图 15-5　张萌在博士毕业前求职时

陈利：鉴于近几年美国人文社科专业的教职市场现状，你觉得在读博士生们求职成功需要提前做好哪些准备？

张萌：康纳尔大学历史学系的杜乐老师之前分享过求职心得，非常全面，很推荐大家去看。我想最重要的是早做准备，从资格考试之后就要开始考虑求职的方方面面。比如考虑论文的哪一章最适合作为 writing sample（写作样本），从而多花一些时间打磨好这一章。争取在自己领域内口碑最好的刊物上发表一篇文章，至少进入评审过程，这也要早一点开始，不要因为时间紧迫而投一些发表快但是质量不高的刊物。找工作的时候，最好至少有一封推荐信是来自博士论文委员会以外的学者，尤其是外校的学者。如果你的研究可以申请不同领域的工作，那么最好在这些领域内各有一个专家可以帮你写推荐信。比如我现在在范德堡大学就任的是一个经济史的职位，时期和区域不限，且是历史学系与经济学系联合组成的招聘委员会。所以除了导师的推荐信以外，我有两封推荐信分别来自一位经济史学家和一位经济学家，两个人也都不是研究中国的。之前找过环境史的职位，推荐信的组成也是类似。所以参加学术活动的时候要多与各领域的学者交流，建立一些长期的联系，组建一个推荐人的团队。再就是要争取在助教之外有一些独立教学的经验，很多博士项目给高年级学生提供这样的机会，也可以随时注意有没有在周围的高校教一门课的机会。这些方面的准备都要尽早开始，找工作这一年再开始考虑会来不及。

陈利：祝贺你最近开始转往范德堡大学任教。可以分享一下不同美国大学间有哪些资源和文化上区别吗？

张萌：范德堡大学是一个资金充足的 R1（研究型大学），是大家通过自己的读博过程都比较熟悉的学校类型。这里就着重说一下我的第一个工作单位，洛杉矶的洛约拉马利蒙特大学（Loyola Marymount University，简称 LMU）。LMU 是一个以文理学院起家的学校，后来又建立了法学院、电影学院、商学院、教育学院等，成了一个综合大学，但是 liberal arts（通识教育）的传统一直很强，对人文学科的教学很注重。所以虽然 LMU 在 US News（《美国新闻与世界报道》大学排名）

出现在 national university（全国性大学）的排名里，但是我在这里的就职经历应该更接近于文理学院的情况，最突出的特点是对本科教学的要求比较高。这倒不是体现在教课的数量上——教学任务是一年2—2、一年2—3轮换，[1]都是小班，且同样内容的两次算两门课，完全不能算重。对教学的高要求主要体现在同事间经常互相评议（peer evaluation）以及教学在晋升考核中的重要性。评定终身教职的研究要求是出版第一本书，对第二本书的进展没有特别要求。就人文社科来说，LMU 对于研究的资金支持还是很充足的，但是学术休假（sabbatical）的频率稍逊于 R1，这对于需要做长期的资料收集或田野调查的学者来说是不便的。不过对助理教授区别不是很明显，可以在第四年有一个学期的学术休假。从学校的名字可以看出，LMU 有天主教耶稣会的背景，但是它秉承了这个教派的一贯风格，宗教因素对日常的研究和教学干预很少，我这种无神论者也没有任何不适。申请有宗教背景的学校最好能在文书中说一说自己的研究和教学有哪些方面契合它的使命宣言（mission statement），但也没必要硬来。总体来说，LMU 对于需要尽快完成并出版自己的第一本书的助理教授还是很友好的，如果不是遇到特别契合的机会我也不会离开。不出意外的话，该校东亚史的职位这两年应该也会出来，很推荐将要找工作的朋友们考虑。

第三节　学术研究和环境史现状

陈利：现在谈谈你的学术研究。祝贺你的新著 Timber and Forestry in Qing China: Sustaining the Market 由华盛顿大学出版社在 2021 年出版了，中文版也将由上海人民出版社出版。请谈谈这本书的成书背景

---

[1] 编者注：一年共教四门课，下一年则轮换成共教五门课。

（包括和博士论文的关系和不同的地方）及其主要观点。

张萌：我的博士论文就是按照书的结构写的，除了拿出一些边缘的部分另文出版以外，核心内容改动不大，主要是把当时匆匆完成的引言和结论章重写了。这里很推荐大家在对博士论文动大手术之前开一个书稿工作坊（manuscript workshop），需要修改的力度和方向会清晰很多。上面提到，本书是围绕木材贸易的两个"可持续性"问题展开的：一是如何保障长期稳定的木材供应；一是如何保障可持续的市场交易，即远距离贸易中的信任和纠纷解决问题。这两方面的可持续性是通过国家、林业、市场的三重配合实现的，且互相依存。与近代早起的欧洲日本等地不同，明清时代的中国并没有逐步加强政府主导的森林管理模式（state forestry）；相反，政府对森林的管理和对市场的管控都明显经历了一个弱化、间接化的过程（这是对长城以南的疆域来说，东北的情况有所不同）。

单从森林史的角度来说，明清政府对森林管控的缺失常常被视为一种失败，而市场化的木材的需求也被看成森林砍伐的元凶。但这种以国有林为最终目的地的线性史观忽略了明清私有产权下蓬勃发展的造林业正是得益于对木材强劲的市场需求所带来的获利机会。这种小农经济形态中以市场交易为目的的私有造林业在早期近代的世界中是很独特的，它通过创造出抽象的林地股份而实现了一种类似于远期合同（forward contract）的交易市场，从而很大程度上解决了小农从事规模造林所面临的流动性困难（即未来的一次性收益与提前可能遇到的花费需求之间的不匹配）。对私人造林业而言，以市场价格机制为主导的木材交易是利润和再生产的基础，两者互相匹配。相反，国有林与政府管控木材流通互相匹配。森林管理和木材流通两方面的不匹配是20世纪以来多项林业改革失败的渊薮。强调欧洲率先发展出国有林制度的论述常常忽略的是这些举措并不是出于环境保护的目的，而是为了将有限的木材优先供应给国家使用，是出于对资源的长期供应不足

图 15-6　张萌专著《清代中国的木材与森林》封面

以同时满足国家和市场的担心；而清代政府的绝大多数木材需求正是通过市场上的人造木材满足的。换句话说，由于私人造林业和国内市场的有效性，清代中国并没有大规模发展国有林业的必要。

陈利：这本书从林业贸易的角度来研究清史，对我们了解清代中国提供了哪些新的视角和发现？

张萌：每种商品的贸易都或多或少有一些独特之处，但总体来说木材贸易在清代国内市场的长距离大宗商品贸易中还是很有代表性的。我想如果从本书的角度去看其他的大宗贸易（受政府管控较强的盐、粮食等少量商品除外），所得到的对于清代市场环境的认识会是类似的。最主要的印象是市场开放程度很高——这不是以自由经济的理想型为标准而言，而是相比于产生这一理想型的同时期的欧洲市场而言。

以"大分流"的讨论为代表的一众研究成果已经提出，明清时期国内市场的整合度和开放度并不低于欧洲，从而推翻了以垄断或其他阻碍市场流通和竞争的因素来解释"大分流"的学说。我现在的感觉是，清代市场的开放度和竞争性非但不显著地低于同时期的欧洲，甚至比欧洲强很多。进而我们需要考虑的是，也许正是由政府背书的垄断、寡头和准入障碍成就了工业资本和金融资本的兴起以及财政国家的出现，而自由竞争市场本身并不是经济转型的充分条件，甚至不是有利条件。（这里强调的是转型，比如由农业商品经济转向机械化工业，而不是指在原有经济模式下的增长。）这与最近的全球资本主义史所关注的帝国与资本之间的纠葛是一致的，并且又揭示出增长和分配之间可能存在的矛盾。比较经济史关注的是经济增长，长期以来有一个大体的假设框架，就是市场制度越开放（open institutions）、竞争越充分，则增长越快，且默认分配也越公平。相反，现在西方人文社科领域里主流的"左派"关注的是任一时间点上的分配，并不十分关切增长会如何；从马克思主义的角度来说，生产资料分配越公平，增长也会越快（即社会主义的优越性），至少不会变得更差。一些人更关注增长，一些人更关注分配，但都或多或少地默认一个解决了则另一个也随之解决，至少不会变得更坏。也许现在我们要更多考虑的是，增长快的不一定分配公平，这里是有矛盾的，且分配的不公在任何时间点都是显见的，而增长的潜力有大的不确定性，这其实是熊彼特（Joseph Schumpeter）的观点。如果以一种不严谨的、大胆的假设提出来的话，那就是中欧之间"大分流"的出现至少在一定程度上是由于清代的市场更自由、资本分配更平均。每个社会的选择所体现出的不仅仅是它的经济理性，而更多的是社会整体对公平和不确定性的偏好，这与政治哲学和文化道统是分不开的，不是简单的经济问题。这是由木材贸易引申出来的一些不成体系的想法，算不上是成形的观点，大家一起讨论。

陈利：你这本书结合了近年来兴起的环境史，请问环境史的主要发展趋势和前景如何？目前面临的挑战和机会是什么？在理论和研究方法上对其他领域的研究有何影响和借鉴意义？

张萌：环境史近年来也从一个新兴学科变成显学了。不仅环境史领域日渐壮大，其他领域的研究也多会加入一些环境的角度。"硬核"的环境史研究离不开生态、气候、地质等科学领域，因此研究方法的独特性也很突出。气候史当然是最硬核的领域之一，也因为当今对全球变暖问题的关注而备受瞩目。前辈学者对长时段的环境变化本身已经做了很多工作。现在蓬勃发展的是各种交叉领域，比如以环境为切入点探讨殖民主义、帝国主义、资本主义、民族国家的扩张以及其中的社会不公和边缘化问题，包括社群和环境本身对一些 hegemonic process（霸权过程，比如技术官僚主义）的限制和抵抗，这大概涵盖了环境史和环境人文研究的很大一块。这都是很有前景的发展趋势，但是除了将环境因素纳入考虑以外，很多研究在方法上和理论上主要还是基于其他领域。所以在"环境史"这个大标题下多是以文化史、历史人类学、社会经济史、批判种族理论等领域的理论方法为主导做出的研究成果，还很难说有一套环境史独有的理论和范式。以我的林业研究为例，它与环境史的相关性是显见的，但是研究方法是深植于社会经济史的，尤其是经济学中关于产权和公共池塘资源（common-pool resources）的理论，只是更多地考虑了几种树木的生态属性。可以很自信地说，这项研究在环境方面是有意义的，但严格说来它在方法上算是环境史吗？我并不能确定，也常常觉得很多号称环境史的作品或许算不上环境史，这都是来源于环境史内核方法的模糊感。这当然表现出当下环境史的极大包容性和兼容性——所有涉及人类活动与环境的互动的研究都可以纳入环境史，毕竟不与环境发生任何互动的人类活动是很少的嘛——但是在这一广阔主题之下是哪些核心问题和方法可以定义出这个领域，在我看来这还在探索和形成中，新进入环境史的学者还有很大的空间做出理论方法上的贡献。最近兴起的以人类以外的实体为行为主体的研究也许是一大突破，但是研究者作为人类在多大程度上能定义和解读其他物种甚至非生物体的施动能力（agency）还是一大问题，有待进一步的讨论。

陈利：你目前正在进行哪些新的研究？和上本书有什么关系？

张萌：还是想探索一些不熟悉的领域吧，比较有挑战感。大概有两个方向，都还在探索中。目前我正在写一些文章，再看看哪个能发展成第二本书。一个方向是经济和环境的交叉。我一直想多学习南洋贸易和物质文化史，所以希望以清代中国与南洋的燕窝贸易为切入口，把医学、饮食、流通、环境、殖民史联通起来。目前完成的一些工作是从医学史的角度梳理一下关于燕窝的中医药理论是如何形成的，这是一个传统医学如何产生新知识的认识论（epistemology）问题。这部分在这个大项目里对我来说是最陌生的一块领域，很有意思也很有挑战。另一个方向是在19世纪的政治经济学和财政经济改革的大框架里。一直以来在非西方地区的近代史中，对殖民史或西化改革的研究比较多，我比较感兴趣所谓"东方"之间的相互印象是如何在全球帝国主义的政治经济框架下形成的，以及这种知识在改革政治中所扮演的角色（比如晚清如何看印度，埃及如何看中国，等等）。我自己在做一些晚清的方面，然后与有类似兴趣的其他地区史的专家合作，可能相关成果会以论文合集的形式呈现出来。非常期待与以上这些领域的学者交流学习。

第十六篇

在经济学和历史学中寻找答案
对话耶鲁大学张泰苏

图 16-1　张泰苏

编者按：张泰苏 2001 年从北京四中毕业后留学美国，2014 年博士毕业后在杜克大学法学院任职数年，后回到母校耶鲁大学法学院任教并于 2020 年获评终身教职并升任正教授，他也因此成为这所美国顶尖法学院历史上首位中国出生的华人教授。他在 2018—2019 年间任中国法律与历史国际学会会长。其主要研究方向为比较法律与经济史、产权理论与中国司法系统。张泰苏已出版英文专著 The Laws and Economics of Confucianism: Kinship and Property in Pre-Industrial China and England（《儒家的法律与经济：前工业化时期中英家族与产权制度比较》，剑桥大学出版社 2017 年版）和 The Ideological Foundations of Qing Taxation: Belief Systems, Politics, and Institutions（《清代财政制度的意识形态基础：信仰体系、政治和制度》，剑桥大学出版社 2022 年版）。前者荣获美国社会科学历史协会颁发的会长奖（Presidents Book Award）以及麦克米伦国际与地区研究中心（Macmillan Center for International and Area Studies）颁发的盖迪斯-史密斯图书奖（Gaddis Smith International Book Prize）。

张泰苏出身名门，父辈中走出了三位大学教授。其父亲张祥龙曾长期任教于北京大学，是当代著名的哲学家。由于家庭环境的熏陶，他走上学术研究的道路似乎是水到渠成，但是，他寻找自己的研究方法却并非一蹴而就，而是通过不懈努力，从多个学术领域汲取理论精华并反复探索提炼而成。

在本次访谈中，张泰苏回顾了自己的求学经历，探讨了耶鲁大学法学院和历史学系的培养模式和特点，并介绍了美国法学院教职市场的残酷竞争和资格要求，他对目前历史研究领域和中国法律史领域的一些方面也提出了建设性批评。另外，本访谈还讨论了他此前的著作和最新研究项目的主要内容和理论分析框架，以及他的中长期职业规划。这篇访谈为读者更好地了解张泰苏的学习和工作经历以及学术研究谱系提供了许多鲜为人知的细节和权威介绍，而且也包含了关于耶鲁大学等相关院校和专业领域以及就业市场的颇有价值的第一手信息。[1]

第一节　家庭背景和留学经历

陈利：感谢你今天抽时间来和我们做这个访谈。我们知道你本科就出国留学了，能讲讲当初你或者你父母主要是出于什么考虑安排你本科就去美国了吗？

张泰苏：我从小在北大院子里长大，到了高三就确实觉得没有什么新鲜感了，而且说实话，当时想离家远一点上学。反正耶鲁给奖学金，又不花家里的钱。有小时候在美国居住过五年的经历，所以对于出国也没什么恐惧心理。这几年发现，凡是哈佛、耶鲁教授的孩子，都不愿意在自己父母教书的高校上学，这算是人之常情吧。

此外，还有专业选择的问题。当年上本科的时候，国内还是从大一开始就要定专业，而我当时想要试试理转文（高中时期走的是理科

---

[1] 本访谈由陈利完成，访谈录音的文字稿由王佳丽和罗清清两位同学协助整理，再由陈利和张泰苏对访谈文字内容进行修订。本访谈的精简版曾在2021年发表于《清华社会学评论》第15辑。收入本书时，文字又经白若云润色和郭跃斌校读。

竞赛路线），所以实在不想那么早定专业。高二之后，我开始有了一些明显的文科兴趣，对政治理论和经济史开始很感兴趣了。如果想要顺着摸索一下，那么只能出国了。

陈利：你家庭环境对你早期发展最大的影响表现在什么方面？你父亲原来是北大著名的新儒家思想学者，这对你的家庭教育和早年所读的书籍类型有影响吗？

张泰苏：从小就是文科家庭环境，父亲之外，姑父是北大社会学系的教授，伯父也在大学教书，有很深的哲学与社科理论造诣。从小到大的家庭氛围肯定对我的学术兴趣产生了相当大的影响，毕竟家里日常的谈话、四处摆放的书籍都不可避免地会影响我的阅读与思维习惯。

陈利：你生长在这样一个人文社科研究氛围浓厚的学术大家庭，为什么当初想到去参加奥数学习呢？

张泰苏：制度惯性的缘故吧。当时的社会氛围就是如此：那个年代，但凡有能力学奥数的人，很少有人不试一试的。我不算理科天赋很强的人，能力大概是数学、物理联赛往往能拿个省一等奖，但又实在和真正的高手相去甚远的那种级别。大环境之下，我这样的人往往就随波逐流了，习惯性地参加竞赛训练。

后来开始认真思考自己到底喜欢什么样的学术题目时，我才发现自己的兴趣点和天赋点真的都不在这一块。而如果认准了要从事人文社科研究的话，在 21 世纪初的时候，甚至是现在，国内和美国的顶尖学校在这方面还是有相当大的差距的，不论是从师资力量上考虑，还是从整体的学术环境上来考虑。

陈利：你在大约 2005 年所做的上一次个人访谈中提到，当初出国读大学的申请过程很顺利，可以与年轻读者回顾一下吗？

张泰苏：其实没什么，本科出国留学现在已经完全教育产业化了。2000年的时候还没有中介和出国班，基本靠自己收集信息、联系学校，说实话效率挺低的，反正远远比不上现在这些留学中介。

陈利：假如你当初不是在耶鲁大学而是在北大读本科，你觉得这两个不同的教育经历对你后来的职业发展和学术兴趣会有什么样的影响呢？

张泰苏：纯粹从人文社科的训练和熏陶来看，当时的北大给不了我和耶鲁同级别的教育。这是大实话，虽然是不怎么令人愉快的大实话。如果留在北大，很有可能我根本就不会下定决心去从事现在这样的研究。当时的北大，相比国内其他学校来说，称得上重视人文社科教育，学术传统也强很多，但也确实有各种各样的资源（尤其是师资）和制度局限。在耶鲁大学读本科期间给我印象最深的一些课，比如大一期间上的古希腊史（唐纳德·卡根［Donald Kagan］主讲），在当时的国内恐怕是很难找到学术水准可与其比肩者。真正的大师级学者可以自在游移于宏大叙事和微观解读之间，将最深层的理论思考与壮阔的历史叙述天衣无缝地衔接起来。这样的课程在首次接触的时候，其思维冲击真是无与伦比的。我高中、本科时，也在北大旁听过多门人文社科方面的课程，其中不乏北大当时的明星级教授，但并没有过那样的体会。当然话说回来，可能还是太熟悉了吧，以至于没有足够的思维刺激。也许我的直观感受对于北大不够公平。

陈利：现在回头想想在耶鲁的大学四年，给你留下最深印象的是什么？

张泰苏：当时在国内的教育体制下，高中时期并没有真正的学术论文写作训练和独立开展学术研究的训练。这些方面的学习，我到了美国之后都要从零开始，而来自其他国家的同学往往都是在初中时期就开始接受这方面的正规训练。在美国的基础教育里，理科方面的教育相当薄弱,而人文社科教育比较强,我国则反之。所以大多数中国人集中在理工科各系中,像我这种从一开始就想尝试人文社科的人实在不多。当然,家里确实为我提供了一定的学术背景,我在美国适应起来还算快,但即使如此,到了美国的头一年到一年半期间,我在人文社科专业的课程方面实际上都是在补课,处于一种不断追赶的状态。这其中的滋味,如今想起来,也依然有很多感慨。

陈利:对于准备去国外读本科或者计划送孩子出国读大学的父母来说,你有什么建议要给他们吗?

张泰苏:如果要读理工科,其实现在国内和国外的理科教育区别不大,国内甚至基础更扎实,而且国内顶级学校的老师也相当厉害。如果要出国,等到博士阶段也不迟。但是在人文社科这两大块里,虽然国内也有一批非常优秀的学者,但总体而言,国内与国外的差距在近二十年内并没有明显缩小。这里面有很多制度层面的区别,大家也都心知肚明。如果有志于这些领域的学习或研究,或许可以在疫情过后,考虑出国读本科。

图 16-2　张泰苏在耶鲁大学读本科期间

陈利：你本科是去的美国常春藤名校学习，请问美国常春藤大学和公立大学之间的区别在哪些方面？

张泰苏：最主要是表现在学校资源上的差距以及学生生源上的差距。藤校对于每个学生的资源投入，是包括像加州大学伯克利分校这样的名校在内的公立大学的许多倍。此外，美国最好的学生，以及很多其他国家的顶尖学生（包括中国），都是在藤校扎堆，而一般不会选择去公立大学读书。

陈利：从美国常春藤大学和公立大学毕业对毕业生找工作有很大影响吗？

张泰苏：肯定还是不一样的。以我接触的同学来看，哈佛、耶鲁最好的学生和伯克利最好的学生不见得有什么显著的能力差距，但如果看中上等的学生，那一般还多少是有些差距的。相应地，公立大学毕业的校友网络就会差一些。此外，老师能够提供的精力与关注也会少一些。美国贫富差距最核心的表现之一就是私立学校和公立学校的差别。这一点从小学就开始了，而在新英格兰这种传统精英聚集地区，这种差别甚至从幼儿园就开始了。这其实是个非常严重的社会问题，也是相当有政治争议性的问题。

陈利：你耶鲁大学本科同届毕业的中国同学们现在都在做什么工作？

张泰苏：有在金融界工作的，有去做软件工程师的，有做生化工程的，还有做环境咨询的。有些人回了国，而有些人还在国外。做学术的只有我一人，但这很正常，毕竟当时耶鲁本科一届也就五六个中国学生。

陈利：你本科读的什么专业？本科毕业后为什么选择了继续读研究生，而不是直接工作呢？

张泰苏：学的是数学和历史。我上了几门经济学的课，但是说实话觉得比较无聊。数学足够好的人上手基本的经济技能还是不难的，当时觉得反正可以自学。至于为什么读法学院，大概是因为自己的学术兴趣大于直接工作的兴趣，但一时半会又没有做好一辈子投身学术的心理准备，硬是给自己找了个台阶下，就先读个 J.D. 这种多功能学位再说呗。后来在法学院读书期间很快也想通了：我这种性格缺陷这么明显的人，大概也只能做学术研究吧，真的是只喜欢这个。于是，就申请了历史学的 Ph.D.，从此走上不归路了。

第二节 跨学科学术研究：法律与历史学

陈利：你后来在耶鲁读了法学院的 J.D. 和中国历史专业的 Ph.D.，为什么没选择经济学系之类的博士，而是选择了去比较冷门的历史学系读博士呢？

张泰苏：我读 J.D. 期间，体验了几年，明显感觉到自己真的不适合做律师，甚至不适合给别人打工。性格使然，强求不来。

图 16-3 张泰苏在耶鲁法学院学习期间

后来选择读历史，是因为我当时觉得在所有社会科学里，历史学是最兼容并蓄的：没有特定的理论范式，理论柔韧性比较高，而且会提供一些实证层面上的真功夫。如今想来，历史学变成今天这个样子真是始料未及的：从理论上的不拘一格到现在的不要理论。当时的耶鲁历史学系，老一辈学者尚未退隐，因此不但要理论，而且很多元化。无论如何，读博期间还是比较愉快的，虽然看美国史学界这种有些"自废武功"的现状会觉得有些难受。

陈利：你在法学院读书期间对哪些课比较感兴趣？

张泰苏：法律史、比较法、法理学，最喜欢的一门课是詹姆斯·惠特曼（James Whitman）教授上的比较法课程。

陈利：你现在给耶鲁法学院学生上的产权法（property law）课程是后来发展出来的兴趣吗？

张泰苏：耶鲁法学院所有教授都要教一门部门法，每两年起码教一次，其他课程随意。我第一本书既然写的是产权法，就教产权了。现在第二本书写的是税制，但估计应该不用再教税法了——想教也教不了啊。

陈利：你觉得在法学院三年的学习对自己的分析和思维方式以及研究能力有很积极的影响吗？

张泰苏：我在法学院其实过得比较郁闷。法学院的教育还是有比较强的职业化训练痕迹的，即使学术性最强的耶鲁也不例外。大多数J.D.学生还是奔着律所或者政府部门去的。法学院虽然提供很多学术性比较强的课程，但我这种没什么法律背景的国际学生其实不太清楚该怎么找这些课。最重要的是，我对美国法律相关的职业化训练实在没什么兴趣，对于律师的思维方式也一直不太能接受。律师的思维方式确实和学者是不一样的：他们把法律看作内洽的规则体系，主要工作只是在里面进行各种技术操作，因此专注于法律的运用、操作和浅层解读，而不是以求真求实为最终目的。在这个层面上，法律职业和法学本质上是完全不同的东西，绝不可混为一谈。我的根本兴趣始终在于学术，又不想研究美国法，因此对于法学院大多数的主课都缺乏热情。偶尔有比较法、法理和法律史的课才会上得比较高兴，但这些课毕竟数量有限。

我在法学院学习期间的转折点出现在第二年中段。当时我以《耶鲁法律杂志》（Yale Law Journal）论文编辑的身份开始从事学术审稿工作，而这才是我读法学院期间收获最大的一次经历。（美国大多数法律期刊是由学生编辑审稿的，这一点颇受学界诟病，也有很深的制度影响。比如说，一流法学院招聘教师或评职称的时候，从来不敢以申请人在哪个学生编辑的期刊上发文章来判断他的学术能力，而只能通过对文章的直接阅读来评判水准。这样非常耗时耗力，但为了保证教师队伍的学术水准不得不如此。近些年来，美国涌现出了一批专家编辑、专家评审的顶级法律期刊，如 Journal of Legal Studies［《法律研究杂志》］或 Journal of Legal Analysis［《法律分析杂志》］，Law and History Review，American Journal of Comparative Law［《美国比较法杂志》］，American Journal of International Law［《美国国际法杂志》］，Journal of Law and Economics［《法律与经济学杂志》］和 Journal of Empirical Legal Studies［《实证法律研究杂志》］，这种局面才略有改善。）之后的一年半里，我读了大约七八百篇投稿论文，每周和编委会的其他人开会讨论它们，并最终录用其中的几篇，再主持编辑和校对工作，工作量极大。但通过这个方式，我对法学研究的规则、范式、框架都有了直观感受，也学习了很多知识与学术技能。这也是在读博士之前读 J. D. 的坏处，因为读 J. D. 时自己还想不清楚要做什么，对于该上什么课还没有清晰的想法，很容易随大流。耶鲁法学院的学术大师比比皆是，但这些人的学术研究是一回事，教课又是另一回事。考虑到大部分学生的需求，授课还是以美国的各个部门法为主。所以即使上这些大师的课，学术收获也不如读论文或是与他们私下交流论文来得多。

陈利：如果让你比较美国和现在国内最好的法学院的教育方式，美国法学教育哪些方面值得国内法学院借鉴呢？

张泰苏：中美法学教育差别当然很大，一个教本科生，一个教研究生，教育模式本来就很不一样，也不应该一样。

如果纯粹从培养律师的目的来谈，跨法系的比较其实意义有限。美国主要的教学方式放在大陆法系的法学院里其实没有很大作用。大陆法系的律师没有太多当庭辩论的余地，法官对于审理过程的主导能力也要比普通法系的法官强很多，要担负更重的事实推理任务，在法律体制的基本运作中处于更核心的地位。因此，大陆法系法学院很大一部分人在毕业之后会选择做法官而非律师。当律师的话，其职责也与普通法系的律师很不一样。

如果从学术研究培训的角度来讲，两边做得都不是很好。国内法学院的问题，抛开起步晚、资源有限这些常提到的问题，其实并不完全是法学院自己能改变的。外部的制度环境都有各种各样显而易见的问题，而这些问题在学术训练中都体现得更加深刻。

我对美国一流法学院的科研质量还是基本满意的，但这不代表美国法学院的老师真的会好好教学生做学术研究，因为他们大多数人认为最好的学术训练方式其实是把这些训练外包给其他院系的 Ph. D. 项目。其结果就是，近些年来，一流法学院的教师招聘一直以持有 J. D. 再另加一个其他学科 Ph. D. 的青年学者为主要对象。耶鲁正在试图改变这一点，争取让法学院内部的学术训练成体系一些。所以耶鲁这几年增开了一些课，讲法学研究的理论与方法，也开设了美国第一个法学博士（Ph. D. of Law，比 S. J. D. 更像其他人文社科专业那种注重学术研究的博士项目）项目，但即使本院内的教师们对这个项目的价值也褒贬不一。

法学界之所以在这方面动力不大，主要是因为法学本身目前还不是（大概也不应该是）一个完全独立的学科，没有自己独特的研究范式和理论。这一点和历史领域其实是一样的。法律和历史本身并不具有独立的思维模式，而只是提供了一个特定的研究对象，可以从任何理论视角去研究。因此，在我看来，最好的法学研究应该是把所有相关的外部理论范式集中在一起，围绕法律这一题目进行跨领域和跨范式的讨论，而不是试图提炼法学自己的理论范式，搞所谓的"正统法学"或"纯法学"。实际上，这些从学理上来说都是不存在的。

陈利：能谈谈耶鲁历史博士培养模式吗？

张泰苏：和其他北美大学差不太多。博士生入学后先上两年课，在通过博士资格考试后，做博士论文的开题，那之后再花三四年时间写论文。博士资格考试委员会有四个教授，来自不同的领域。我们的资格考试以口试为主，时间很长，三个小时；笔试考翻译（中国史考的是日文翻译）。我们对博士生头一两年的成绩也是有要求的，平均分起码要到 A-。

陈利：耶鲁大学历史学系博士生平均多少年毕业？

张泰苏：当时是七年，现在缩短一些了，大概六年半。我觉得美国大学在历史学系博士培养上的基本方法和制度都差不多。择校时我也考虑过哥大、普林斯顿、伯克利和芝加哥。

当时耶鲁和其他学校最不一样的是，没有那么社会历史化，也没有那么强的解构倾向，其理论和思维方法都比较传统。耶鲁大学历史学系中研究经济史、政治史和制度史的老师曾经占全系的40%左右。相比其他学校，这个比例不论在当年还是在当下都是极高的。我确定自己兴趣在这几个方面,就选了一个在方法论上比较合拍的地方。当然也有一部分原因是希望和妻子(当时还是未婚妻)留在同一所学校读博。当时正好赶上史景迁教授退休,濮德培教授接任,于是我就从前者门下换到后者门下了。另一个主要的导师是法学院的惠特曼教授。从惠特曼这个角度算的话,我和复旦的王志强教授是严格意义上的同门师兄弟。

我是 2008 年 J. D. 毕业,又花了六年时间拿到历史学 Ph. D.,其中最后两年去了杜克大学法学院做访问助理教授,2014 年后留在杜克法学院任副教授。

图 16-4 张泰苏在耶鲁大学攻读历史学博士期间

陈利:读历史学系博士对你的研究方法有什么改变吗?

张泰苏:历史学系的训练还是很关键的,毕竟法学院没有提供专业的学术训练嘛。我在博士阶段头几年比较系统地上了很多理论课,包含历史研究方法、量化经济史研究、政治理论、社会学理论、法哲学等等。更重要的是,为了通过博士资格考试,我一年内读了大约 375 本书,这才真正开始专业地了解某一学术领域。资格考试是一次很宝贵的学习机会，过了这个坎之后，往往就没有心思再去一本一本地把几个领域内的著作系统地读完了。

第三节　美国学术就业市场的机会和挑战

陈利：你做博士论文期间去杜克法学院做助理教授，后来又回到了耶鲁法学院任教。除了耶鲁是你的母校，在比较法和法律史方面很强之外，还有别的原因促使你回到耶鲁而不是留在杜克工作吗？

张泰苏：美国法学院的等级差还是比较显著的，其他领域里很少有这么明显的阶层划分。纯以学术氛围和水平而论，耶鲁和其他前十五名内的法学院还是有些差距的。

尤其是在法律史领域，耶鲁可以说是世界中心吧，全校有超过二十名法律史学者，仅法学院内部就有八九人，而耶鲁法学院总共才有五十多名教授。以规模而论，耶鲁法学院的教授人数算是居于中间，而法学院学生数量偏小。和哈佛法学院对比的话，哈佛的教授数量是我们的两倍，学生数量是我们的四倍。小团体有小团体的好处：耶鲁的学术氛围之活跃与紧密程度，在法学界恐怕是绝无仅有的；工作坊和学术交流的频率之高、强度之大，让我在刚从杜克回来的时候觉得很不适应。

陈利：耶鲁法学院老师现在一年教多少课？

张泰苏：三门课，一个大课两个小课，每礼拜四小时。每个学期十三周。

陈利：你在耶鲁法学院现在招博士生吗？

张泰苏：我们的 Ph.D. of Law 规模还很小，一年招一两人而已。

J. S. D. 项目主要是招国际学生，一年十人左右。我偶尔也带博士生，但比较随缘，没有固定的招生指标。

陈利：根据你现在对美国法学院就业市场的了解，中国学生如果去美国法学院读法学博士（S. J. D. 或 J. S. D.），毕业后在美国法学院找到教职的几率有多大？

张泰苏：非常小。每个国家法学界的主要研究对象都是自己的法律，美国法学界算是国际化程度相对高的地方了，但依然不能免俗。因此，除非外国人想投身美国法律研究，否则可以申请的位置是很有限的。此外，法学对英语口语的要求要高过绝大多数领域，非英语母语的人较难进入。

更重要的是，法学院的 J. S. D. 学位的学术含金量一般是不如其他领域的 Ph. D. 的。这个看看基本学制就很明显了：绝大多数 J. S. D. 只需要三年，是其他专业 Ph. D. 的一半时间不到。J. S. D. 一般没有专门的课程设置，博士论文审查的严格程度和专业化程度也往往都不如 Ph. D.。由于论文的研究与写作时间本来就不太够，教授们一般也不敢苛求。这种局面的必然后果就是，在求职时，有 Ph. D. 的人很容易就把只有 J. S. D. 的人比下去了。其实国际学生如果拥有 Ph. D. 的话，找工作的机会和美国人几乎是一样的，每年也都有不少成功案例。

此外，在美国法学院找工作本身就是一件成功率非常低的事。历史学系每年毕业的博士生人数一般是当年工作岗位数量的 2.5—3 倍，政治学系大概是 2 倍左右。经济学系是最好的：我夫人当年从耶鲁大学经济学系毕业时，市场上的工作位置比求职人数还多。至于法学院嘛，在我 2013 年秋季求职时，有大约九百人求职，而当年全美法学院只有七十份左右的工作位置，求职过程自然是无比残酷的。求职失败的话，要么回去做律师，要么去各个学校找一些类似法学博士后的位置，一两年后再卷土重来。当然，这些选项对于外国人来说都很难操作，相当于给外国学者又增加了一层求职难度。去年这个比例好了一些，降到了5∶1，算是回到了美国法学界的常态了吧。

陈利：你应该是耶鲁法学院历史上第一位中国出生的华人教授吧？作为法学院的少数族裔中的少数族裔，在教学和日常工作中，有什么特别的感觉吗？有没有觉得有需要证明自己的时候，或是代表华人的感觉？

张泰苏：假如不算"虎妈"蔡美儿（菲律宾华裔）的话，那么我是唯一一位。一旦进入耶鲁法学院的教授群体内部，会发现族裔和出身这种事起码在这里是比较被淡化的。同事们不会在意你是中国人、韩国人、印度人还是东欧人。院内的人际交流、职称评选和招聘完全取决于学术能力和思维能力，基本称得上是一个比较纯粹的思想民主（democracy of the mind）。由于院内教授几乎都是书呆子，所以即使有院内政治，那也是书呆子的政治。总的来说，这几年过得还是很愉快的。

我没进来之前，确实觉得耶鲁法学像是个疯人院，教授们性格古怪、自视极高，似乎难以相处。他们做的东西也高度理论化，非常抽象。进来后才发现大家其实都是学术兴趣很纯粹的人，有些人性格虽然古怪（我可能也没资格说别人），但共同话题很多。

耶鲁法学院教授们的学术互动频率是其他美国法学院的若干倍。当年在杜克大学法学院的时候，教授们集体出席的学术活动最多一周一次，而耶鲁这边每周平均有三次，多的时候每天都在和其他人讨论各种进行中的研究项目，其中有本院自己的，还有大量外来的访客。总的来说，我的同事们确实很厉害，跟他们交流是一种很难得的思维享受，人与人之间的关系也比较融洽，很少有彻底陷入僵局的状态。

图 16-5　张泰苏一家人（夫人赵霄雪、女儿张简真、儿子张易暄）和他的历史学系博士生导师濮德培，摄于 2022 年夏

陈利：我知道有的学校在院系内部会就一些重要的事情进行全体投票表决，资深教授对没有终身教职的年轻同事形成很大的压力。

张泰苏：我们是必须拿到终身教职之后才可以投票。还没拿到的可以来开会、观摩学习，但不能投票——为的就是避免青年学者承受过多政治压力。当然，我们院 90% 的人都是有终身教职的，没有的人一般在五六年内也可以升上去。

陈利：华人和华裔在美国法学院工作的人数不多，这是什么特殊因素造成的吗？

张泰苏：华人和华裔群体里，想做法学的人本来就不多。法学界曾经对少数族裔还是有一些明里暗里的歧视的，这二三十年来情况好多了，但现在的主要问题是少数族裔中有志于学术的人相对稀少。这里面有贫富差距与社会阶层分化的原因：少数族裔家中一般比较贫困，子女往往不太愿意放弃律师相对高的工资而去闷头做学术。在任何社会中，搞人文社科研究往往都是奢侈品，法学尤甚。白人更愿意从事法学研究，主要还是因为白人群体中的富人多。美国近些年来贫富差距越来越大，对于法学院推进教师队伍的种族多元化是个相当大的阻力。

陈利：你原来在脸书上分享过在耶鲁法学院负责招聘新教员的心得和观察，能在这儿给我们的读者再谈谈这个问题吗？

张泰苏：之前已经说到过近些年美国法学院教职市场的一些基本局面，今年受疫情影响，恐怕又会变得格外残酷。对国际学生学费有财政依赖性的学校，如纽约大学和哈佛大学，受到的影响会尤其深远。耶鲁倒没有 hiring freeze（冻结招聘计划），但我们极少做 entry level hiring（初级教职招聘），招聘的主要对象其实是已经在其他学校就职并崭露头角的中年学者，或者直接去挖资深的大学阀们。

一般来说，美国法学院的招聘还确实称得上是个比较单纯的 intellectual meritocracy（凭知识水平选拔）。每个招聘委员会最关注的其实是申请人的论文质量（数量也考虑，但重要性远远不如质量），而这个是要通过直接的阅读去判断的（如前所述，文章在哪个期刊发表是个次要的事，因为学生编辑的学术眼光无论如何也是不可靠的。当然，在顶级专业评审期刊上发文则不属此列，但美国的专业评审期刊数量实在不多，对于多数人没什么实际意义），非常费时费力。如果说给申请人什么建议的话，就是好好写文章吧。一篇好文章的价值是远远高于其他任何因素的。

陈利：一个毕业于知名法学院的华人学生，如果想在美国法学院谋一份教职，应该如何规划？

张泰苏：第一步是尽量去读一个其他专业的 Ph.D.。不同的 Ph.D. 项目之间，法学院求职前景最好的是经济学系或心理学系，其次是政治学系、历史学系与哲学系,再其次是社会学系或人类学系。当然,如果是要在排名相对靠后的法学院里找一个教课为主的职位,那往往是不需要 Ph. D. 的。相比之下,做几年律师,积攒一些实务经验可能会更有用一些。不过话说回来,这些法学院也基本不招外国人。更好的法学院里,教授的主要工作是研究与写作,因此近些年来,拥有 Ph. D. 在招聘中是非常重要的优势了。所以,国际学生如果有志于此,那么几乎一定要读 Ph. D. ,才有可能在几百人中脱颖而出。

第二步是准备发表东西。发表的话,一般需要三篇大文章(一篇两三万字的那种)。三篇下来就基本是一本书的篇幅了。如前所述,在哪里发表不是很重要,因为招聘委员会反正也得自己阅读体会。

如果计划要回国教书的话,读个 J. D. 往往不是好选择。直接读 J. S. D. 一般会省事很多。近些年从美国法学院的 J. S. D. 项目毕业回

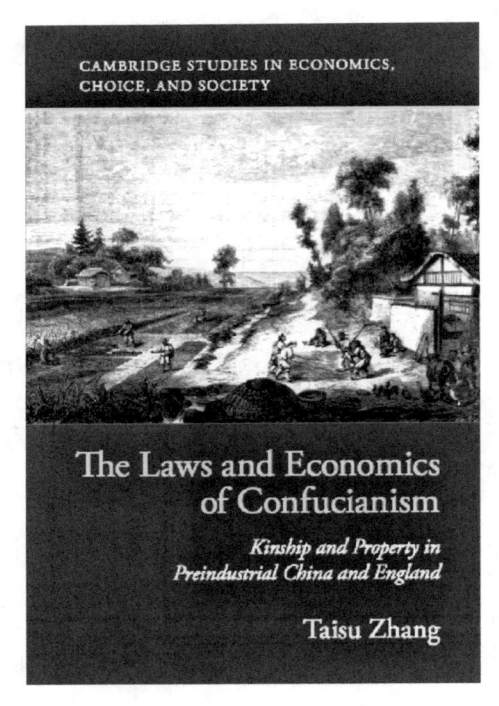

图 16-6　张泰苏专著《儒家的法律与经济》封面

国求职的难度明显在上涨，不过美国的学位也还没有到烂大街的地步，排名前二十内的法学院毕业的J. S. D.似乎都还是挺有竞争力的。至于J. D.嘛，它本来也不是传统意义上的博士学位，国内学界不让只有J. D.学位的人申请教职，没什么不对的。

第四节　从经济史和文化史研究中另辟蹊径

陈利：你的第一本书三年前已经出版了，也获得了两个重要奖项，包括美国社会科学历史协会的会长奖。能给读者简要介绍一下这本书的主要观点，以及这本书和你的新研究项目的关系吗？

张泰苏：我并不是一个纯粹研究历史的人，这一点从我主要在法学院任职就能看出来。我的出发点，还有想做的事情，跟纯粹的历史学家有根本性的区别。在某种程度上，我的学术兴趣点更偏向于理论建构，虽然这种理论建构是通过历史叙事来推动的。目前阶段，我的研究工作主要围绕着一个包括三本书的系列来进行，回答中西"大分流"的历史问题。通过回答这个问题，我希望能把文化分析和经济理论模型结合起来，推动新的文化行为理论的产生。社科领域在过去三四十年主要朝着经济的方向走，量化、理性人假设、经济理论模型化……在大潮流之下，大多数经济史研究者对于搞经济分析和体制分析时是否还要保留文化因素有很大疑问。大趋势是反文化的，是所谓"去韦伯化"的，走向更理性的经济模型。而我的理论出发点是想在这种经济理论为主流的学术背景下给文化分析、意识形态分析找一些比较稳定的生存空间，搭建一些理论范式，使得这些"软因素"可以和经济学的"硬框架"进行比较良性的理论互动。

已经出版的第一本书试图把儒家的传统文化、产权制度和一些特定的经济后果联系起来，形成一个从自文化到经济后果的完整逻辑链条，其中产权制度是最重要的理论桥梁。书中的基本观点是，儒家的社会组织理念，包括宗族、亲亲、长幼有序，使得清末民初地方社会的组织形式和西方近代的社会组织模式很不一样。我的核心切入点是贫富差距和权力分配的依据：西方根据土地财富分配政治权力，中国也有这一方面，但是还有宗族维度，使得穷人可以通过拼辈分获取一定的社会能量，虽然依然比不过富人，但至少不会像英国穷人那样一无所有。"辈分高的小农"是广泛存在于乡村社会中的。这些人在17、18世纪的英国乡村中并无政治能量，但在传统的中国乡村中却是有一定地位与声音的。

中国前工业化时期的产权模式和对穷人的保护，相比于英国近代的农村产权体制要更完善。尤其是在涉及土地产权交易与流转的制度工具中，英国的法律与习俗明显是从地主或富农的角度出发的，基本制度逻辑在于帮助富人从小农手中以相对较低的价格和交易成本收购土地。中国则反之，尤其是清代中后期的产权体制，其出发点是保护小农对于土地的回赎权，将他们彻底失去土地的制度可能性尽量降到最低。前人往往将这种差异归结于中国土地产权制度的长期"前现代性"，但我认为这只是地主、富农与小农基于自己的经济利益而进行的理性制度博弈的结果。中英之间的区别，不在于对土地价值的不同主观认识，而在于不同的社会权力分配机制使得中英小农在制度博弈中所拥有的政治资本具有本质上的差异。

其结果就是中国的贫富差距没有急剧扩大，穷人没有完全失去土地，小农也保留着一定的经济和制度话语权。我的理论切入点，是怎样在基本理性经济人模型下给文化因素找空间。看史实也会发现，大多数农村家庭中的农民对于自己经济和社会地位的运用还是很理性的，包括他们想要怎样的制度和如何使用财产，都是相当理性的，并不存在明显的所谓"前现代性"，也不见得和理性经济人模型有什么根本差异。在这种大环境下，文化因素应该如何找、如何定位、如何与个体经济利益互动，这是这本书想要回答的基本理论问题。

我的观点是，在形成"经济理性"的过程中，文化因素会对人们的经济取舍、偏好和对社会规则的认知有各种各样的影响。它不会使人们放弃对基本物质利益的理性追求而盲目地尊崇"经济道德"或"道德经济"，但它可以影响效用（utility function）的内部构成。这本书，以及它所衍生出的一系列法理文章（比如，前些年发在 Journal of Legal Analysis、American Journal of Comparative Law、Journal of Empirical Legal Studies、Yale Journal of International Law［《耶鲁国际法杂志》］与 Law and Contemporary Problems［《法律与当代问题研究》］上的一些文章），主要就是在讨论理性经济人模型里还给文化因素留下了哪些不易被发觉的活动空间。这些空间虽然远远小于传统的"大文化主义"理论中所设想的那种"文化无处不在"的局面，但依然可以在长时间、宏观的历史演变中产生极其重要的制度与经济影响。

陈利：所以你第一本书的一个重要前提假设还是理性经济人？

张泰苏：部分是吧，但也只是部分。理性经济人模型对于我来说不是假设，而是需要看事实的。如果看 18、19 世纪的长江三角洲和华北地区的小农对土地经济资源的使用和制度诉求，你会看到他们都是挺理性的。他们知道如何做到最好的经济状态，很清楚如何令自己的经济利益最大化。他们知道哪种政治制度可以保护自己的利益，也会相对比较理性地争取这些制度。问题是，这种理性制度博弈的大前提是农村社会既有的等级框架，这个等级框架是受儒家宗族关系、政治关系和政治理念影响的。即使个体的绝大部分经济行为是理性的，但在相对抽象的层面，在离具体经济行为比较远的层面，还是能看到文化因素在起作用。这和理性经济人假设不矛盾，因为并不是具体的经济行为不理性。

陈利：你第一本书从分析儒家社会下的家族土地财产的继承和分配模式联系到中国的经济运作特点和动因，从而和"大分流"这个过去二十年来在全球学术界产生了很大影响的议题进行了对话。能谈谈你书中的分析和观点与王国斌、彭慕兰和黄宗智等著名学者在这方面的论点是什么样的关系吗？

张泰苏：这个论题近三十年来在往制度研究的方向走。彭慕兰在 2000 年之前认为还可以用自然资源的分配来解释宏观经济后果，但现在他和领域内的大多数其他学者一样，都渐渐接受了制度经济学的思维方式，认为解释经济现象需要从经济行为背后的基本制度入手。其他因素如市场是否存在、自然资源是否充足、个体行为是否理性，中外其实都看不出明显的区别，但经济制度确实有很大区别。我受益于这些前辈的研究甚多。本科时看了黄宗智和彭慕兰的书，我才头一次关注农村土地产权，而后来开始关心的财政规模和国家的财政能力，也和曾小萍、王国斌、马德斌、和文凯等人的研究是分不开的。

但我想比这些前辈在理论层面上走得稍微远一些。我想找制度背后的政治逻辑，以及政治逻辑背后的文化因素和意识形态。我想把个体的行为模式从理论层面分析得更彻底一些，不想止步于制度，或是仅仅假设个体理性的政治分析。目前的实证研究使我产生了这样一个明确的认知：清朝的高层与基层政治，乃至社会组织背后，都是有文化因素与意识形态因素存在的，而完整的、系统的制度分析不应忽略它们。

一言以蔽之，我想通过文化体系、意识形态体系的视角来认识中国明清和民国的政治与社会。

陈利：你的最终目的是追溯到文化和意识形态，这和之前的文化主义（culturalism）有什么不同？

张泰苏：在韦伯还占据社科领域主流的时候，文化范式分析是理所应当的。近三四十年的经济学革命使得大家开始质疑传统的大文化理论。这当然是有意义的,但我的基本观点是:过犹不及。在大文化理论已经几乎被挫骨扬灰的当下,不应进一步把文化分析赶尽杀绝。如果想要重新找文化的制度或经济作用力,应该把这些概念理解得更细一些,应该认识到文化和意识形态作用于个体行为的方式,并不像韦伯说的那么简单粗暴。不是信了新教就想赚钱,信了天主教就不想赚钱,信了儒家就重农抑商,就"君子不言利"了。物质需求是普遍的,古今中外共通,所有人都想被人尊重、变得富有。大文化理论或许说得太过了,但如果抛开这些过于宏观的文化范式,其下还有更精巧的理论可能性等待着我们去挖掘。

以前怎么认识儒家思想如何作用于经济呢?传统观点认为儒家提倡重农抑商,政治精英不在乎钱,这使得中国不重视知识产权和产权收益等。这些传统的观点实在比较粗糙,言过其实,而这都已经是学术界的公论了。即便如此,我依然倾向于认为,即使这种传统的"大文化分析"是错的,这也不意味着我们可以彻底抛弃文化分析,而完全接受经济学的行为理论。

可以把个体行为想象成一个洋葱,最表层的是日常生活里的直接经济行为,往里面一层是制度逻辑,再往里一层是制度逻辑背后的政治和生活逻辑,但在最核心处,还是可以看到各种文化因素在间接地影响外层行为。我每本书在使用文化和意识形态的时候,都不会把它们当作直接的宏观决定性因素来看待,而是将它们压缩到可控的、比较具体、比较微观的行为理论范畴内。它们不是直接作用于制度现象的,而是一层一层地经过某种基础经济理性的过滤与加工,间接地影响制度发展与经济发展的。但即使将文化与意识形态因素压缩至此,它们依然可以牵一发而动全身,可以在一层层的加工之后产生非常宏观的分流效应。

陈利：我知道你给自己的学术研究和出版制定了一个中长期规划。能给我们谈谈具体是如何规划的吗？

张泰苏：尽快完成第二本书。[1] 五六年之后把第三本书写完，之后就可以没什么限制地追求自己的理论建构野心了。

陈利：你第二本书主要研究什么问题？和之前的研究有何关系？

张泰苏：我的第二本书主要讲清代的财政意识形态，是一本结合了思想史、政治史与制度史的著作。该书想要回答的核心问题是：清朝的税率为什么那么低？为什么比同时代其他国家的税率低那么多？为什么比前几朝的税率低那么多？前人谈这个问题的时候往往会说：儒家的根本意识形态使得清朝的士大夫对税收不信任。儒家提倡"不言利"，因此国家始终不敢增加税收。这里面就存在问题，既然儒家的意识形态的确一直存在，宋朝后成为主流，为什么直到清朝才出现如此极端的小政府主义？可见一旦把文化因素用得太宽，就容易被人攻击。其结果就是，学术界在近二三十年中，已经基本放弃了通过"儒家传统"去解释明清财政体制这条路线，而转向各种政治经济学模型或各种"物质基础决定上层建筑"之类的唯物主义理论。

这本书致力于部分逆转这种大趋势。儒家提倡"不言利"这种大文化主义叙事虽然是过于简单粗暴的，但这不意味着政治文化与意识形态就对制度发展与经济轨迹完全不发生作用了。我会把纯粹宏观的意识形态范式拆开，把文化因素变成隐微的认知偏见。即使孔子告诉我们"君子不言利"，也不是让所有人都真的"不言利"。毕竟绝大多数人，尤其是绝大多数官僚的道德觉悟不可能那么高。虽然如此，"不言利"往往不会有直接的政治效果，但这种道德张力依然会让政治精英们在搞税制改革与扩张的时候多少出现一些心理紧张感与焦虑，而

---

1 编者注：访谈完成后，张泰苏第二本英文专著最近已由英国剑桥大学出版社出版。

如果之后几十年内出现比较严重的政治事件，人们就很容易把这些事件归咎于加赋。儒家的政治道德制造了一种思维框架，在人们的脑海中形成了一种有规律的偏见，使得他们更倾向于把某些事件向某个方向去认知。在这样的框架下，明朝灭亡于农民起义后，清初的士大夫就很容易会一边倒地把明朝灭亡的原因归咎于张居正之后比较激进的财政扩张，尤其是三饷，以至于清政府会"吸取教训"，很早就定下政治规则：一定不能涨税，不能迈过"万历旧例"这条财政红线。

当纯道德性的意识形态转化为政治教训时，这种意识形态的政治力量就上去了，其政治约束力也明显高于纯粹的道德告诫。此外，政治教训本身是一种实证叙事，其背后所需要的政治基础和纯道德层面的约束也非常不一样：国家如果想要延续"不言利"这样的道德规则，需要的是精神层面上的权威；而如果想要维持或延续"加赋会导致大规模动乱"这种实证性的意识形态叙事，需要的则是对信息，尤其是经济信息的操控，而有时候这种操控甚至可以是不自觉的。

以清朝而言，"不可加赋"这种政治观念在从康熙到光绪的二百多年之间一直得以占据朝堂主流，其背后的一大制度保障是清政府拒绝搞土地丈量，因此对于经济增长的速度始终缺乏准确认知，以至于士大夫们往往认为中国经济正在陷入严重的马尔萨斯危机，而实情并非如此。但如果再进一步追问清政府为何和前几朝不同，始终拒绝大规模土地丈量，则会发现答案是它怕土地丈量会释放"我们准备加赋了"这样的政治信号，因此认为连丈量都具有极大的政治与社会风险，不可进行。于是，"加赋会导致动乱"这种实证认知在制度层面上就具备了很强的自我延续能力，因为如果想要从政治上推翻它，需要的是具有权威性的经济信息，证明民众可以承受加赋；但在没有丈量的前提下，这种信息无从获取，而丈量本身又因为政府对于加赋的恐惧变得无法推进。

如果想用文化和意识形态解释清代低税这样长期、大规模的制度现象，往往不能在两者之间划上直接的因果关系，因为人性有一些共通的经济理性的地方，很难用文化和意识形态彻底将之抑制住。真正具有理论深度的文化分析需要做的，是在意识形态与制度后果之间找出更复杂、更符合人们一般性社会政治行为的逻辑链条。简而言之，是要搭建更复杂的理论模型，而不是试图将复杂的间接性因果关系简单化。意识形态和文化分析需要不断地和人的基本理性共处互动，在互动中产生的张力、偏见与规则，才是文化作用于制度的方式。

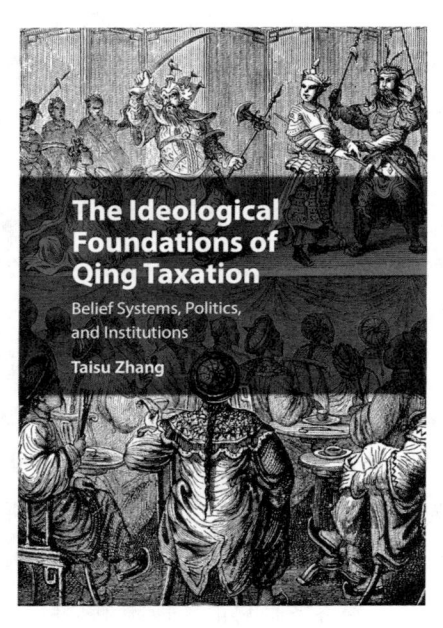

图 16-7　张泰苏专著《清代财政制度的意识形态基础》封面

我不会像韦伯和老一代的汉学家那样直接用大文化框架硬套，也不会相信纯粹的经济理性模型，而是在两者之间的张力上做文章，试图寻找游移于它们之间的文化因素。

陈利：我最近一直在读布尔迪厄的书，感觉你的观点与他有些关联，他也想在唯物主义和唯心主义之间找到一个结合点。

张泰苏：对。布尔迪厄的社会政治观和我大概是比较接近的。有些人类学家将文化大而化之，认为不存在所谓的经济理性，经济行为都是由文化产生的，这个说法我觉得说得太过了。因为在我的认知和研究里，人类是有一些能够超脱社会与文化建构的纯粹的个人理性和物质理性的，不能一厢情愿地否认普遍理性的存在。一个好的文化理论工作者应该与这些共存，而不是刻意去无视它们。

陈利：你的第二本书和第三本书之间存在什么样的连续性？

张泰苏：第三本书也是延续了第二本书的思路。我这三本书从一开始就是以一个完整的三部曲形式去设计的，三本书都会用比较统一的理论思路去研究儒家社会的政治文化与经济体制之间以及再进一步与"大分流"之间的关系。第一本书研究土地产权制度，第二本书研究清代的财政，第三本书准备将这两本书中的制度分析拧成一股，再加上一些关于股份合资的内容，搭建出一个以资本积累为核心经济主线的宏观叙事。其实资本积累这条线索已经在前两本书中出现过多次：第一本讲自下而上的、通过土地交易形成的资本积累，第二本讲自上而下的、政府主导的资本积累。第三本书则会把资本积累同"大分流"之间的关系当成核心命题去探索。

陈利：你觉得自己的研究方法或者理论上已经开始成形了吗？如果是的话，能不能给我们简单地概括一下？

张泰苏：我想讨论在承认一部分"普遍经济理性"存在的情况下，如何进行更精微的文化分析，为文化与意识形态这种"软因素"找出稳定的理论生存空间。

陈利：你的学术兴趣和研究也横跨多个不同领域。我们俩都对比较法律研究和法律史感兴趣，但我是对文化史、国际关系和后殖民主义理论比较感兴趣,而你对经济史和当代法学理论更感兴趣。你能说说自己在研究方法上是如何从这些跨领域、跨时空的研究领域和课题中摸索并发展自己的研究方法的吗?

张泰苏:我的法理入门工具是法律经济学。在学术事业刚开始的两三年内,这个确实是我的研究基石,我在此基础上写过多篇文章,后来我开始逐步拓展自己的理论工具箱,因此对早期研究的思维局限性有颇多反省。这些年我花了很多精力阅读政治理论、社会学、心理学等。

我觉得大多数人其实不必和我一样费劲。我的问题是,不愿意投身于任何一个现有的、主流的理论范式中,不愿意做主流的法律经济学家,也不愿意像信奉法学批判理论的那些人一样做一个比较典型的后现代解构主义者,更不愿意全盘接受主流社会学或人类学的那些理论范式。这也是我愿意在法学院工作的根本原因:法学院的理论视角相对多元化。像我这种对于主流的理论范式有一定的接纳,同时又存在一定的排斥的人,在这里可以找到比较舒适的生存空间。

其他人如果可以安心接受某一学科的研究范式,完全可以在该范式下做正统的研究,这比我这种试图在理论层面兼容并包的人要过得容易很多、安稳很多。我确实是一个在理论层面上比较贪多的人,觉得什么理论都可以尝试学习,去芜存菁。如果你不是这样从本性上就贪多的人,其实不必过得这样累,不必整天在不同范式的夹缝中谋求生存。

但如果真的要走这样的道路,有以下几点值得注意。

第一,思维方式要开放。不要盲信,不要轻易投入到某种既定的范式中。

第二,一定要多投资几种用得顺手的理论工具。要多花时间吸纳更多的理论知识,要大量阅读学术文献,尤其要跨领域阅读。学术上不要有门户之见,不要有学科偏见,不要过度强调领域之间的差别。

归根结底，要相信所有的人文社科都是相通的，都是在回答同一套问题。如果真的试图搞跨学科研究，那么往往是多跨几个比较好，因为只有这样才能对学科之别的虚假性产生足够清晰的认知。

第三，每个人都应该有自己专精的学术工具。在此基础之上，"贪多嚼不烂"虽然在短期内是不好的，但作为一种长期铺垫，未必是不可取的，只要之后多花时间嚼烂即可。

第四，在起步阶段，这样的道路肯定是事倍功半的，要熬住寂寞。熬过了，后面的天地会更广阔。

陈利：所以你是试图突破现有的分析框架，找到更适合自己研究题目的理论分析方法？

张泰苏：可以说是不甘心吧。评判一个人是否在学术上有所建树时，我们往往会有以下几个标准，比如给具体实证问题提出了新答案，发现了新知识，在实证层面上做出了新贡献，在理论层面上把既有范式推进了一步。我一直想做的是在思维方法上有创新，而不满足于仅仅在实证层面上做贡献。当然，我坚信两者是无法分割的。好的理论研究无法脱离实证观察所提供的灵感与验证，好的实证研究无法脱离理论思考所带来的思维澄清与调理。我尤其不认为有"纯实证""纯考据"这种事存在。人类是无法脱离理论假设去进行纯粹的实证研究的。既然这样，不如把自己的理论假设搞清楚一些，再说清楚一些。学术上的"自知"，指的就是搞明白自己的思维假设与偏见是什么。

陈利：我们很想知道你是在确定了课题之后再去找理论方法，还是在确定了理论方法之后再找合适的题目来验证理论？

张泰苏：一般是前者，不过有了题目以后基本上我也知道应该用什么方法了。我挑了一个能想象到的最大题目，一般历史学系的导师不会允许博士生一上来就做和"大分流"有关的题目的，恰好我的导师不太在乎，甚至不太喜欢这种学术常规，所以允许甚至鼓励我这样做。

陈利：你现在的研究项目是希望能把经济制度和文化因素综合起来进行考虑吗？

张泰苏：对，当下的社科理论有从软到硬的分布，最软的比如后现代研究与批判理论，最硬的就是纯粹数学化的经济分析了。我试图寻找这两者之间有无共存的可能性，有没有软硬兼施的可能性。

陈利：你既研究当代法律，又研究中国法律史。你对目前中国法律史研究的现状和发展前景有什么看法？

张泰苏：我对整个史学界的研究大趋势其实比较失望。说实话，我很反感目前这种"去理论化"的史学研究现状，让我觉得像是把头扎进沙子里的鸵鸟，颇有些自欺欺人的味道。在大环境下，中国法律史领域也不能免俗。就算相比于黄宗智时代，近些年出版的法史类著作都更没有什么理论野心。我不喜欢这样的趋势，但也并非不能理解，当然，从史料考证的细致程度，还有叙事的稳健程度上，现在都比以前有所提高，学界对中国法律制度的基本实证认知也应该比以往更准确了一些。这都是好事，我也乐在其中。但我确实希望大家能够对自己的理论思维方式有更清晰的认知。

如果有人说自己是一个不关心理论的、纯粹的史学研究者，那某种程度上这就是自欺欺人。每个学者都早晚需要想清楚：一旦你开始搭建一套历史叙事时，其中每个组成部分之间的关联，你到底是怎样在搭建的。当然有些史学研究者会说，我们不研究"因果关系"，只叙事。但问题是，这在学理上真的可能吗？真的有彻底脱离于因果的历史叙事吗？我不认为存在这种东西。

就算在最微观的考证层面，我也不相信史学研究能够真的去理论化,能够所谓"直面史实"而不附带任何解读性的前提假设。在将史料变得可理解的过程中,一定有理论思维在潜移默化地起作用。一旦承认了这个基本前提,那么我们就不妨进行直接的理论思考与自省,这样反而可以有更清晰准确的学术交流。目前这种鼓励去理论化的史学研究现状是我不太满意的。相比于直接承认自己的理论前提并公开讨论它、剖析它,如果潜意识使用理论但自己却意识不到,或者不愿意承认,这种状态无疑是更差的。

目前看来,经济学、政治学、社会学的理论意识与理论自省都在变得更强,而历史学则正相反,试图通过去理论化为自己找回学术特性。为了寻找生存合法性,反而要把自己变成一门纯叙事的学科,声称自己没有理论。我认为这是极不可取的。史学应当汲取各种有用的理论方法,而不是排斥理论。

陈利:最近一些历史社会学的著作和理论好像在中国历史和法律史部分领域中引起了比较大的关注。你对这个现象如何看?

张泰苏:历史社会学有很强的理论模式,但其运作方式有些过于僵硬。过于强大的理论模型先验式地主导了他们的历史叙事,因此产生了各种各样的问题。我认为最好的学术模式是让理论分析和实证分析"互驭",在两个维度中都保持尽量充足的思维活性与客观性,而不是由其中一边去主导另一边。应该让理论变成你的工具,而不是为理论所控制。理论给我们的不是预测,而是一套需要时时通过实证研究去进行反省的思维方法。

第十七篇

历史和性别研究的学术与修身
对话俄亥俄州立大学张颖

图 17-1 张颖

编者按：张颖从中国人民大学英语文学专业本科毕业后，先后取得日本大阪府立大学比较文化研究硕士学位和美国辛辛那提大学性别研究硕士学位，随后从美国密歇根大学获得博士学位，现任职于俄亥俄州立大学。张颖的研究兴趣集中于 14 世纪到 18 世纪的中国政治和制度史、儒家思想与比较性别研究等领域。她的主要著作包括英文专著 Confucian Image Politics: Masculine Morality in Seventeenth-Century China（《儒家形象政治：17 世纪中国的男性道德观》，华盛顿大学出版社 2016 年版），Religion and Prison Art in Ming China (1368–1644): Creative Environment, Creative Subjects（《生生：宗教与明代狱中的艺术》，荷兰博睿学术出版社 2020 年版）以及合编的《男性研究》（上海三联书店 2012 年版）。

张颖本科期间通过外籍教授的课程，接触了女权主义研究和文学批评理论。密歇根大学有很强的跨学科研究传统，她在历史与性别研究的联合培养项目中完成博士学习。在宽松的学习环境和老师的支持下，她广泛涉猎文学、国际关系、比较历史等领域以及性别研究的理论知识和方法。这种异乎寻常的跨学科培训以及她对传统史学功底的重视，使她有能力比较与分析中西方多种学术领域和不同时段的历史，而且在性别研究和后殖民理论上的造诣也颇深。这些学术旨趣和训练在她的第一本专著《儒家形象政治》中展现得淋漓尽致。张颖于2020年8月接受了陈利的专访。这次对话不仅介绍了她的专著，还给读者展现了一位追求学术理想、具有鲜明个性和独特思想的优秀中生代明清史学者。[1]

第一节　进入性别研究的过程

陈利：祝贺你的英文专著《儒家形象政治》三年前由华盛顿大学出版社出版，这本专著以明末清初时期的性别研究（gender studies）为主，是由你的博士论文精心修改而成，请问你是从什么时候开始对性别研究感兴趣的？

张颖：大学本科时外籍教授占大多数，读了很多西方妇女研究、文化批评、电影研究和哲学方面的书籍。当时我还不知道自己是多么幸运，可以接触性别研究。我了解到，这是一套很重要的理论和方法，在美国已经是非常成熟的学科。当时的学习还是以培养自己分析能力为主，没有想过要继续下去。后来到日本念硕士，是想学中国古代史和古代思想。我的日本教授当中有做道教研究的，还有做儒家思想研究的。在学习中，自然而然这个兴趣就回来了，并且直接引起了我对某些历史现象和文本的关注。性别问题的研究在当时的日本基本属于对父权制的研究，学者对这方面的专著很多，所以我的导师觉得我做的性别研究是相关的，但很难找到机会让我在日本深造性

---

[1] 本次访谈由陈利负责完成，访谈录音的文字稿由招淑英和韩隽祎两位同学负责协助整理，然后由陈利进行文字编辑，再由张颖对全文进行了认真增删修订和润色。本访谈的精简版曾发表在2020年11月的《信睿周报》第38期。收入本书时，文字又经白若云润色和郭跃斌校读。

别研究的理论。

于是，我就自己多听多看，如大阪府立大学附近有一家女子大学，我就去看看书，听听课。可是，在日本接触到与性别研究相关的东西，比不上从前本科时读过的理论那样深入丰富。以前我在本科时读的东西已经比较深奥了，如果要深入学习，我感觉只能去美国。当时我在日本已经过了资格考试（qualification exams），也就是说可以继续念博士了。如果要去美国，就是要放弃在日本念博士的机会。

那时候很年轻，不知道害怕，也不知道职业规划，就是追着自己的兴趣走。日本朋友都觉得我很奇怪，好好一个女孩子，为什么非要去做 gender studies？我说难道研究性别问题的女生就不正常吗？当时日本社会在这方面还相对闭塞，不过今天人们对于性别研究作为严肃的学术领域的了解仍然不够。

陈利：密歇根大学博士项目的课程设置或者其他资源，如何帮助你深入了解性别研究的学术训练和理论方法？

张颖：美国比较好的博士项目，各大学的训练方式都不同，这是美国大学最有意思的地方。你先要了解自己的性格与兴趣，然后再看大学的博士项目是什么样的"性格"，你的导师是什么性格，如此便能找到最适合你的地方。密歇根大学是非常适合我的，这是一家公立大学，有很强的传统，比如致力于为社会进步培养人才，并且强调跨学科研究。我进入的是历史与性别研究的联合博士培养项目（Joint Ph. D. in History and Women's Studies）。性别研究本来就是跨学科研究，而密歇根大学历史学系有一半老师是女教授，很多都做性别史研究。比较特别的是，密歇根大学的历史学系和性别研究分别设置了多个联合博士项目。历史学系当时有三个：人类学与历史联合博士，古希腊罗马研究与历史联合博士，性别研究与历史联合博士。后来好像还加了一个法学与历史联合博士。性别研究也与文学、历史、心理学和社会学有联合博士，不过社会学那个后来取消了。

所以那里是最适合我的地方，我不会觉得自己是另类，我做的研究是再正常不过的。此外，历史学系也很重视跨学科研究，强调的不光是不同研究领域的交流，也涉及各国家、各时期历史的比较。比如博士资格考试，密歇根大学历史学系要求有"比较"的领域，博士生资格考试时必须做一个地域上的比较和一个时段上的比较。我当时的资格考试准备阶段一共有五位教授辅导我，其中有三位中国史专家（明清史是哥大的高彦颐教授远程参与），一位美国黑人性别史的专家，另外还有一位非洲史的专家，她也是拥有医学院资历的人类学家。当时的博士资格考试，我涉猎了很多交叉理论、殖民与后殖民研究等方面的内容。后来做博士论文研究时，那三位中国史的老师继续指导我，另外加上一位法国性别史教授和一位日本中世纪性别史教授。这样的训练练就了我的 second nature（第二天性），就是我自然而然关注"性别"和"性"等等现代的范畴和概念，在各时段、各种不同社会和文化环境当中的意义。

这种强调"比较"的训练蛮契合我。性别研究本来就是跨学科的领域，我在这个领域呆得久，习惯这种要求。从硕士学习开始到博士班，我一直上理论课，从文学到国际关系等各个学科的理论课，因为每个学科都有与性别相关的理论和方法。比如我记得自己先后在七门不同的理论课和方法课里读过马克思。

另外，我还与研究早期欧洲史和美国史的同学组成学习小组。我觉得不一定非得把大部分时间花在自己的领域，而是应该追着自己的兴趣去读书。"条条大路通罗马。"你可以选择先读很多中国史的东西，然后再去看别人的方法；也可以像我这样，偏重于学习别人领域的研究方法和理论框架，更多地了解其他领域的成就和见解。我也喜欢哲学、文学，所以当时选了德语法语系（现为"德语语言文化系"）、文学系的理论课，我都很喜欢。这个经历很重要，因为我越参与其他学科的理论讨论，就越习惯如何去对待各个领域对理论和分析范畴的不同理解与运用。

图 17-2　张颖在密歇根大学艺术博物馆

密歇根大学开放的环境令我甚少受到约束，我是联合博士项目的学生，两个系都是自己的"家"，虽然比其他历史学系的同学要多上一些课，但也能享受更多的资源。我的老师是张春树先生，他虽然高龄，但非常"纵容"我，鼓励我放开自己的思维探讨历史问题，虽然他并不太了解我在性别理论和方法上的具体兴趣。当时我申请博士项目时，曾经想象过会有一个什么都能指导我的导师，后来发现其实没有那种导师（至少对我不会有）。我的恩师对我这种不拘小节、爱憎分明又喜欢琢磨古今中西相互映照的学生，其实是再适合不过了，因为他对我的指导是注重求学的规矩和方法、对历史研究的态度，以及精神境界的追求。正式入门的时候（第一年被"考察"，还不算），老师和师母郑重其事地送我一个字，即"照"（现在比较合得来的学界朋友，特别在国内大家论学术辈分不方便的时候，就用"颖照"来称呼我）。老师说这里的"照"字取自女词人学者李清照的名字，并且谐音班昭的"昭"字。老师虽然不是一个性别史专家,但一直尽量用他的方式鼓励我追求自己的学术兴趣和人生目标。

这种自由和鼓励非常宝贵。不过,我当时可能有点太自由了,后来发现对自己的中国研究领域的了解还有不足。其实在美国学习中国史的过程中有一些条框还是重要的,能帮助我们搭建知识的结构,让我们知道怎么去和自己领域的学者打交道。所以我觉得在这种自由的空间下,我有点被"放养"的感觉。后来意识到自己跟别人的训练不一样,就再去补充中国史学方面的传统训练。毕竟,博士学习是一个漫长的过程。我在密歇根大学七年,很向往老一代著名汉学家顾立雅先生(Herrlee Creel)在芝加哥大学那里不到十年不必考虑毕业的佳话,想要慢慢跟着老师读书,慢慢地磨自己的博士论文。结果被恩师训斥一番,逼着我七年毕业、独立。中国史这一块的训练,承蒙恩师指导,中西兼顾,不算太糟。不过,还是在结合性别研究的理论方面没有做到自己想要的高度。如果再念一年,可能更好。

陈利:你在日本的硕士训练,对日后研究明末清初的儒家文化和性别研究有没有帮助呢?

张颖:在日本接受的训练非常重要。当时我在日本的训练是很"旧式"的,三小时的 seminar,就跟教授读三行文字,一个字一个字地读。原文、汉文和日文对照着读,各种各样的注释版本对照着读。一些儒家经典和道家的经典,就是这样读过来,打下较好的基础的。我当时对儒家思想和儒家的体制感兴趣,硕士论文题目就讨论儒家的父权制、家庭关系等等。在日本的硕士学习并非与日后的学术研究彻底没关系,只是在性别研究上日本没有深造空间,我才决定到美国学习。后来写博士论文,准确地说是在将其改写成书时,我才意识到自己的兴趣从来没有变。我关心的问题,最终还是"孝"和"忠孝"背后的性别问题,与日本的学习经历关系非常大,只不过当时还是研究生的自己不知道而已。另外,我在日本做了一些中日儒家体系的比较研究,对我后来影响很大,我一直反对僵化地看待儒家思想和儒教实践,就是从做中日比较时开始。另外,当时还了解到日本近世的家庭关系和性别实践,令我非常惊讶,深刻意识到性别问题在不同时期、不同历史中有巨大差异。

我申请博士时,本来是想做19世纪的,因为当时在性别研究领域里看到不同的分析概念在历史分析中的运用,很感兴趣。我就想如果做19世纪的话,可以看看这些概念是如何形成,如何运用于我们的分析中的。不过读过一些19世纪中国史研究后,我不太认同前人关于19世纪性别话语变化的观点,特别是男性研究,我在史料中看不到这些观点成立的依据。特别是他们关于从明末开始男性特质(masculinity)的历史变化的讨论,我不是很同意。于是就想自己去研究17世纪的男性特质,就把研究时期从19世纪搬到17世纪,这个决定大约是在博士学习的第二年就做了。我想要研究明清之际,得弄清楚明清之际的性别历史,才能明白19世纪和20世纪的变化。我们不把17世纪搞清楚,就不能说明白19世纪发生何种变化,也不能说清楚20世纪的变化如何。而史料决定我们对前面这些时段的理解。17世纪的史料不停地被重塑,从晚明、清初、乾隆时期到19世纪,甚至一直到抗战时期。如何整理明清之际的史料是重要问题,而对史料的理解,则影响我们思考可以研究怎样的历史题目。

我对于史料的敏感态度,来源于三个学科的训练。本科时学文学批评,细读是基本功;在日本大学院的训练中,训诂也是基本功;在美国做史学和性别研究,再到我读博士经过后现代和语言学转向,令我对史料的解读更加有问题意识,从而对史料本身的层层建构也很敏感。所以每一阶段、每一个学科的训练,都对我后来的研究有益。

图 17-3　张颖专著《儒家形象政治》封面

第二节　17世纪儒家形象政治和早期近代中国的性别研究

陈利：能介绍一下你第一本专著《儒家形象政治》的主要内容吗？

张颖：这本书的结构非常清晰，各章从明末万历开始按时间顺序写到清初的康熙中期，涵盖两朝主要政治事件，包括明末党争、结社、鼎革、清初党争与满汉政治。各章也关注不同的群体和个人，包括东林、复社、贰臣、遗民等。

第一部分写明末。第一章描述在政治斗争与印刷文化错综复杂的互动中，"东林党"如何被建构起来。这是将东林的道德形象不断重新塑造的过程，其结果是东林变成代表道德高尚的一方：一个官员是否被看作东林的一分子，也取决于他的个人道德表现，是否有性丑闻、有不孝的传闻。这种以道德完美自居的形象，其实是一把双刃剑：赋予东林巨大的影响力，也给东林带来很多政治包袱。

第二章考察"东林子弟"，即复社那些在天启朝阉党打击下被杀、被捕官员的子侄辈，如何因复仇、家族传承、结社活动的需要，而在各种印刷媒体中反复强调自己对于忠孝等个人道德的追求。与东林一样，复社内部也是各种人都有，到底什么样的集体公众形象对他们最有利，这成为政治动员的重要问题。第三章聚焦黄道周，他被视作东林骨干，也被复社精英推崇。黄道周格外注重"忠孝"形象，一方面因为他于《孝经》的学问非常投入，另一方面他的政治生涯基本建立在"忠臣孝子"的盛名上。黄道周后来被乾隆称为"一代完人"，不是没有原因的。他的学问和生活都是忠孝"人设"的关键内容，他的生命也像他狱中书写的一百多部《孝经》一样，彻底与忠孝理想融为一体。在明末清初的社会文化里，黄道周是一个带有宗教传奇色彩的"忠孝名人"（celebrity），从政治精英到普通百姓，都非常容易认同、传播这样一个典型。

第一部分与第二部分之间，有独立的一章，即明清之际的"双城记"。在北京和南京陷落之间的那一年（1644年春—1645年春），官员个人和群体关于"忠"的讨论其实没有后来那么黑白分明，这与他们苦难的求生经历、对身后声名的担忧，以及党争持续的威胁密切相关。那时候鼎革的局面还远远没有明朗，是否做"忠臣"、做哪个朝廷的忠臣都无法预测，人人生死悬于一线。对于历史人物带有"历史之同情"的解读，让我意识到，当时其实在"忠"与"不忠"之间，有一个现实意义的灰色地带，英文我写作"how not to be disloyal"：这个时候他们尽量希望做到的，就是先避免被贴上"不忠"的标签。因为当时南北局势混乱，在消息不通、流言满布的情况下，要证明一个大臣不忠，只需指控他道德败坏。北京陷落后，男色、不孝等等耸人听闻的传言成了江南一带武装动员、政治斗争的利器。

第二部分的两章写清初。我分析一些有名的"贰臣"在更加复杂的党争中、在与满族统治者的博弈中，运用儒家道德话语达到何种政治效果。我发现，儒家道德的追求和实践，成为了明降臣之间以及他们与遗民之间重要的情感沟通的桥梁。共同拥有这套政治语言，在汉人文人社会的重建当中起了关键作用。同时，朝廷政治博弈中，这套话语的效果很复杂。满族统治者运用儒家道德的话语和政治语言，在不稳定的政局和战局中与满汉大臣博弈。这些活动其实未必有体制层面成熟的计划和蓝图。换言之，到底如何统治中国，新朝将赋予儒家道德何种意义，统治精英当时心里不是完全清楚。后来乾隆年间"贰臣"话语被建立起来，一直影响我们对明清之际政治史的理解。在清初几十年当中，各方都运用儒家道德话语去实现不同的目标，于是让它保持了存在的意义。到了康熙朝，满族皇帝开始取代汉臣成为"完人"的典范、儒家道德理想和实践的表率。所有这些复杂的过程，凸显出儒家道德，特别是忠孝理念的重要性之延续，其实不一定是历史必然。我们熟悉的那一套政治精英利用忠孝思想巩固统治的看法，过于简单。我觉得历史过程要远远复杂得多，不是简单的因果累加。并且，个人对忠孝在精神、实际层面的信仰和追求，并不代表他就不会把忠孝话语当成政治工具，两者可以并存。我们要充分承认人的复杂性、人生经历的复杂性。

陈利：《儒家形象政治》的分析框架和灵感是如何发展出来的？

张颖：我当时从两个"否定"的问题开始。晚明从两个不同的学术角度看有两种不同的理解。一种是认为晚明非常开放，在思想、生活态度还有性别角色方面，都非常开放，更加进步，但是那之后中国未能进一步变革，于是成了一个失败的例子。而在思想史界，晚明则被认为展现了保守主义的开端。我当时觉得这两种观点都还不能完整地解释儒家伦理在实践层面的延续和变化。

我就想，怎么把这些不同的历史认识整合起来？我看的史料似乎告诉我还有别的"故事"。史料告诉我，人都是复杂的。我当时博士论文写的第一章是关于李贽的。以往对李贽的分析都相对简单，而当我们把他当成一个真正的人，复杂的人，一个作者，一个男性，一个有自己的理想抱负、痛苦、烦恼、困惑和无奈的人来研究的时候，就会不一样。我记得当时写李贽时我跟导师说，"老师，为什么我在史料里看到的李贽跟大家写的不一样？"他说："因为前人看得过于简单，你要相信自己对史料的把握。"我于是就按照自己的想法和体会去分析，把李贽对自己的公众形象和男性特质的表达写出来。不过改书的时候出版社认为太长了，让我砍掉一些篇幅，我说我直接拿掉一章吧，然后我就把李贽那一章放到了即将出版的一本文集里。这本文集我还是很期待的，也希望大家能够期待，因为参加的都是学术界的前辈大家，对李贽进行了一个丰富的全方位研究。

对一个历史时期的判断，常常非此即彼，我最不满意这样的判断，特别是我们对明代还缺乏客观理解，有很多想当然的历史判断。在博士论文中，我想做更加忠实于史料中我所看到的晚明和清初的研究，而且它是一个连贯的故事，不是一个只有"断裂"的故事。鼎革历史断裂很明显，但是我想知道哪个层面不是断裂的以及为什么。所以我当时写这本书就是看儒家伦理的实践与延续，特别是家庭伦理对男性的道德要求怎么样被作为政治工具，在鼎革前后不断发挥作用。儒家伦理道德要求可以作为政治工具被操纵，并不代表它对历史人物的精神世界和日常没有真实意义，并不代表人们没有追求它。道德追求和道德在微观政治层面的工具性是可以共存的。我们不能把文人的多重身份和追求断裂开来看，也不能简单认为他们当中的政客，如果不是理想主义者就是伪善的、虚伪的。我觉得武断地分析历史人物，是不尊重他们的。

那么我当时从"否定"的角度开始思考，分析的方法显然是解构主义式的，但最终我还是需要一个历史叙述，一个对结构和制度的历史变化的具体表述，提出一个新见解或新解释。我不能仅仅批判以往的认识、解构史料。我的历史叙事和发现又是什么呢？这就到了 Confucian image politics 这个问题上。当时因为印刷文化的发展，政治斗争的变化和时人对精神境界和思想领域的新追求，出现新形式的政治文化，我将它称为 Confucian image politics，就是儒家式的道德形象政治。虽然在历史上曾有过它的前身，但前现代时期媒体的发展及其在政治上的广泛运用，使得"形象"更加具有推动政治活动的力量。"形象政治"这个分析框架可以让我讨论明清之际的变化，也可以让我讨论延续性，可以让我讨论一些政治史的关键问题，也可以讨论文人家庭生活中的问题，从而把这些文人当成完整的人来分析，把政治史里面的事件跟社会史和文化史里面的事件结合起来思考，《儒家形象政治》就是用新的分析概念描述我对明清之际政治文化的新理解。这里我需要提一下哥伦比亚大学的一位学者，就是林郁沁教授。我当时读她那本研究施剑翘的书，突然想到，现代政治文化中"孝"的重要性是在延续的。为什么我们的政治史大叙事中，它没有得到持续的重视？当时林郁沁教授这本书给我一个重要的提醒，就是要在历史连续性当中发现、解释变化和断裂。所以有时思考现代史的问题也能帮助我们发现自己研究时段的问题。

"形象"这个分析概念，现当代社科研究用的比较多，一般比较具体化，就是要有具体的影像，比如绘画、插图、照片等视觉分析的内容。我觉得这样去运用还是太窄了。所以曾经希望能够找到一些已有的研究，看看他们怎么用"形象"讨论政治，但是感觉大部分研究还是依赖具体图像的分析。那时有两位学者的作品对我还是比较有用，或者说让我觉得在明代政治史的领域做这个尝试是有可能性的。一部是 UCLA 历史学系研究前现代比较史的大家桑贾伊·苏拉马尼亚姆（Sanjay Subrahmanyam）的作品 *Courtly Encounters: Translating Courtliness and Violence in Early Modern Eurasia*（《宫廷交往：翻译前现代欧亚的宫廷文化与暴力》），还有就是英年早逝的英国史学家凯文·夏普（Kevin Sharpe）去世前不久出版的两部政治史著作，*Image Wars: Promoting Kings and Commonwealths in England, 1603-1660*（《形象战争：英格兰对国王与联合体的推销，1603—1660》）和 *Selling the Tudor Monarchy: Authority and Image in Sixteenth Century England*（《出售都铎王朝：十六世纪英格兰的权威与形象》）。其中苏拉马尼亚姆那本书，直接启发我用"形象政治"这个框架修改我的书稿，阐述在抽象层面的"形象"如何在现实政治中起重要的作用。

陈利：假如把《儒家形象政治》分析的视角换成情感政治（sentiment politics），而非形象政治，会否有不同的分析和研究发现？

张颖：一定会的。回到我们前面说寻找一本书的主要分析框架上。当时如果我用 sentiment politics 做分析框架，即使运用同样的史料、同样的案例，我的主要论点也会改变，故此研究在撰写过程中有各种可能性。虽然我读了很多关于 history of emotions（情感史）的著作，但我在写《儒家形象政治》时最关心的是如何把儒家形象政治描述出来，一本专著不能解决太多问题、尝试太多分析框架或理论。

对于 Confucianism（儒家）的认识是我最关心的历史问题。我认为目前很多对于 Confucianism 的历史分析呈现碎片化加二元化的趋势。我觉得儒家体系当中的人物个体其实富有感情。儒家思想本来就很关注"情"的问题，文人读的书是这样，他们思考的问题也是在修身中如何处理"情"，所以我的研究涉及他们的情感。我觉得这些人充满性格、充满感情，他们经常被情绪驱使着写作、处世。况且儒家的道德伦理其实跟情感有密切关系，比如孝的表达跟情感就是绝对分不开的，所以你刚才说的 sentiment politics 也会是具有强大解释力的框架。

陈利：《儒家形象政治》如何和性别研究、明清史研究的学者对话？能说说跨领域研究方法如何影响历史材料的分析吗？

张颖：性别史的领域里，我在写博士论文第一稿时有一个问题没有处理好，就是现代西方分析范畴如何运用于中国明清史的研究。"男性特质"这个概念在写作上会造成不必要的困难，对描述、解释历史问题未必最有效。在法国史指导教授的提醒下，我后来写作中一直用"男性道德理想"（masculine virtues）和"性别道德"（gendered virtues）。类似的问题不光在性别史领域，我们所熟悉的"文化"（culture）这个分析范畴也具有现代特定含义，去年杨勐允教授在其专著 The Way of the Barbarians（《化外人之道》）中创造了 ethnocentric moralism（种族中心论的道德主义）和 ethnicized orthodoxy（种族主义化的正统思想）这两个概念深入描述唐宋之际的华夷之辨，也是考虑到儒学传统里道德的重要性而在分析语言上另辟蹊径，效果很好。如果把杨勐允教授这本书就 culture 的解析，与包弼德教授的《斯文》（This Culture of Ours）一书一起读，就能看出新一代唐宋之际学者在理论的新见识、方法的突破。勐允对概念的处理发挥了英文写作的一个优势，英文写作让我们与中国历史研究对象保持良好的分析距离，但又不脱离那个历史情境。我自己的这本书也索性没有明确地讨论性别史写作中的概念问题，而是直接就用中国史本身就有的概念，并且分析这些概念在实践中的性别意义（比如"忠孝""信""诚"等），结果有位学界老前辈在一篇书评中说我这本书和性别研究无关。我其实并不吃惊，因为的确很多人不能理解，如果不说男女、不谈妇女，何来"性别分析"？

此外这本书因为研究明清之际，所以在政治史上要对话的，针对明代研究主要是明末党争、结社问题，另外就是政治与印刷文化史的纠结；清史方面主要是要思考我的这个政治史的叙事如何与"新清史"的主要观点和方法对话。然后还有跨越明清两代的问题，一个是儒家思想史层面的，一个是性别史层面的。正如前面所讲过的，"形象政治"这个分析框架给了我一个分析高度，可以按需要与各个相关领域的学术对话，又不必过于纠结于某个具体层面的争论。比如"新清史"，争论归争论，"新清史"对史学的贡献非常重要。我没有使用满语档案资料，为了这个我还特地去社科院拜访过定宜庄先生。她询问我的主要问题，肯定地告诉我，我依靠汉文史料即可，满文档案对我的课题不会有特别意义。

另外，我跳过"汉化"问题，我觉得对历史过程的描述，未必一定要以汉化或非汉化为结论，我更关心发生了什么、怎样去理解，而不是用僵化的方式给历史过程定性。就我所关心的问题而言，我不觉得用"汉化"或"非汉化"这个结论给历史过程定性有特别重大的意义。

当时写书的时候，我还是希望能够从历史的角度，对儒家思想的分析提出一些见解。我们需要在理论化、分析范式上多下一些功夫。儒家思想的历史，做得最多和最好的还是在传统思想史、哲学史领域，另外最近宗教史也贡献颇丰。这些领域的诸位大家比较在意的是分析著名的思想家作品及人生。我最敬佩的两位前辈，中国台湾地区"中央研究院"的王汎森先生和吕妙芬先生，对我影响非常大，也让我觉得我在政治日常中思考儒家思想文化，是一件有意义的事。吕妙芬先生非常提携学界后辈，曾经邀请我去"中研院"参加明清之际思想史的重要学术会议，特别介绍我的研究，提出思想史可以在政治史中去做，这对刚刚出道的我是非常大的鼓励。

在《儒家形象政治》一书中，我提出对儒家道德体系要有结构性认识，这个认识必须有政治史、社会史、文化史的具体史料才能梳理出来。我归纳了儒家道德主义的双重结构：首先，围绕"忠孝"的核心道德，五伦中的其他问题——性别角色和性道德，兄弟，朋友——在实践中是与"忠孝"互为定义的。其次，"忠孝"伦理自身充满内部张力，"忠"与"孝"还分别与五伦的其他问题互为定义。这种复杂的结构使得儒家道德伦理在实践中应用灵活广泛。另外，针对西方学者对于儒家思想实践的诸多误读，我运用历史上具体的例子，阐述了儒家道德主义的另外一层结构。它是一个光谱式的体系，光谱两端一是宗教性、形而上层面的纯粹追求，一是极为工具性、实用主义的态度。

  在有些现代西方学者看来，儒家人物不是求真的理想主义者就是伪善的机会主义者。这是用二元对立的现代分析范式来理解儒家体系、儒家文化，而历史上可能大部分在儒家体制中的官员、文人并非活在这个光谱式结构两个极端当中。历史学家一方面要读理论，另一方面

图 17-4　张颖合编《男性研究》封面

要力争有一些理论层面的参与。毕竟，我们掌握的"证据"多。手里有证据，不至于乱说，应该积极对各种理论、模型提出意见。虽然我是在后现代主义、解构主义最高调的时候读的博士，但是作为研究中国政治史、比较性别研究的人，我还是主张"结构"的重要性，否则我们的学术会流于碎片化、琐碎化，失去现实意义。

陈利：性别研究在国外发展现状如何？比如有没有类似于在历史学或者其他领域出现的范式危机或理论方法发展迟缓的现象？

张颖：我这几年没有教性别研究的理论课，只教了中国性别史，对于性别研究的现状没有特别跟踪。性别研究在美国已经是主流，因为是一个政治性、实践性和自我批判性非常强的领域，所以"危机"不太可能出现。可是，我觉得目前性别研究不是理论研究的前沿（二十年前可以说还是新理论新方法不断出现的），性别研究与 disability studies（残障研究）这些新近快速成长的领域结合起来，还是有很好的前景的。我认为目前理论和方法最有意思的是跨学科的宗教研究、人工智能研究、环境学、脑科学等领域。

目前美国性别研究最大的问题就是它离早期历史越来越远，他们越来越关注所谓的当下问题、所谓与当下政治有直接关联的问题。其实我念博士时，古代史与性别研究还是结合得很紧密的。后来我们当中很多人不太去性别研究的学刊投稿发表历史文章，因为这真的是两个世界。很多做性别研究的人在理论上缺乏想象力，他们只看过去这一二百年，想象不出不同的模式和可能性。

历史学习其实是最培养人的创造力和想象力的，我觉得研究古代中国和前现代中国，最大的意义就是可以给我们提供新的想象空间，可以去理解不同的可能性。正是这种不同的可能性造成了现今中国的一些大胆尝试。所以研究早期历史以及当中的性别问题，现实意义非常大，但当前性别研究的学者未必认识到了这一点。另外，以美国史为中心的体制还是阻碍了像中国研究这样的领域对性别研究这种批判性、理论性很强的领域的影响。

性别史和妇女史已经成为主流，从研究内容上说当然是日益丰富、细致，但是我们不能期待不断出现范式层面的重大突破，理论上的突破总是要靠着积攒几年实证研究的。去年我在这个领域最重要的一个评奖委员会上浏览了很多新书，也是这个感觉：书出了很多，但感觉还没到质变的时候。

陈利：《儒家形象政治》的选题与分析角度非常有意思。按常理，女性研究或者性别研究的课题，大家一般都预期你研究女性，但你却选择以当时的儒家男性为主体做性别研究。这里有什么特殊原因吗？这个角度对明清时期中国或者当代的性别研究提供了哪些新视角和发现呢？

张颖：我并没有特意去做男性研究，我当时很想做政治史，但是我又无法用妇女史去做，难度非常大，能够被挖掘的话题已经被前人说了，而且女性毕竟没有参加到主要的政治活动当中。可是我对政治文化很感兴趣，不想放弃，我就想怎么样以性别研究的视角来思考和重新书写政治史，所以就决定去看政治人物的个人"丑闻"，特别是看上去与性别角色有关的丑闻，比如沉溺声色、不孝之类的丑闻，看这些丑闻是如何产生、流布、发挥各类政治作用的，而这种政治功用又如何强化了对性别角色的追求。

我就这样定下题目。我想最重要的是先跟着史料走，并且不要放弃自己的研究兴趣，一定能找到办法研究自己想要研究的东西，但是要肯去挖史料、琢磨史料。另外还是要在方法上有一些调整，比如说不能用妇女史来做的话，我就可以从男性史入手，分析性别身份、性别角色生成、变化、延续的历史环境。

陈利：国内的男性研究领域，现在发展状况怎么样？

张颖：我写博士论文时，男性研究在中国大陆才刚开始。我认为国内在此研究领域的起步并不理想。后来我跟导师之一的王政教授，在上海三联一起出了一本译文集叫《男性研究》。当时我们意识到国内的男性研究有点根基不正，比如有人做所谓的"男性解放"，在没有研究透彻制度对妇女的压迫时便急于讨论男性解放，不仅流于肤浅，甚至脱离了男女不平等的根本问题。"男性解放"运动在美国80年代起出现，根本是因为对女权主义的抵制，不代表进步的思想，而批判性的男性研究是严肃的、理论性非常强的、政治上进步的学科。

我们当时做《男性研究》这本文集，希望给大家介绍为什么男性研究是有政治意义的，不能随随便便就说"男性也被压迫"什么的。"男性解放"不是这么随便就和妇女解放在一个层面上简单讨论。当时国内有些相关题目做得很不学术。我博士还没有毕业时，就开始做这个译文集，过程很辛苦，很多术语当时翻译得不准，没有统一、标准的翻译，普遍有很多误解。最后这本文集虽然还是有一点翻译体的味道，但就我听到的反响来看，大家觉得它比较有用，因为这文集毕竟介绍了男性研究的创造性和批判性的研究方法。

目前国内从性别研究视角来研究历史，做得比较出色的有复旦大学历史学系的陈雁教授，她的男性研究问题意识、对史料的挖掘和解读都非常出色。比如《性别与战争》一书，融合了妇女史和批判男性史的分析。多年来她也是与国外性别史研究同行交流很频繁的一位。

做男性研究最需要注意的问题是，如何不打着男性研究的旗号重新做过去那种无视性别权力的学术。"把男人作为男人研究"（study men as men），需要讲清楚这个研究涉及何种性别权力制度和实践，探讨何样性别身份建构，阐述哪些人群为此丧失了权利、利益等等。总

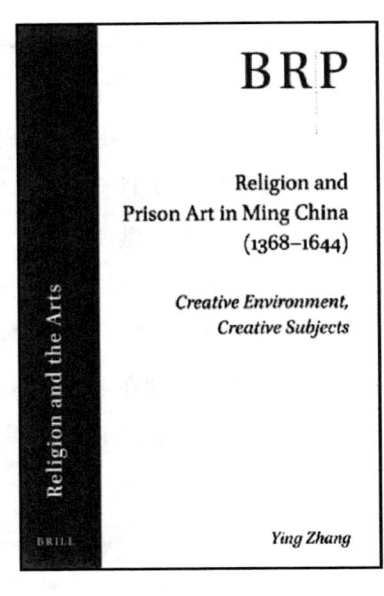

图 17-5 张颖专著《生生》封面

而言之，不论我们做女性研究还是男性研究，都不能拿起某些概念理论就随便用，必须要搞清楚一个研究体系的来龙去脉，然后才能开始尝试着进去。

第三节 新研究，未来规划和学术实践

陈利：可以谈一下现在进行的新研究项目吗？和《儒家形象政治》有什么联系？

张颖：我出版的第二本英文著作题目是《生生：宗教与明代狱中的艺术》，是只有一百多页的小书。我第二本计划的专著写不下所有的内容，当时又碰巧遇到一个比较好的机会，可以单独分析一部分史料、探讨特别的历史问题。写作过程也比较痛苦，因为出版社对内容和形式有独特的要求。他们尝试一种新的学术出版，要求一本小书里一半

呈现新研究，一半做学术综述，所以这个题目做得很辛苦。可是，完成后我比较满意，觉得是很辛苦的挑战，但又能从过程中学到很多东西。

我现在研究被囚禁的政府官员（imprisoned officials）。没有合适的中文词翻译主要的关键词。在监狱史领域中，关于中国的研究还没有太多，我们的监狱研究（prison studies）基本上处在比较初级的阶段，大部分不算真正的 prison studies。西方学术界这个领域已经做得非常成熟。我主要希望能够给明史研究新的角度和深度，这些文人官员到底怎么样在那个体制下生活？这个体制对他们意味着什么？他们如何维持那个体制？体制和个人怎么互相塑造？我想写这样一个故事。史料引导我到哪里，我就把这个故事写到哪里，最终希望能够重新描述明代制度史和儒家文化史，打破政府史（administrative history）、政治史（political history）和法律史（legal history）之间分析的隔阂，以及不同分析框架间的隔阂。我希望把"制度"还原到人的具体经历当中来理解。制度是活的，制度本身在不停地经历各种各样微小的变化，而大变化在这种微小的变化中也会有体现。其实，我以前的研究一直也是围绕着制度与人的问题在展开。

我的研究一直希望用不同方式书写明代政治史。现在研究的全是入狱官员的各类"日常"。比如这本刚出的小书探讨"明代狱中的宗教与艺术"，是从艺术史、宗教史、文学史的角度去写的，政治史是忽隐忽现的线索。我更关注如何把这些人的精神世界和日常生活场景描述出来，而不是先入为主地把这个研究定位在皇权、党争之类的套路里，所以先要打破各种套路的限制，包括我们各种关于监狱、官僚制度和政治史的熟悉与理解。我觉得现有的明代政治史还是太粗线条了，并且条框很多。

陈利：你曾经想投身到社会实践活动中。那你现在还打算把学术研究和社会实践结合起来吗？作为学者，我们该如何理解学术研究和社会理想之间的关系？

张颖：现实还是比较残酷的。在美国读研究生时我曾在律师事务所里做过一年多的助理，专门帮助美国非法移民解决法律问题。当时就意识到女权运动和法律实践也不是那么完美，不能太理想主义了。后来我就做性别史，可以离那些充满矛盾甚至敌意的现实政治远一些，做类似 scholarly activism（学术能动主义）的实践。然而后来我发现连这个也不是很容易，因为首先就有学术政治让人头痛。另外一旦真正开始做学术，人的精力就很有限，能做的事情其实不多。后来我又意识到有人的历史教学总是想要改变别人的想法，我觉得这是错误。我们不是要改变别人的想法，而是把大家培养成有思考能力的人，这才是带着敬畏心和诚实态度去教书的人应该做的。我关心的现实问题其实也是我研究的问题，我可以用这种方式做一些我能做的事情，我也就不会抱着一些奇怪的幻想，或者是一定要找到自己的同志或者是一个理想的环境，才能做自己想做的事情。

我觉得经历越多，就越能理解我所研究的历史上的这些人。我觉得他们也是抱着很多的理想、幻想和愿望去接受教育，然后意识到世界其实是很复杂的，理想、理念和实践之间的差距才是最根本的修身经世的难题。有些事情他们自己体会到了，但是难以言表。有时候我在史料里面读到一些空白，我也想到自己现在的一些挣扎，我不愿意对很多事情表达感想，宁可不让我的情绪、认识被人知道或议论，也不想去违反一些原则，比如"为尊者讳"。我觉得目前自己研究的一些历史人物，他们宁可在将来的史料里留一些空白，有些话也不说出来，这并不是他们胆小，而是他们在实践自己的原则。这也是研究儒家文化最有意思、最有人生启示的地方。

对我来说，学问最后还是归于修身。这也是研究中国历史有意义的地方，特别是19世纪前中国。被我们研究的那些人，他们也在一直思考这些问题，包括学问和人生之间的关系，理想和现实之间的关系，儒释道三者对他们的精神世界怎样起到各种不同的作用、解决怎样的修身处世问题，等等。这些其实跟我们今天面临的问题很相近。

陈利：能谈谈你为今后十年拟定怎样的具体研究规划吗？

张颖：我的学术经历已经改变了自己，最初是对知识的渴望循着兴趣和好奇心开始求学，去不同国家游学。后来居然变成了职业，老实说我没有想到，到今天我也觉得学术界的过度职业化是个问题。再后来，求学、研究变成了我人生的修行。现在我觉得每做一个研究题目，对我来说都是修身的机会。接下来十年，我希望能够抱着敬畏之心去研究历史，能够更多发掘一些历史上真实的经历，提醒做性别研究和政治史的人意识到做学术的时候要尊重人的经历，而不是把自己的问题强加在历史人物的身上去做学术。抱着这种敬畏之心去做大的学术题目是我的一个目标。

在写完第一本书以后，我有一个很好的机会去了普林斯顿高等研究院，当时我给了自己一个人生规划，就是十年之内我要给自己一个第二职业（second career）。现在已经过去了三年多，我还没有找到自己的second career。就像一本学术专著的形成，最后它到达的方向可能和原来设想的不一样。我们每个人都有很多不同的才能和可能性。我们到了现在的阶段，成了一个所谓的专业历史学家，虽然都没有时间去做其他的事了，我还是觉得我们每个人都应该在自己可能的情况下，再找一个不同的事情来做。

陈利：你在美国有十多年的经历，能给年轻女性学者分享一些心得体会吗？

张颖：从小我父母就很注意我的教育，让我一直这样坚持下去。我们家姐妹两个，另外一个也是博士，是农业经济学家，她也曾游学各国。我们追求知识，追求自己的兴趣。我们都是在一个比较幸运的环境中坚持下来的。带着对于性别问题的敏感，我们就会觉得性别问题其实无处不在，明显的、不明显的都有。但千万不要觉得，作为女性我一定不能做什么，而是要坚持做自己。其实我觉得对男同学来说也是这样，因为男同学也会面临"我不应该做什么"这样的问题。不要用过多的条条框框限制自己，不要太在意别人去想象你是什么、不是什么，你只要知道自己要做什么就可以了。

图 17-6　张颖于 2007 年接受《南方周末》访谈

　　在学术界，之前我读的那些书的作者都是男性。我做博士论文的时候，有一点其实做得不是很好，有点偏离自己的性格，就是当时总想要证明自己即便是女性，即便是性别研究的出身，也可以做某些题目。当时大家一看我的博士学位是历史和性别研究两个领域的，他们就觉得我一定是研究妇女史的，后来又发现我不研究"妇女"，就觉得很困惑。同时，做政治史、思想史的同行又发现我跟他们也不是一个路子，也觉得很奇怪。我做那个研究题目，是因为我不想重复别人做过的东西，或者说我不同意他们研究的结论和方法。我做得非常辛苦，同时别人也不知道该怎么定位我。这样的过程其实对我的职业发展不是很好，但是我也就这样坚持过来了。

陈利：晚明与清初的历史已有刻板印象在官方论述和大众的脑海中，学术界的新发现仅仅是只能停留在学界讨论，还是可以快速地传达到社会并改变对晚明与清初的刻板印象呢？

张颖：我觉得这个问题特别好。大家经常觉得官方希望我们相信历史上发生了什么，都是宣传。其实远不是这么简单，还有读者自己的问题。我想要挑战的其实是一些在历史爱好者当中非常有影响的书。他们的历史见解跟官方解说未必相同，但其实是另外一种对明代的刻板认识。我发现对于晚明史比较极端的解释，较为容易引发读者同意或者反对，这种极端解释最容易吸引读者的注意力。

可是，最细腻、最复杂、最挑战刻板印象的作品，不是很容易能短时间内改变大家的认识，或者改变一些决策者的认识的。我觉得作为历史学家，能做的事情其实不多，但是又不能放弃，只能说希望大家努力做，形成一个声音，就是重新认识明代。其实我们对晚明和清初，还有对整个清代的认识，现在已经不同了，这就是学术界一起努力的结果。这是通过很多人的努力，通过很多的书和文章才达到的。有的时候甚至有点矫枉过正，这很正常。

历史研究对现在的启示，其实更多是间接的。读者应该这样去对待历史研究，而历史研究的学术人也应该抵制诱惑，不要总认为我们的目标就是要产生最大的影响，要非常受欢迎。作为一个学术人，我认为我们对一切有影响、受欢迎的东西，都应该打上问号。我们要不停地问问题，不停去怀疑被欢迎和追捧的知识，带着敬畏心和诚实的态度研究历史，告诉大家我们发现的历史是什么样子。

故此，在历史和性别研究之间，我从理想主义者变成更加现实的人。就是做我能做的事情，但是不要让自己的期待太高，然后变成失望。最终还是需要一代人、两代人，一个圈子、一些圈子，大家共同的努力才能够改变刻板印象，这才是我们研究历史对现代的意义吧。

后 记

(Aaron Jingyi Chen, 2010—2023)

在本访谈集交付出版社后不久，两位编者年仅十二岁的次子陈景义不幸因旧病复发住院医治，并于 2023 年 1 月 12 日凌晨因医治无效去世。两位编者在忍痛料理完爱子的后事之后，强打精神完成了本书最后的编校工作。该书中绝大多数访谈和随后的编辑整理工作都是在 2020 年至 2022 年底完成的，而这段时间也是编者儿子在首次被确诊患有重病后持续了两年多的治疗和恢复期。因此，该访谈集最终能成书面世，无疑占用了不少编者本可用来更多陪伴儿子的时间。在痛失爱子后，两位编者今将此书作为给儿子永久的纪念，并决定将出版此书（和以后其他著作）的所有应得版税收入捐献给在加拿大成立的非营利机构"陈景义基金会"和已经在多伦多大学设立的永久性"陈景义纪念奖学金"（详情见相关网址：https：//aaronchenfoundation.org）。感谢众多学界朋友和读者的支持和理解！

2023 年 4 月
编者补识于多伦多！

图书在版编目 (CIP) 数据

学术之路：跨学科国际学者对谈集 / (加) 白若云，(加) 陈利编著. — 北京：商务印书馆，2023
ISBN 978-7-100-22165-8

Ⅰ. ①学⋯ Ⅱ. ①白⋯ ②陈⋯ Ⅲ. ①科学工作者—访问记—世界—现代 Ⅳ. ① K816.1

中国国家版本馆 CIP 数据核字（2023）第 049490 号

权利保留，侵权必究。

学术之路
跨学科国际学者对谈集
白若云　陈利　编著

商务印书馆出版
（北京王府井大街 36 号　邮政编码 100710）
商务印书馆发行
南京新世纪联盟印务有限公司印刷
ISBN 978-7-100-22165-8

2023 年 8 月第 1 版	开本 700×1000 1/16
2023 年 8 月第 1 次印刷	印张 29

定价：119.00 元